Andreas Englisch lebt seit drei Jahrzehnten in Rom und gilt als einer der bestinformierten Journalisten im Vatikan. Er ist ein gefragter Talkshowgast und Interviewpartner, seine Bücher sind Bestseller und werden in zahlreiche Sprachen übersetzt, darunter *Franziskus – Zeichen der Hoffnung* (2013), *Der Kämpfer im Vatikan. Papst Franziskus und sein mutiger Weg* (2015), *Mein Rom. Die Geheimnisse der Ewigen Stadt* (2018) sowie zuletzt *Mein geheimes Rom. Die verborgenen Orte der Ewigen Stadt* (2021).

Der Pakt gegen den Papst in der Presse:

»Englisch ist ein guter Schreiber. In vielen Details breitet der Autor ein pittoreskes, aber auch deprimierendes Bild der kurialen Zustände aus. Höchst interessante Einblicke.«
Die Furche

Außerdem von Andreas Englisch lieferbar:

Der Kämpfer im Vatikan. Papst Franziskus und sein mutiger Weg

ANDREAS ENGLISCH

DER PAKT GEGEN DEN PAPST

Franziskus
und seine
Feinde im
Vatikan

PENGUIN VERLAG

Penguin Random House Verlagsgruppe FSC® N001967

1. Auflage 2022
Copyright © 2020 Andreas Englisch
Copyright © 2020 für die deutschsprachige Ausgabe
by C. Bertelsmann Verlag in der
Penguin Random House Verlagsgruppe GmbH,
Neumarkter Straße 28, 81673 München
Dieses Werk wurde vermittelt durch die
AVA International GmbH
Autoren- und Verlagsagentur, München,
www.ava-international.de
Covergestaltung: Büro Jorge Schmidt, München
Coverabbildungen: © picture alliance/Stefano Spaziani (vorne),
© privat (hinten)
Bildredaktion: Annette Baur
Satz: Leingärtner, Nabburg
Druck und Bindung: GGP Media GmbH, Pößneck
Printed in Germany
ISBN 978-3-328-10806-1

www.penguin-verlag.de

Wie gefährlich lebt der Papst im Vatikan? Wer steckt eigentlich hinter den pausenlosen Angriffen auf ihn? Immer wieder haben mir meine Zuhörer bei Lesungen diese Fragen gestellt. Deswegen habe ich beschlossen, mich im Vatikan auf die Suche nach seinen Feinden zu machen.

Dabei stieß ich stets auf das gleiche Problem: Ich sprach mit Bischöfen und Priestern, die zwar bereit waren, mir die manchmal schockierende Wahrheit ungeschminkt zu erzählen. Aber sie alle beklagten eine Atmosphäre der Angst, Angst vor den Gegnern des Papstes, die einflussreiche Persönlichkeiten sind. Viele meiner Gesprächspartner bestanden deshalb darauf, in diesem Buch nicht mit Namen genannt zu werden. Ich habe deshalb ihrem Wunsch nach Anonymität entsprochen und ihre Namen verändert. Viele Dialoge, die das Buch wiedergibt, habe ich aus meinem Gedächtnis nach bestem Wissen rekonstruiert.

Mein besonderer Dank gilt Papst Franziskus für die sehr offenen Gespräche mit ihm während seiner Reisen an Bord des päpstlichen Flugzeugs. Ihnen verdanke ich meine wichtigsten Informationen.

Inhalt

I	Ärger am Tiber	11
II	Mit dem Rücken zur Wand	16
III	Der Anfang der Revolte	20
IV	Zurück an die Front	34
V	Das Erbe von Assisi	51
VI	Dialog mit dem Islam	71
VII	Der Kampf von Abu Dhabi	76
VIII	Der Papst am Massengrab	92
IX	»Das ist nicht mehr mein Papst!«	99
X	Die Karten werden neu gemischt	112
XI	Ohrfeigen für zwei Päpste: Franziskus schlägt zurück	115
XII	Explosion Tebartz-van Elst	132
XIII	Das Rätsel Georg Gänswein	140
XIV	Die Provokation Kasper	151
XV	Der römische Adel und der Papst	157

XVI	Der Papst, der Adel und die Johanniter	172
XVII	Fake News im kalten Krieg der Päpste	186
XVIII	Die Legionäre Christi und die Jungfrau von Guadalupe	192
XIX	Begegnung der unheimlichen Art mit Monsignore F.	212
XX	Franziskus und die Kardinalpatrone	228
XXI	Ausgehorcht von Father H.	233
XXII	Der Streit um »Amoris Laetitia«	245
XXIII	Päpste auf der Abschussliste	251
XXIV	Die neuen Feinde des Papstes	264
XXV	Der Vatikan und die Homosexualität	269
XXVI	Die beiden Professoren und das Mittelzimmer	273
XXVII	Nachts am Monte Caprino	284
XXVIII	Auf der Jagd nach homosexuellen Priestern?	290
XXIX	Auftakt zu einer Hexenjagd?	304
XXX	Wer steckt dahinter?	312
XXXI	Argentinische Tragödie	320
XXXII	Die Schuld des Jorge Mario Bergoglio	335
XXXIII	Der Papst und die »Götzen«	340
XXXIV	Die Lobbys im Vatikan	354
XXXV	Franziskus in Zeiten von Corona	380

XXXVI	Hüpfburg statt Beichtstuhl im Vatikan	389
XXXVII	Wer will dem Papst schaden?	394
XXXVIII	Der Kampf ist nicht vorbei	400

	Epilog	409
	Personenregister	411
	Bildnachweis	415

I

Ärger am Tiber

Ich ging ihm seit Langem aus dem Weg, und ich hatte allen Grund dazu. Es war so gegen 19 Uhr, im Winter, und stockdunkel, als ich mit dem Fahrrad wie üblich am Tiber entlang nach Hause fuhr. Ich hatte ihn von Weitem nicht erkannt. Da war nur ein großer Schatten am Ufer des Flusses zu sehen gewesen, neben dem Fahrradweg. Er sah mich zuerst, einen Augenblick bevor ich ihn erkannte. Anzuhalten und umzudrehen wäre grob unhöflich gewesen. Einfach grußlos an ihm vorbeizufahren ebenso. Also bremste ich, als ich ihn erreicht hatte, und stieg ab.

Er ist ein großer Mann, um die 60, weiße Haare, Brust und Arme wie ein Boxer, ungewöhnlich für einen Priester. Er war etwa zur gleichen Zeit wie ich nach Rom gekommen, Ende der 8oer-Jahre, und er empfand viel mehr als nur Abneigung gegen mich, sondern eine regelrechte Abscheu. Zunächst hatte er mich einfach nur nicht gemocht, und damit musste ich leben, aber sein Groll gegen mich wuchs von Jahr zu Jahr. Seine ganze Abscheu ließ er mich spüren, als mein erstes Buch über Franziskus im Jahr 2013 erschien. Es hieß *Zeichen der Hoffnung*. Er war außer sich. Ich hatte ihn zufällig auf dem Weg zum Petersdom getroffen, und er stoppte mich. »Wie können Sie ein solches Machwerk über Papst Franziskus *Zeichen der Hoffnung* nennen? Was soll das heißen? Wie sehr wollen Sie den großen Papst Benedikt denn noch beleidigen? Wenn wir jetzt angeblich

Hoffnung schöpfen sollen, was haben wir denn dann unter Ihrem großen Landsmann erlebt? Gründe für Verzweiflung? Warum sollten wir nach der herausragenden Leistung von Papst Benedikt Hoffnung nötig haben? Hoffnung worauf? Was bitte sollen wir denn erhoffen? Mit diesem Titel unterstellen Sie dem Papst, ein Desaster verursacht zu haben, sodass die Menschen nach seinem Rücktritt endlich Hoffnung schöpfen können. Sie sollten sich schämen.«

Ich wusste, dass Papst Benedikt Monsignore A. gerettet hatte. Er war kurz davor gewesen, seinen bequemen und angenehmen Job im Vatikan aufgeben zu müssen, um sich in einem Heim mit schwer erziehbaren Jugendlichen herumzuschlagen. Die Leute um Benedikt XVI. hatten nach einem Hilferuf von Monsignore A. eingegriffen und dafür gesorgt, dass dieser in Rom bleiben und seinen Posten behalten konnte. Deswegen war der Monsignore dem Papst zutiefst dankbar und lobte die Qualitäten Joseph Ratzingers über den grünen Klee. Ich konnte verstehen, dass er sauer auf mich war, dass er alles angriff, das auch nur im Entferntesten nach einer Kritik an Joseph Ratzinger roch.

Das zweite Mal gab es Krach mit ihm, als mein zweites Buch über Papst Franziskus mit dem Titel *Der Kämpfer im Vatikan* herauskam. Ich traf ihn kurz nach dem Erscheinungstermin, als ich den Pressesaal des Heiligen Stuhls verließ.

»Was bilden Sie sich eigentlich ein?«, hatte er mich angeblafft. »Gegen wen sollte der Papst bitte kämpfen müssen? Sie erwecken den Eindruck, als gäbe es im Vatikan entschlossene Gegner dieses Papstes. Das ist alles an den Haaren herbeigezogen. Alle im Vatikan, und zwar restlos alle, lieben diesen Papst, wie sie auch Benedikt verehrt und geliebt haben. Die Feinde von Papst Franziskus, von denen Sie faseln, gibt es nur in Ihrer Fantasie.«

Jetzt in der Dunkelheit sah er mich ziemlich boshaft an, zumindest schien es mir so.

Ich sagte so höflich, wie ich konnte: »Guten Abend, Monsignore.«

»Dass ich Sie hier treffe«, brummte er. »Ich wollte Sie schon lange sprechen, denn das, was Sie da machen in Deutschland, das geht so nicht. Das sage ich Ihnen!«

»Was meinen Sie?«

»Sie wissen ganz genau, was ich meine. Ich habe aus Dutzenden deutschen Städten gehört, was Sie machen. Sie treten sogar in Kirchen auf und verunsichern die Gläubigen zutiefst. Sie wagen es, darüber zu sprechen, dass es eine Kirchenspaltung geben könnte, ein Schisma. Haben Sie denn jeden Anstand verloren? Das ist doch die absurdeste Räuberpistole überhaupt! In zweitausend Jahren gab es ganze zwei große Kirchenspaltungen. Das erste Mal um das Jahr 1000, da trennten sich die Ostkirchen ab, und das zweite Mal durch Martin Luther, und jetzt verbreiten Sie in Dutzenden von Städten in Deutschland, dass die Gegner des Papstes so stark seien, dass Franziskus eine Kirchenteilung fürchten müsse. Ja, sind Sie denn noch bei Trost? Der Papst hat noch keine einzige Sekunde lang an eine Kirchenteilung gedacht. Was denken Sie sich eigentlich dabei, solche Lügen zu verbreiten, und dann auch noch in katholischen Kirchen?«

Mir zitterten jetzt die Knie, und ich überlegte fieberhaft, was Monsignore A. im Vatikan tun könnte, um mir massiv zu schaden. Leider fiel mir dazu eine ganze Menge ein. Hatte ich tatsächlich maßlos übertrieben, wenn ich immer wieder gesagt hatte, dass der Papst mit einer Spaltung der katholischen Kirche rechnen müsse?

»Der Papst mag ja mit allem Möglichen rechnen, aber sicher nicht mit einer Spaltung der katholischen Kirche, die seine Gegner erzwingen könnten. In Deutschland posaunen Sie überall herum, dass der Papst sich mit den Chefs des internationalen Großkapitals anlege, vor allem mit den USA. Das ist doch nur eine Ihrer Erfindungen. Niemals würde ein Papst die USA oder den Kapitalismus als Gegner sehen. Dass der Papst und die Amerikaner Feinde sind, spielt sich nur in Ihrem kranken Kopf ab.«

Ich biss mir auf die Lippen. Wenn der Papst in Zukunft nicht so mutig sein würde, offen über Unangenehmes zu sprechen, würde es wahrscheinlich verdammt schwierig werden zu beweisen, dass der Papst die USA oder das Großkapital als Gegner sah und dass diese ihn bekämpften. Ich war mir absolut sicher, dass es so war, aber konnte ich das auch beweisen?

»Hören Sie auf, solchen Unsinn zu verbreiten! Das tun Sie ja sogar im Fernsehen. Und hören Sie auf, im Vatikan herumzuschnüffeln auf der Suche nach Feinden des Papstes. Die gibt es nämlich gar nicht.«

Ich versuchte, cool zu bleiben. Ich hatte schon oft erlebt, dass mich Funktionsträger im Vatikan beschimpften. Auch der Ex-chef von Radio Vatikan hatte mir mitteilen lassen, dass ich keine Ahnung von dem hätte, was Papst Franziskus wolle.

»Wenn ich das noch einmal aus Deutschland höre, dass Sie in einer Kirche den Leuten auftischen, dass der Papst eine Kirchenspaltung fürchte und in den USA einen Gegner sehe, dann werde ich handeln. Verlassen Sie sich darauf.« Dann drehte er sich um und ging. Ich gebe zu, ich brauchte eine ganze Weile, bis ich mich gefangen hatte und nach Hause radeln konnte.

Am 4. September 2019 auf dem Flug nach Mosambik zeigte Papst Franziskus den Mut, den ich nicht für möglich gehalten hatte. Er sagte wenige Schritte vor mir im päpstlichen Flugzeug ins Mikrofon: »Es ist mir eine Ehre, wenn die Amerikaner mich angreifen.«

Am 10. September 2019 auf dem Rückflug bewies er, wiederum in der päpstlichen Maschine, in der ich auch saß, den gleichen unglaublichen Mut, als er zugab, wie sehr es innerhalb der Kirche kracht: »Ich habe keine Angst vor Kirchenspaltungen, vor Schismen.« Beides hatte ich geahnt, doch das war jetzt der Beweis. Der Papst hielt tatsächlich eine Spaltung der katholischen Kirche für möglich und stritt sich tatsächlich mit den Amerikanern. Aber warum wollten Kirchenmänner im Vatikan wie Monsignore A. vermeiden, dass ich darüber etwas schrieb oder dass ich »herumschnüffelte«? Warum war ihnen das so wichtig? Warum bekämpften so viele den Generaloberen der Jesuiten, Pater Arturo Marcelino Sosa Abascal, der 2019 in Rimini gesagt hatte: »Sie wollen den Papst zum Rücktritt zwingen. Es gibt Verschwörungen innerhalb und außerhalb des Vatikans.«

II

Mit dem Rücken zur Wand

Das eigenartigste Hauptquartier der Welt, in dem ein Mann lebt, der sich Stellvertreter Gottes auf Erden nennen darf, liegt direkt neben der etwas heruntergekommenen Tankstelle mitten im Vatikan. Da dort keine Steuern anfallen, kostet der Sprit etwa ein Viertel weniger als in Italien. Einen Steinwurf weit entfernt liegt das Gästehaus des Vatikans, das den Namen der heiligen Martha trägt und in das Franziskus nach seiner Wahl zum Papst im Jahr 2013 zum maßlosen Entsetzen der alten Garde einzog.

Wenn sich die Glastüren zum Gästehaus der heiligen Martha öffnen und die Büste Papst Johannes Pauls II. die Gäste begrüßt, weht immer auch der Geruch von Benzin in die Zentrale der katholischen Kirche herein wie ein böser Geist. Bis zu dem Tag, an dem Papst Franziskus seinen Wohnsitz hierher verlegte, war das Haus der heiligen Martha nur eines der nichtssagenden, langweiligen Gästehäuser des Vatikans. Wer hier abstieg, wollte vor allem dem noch weit weniger luxuriösen Priesterwohnheim an der Via della Traspontina entgehen, das gleich um die Ecke an der Kreuzung zur Via della Conciliazione liegt. Doch wer etwas zu sagen hatte, der kam nicht ins Haus der heiligen Martha, sondern ging durch einen der Haupteingänge des Vatikans, das pompöse Portal Portone di Bronzo, das von salutierenden Schweizergardisten bewacht wird, oder ließ sich gleich in den überdimensionierten, gleichwohl sehr schönen Innenhof des

Vatikans, den sogenannten Damasus-Hof fahren, um zu einem Gespräch mit dem Papst vorgelassen zu werden.

Welche Besucher der Papst empfing, war in einem Wochenplan genau geregelt. Am Montag durfte der Kardinalstaatssekretär erscheinen, am Dienstag der Präfekt der Glaubenskongregation, am Mittwoch der Chef des Klerus, am Donnerstag der Präfekt für die Selig- und Heiligsprechungen und am Freitag wieder der Kardinalstaatssekretär. Ganze vier Männer durften also regelmäßig zum Papst, und jetzt saß Papst Franziskus in der Mensa des Gästehauses und ließ Abend für Abend Selfies mit sich machen, mit Familienmüttern und -vätern, die neuerdings in dem Haus absteigen dürfen. Das alles hat aus der Sicht der Gegner des Papstes nur ein einziges Ziel: die ehemaligen Herrscher des Vatikans, die übrig gebliebenen Kardinäle aus der Amtszeit Papst Johannes Pauls II. und Benedikts XVI., vor den Kopf zu stoßen. Denn sie hatten ein ganz anderes Bild von einem Papst – und dass Franziskus diesem Bild nicht entsprechen will, das zeigt er ihnen jeden Tag.

Sie können ihm nicht verzeihen, dass er die Grundfesten der katholischen Kirche angreift, das von Gott gelegte Fundament zum Wanken bringt. Denn Franziskus schreckt ihrer Ansicht nach nicht einmal davor zurück, den Anspruch der katholischen Kirche aufzugeben, die allein selig machende religiöse Instanz auf Erden zu sein. Was seinem Vorgänger Joseph Ratzinger so wichtig war, dass es nämlich für einen Gläubigen »objektiv besser« sei, katholisch zu sein, um ins Paradies zu kommen, lehnt Franziskus ab. Der erste Papst vom amerikanischen Kontinent verzichtet sogar auf den alles entscheidenden Anspruch der Päpste: der Stellvertreter Gottes auf Erden, der Vikar Jesu Christi, zu sein. Franziskus ließ vielmehr lapidar durch eine Änderung im vatikanischen Jahrbuch klarstellen, dass dieser Titel eben nur eine Tradition darstelle, ähnlich wie der Titel »Nachfolger des heiligen Petrus«. Damit ist aber im Grunde auch das Ende der unumschränkten Autorität des Papstes eingeleitet, kraft derer er als Nachfolger des Apostelfürsten in allen Streitfragen des Glaubens, wo immer auf der Welt sie in der katholischen Kirche zutage treten, das unfehlbare letzte entscheidende Wort spricht.

Die Gegner des Franziskus glauben aber nicht nur, dass er das Amt des Papstes zerstört, sondern auch das Heiligste der Kirche, die Sakramente. Seine Schreiben sollen das Sakrament der Ehe wie das der Beichte vernichtet haben durch seinen ständig wiederholten Wahlspruch: Gott vergibt immer. Aber wenn Gott immer vergibt, wozu brauchen die Gläubigen dann noch eine Kirche, die ihnen helfen soll, Gottes Vergebung zu erlangen und ins Paradies zu kommen? Das fragen sich seine Gegner. Deshalb also, weil ein Papst jetzt Anstalten macht, nach ihrer Auffassung den inneren Kern der von Gottes Sohn gegründeten Kirche zu zerstören, bleibt Franziskus' Gegnern keine andere Wahl, als diesen Papst im Namen Gottes zum Rücktritt zu zwingen.

Allerdings ist der Zeitpunkt, den Papst zu bekämpfen, schlecht gewählt. Gerade jetzt müsste die Kirche Geschlossenheit zeigen, weil sie am Boden liegt.

Franziskus hat das geruhsame Gästehaus mittlerweile in seine persönliche Kommandozentrale verwandelt. Im Laufe der Jahre hat sich herausgestellt, was für eine Art Befehlsstand das hier ist. Einer der einflussreichsten Bischöfe der Ära Ratzinger verglich die Atmosphäre im Haus der heiligen Martha mit derjenigen im Hauptquartier einer eingekesselten Armee, die dort unter einem Kommandanten, den sie für selbstzerstörerisch und unfähig hält, auf den Vernichtungsschlag des Gegners wartet. Wer immer das Haus betritt, kommt mit gesenktem Kopf, verbitterter Miene und schlechten Nachrichten von draußen herein, denn überall in der Welt brechen die Verteidigungslinien der römisch-katholischen Kirche in atemberaubendem Tempo zusammen. Die Welt will nicht mehr annehmen, was die Kirche im Angebot hat. Statt einer Fronleichnamsprozession bevorzugen junge

Frauen Buddhismus-Meditationsseminare, Männer gehen nicht mehr zur Beichte, sondern auf den Himalaya, um zu sich selbst zu finden. Die Welt wendet sich von der Kirche ab, und gleichzeitig begehen die Männer Gottes Verfehlungen und Verbrechen am laufenden Band und beschleunigen so den Untergang ihrer Institution.

Auf Platz eins der Negativ-Rangliste stehen mit weitem Abstand die Missbrauchsskandale. Die ersten vereinzelten Fälle wurden in den 1980er-Jahren aufgedeckt, mittlerweile brennt es jedoch in der gesamten kirchlichen Welt. Alle Kontinente, alle Länder, alle Bischofskonferenzen sind betroffen – doch jetzt geht die Welt da draußen mit den Fehlern der Kirche anders um, als das in der Vergangenheit der Fall war. Mochte die Kirche jahrhundertelang noch so unbegreifliche Fehler und Verbrechen begehen, sie konnte das immer wieder überspielen, die Gläubigen schluckten es ohne Murren, und die Welt verzieh es ihr, egal, ob sie die Demokratie verdammte und verbrecherische Regime unterstützte oder etwa bei Strafe der Exkommunikation die Lektüre bestimmter Zeitungen verbot, wie es Papst Pius XII. noch nach dem Zweiten Weltkrieg tat.

Aber jetzt ist Schluss mit der Nachsicht. Die Welt scheint nicht geneigt, der Kirche sexuellen Missbrauch zu vergeben. Der sexuelle Missbrauch von Kindern, Jugendlichen, jungen Priestern und Ordensfrauen sowie die Vertuschung dieser Verbrechen hat die Christen so entsetzt, dass sie die Nase voll haben von hilflosen Beteuerungen. Sie wollen Köpfe rollen sehen. Jeder Priester auf der Welt bekommt das mittlerweile zu spüren. Die Kirche steht zweifellos mit dem Rücken zur Wand.

III

Der Anfang der Revolte

Unmittelbar nach der Wahl von Jorge Mario Bergoglio zum Papst im Frühjahr 2013 gab es im Vatikan keinerlei Zweifel daran, dass sich einige Kardinäle und Bischöfe gegen den neuen Papst stellen würden. Natürlich wusste niemand, wie viele Kirchenmänner daran beteiligt sein würden, wie stark diese Streitmacht sein würde, ob sie einen Frontalangriff wagen oder ob sie es mit Sabotage versuchen würde. Die Tatsache aber, dass es Bestrebungen irgendeiner Art gab, bestritt in den eingeweihten Kreisen im Vatikan niemand. Der neu gewählte Papst war keineswegs ein stiller Frömmler gewesen, sondern ein Kämpfer, der sich seit Jahrzehnten mit der Hierarchie im Vatikan herumgeschlagen hatte. Zwei entscheidende Schlachten, die der neue Papst einst geschlagen hatte, waren vielen noch in Erinnerung. Dabei hatte es erheblichen Ärger gegeben, der noch immer nachwirkte.

Im Jahr 1992 hatte in Santo Domingo, der Hauptstadt der Dominikanischen Republik, der Lateinamerikanische Bischofsrat (CELAM) getagt. Aus Sicht des damaligen Papstes Johannes Paul II. waren die lateinamerikanischen Bischöfe von Kommunisten unterwandert. Die Theologie der Befreiung mit ihren Forderungen nach einer Umverteilung des ihrer Ansicht nach durch Ausbeutung erwirtschafteten Reichtums in Lateinamerika war für ihn nichts anderes als ein Vorstoß der Kommunisten. Und Karol Wojtyła hasste bekanntermaßen alles, was mit

Kommunismus zu tun hatte. Um die Teilnehmer in die Schranken zu weisen und die Konferenz eventuell sogar aufzulösen, entsandte Johannes Paul II. den schlimmsten Scharfrichter, den er hatte, Kurienkardinal Alfonso López Trujillo, nach Santo Domingo. Der sollte dort den Bischöfen Lateinamerikas ihre Befugnisse nehmen und sie enger an Rom binden. Sie sollten auf ihrem eigenen Kontinent in ihren Selbstbestimmungsrechten beschnitten und ihre angeblich sozialistischen und kommunistischen Umtriebe ausgemerzt werden.

Zur Gruppe der Scharfmacher gehörte auch Joseph Ratzinger, damals der Präfekt der Glaubenskongregation. Ihnen gegenüber standen die einflussreichsten Männer des Lateinamerikanischen Bischofsrats, denen es an den Kragen gehen sollte, so der spätere Präsident des Bischofsrats, Óscar Maradiaga aus Honduras, und dessen enger Freund Jorge Mario Bergoglio aus Argentinien. Wie durch ein Wunder misslang die Attacke, weil López Trujillo überraschend erkrankte und an der Konferenz nicht teilnehmen konnte. Diese Auseinandersetzung, im Kirchenjargon »Verpasste Schlacht von Santo Domingo« genannt, hatte dazu geführt, dass vor allem die glühendsten Verehrer von Papst Johannes Paul II. ein energischeres Durchgreifen gegen die rebellischen Bischöfe Lateinamerikas forderten. In der Folge war Bergoglio bei seinen Besuchen in Rom so offen geschnitten oder zusammengefaltet worden, dass er sich häufig weigerte, zum Rapport nach Rom zu kommen. Doch genau die Männer im Vatikan, die ihn damals genüsslich in die Pfanne gehauen hatten, fürchteten ihn jetzt natürlich, und die Mutigeren von ihnen würden wohl versuchen, sein Pontifikat abzukürzen.

Der zweite große Knall kam 2006. Der brasilianische Kardinal Cláudio Hummes wurde im selben Jahr von Papst Benedikt XVI. zum Präfekten der Kongregation für den Klerus und damit zum Chef aller Priester ernannt. Noch bevor er seinen neuen Job in Rom antrat, erklärte er gegenüber Zeitungen, dass die Ehelosigkeit der Priester, der Zölibat, durchaus abgeschafft werden könnte, weil das kein Gesetz Gottes, sondern nur eine Regel sei. Kaum in Rom angekommen, stauchte Papst Benedikt XVI. Kardinal Hummes zusammen. Hummes galt im Vatikan als unfähig. Wie hatte der Chef des Klerus den Zölibat auch nur in Zweifel ziehen können, wo er hätte wissen müssen, dass sein Vorgesetzter, Papst Benedikt XVI., unbedingt daran festhalten wollte?

Ausgerechnet diesem Kardinal Hummes erwies Papst Franziskus den maximalen Beweis seiner Wertschätzung. Er holte ihn unmittelbar nach seiner Wahl zu sich auf den Balkon des Petersdoms, als er sich zum ersten Mal der Menge zeigte. Für viele im Vatikan bedeutete das einen gewaltigen Schock. Der neue Papst war offensichtlich eng befreundet mit dem Mann, den sie einst gedemütigt und fertiggemacht hatten. Auf Dankbarkeit oder Wohlwollen des neuen Papstes konnten sie jetzt nicht hoffen. Sie mussten damit rechnen, dass Franziskus sie angesichts ihrer Attacken auf Cláudio Hummes für ungeeignet halten würde, was sie und ihre Seilschaften den Job im Vatikan kosten konnte. Aber natürlich nur dann, wenn der Papst lange genug regierte, um die gesamte Kirchenregierung umbauen zu können, und er nicht wegen irgendeiner Intrige zurücktreten musste.

Es gab also mindestens zwei Gruppen, die ein starkes Interesse daran hatten, dass der Papst so rasch wie möglich sein Amt aufgab. Wer die übrigen Feinde von Papst Franziskus sein könnten, ließ sich nicht so einfach ausmachen. Jorge Mario Bergoglio passt in keine Schublade.

Er hatte sich als Hochschullehrer geweigert, die Theologie der Befreiung zu lehren, was in der Logik der Kirche als »rechts« galt. Gleichzeitig hatte er sich aber immer für die Ärmsten der Armen engagiert und Priester angewiesen, in Garagen bei den Armen die Messe zu lesen, was innerhalb der Kirche wiederum als äußerst »links« galt. Was war er denn nun? Im rechten Spektrum hatte Bergoglio durchaus Anhänger, die es ihm hoch anrechneten, dass er wegen seiner antikommunistischen

Haltung von den linken Ideologen in seinem Orden hart abgestraft worden war. Aber auch im linken Spektrum hatte er seine Gefolgschaft, die sein persönliches Engagement in den Slums Argentiniens bewunderte.

Es gab nur sehr wenige klare Feinde des neuen Papstes. Zu ihnen gehörte vor allem die in Lateinamerika stark vertretene Personalprälatur Opus Dei, die Vorbehalte gegen Bergoglio hegte. Ich beschaffte mir einen Termin beim Sekretär eines der erbittertsten Gegner des neuen Papstes, der seit der Konferenz in Santo Domingo gegen ihn gewesen war und gleichzeitig auch Hummes attackiert hatte. Es gibt im Vatikan nur zwei Arten von Sekretären, die einem Kardinal oder einem Bischof dienen. Die einen schätzen ihren Chef und kommen gut mit ihm zurecht. Oft entsteht daraus eine enge Freundschaft, manchmal wegen des Altersunterschieds auch eine Art Vater-Sohn-Verhältnis. Die zweite Art von Sekretären verabscheut ihren Chef oder hasst ihn gar abgrundtief. In manchen kirchlichen Würdenträgern entsteht durch ihre Erhebung zum Bischof oder Kardinal ein Gefühl der Überlegenheit, was zu Überheblichkeit führen kann und das Zusammenleben und -arbeiten äußerst schwierig macht.

Einer der klassischen Konflikte zwischen Sekretär und Chef ist das Dauerthema Buch. Kirchliche Würdenträger wollen gehört werden, sie wünschen sich, dass ihre Ideen, welche die Basis ihrer Predigten und Ansprachen bilden, ein möglichst großes Publikum finden, kurz: Sie wollen Bücher schreiben. Leider kommt es häufig vor, dass der ein oder andere kirchliche Würdenträger sein Talent zum Schreiben überschätzt und nicht verstehen kann, dass seine Ausführungen wie etwa über die Konflikte des Athanasius von Alexandria niemanden wirklich interessieren. Der Würdenträger zwingt dann seinen Sekretär, seine Schriften wie sauer Bier bei Verlagen anzubieten. Selbst wenn eine Publikation gelingt, ist der Würdenträger meist maßlos enttäuscht, wenn sich herausstellt, dass sein Werk nur in einer winzigen Auflage gedruckt wird.

Die nächste Pein für den Sekretär besteht darin, dass die Eitelkeit des Würdenträgers erst dann befriedigt ist, wenn sein Buch in mehrere Sprachen übersetzt wurde. So muss der Sekretär Dutzende Verlage abklappern, die Fähigkeiten seines Chefs anpreisen, an die er selbst nicht glaubt, und sich immer wieder anhören, dass das, was sein kirchlicher Boss geschrieben hat, von keinerlei Interesse ist. Diese Tatsache aber, also die Wahrheit, kann der Sekretär seinem Chef natürlich nicht zumuten, also muss er ihm schonend beibringen, dass man sein Werk schnöde und unverständlicherweise verschmäht. Das alles endet in der Regel damit, dass der kirchliche Würdenträger fest davon überzeugt ist, dass sein Sekretär nicht geschickt und hartnäckig genug versucht hat, sein bedeutendes Werk unterzubringen, was zu einer ständigen Verstimmung und nachhaltigen Vergiftung des Verhältnisses führt.

Der Sekretär, mit dem ich mich im Herbst des Jahres 2013 traf, wurde von genau so einem Chef bereits seit Jahren getriezt.

Ich lud ihn in eine Kaffeebar ein, und er grinste mich an, sobald wir saßen.

»Es wundert mich nicht wirklich, dass du kommst.«

»Wieso?«, fragte ich.

»Wieso wohl. Mein Chef hasst Bergoglio, und das weißt du ganz genau.«

»Und jetzt?«, fragte ich. »Was wird er jetzt machen?«

»Gute Frage«, sagte er. »Vielleicht duckt er sich einfach weg und hofft auf ein kurzes Pontifikat oder …«

»Oder er beteiligt sich an dem Versuch, den Papst zu stürzen.«

»Könnte sein. Ich habe auch schon gehört, dass es organisierten Widerstand gegen den Papst geben soll.«

»Und gibt es den?«

»Keine Ahnung. Aber nach all den Kübeln Unrat, die mein Chef über Kardinal Bergoglio vor seiner Wahl zum Papst ausgekippt hat, kann ich mir beim besten Willen nicht vorstellen, dass alles weitergeht wie bisher.«

»Der neue Papst wird seinen alten Feinden verzeihen.«

»Aber mein Chef wird ihm nicht verzeihen, dass er zum Papst gewählt wurde.«

»Glaubst du, dass sich bereits etwas tut?«

Diese Frage ist im Vatikan in einem solchen Gespräch die Kernfrage, weil sie bedeutet: Hat dein Chef in letzter Zeit versucht, dich herauszuhalten, also mit Leuten gesprochen und gleichzeitig dafür gesorgt, dass du nicht mitbekommst, mit wem und worüber er redete.

»Lass mich mal nachdenken«, antwortete er.

Er blätterte in einem alten, fleckigen Terminkalender.

»Nee«, sagte er. »Da ist nichts, alles wie immer, bis auf, warte mal. Da ist etwas Seltsames am Ostersonntag und dann noch einmal im Juni. Er hat mich zweimal an einem Sonntag angerufen und mich gezwungen, die Termine für den Montagnachmittag abzusagen, obwohl er da eigentlich jedes Mal etwas Wichtiges vorhatte.«

»Vielleicht musste er einfach plötzlich zum Friseur.«

»Du verstehst mich nicht. Am Sonntag hat er mich in all den Jahren noch nie angerufen, weil im Vatikan der Sonntag heilig ist. Das darf keiner verletzen. Irgendwas muss an diesen beiden Montagen für ihn so verdammt wichtig gewesen sein, dass er sich dazu herablassen musste, mich an einem Sonntag anzurufen, damit ich noch absagen konnte.«

Ich fuhr mit der Vespa zurück zum Büro, setzte mich aber unterwegs in die Sonne an die Treppe, die von der Via di San Teodoro hinauf zum Kapitol führt, um ein wenig nachzudenken.

Was wusste ich eigentlich sicher? Ein hoher Würdenträger, von dem ich mit an Sicherheit grenzender Wahrscheinlichkeit annehmen konnte, dass er den Papst verabscheute, hatte seinen Sekretär zweimal auf ungewöhnliche Weise Termine absagen lassen, und zwar immer einen Termin am Montag. Aber warum ausgerechnet an einem Montag? Was hatte er so plötzlich an diesen beiden Montagen, Ostermontag und 24. Juni 2013, vorgehabt? Gab es so etwas wie einen sich formierenden Widerstand gegen den Papst auf höchster Ebene? Aber wer waren die Männer, die sich gegen Papst Franziskus in Stellung bringen wollten? Und hatten die tatsächlich vor, sich zusammenzuschließen, oder war das alles nur ein Hirngespinst? Sicher wusste ich, dass maßgebliche Männer der Polnischen Bischofskonferenz den Papst offensichtlich nicht schätzten und ihn vermutlich bekämpfen wollten. Papst Johannes Paul II. hatte nach seiner Wahl einige polnische Landsleute als seine engsten Mitarbeiter berufen. Waren sie also die Keimzelle einer Organisation, die den Papst aus Argentinien aus dem Amt drängen wollte?

Viele der engen Mitarbeiter und Freunde von Papst Johannes Paul II. waren nach dem Ende des Pontifikats von Papst Benedikt XVI. schlicht und einfach nicht mehr da. Allen voran dachte ich an Kardinal Andrzej Maria Deskur. Er hatte an einer Unzahl von Mittag- und Abendessen mit Papst Johannes Paul II. teilgenommen, sie waren sehr eng befreundet gewesen. Beide pflegten eine für viele andere Priester kaum nachvollziehbare unendliche Verehrung der Jungfrau Maria. Kardinal Deskur hatte sich sogar zu einer Geste hinreißen lassen, die dem Chef der Glaubenskongregation, Präfekt Joseph Ratzinger, zutiefst peinlich gewesen war. Als eine Familie ein Wunder aus der Hafenstadt Civitavecchia bei Rom meldete, wo eine Muttergottesstatue Blut geweint haben sollte, wurde Deskur aktiv.

Als die Polizei die angeblich wundersame Statue wegen des Verdachts der Volksverhetzung beschlagnahmte und obwohl Kardinal Joseph Ratzinger seine Skepsis gegenüber dem vermeintlichen Wunder nicht verbarg, schickte Deskur eine von ihm und dem Papst gemeinsam gesegnete Muttergottesstatue als Ersatz zu der Familie nach Civitavecchia. Aber Deskur war im Jahr 2011 verstorben.

Blieb noch Kardinal Zenon Grocholewski. Ich kannte Grocholewski ganz gut, er war der Chef der Kongregation für das

Katholische Bildungswesen im Vatikan gewesen, sein Büro lag nur einen Steinwurf weit entfernt von meinem im Vatikan. Er war ein knallharter Verfechter der Ideen Karol Wojtyłas, und ich hatte nicht den geringsten Zweifel, dass Grocholewski alles tun würde, um das Andenken an Papst Johannes Paul II. in Ehren zu halten. Ich hatte auch keinen Zweifel daran, dass Grocholewski gegen alles gnadenlos anrennen würde, was Papst Franziskus durchsetzen würde, aber gegen die Überzeugung von Papst Johannes Paul II. verstoßen hätte.

Ich ging zurück ins Büro und beschloss, es mit einem alten Trick zu versuchen. Zunächst überprüfte ich, welche Veranstaltungen an den beiden fraglichen Montagen stattgefunden hatten.

Ich telefonierte die Büros der Führungsriege im Vatikan ab und ließ mich immer nur mit den Sekretären verbinden. Ich stellte eine simple Frage, nämlich ob ihr Chef am Ostermontag und am Montag, dem 24. Juni, an den Empfängen der Urbaniana-Universität und an der Buchvorstellung im Gästehaus des Senats teilgenommen hatte.

»Ich will da keinen Fehler machen«, log ich am Telefon. »Wenn euer Chef da auch war, will ich ihn in meinem Artikel natürlich erwähnen.«

Am anderen Ende der Leitung löste eine solche Frage meist Panik aus, das wusste ich. Denn wenn der Chef dort gewesen war und wenn er dort vielleicht sogar eine Rede gehalten hatte und das Sekretariat es dann verschlampt hatte, mir zu ermöglichen, darüber zu berichten, dann war das ein ziemlich schweres Vergehen.

»Moment mal«, sagten fast alle Sekretäre, »ich muss nachschauen.«

Ich wartete geduldig. Bei etwa einem Drittel der 50 Telefonate kam die Antwort, dass die betreffenden Sekretariate nicht ganz sicher waren, ob der Chef dort gewesen war. Denn genau an den beiden Tagen, an diesen beiden Montagen also, habe er sich freigenommen, und niemand wisse so genau, wo er eigentlich gewesen sei.

»Bingo«, dachte ich. »Aber warum ausgerechnet zweimal ein Montag?«

Ein paar Tage später verbrachte ich einen angenehmen Abend auf einem Empfang von Unternehmern der römischen Textilindustrie. Ich kannte dort nur die seltsame, kleine Sparte der Bekleidungsindustrie, die das Outfit für Priester produziert. Diese Damen und Herren kennenzulernen ergab sich im Laufe der Jahre zwangsläufig. Es gab Bischöfe und Kardinäle, die nach Rom kamen und nach einem gemeinsamen Essen regelrecht um Einkaufstipps baten. Sollten sie ihre Ausstattung am Pantheon in den äußerst ehrwürdigen alten Bekleidungsgeschäften kaufen oder doch lieber in der Nähe des Vatikans? Wie beim weltlichen Shoppen ging es auch hier ums Geld. Konservative Bischöfe und Kardinäle kauften maßgeschneiderte liturgische Gewänder und Anzüge, linke Würdenträger kauften bei Euroclero in der Nähe des Vatikans von der Stange. Ich hatte einmal über preisgekrönte Designer von Priesterklamotten geschrieben und kannte deswegen einige der Damen und Herren der Branche. Damals hatte ich lernen müssen, dass auch das Messgewand, die Casula, modischen Entwicklungen unterliegt und keineswegs zeitlos ist. Der Kitsch machte auch vor der Casula nicht halt. Messgewänder, die mit den an Comics erinnernden Porträts von beliebten Heiligen wie Mutter Teresa oder Pater Pio verziert waren, zogen ebenso am Altar ein wie echte handbestickte Kunstwerke, die über 4000 Euro kosten konnten. Das Ganze ließ sich auch mit Rabatten von bis zu 50 Prozent im Internet etwa bei Holyart kaufen.

Ich gönnte mir auf der Feier ein gutes Glas Rotwein, als ich zufällig aufschnappte, wie ein Herr aus der priesterlichen Textilbranche voller Empörung sagte: »An diesem Montag nach Ostern habe ich sogar mit dem Kardinal gesprochen, denn so geht es nicht.«

Der Textilindustrielle schien offensichtlich außer sich zu sein. Ich machte kehrt und stellte mich zu dem Grüppchen. Ich konnte meine Neugier nicht im Zaum halten und fragte den Herrn: »Entschuldigen Sie, dass ich mitgehört habe. Sie sagten, an diesem Montag, also dem Ostermontag, haben Sie mit einem Kardinal gesprochen.«

»Ja, aber fragen Sie mich nicht nach seinem Namen, denn den würde ich Ihnen sicher nicht sagen.«

»Natürlich nicht«, beschwichtigte ich. »Aber was gab es an diesem Ostermontag denn so Interessantes mit dem Kardinal zu besprechen?«

»Er war außer sich über den neuen Papst.«

»Und warum, wenn ich das fragen darf?«

Er sah mich äußerst misstrauisch an.

»Haben Sie es etwa nicht gesehen?«

Jetzt fiel bei mir endlich der Groschen. Am Ostersonntag 2013 war Papst Franziskus in einer äußerst simplen Aufmachung, ohne rote Schuhe, ohne Hermelinumhang, ohne die protzige Ausstaffierung seiner Vorgänger, in den Petersdom gegangen. Es war eine unübersehbare Kritik an dem Pomp seiner Vorgänger.

Deswegen haben sie sich getroffen. Weil sie über den Affront des Vortages sprechen wollten. Aber wie passte der 24. Juni?

»Einen Augenblick«, entschuldigte ich mich und verzog mich in eine Ecke. Ich durchsuchte meinen Kalender auf dem Handy nach dem 23. Juni, dem Tag zuvor.

Kein Ergebnis. Der Papst hatte an diesem Tag nichts gesagt oder getan, was die Kurie hätte aufbringen können. Aber dann fiel es mir wie Schuppen von den Augen. Einen Tag zuvor, am 22. Juni 2013, hatte er sie alle sitzen lassen und zwar in der großen Audienzhalle »Papst Paul VI.«, wo ein Konzert stattfand. Der Papst der kleinen Leute, der luxuriöse, mondäne Auftritte hasste, war einfach nicht hingegangen. Er hatte ausrichten lassen, dass er keine Zeit habe. Sein Platz war leer geblieben. Ich erinnere mich gut an die Kardinäle, die wie aufgescheuchte Hühner umherliefen und sich gegenseitig beruhigten mit der beschwörenden Formel: »Er wird schon noch kommen.« Dann hatte ein zutiefst enttäuschter Rino Fisichella, ehemals Rektor der Lateranuniversität und Präsident der Päpstlichen Akademie für das Leben, die Grußbotschaft des Papstes verlesen, und damit war klar: Er hatte sie alle vor den Kopf stoßen wollen. All das, was vorher so seltsam gewirkt hatte, war also gar kein Zufall gewesen, sondern ein Plan.

Gut drei Monate vorher, am Abend des 13. März 2013, musste der 76-jährige Argentinier Jorge Mario Bergoglio damit fertigwerden, dass ihn die Kardinäle zum Papst gewählt hatten und er damit aller Voraussicht nach bis zum Ende seiner Tage nie wieder eine ruhige Minute haben würde. Es wäre nur natürlich und allzu verständlich gewesen, wäre Bergoglio, der längst über das Pensionsalter hinaus war, von der Tatsache, dass er das Oberhaupt von 1,1 Milliarden Katholiken geworden war, überwältigt gewesen. Vermutlich hätte die Tatsache, zum Vikar Gottes gewählt worden zu sein, weit jüngere Männer in einen Zustand der Konfusion versetzt. Was musste einem frisch gewählten Papst alles durch den Kopf gehen? Dass er nie wieder in sein normales Leben in Argentinien zurückkehren konnte? Dass eine ungeahnte Verantwortung auf ihm lastete? Dass er von einer Minute zur anderen vom weltweit kaum beachteten Erzbischof von Buenos Aires zu einem der bekanntesten Männer der Welt aufgestiegen war, dessen Leibwächter ständig mit einem Anschlag rechnen mussten? Musste in einem solchen Moment nicht jedem Menschen angst und bange werden?

Das Amt des Papstes ist weltweit das letzte Überbleibsel einer absolutistischen Wahlmonarchie. Es ist so angelegt, als wäre der Papst immer perfekt, als könnte er nie Fehler machen, dank des Dogmas der Unfehlbarkeit, das 1870 eingeführt wurde. Gibt es überhaupt jemanden auf der Welt, der im Moment der Wahl in ein solches Amt nicht den Kopf verlieren würde?

Das Amt des Papstes ist zudem nicht nur eines der ältesten, nahezu ununterbrochen besetzten Ämter der Welt, es ist auch auf eine besondere Art mit Gott selbst verbunden. Franziskus musste sich an den Gedanken gewöhnen, der Nachfolger jenes Petrus zu sein, der den Auftrag, dessen Schafe zu weiden, direkt von Gottes Sohn bekommen und den auferstandenen Christus mit eigenen Augen gesehen hatte. Der neue Papst würde eine Vielzahl von Entscheidungen treffen, die das Schicksal ganzer Erdteile berühren würden. Außerdem musste sich der neue Papst nun mit dem Gedanken anfreunden, dass der Vatikan jetzt nicht mehr eine Behörde war, mit der er als Erzbischof von Buenos Aires häufig im Streit lag. Nein, der Vatikan war jetzt seine Behörde. Wäre es da nicht selbstverständlich gewesen, dass der neue Papst sich in den ersten Tagen und Wochen seines Pontifikats so unauffällig wie möglich verhielt? Wäre es nicht logisch gewesen, dass ein neu gewählter Papst vor allem eines vermeiden wollte: Fehler zu machen im neuen Amt?

Doch Jorge Mario Bergoglio verhielt sich völlig anders. Ihm gelang, was eigentlich unmöglich scheint: Den Schock der Wahl steckte er augenblicklich weg. Obwohl die Kameras Hunderter TV-Sender auf ihn warteten, blieb Papst Franziskus cool und schaffte es trotz der Anspannung, sich auf eine Blitzaktion zu konzentrieren. Er wollte vom ersten Augenblick an, dass sein Anliegen, nämlich die katholische Kirche wieder kompromisslos an die Seite der Armen zu führen, schlagartig der ganzen Welt klar würde. Statt also zu tun, was nahelag, nämlich zunächst auf alle Experimente und Neuerungen zu verzichten, um ja nicht angreifbar zu sein in den ersten Tagen und Stunden, nahm er das Heft des Handelns sofort in die Hand.

Die Revolution begann mit einem Wort: Nein. Der Zeremonienchef Guido Marini kam zu ihm und wollte ihm ein Symbol der päpstlichen Macht geben, die Mozetta, den bis zum Ellbogen hinabreichenden, aus schwerer, karmesinroter Seide gefertigten Kurzmantel, den Johannes Paul II. und Benedikt XVI.

nach ihrer Wahl trugen. Franziskus lehnte ab, und in seiner Not versuchte ihm der Zeremonienmeister die samtene, mit Goldbrokat bestickte Stola umzulegen, aber auch das wollte der neu gewählte Papst nicht. No, nein. Das ging eigentlich gar nicht, denn der neue Papst musste die Menge segnen, so war es Tradition. Und das konnte er nur, wenn er die Stola trug. Also versuchte es Marini ein weiteres Mal und erntete ein weiteres Nein.

Was dann auf dem Balkon vor dem Petersdom geschah, wertete der Vatikan als Sensation. Franziskus wandte sich als erster Papst der Geschichte an die Menge, und statt ihnen den päpstlichen Segen zu spenden, bat er sie darum: »Bitte segnet mich!« Erst danach sollte er die Stola anlegen, um die Gläubigen zu segnen. Der Bruch mit der Tradition der in ihren Pomp verliebten Päpste war jetzt unübersehbar. Als der Papst auf den Balkon kam, ohne Mozetta und ohne Stola, hofften die konservativen Kreise im Vatikan, dass es sich nur um einen Zufall gehandelt, dass aus irgendeinem Grund die Mozetta nicht bereitgelegen hatte. Doch dann kam der Abend des Karfreitags, des 29. März 2013, nur 16 Tage nach seiner Wahl zum Papst, und ein weiteres Mal dachten die Konservativen, das sei Zufall. Papst Franziskus stand zum ersten Mal vor dem Kolosseum, um den Kreuzweg zu beten und der Todesstunde Christi zu gedenken. Er schien tief ins Gebet versunken zu sein. Zeremonienchef Guido Marini versuchte mehrmals, ihm den eleganten Mantel umzuhängen, und immer wieder lehnte der Papst das unwirsch ab. Er wollte in der Kälte stehen, wie ein einfacher Pilger, nicht im warmen Mantel.

War das eine Laune? Oder sah er sich anders als seine Vorgänger? Nur einen Tag später, in der Osternacht vom Karsamstag, und wenige Stunden später am Ostersonntag wiederholten sich die beunruhigenden Zeichen. Wusste dieser Papst nicht, dass er als Papst etwas Besonderes war? Statt in eleganten liturgischen Gewändern kam er in einem alten, ausgefransten Priestergewand in den Petersdom. War das ein weiterer Zufall oder aber eine geplante Geste? Befürchtete er nicht, seine neuen Mitarbeiter zu verärgern, deren Mehrheit keine radikalen Veränderungen im Vatikan wollte?

War also dieser Mann aus Argentinien tatsächlich ohne jede Furcht vor dem über 1500 Jahre alten Apparat Vatikan, der fast ausschließlich von Männern aus dem Mittelmeerraum geprägt war, aber nichts mit Männern vom amerikanischen Kontinent zu tun hatte? War es das, was den neuen Papst auszeichnete und was sein Pontifikat so prägen sollte – dass er keine Angst hatte? Er würde nicht wie Benedikt XVI. einen regelrechten Hilfeschrei an die Welt senden, als er in seinem Brief an die Bischöfe im März 2009 eine Atmosphäre des Reißens und Zerreißens beklagt hatte.

Franziskus hatte keine Angst, und genau das war das Thema in diesen ersten Monaten seiner Amtszeit. Das also verband die beiden Montage, er hatte gezeigt, dass er sich nicht einschüchtern ließ. Ganz im Gegenteil. Zweimal hatte Franziskus die Herren im Vatikan brüskiert: am Ostersonntag 2013 und am Samstag, dem 22. Juni 2013, und ganz offensichtlich hatten danach einige Herren der Kurie Gesprächsbedarf gehabt. Ich hatte die Tage herausgefunden, an denen es angefangen hatte. Doch wie weit würden sie gehen?

IV

Zurück an die Front

Das nächste Mal, dass ich von einem organisierten Widerstand gegen den Papst hörte, war an einem seltsamen Abend im Haus der heiligen Martha. Mittlerweile ließ sich nicht mehr übersehen, dass sich etwas in der Kommandozentrale des Vatikans grundlegend geändert hatte. Etwas war passiert, doch ich hatte zunächst keine Ahnung, was das sein konnte. Wohl klangen die Nachrichten, die aus aller Welt im Haus der heiligen Martha eintrafen, immer deprimierender, ließen die Botschafter ihre Köpfe immer tiefer hängen, doch das war es nicht. Auch unter Johannes Paul II. und Benedikt XVI. hatte sich die Krise der Kirche bereits angedeutet. Es musste etwas anderes geschehen sein.

Was es war, das da nicht stimmte, erfuhr ich in besagtem Gästehaus im Juli 2013. Wenige Monate nach der Wahl von Papst Franziskus lud mich ein alter Bekannter in den Speisesaal des Gästehauses ein. Er gehörte zum mittleren Management im Vatikan, also zu der Gruppe Priester, die die Arbeit machen und die gebraucht werden, egal, welcher Papst gerade regiert. Ihre Chefs, die Spitzenmanager, Kardinäle und Bischöfe, ließen einen Großteil der Arbeit von diesen Leuten erledigen. Mein Bekannter wusste, dass er sich nur an eine Regel halten musste, um keinen Ärger zu bekommen: nie den Eindruck erwecken, schlauer oder besser informiert zu sein als der Chef, selbst wenn es stimmte.

Es ist nicht ganz einfach, in das Gästehaus der heiligen Martha zu gelangen, in dem der Papst wohnt. Man braucht eine Einladung. In der Regel holen mich meine Gastgeber am Grenzübergang zum Vatikan, links neben dem Eingang zum Petersdom am Arco delle Campane, ab. Sie müssen nichts weiter tun, als den ziemlich großen Schlüssel zu ihrem Zimmer im Haus der heiligen Martha aus der Tasche zu ziehen, um ihre Gäste über die Grenze in den Vatikan zu holen. Der Weg bis zum Gästehaus ist dann nicht mehr weit, nur einige Hundert Meter, vorbei an dem kleinen Park vor dem Hauptquartier der Gendarmen, wo sich auch das kleine Gefängnis des Vatikans mit zwei Zellen und das Gericht befinden.

Nachdem die Schiebetüren des Hauses der heiligen Martha sich hinter dem Gast geschlossen haben, geht man die Treppen hinunter, an der Rezeption des Hotels vorbei, in die Halle und von dort nach rechts in den Speisesaal. Wir waren früh dran, das Buffet noch gut bestückt. Als Erstes leeren die Gäste meist die Schalen mit Nudeln und diejenigen mit Mozzarella und Tomaten. Der Saal hatte sich schon ziemlich gut gefüllt, als Papst Franziskus in den Raum kam, allein. Er wirkte überhaupt nicht wie die Person, die er war, der Hausherr, der offizielle Herrscher des kleinen Staates. Er huschte in den Speisesaal, als wäre er lediglich einer der Gäste. Ich hatte ihn auf einer Lateinamerikakonferenz in Aparecida in Brasilien 2007 kennengelernt sowie während einer Synode in Rom. Ich erinnere mich, dass Pater Graulich, der die Briefings der Synode leitete, häufiger betonte, dass ihm Kardinal Jorge Mario Bergoglio außer durch sein niedergeschlagenes Wesen kaum aufgefallen sei. Was an Bergoglio so faszinierte, war sein Wandel. Kardinal Bergoglio war ein schmaler, mürrischer Mann, der wie ein Eigenbrötler wirkte, in sich gekehrt, eher übellaunig. Dass dieser Mann sich in einen strahlenden Papst verwandeln könnte, hätte ich nie für möglich gehalten.

Doch Jorge Mario Bergoglio ist ein Mensch mit zwei Gesichtern. Er hat etwas sehr Liebenswürdiges und überhaupt nichts

Majestätisches an sich. Auch wenn man es unangemessen finden mag: Tatsache ist, dass fast alle Menschen, die zum ersten Mal auf Papst Franziskus treffen, das Gleiche sagen: »Mann, ist der süß.« Er hat etwas von einem herzlichen Opa, der eigentlich nur überall da helfen will, wo es brennt, und dem man sagen möchte: »Wir schätzen es sehr, dass du uns so unter die Arme greifen willst, aber du musst deine Kräfte einteilen, pass auf dich auf.« Seine beiden Vorgänger habe ich immer mit »Heiliger Vater« angesprochen, wie im Vatikan üblich, doch als ich das zum ersten Mal zu Jorge Mario Bergoglio sagte, antwortete er: »Wie geht es denn, Heiliger Sohn?« Er wirkt nicht herrisch, er befiehlt nicht, dafür bittet er und wirbt eher für das, was er für wichtig hält. Er scheint sich ständig dafür entschuldigen zu wollen, dass er der Papst ist.

Wenn Papst Franziskus durch den Speisesaal geht, schauen ihm die Priester mit einem gewissen Gruseln nach. Sie wissen ganz genau: Das ist der Mann, der von ihnen verlangt, dass sie Garagen mieten, um bei den Ärmsten zu sein, die nicht in die Kathedralen kommen. Das ist der Mann, der will, dass sie in die Slums gehen, dass sie sich um die Gläubigen kümmern wie um schwer Verwundete in einem Feldlazarett, denen nach einer brutalen Schlacht geholfen werden muss. Er nickt dem einen oder anderen zu, während er den Raum durchquert.

Die unnachgiebige Art kann man ihm ansehen, seine Intelligenz und die Erfahrung, die ihn schlau gemacht hat. Alle im Saal wissen: Das ist keiner, den man hereinlegen sollte. Ihn zu hintergehen kann übel enden. Und alle im Saal wissen auch, dass er anders vorgeht als seine Vorgänger. Er lässt die Kongregationen nicht einfach überprüfen, nein, er schickt seine Leute hinein. Sie sollen nicht von außen, sondern von innen berichten, was da vor sich geht, und zwar nur ihm allein.

Der einstige Asket hat im Vatikan einige unbeschwerte Kilo zugelegt. Doch sein Gang ist immer noch watschelnd, seine Plattfüße und sein angeschlagenes Becken machen ihm zu schaffen.

Er kommt in ausgelatschten Straßentretern daher, die extravaganten roten Schuhe seines deutschen Vorgängers lehnt er ab. Wenn mich jemand fragte, wie er wirkt, habe ich immer gesagt: Es ist, als ob ein richtig guter Kumpel von Jesus von Nazareth im Vatikan eingezogen wäre.

Damals herrschte noch die Unsitte im Haus der heiligen Martha, dass die Gäste den Papst mit dem Handy fotografierten, sobald er in den Speisesaal kam. Er verbat es sich erst nach einiger Zeit, während des Essens fotografiert oder gefilmt zu werden.

Wir erhoben uns, als der Papst in den Speisesaal kam, dann bedienten wir uns an dem wirklich nicht üppigen Buffet und setzten uns zum Essen. Franziskus setzte sich an diesem Abend mit seinen Vertrauten in eine kaum einsehbare Ecke.

»Was ist eigentlich los im Vatikan?«, fragte ich. »Auch hier im Saal ist die Luft ja fast zum Schneiden.«

»Er hat Fabio über die Klinge springen lassen«, sagte mein Gegenüber im Flüsterton.

»Wer?«

»Der Papst.«

»Was heißt das: über die Klinge springen lassen? Und wer ist Fabio?«, wollte ich wissen.

»Fabio hat zeitweise in der Kongregation der Evangelisierung der Völker gearbeitet und muss jetzt an die Front.« Es war das erste Mal, dass ich dieses Wort im Haus der heiligen Martha während des Pontifikats von Papst Franziskus hörte.

»Was meinst du mit Front?«, fragte ich.

»Was wohl? Er muss aus Rom weg in eine Gemeinde.«

»Aber ich denke, das ist die Aufgabe eines jeden Priesters.«

Er sah mich mit echter Empörung an. Es war unübersehbar, dass ich in ein Wespennest gestochen hatte.

»Ich habe dich nicht eingeladen, damit du mich als Drückeberger beleidigst«, sagte er.

»Entschuldigung. Ich hatte nicht vor …«

Er trank einen Schluck Wasser, dann fuhr er fort: »Schon gut. Du kannst es nicht wissen. Es ist nicht deine Schuld. Also, pass auf: Es gibt im Vatikan einige, relativ wenige Fachleute, die der Papst wirklich braucht. Das sagt er ihnen auch. Sie machen oft einen heiklen Job, versuchen manchmal, verfahrene Situationen, schwierige Dialoge wieder hinzubekommen.«

»Ich glaube, ich kenne so einen«, sagte ich.

»Aber viele, die hier gelandet sind, braucht in Rom in Wirklichkeit kein Mensch. Diese Männer wissen aber, dass das Leben in einer Gemeinde für viele Priester die Hölle sein kann. Mal ganz abgesehen von den Erniedrigungen, die du erlebst, weil jede böswillige Schülerin im Unterricht dich wie einen degenerierten mutmaßlichen Sexualstraftäter behandeln kann, weil sie im Fernsehen mit Berichten über Missbräuche durch Priester bombardiert wurde. Abgesehen davon, dass du in Gotteshäusern Messen liest, in denen, wenn es hochkommt, ein paar schwerhörige Omas sitzen, und du stundenlang in Beichtstühlen sitzt, ohne dass jemals jemand kommt. Abgesehen von all dem: Weißt du, was ich am meisten fürchte an der Front?«

»Ich weiß es nicht. Was denn?«

»Am meisten fürchte ich – was regelmäßig geschieht –, dass ich behandelt werde, als wäre ich als katholischer Priester so etwas wie ein Pausenclown, ein Scharlatan. An der Front machen sie dich zu einem Spinner, wenn du ein katholischer Geistlicher bist, zu einer Art übrig gebliebener Staffage. Weißt du, wie das ist, eine Eheschließung zu zelebrieren, die nur deswegen stattfindet, weil die Braut so gern in einem weißen Kleid in einer Kirche gefeiert werden möchte? Weißt du, was dann in einem solchen Gottesdienst passiert?«

»Nein.«

»Dann steh ich da vor dem Altar, und vor mir stehen Menschen, denen der Glaube an Gott ebenso egal ist wie die Kirche oder ein Priester. Wenn ich dann den alten Wechselgesang ›Erhebet die Herzen!‹ singe, weißt du, was dann zurückkommt? Nichts. Stille. Es ist nicht einmal Bosheit. Sie wissen einfach nicht mehr, dass sie singen müssten, was das eucharistische Hochgebet vorsieht, einfach die Zeile: ›Wir haben sie beim Herrn …‹ Du musst ihren Teil, die für die Gemeinde vorgesehenen Gebete, mitsingen. Alles, was sie dir zu verstehen geben wollen, ist: Komm schon, du komischer Clown in deinen Frauenklamotten. Beeil dich mit deinen abgefahrenen Formeln, die du murmelst. Ein bisschen von deinem Brimborium ist ja ganz nett, aber jetzt reicht es. Das zu spüren zu bekommen, das macht mich fertig. Es gibt das Band nicht mehr, das dich mit den Gläubigen in der Kirche verbinden sollte. Es ist weg. Du bist ihnen zutiefst egal. Aus Höflichkeit muss ich dann zu diesen Hochzeitsessen gehen, und während des Essens wird mich garantiert ein angetrunkener Gast fragen: Sagen Sie mal, Herr Pfarrer, sind Sie einfach nur schwul oder total verklemmt oder beides? Wenn ich dann nach Hause in das leere Pfarrhaus komme, dann frage ich mich: Was soll das alles eigentlich, und wie willst du die paar Wochen Vertretung überstehen?«

»Und dann?«

»Dann komme ich irgendwann in den Vatikan zurück, und wenn ich an den Schweizergardisten an der Grenze vorbeigehe, weißt du, was dann passiert? Ich habe dann wochenlang abschätzige Blicke, Beschimpfungen und regelrechte Beleidigungen hinter mir, nur weil ich mich als katholischer Priester kleide. Sobald ich an das Tor des Vatikans komme, salutieren junge Soldaten, sie begrüßen mich mit allen Ehren. Sie tun das nicht, obwohl ich als Priester gekleidet bin. Sie tun es, weil ich als Priester gekleidet bin. Wenn ich dann weitergehe und zum Kontrollposten der Gendarmen komme, begrüßen sie mich voll Aufmerksamkeit, gerade weil ich ein Priester bin. Weißt du, was das für mich heißt?«

»Nein.«

»Das heißt: Überall hat die moderne, Gott verachtende Welt gewonnen, die Welt, die sich nicht um die Beichte schert, die eine lebenslange Ehe für lachhaft hält und auf Tinder und Parship Lebensabschnittspartner sucht, die sich über eine Prozession ebenso lustig macht wie über die Verehrung von Heiligen. Diese allmächtige Welt beißt sich an diesem Ort hier, am Vatikan, die Zähne aus, und das sehe ich mit großer Begeisterung. Man sieht es plakativ jeden Morgen. Die Milliarden-Dollar-Tourismusindustrie, die Rom fest im Griff hat, die die Regeln macht und alles kauft, was sich kaufen lässt, die hat im Vatikan keine Chance. Seit Jahrzehnten wollen die multinationalen Reisekonzerne, die über zehn Millionen Menschen pro Jahr in die Peterskirche schicken, durchsetzen, dass der Vatikan endlich damit aufhört, die paar Spinner zu schützen, die morgens in der Kirche den Gottesdienst feiern wollen und damit den Touristikkonzernen das Leben schwer machen. Doch das Business muss etwas tun, was es nicht gewohnt ist: sich unterwerfen.

Das Gleiche gilt am Abend für die boomende Industrie der Kreuzfahrtschiffe. Ihr Problem ist, dass sie Tausende Urlauber von den Schiffen im Hafen von Civitavecchia nach Rom bringen müssen. Das dauert, deswegen wollen sie möglichst lange Öffnungszeiten für den Besuch von Touristen in der Peterskirche. Aber um 17 Uhr ist Schluss. Das ganze Geld und der massive Druck können nichts ausrichten gegen die Priester, die in ihrem ganzen Leben nicht einmal einen Bruchteil der Portokasse dieser Konzerne verdienen. Sie können durchsetzen, dass an einem der großartigsten Orte der Welt die Macht des internationalen Tourismus um Punkt 17 Uhr gebrochen wird, weil dann in der Kirche gebetet wird. Wir, die belächelten Scharlatane, haben hier das Sagen.

Der Mann, den Franziskus jetzt weggeschickt hat, war so einer. Er hatte hier seinen Frieden gefunden. Er machte seinen Job gut, wenn es etwas zu tun gab. Oft schlug er wie viele im Vatikan einfach die Zeit tot. Er ging jeden Tag Fahrrad fahren, liebte Konzerte, er war ein gern gesehener Gast auf den zahlreichen Feiern der Botschaften in Rom. Er war ein guter

Schwimmer, und wir sind oft mit ihm ans Meer gefahren. Rom war sein Zuhause, und dann kam der Brief von seinem Bischof. An der Front wird es immer schlimmer. Es gibt immer weniger Kanonenfutter, immer schneller fallen die Priester, werden alkoholabhängig oder sind psychisch kaputt.«

»Hat er nichts getan, um sich gegen den Beschluss des Papstes zu wehren?«

»Natürlich hat er das. Er hat das getan, was alle tun. Er verfügte im Vatikan über ein Netzwerk für solche Fälle. Es gibt Bischöfe und Kardinäle, die wissen, wie schlimm es an der Front wirklich ist. Er hat sich an sie gewendet – und vor 50 Jahren wäre das ganz einfach gewesen. Sobald ein Kardinal aus dem Vatikan einem Bischof da draußen zu verstehen gab, dass sein Mann noch im Vatikan gebraucht werde, schickte der Bischof nur einen Brief zurück und dankte dafür, dass der Mann aus seiner Diözese im Vatikan solche Wertschätzung genieße. Aber das ist ein für alle Mal vorbei. Die Not an der Front ist so groß, dass selbst die zurückhaltenden, schüchternen, eher feigen Bischöfe um jeden Mann kämpfen, auch gegen den Vatikan. Es gibt deshalb nur eine sichere Rettung. Der Papst muss persönlich unterschreiben, dass der Betreffende in Rom gebraucht wird.«

»Und?«

»Er hat es nicht getan, er hat ihn ausgeliefert, hat ihm noch einmal erklärt, dass die Priester an der Front dringend gebraucht würden, und hat ihn in die Hölle geschickt. Er ist in einer Diözese, in der eine Unmenge Missbrauchsfälle aufgedeckt wurden und mit Sicherheit noch weitere aufgedeckt werden, denn das ist ja ein Teil des Horrors der Front.«

»Ich verstehe nicht, was du meinst.«

»Jeder von uns, also alle, die in den vergangenen 50 Jahren, nach der 68er-Revolution, in einem Priesterseminar studiert haben, wussten, dass es unter den angehenden Priestern ungeeignete, total verkorkste Typen gab. Als die Zahl der Kandidaten für das Priesteramt drastisch sank, nahmen die Bischöfe über Jahrzehnte einfach jeden, der sich präsentierte, und du weißt doch selber, dass es auch hier im Vatikan eine ganze Reihe von Priestern gibt, die sexuell viel zu gestört, intellektuell zu wirr und im menschlichen Miteinander unerträglich sind. Du weißt doch, von welchen Typen ich rede.«

Wir tauschten ein paar Namen aus. Es gab in der Tat eine längere Liste von Priestern, die im Laufe der Jahre immer tiefer im Vatikan versteckt werden mussten. Diese Priester waren schlicht und einfach sehr auffällig. Viele von ihnen galten als aggressiv, rasteten leicht aus, schienen unter einem total übersteigerten Gerechtigkeitssinn zu leiden oder bekamen ihre Wahnvorstellungen nicht in den Griff. Manche beschimpften aus nichtigen Gründen Touristen auf offener Straße, die sich ihrer Ansicht nach in der Nähe der Peterskirche nicht fromm genug benommen hatten. Manche murmelten bösartige Verse. Hinzu kamen die Kirchenmänner, die in äußerst heftige Eifersuchtsfehden im homosexuellen Spektrum verstrickt waren.

»Verstehst du? Ich begreife durchaus, dass Papst Franziskus meint, unser Platz sei an der Front. Damit hat er ja recht. Aber er schickt uns in einen ungleichen Kampf, in dem wir nur aufgerieben werden können. An deiner Seite sind im Gefecht nur viele dieser verkorksten Typen, von denen wir gerade sprachen. Würdest du dich in einem Krieg auf solche Gefährten verlassen?«

»Ich glaube, ich beginne zu verstehen«, sagte ich.

»Hinzu kommt etwas anderes, Russicum-Effekt nennen wir das im Vatikan.«

»Was meinst du damit?«

»Papst Pius XI. hatte sich in den 30er-Jahren des vergangenen Jahrhunderts in den Kopf gesetzt, in einem eigenen Seminar, dem Russicum an der Kirche Santa Maria Maggiore in Rom, Priester auszubilden, die im bolschewistischen Russland, der UdSSR, den katholischen Glauben verbreiten sollten. Es war die mörderischste Idee, die je ein Papst hatte, weil ausnahmslos alle

Priester, die im Russicum auf ihre Aufgabe in der Sowjetunion vorbereitet wurden, nach der Einreise früher oder später vom KGB aufgespürt und zum Sterben in Arbeitslager, in den Gulag, geschickt wurden. Kein Einziger kam lebend zurück. Wir nennen die Situation an der Front jetzt den Russicum-Effekt, weil Papst Franziskus das Gleiche will: uns in eine Schlacht schicken, die wir nur verlieren können. Die Kirche geht unter, in ein oder zwei Generationen wird sie in Europa, Teilen Amerikas und Ozeaniens keine Rolle mehr spielen. In Asien braucht sie nicht untergehen, da hat sie in Wirklichkeit nie Fuß gefasst. Wir haben schon seit Langem keine Chance mehr. Jetzt kommt es drauf an, am Leben zu bleiben während der Schlacht. Dafür verachtet uns der Papst. Es macht ihm zu schaffen, dass er weiß, dass wir Angst vor der Front haben und dass wir alles tun, um ihr zu entgehen. Aber er schickt jeden ins Feuer, dessen er habhaft werden kann. Für die Italiener ist das besonders dramatisch, denn die verdienen in ihrer Gemeinde noch viel weniger Geld als hier im Vatikan.

Letzte Woche erwischte es George, einen US-Amerikaner, der einen guten Job im Vatikan gemacht hat. Sein Bischof beorderte ihn zurück in die USA, in eine der Diözesen, die ihren Bankrott hatte erklären müssen, weil zwei- oder dreistellige Millionensummen an Hunderte von Opfern sexuellen Missbrauchs gezahlt wurden. Willst du in so eine Diözese, in der es von Priestern wimmelte, die Kinder und Jugendliche sexuell missbrauchten? Was meinst du, wie die Menschen dich dort ansehen, wenn du als Priester gekleidet auf die Straße gehst? Es gibt Leute dort, die holen ihre Kinder von der Straße und zwingen sie, ins Haus zu kommen, sobald sie einen Priester sehen. Manche der Diözesen sind wegen des Missbrauchsskandals so pleite, dass sie dir nicht einmal mehr das Benzin für eine Fahrt in eine der Kirchen zahlen können, und die Kirchen selber entgingen nur wegen des Eingriffs des Staates der Beschlagnahme. Du wohnst in einer heruntergekommenen Bude, weil die Diözese so bankrott ist, dass sie sich keine vernünftigen Gebäude mehr leisten kann. Oder nimm den Fall von Pater Joe.«

»Was war mit dem?«

»Er arbeitete im Governatorat des Vatikans. Ein braver Pater, er machte nie Ärger, wir haben oft Ausflüge mit ihm unternommen, manchmal ans Meer, manchmal in malerische Klöster. Er plante das immer absolut akribisch, buchte Tische in den richtigen Restaurants, las vorher alles über die Orte, die wir besuchten, und erklärte uns dann alles. Dann hat ihn sein Ordensoberer an die Front gerufen. Auch er hat sich gewehrt, sein Netzwerk aktiviert, konnte wochenlang nicht mehr schlafen. Er fand einen Bischof in der Kurie, der bereit war, dem Papst zu erklären, dass die Kirche Pater Joe im Vatikan unbedingt brauche, aber ohne Erfolg. Weißt du, was für ein Leben den Pater jetzt erwartet? Er muss in ein total überaltertes Kloster, wo er seine Mitbrüder pflegen muss, weil der Orden nie in die Renten- geschweige denn Pflegeversicherung einzahlte. Er wird ohne jede Ausbildung professionelle Pfleger und Krankenschwestern ersetzen müssen, kein Gehalt mehr bekommen und schriftlich um jede Kleinigkeit, ein paar neue Schuhe oder einen Pullover, betteln müssen. Er musste auch hier einen Teil des Gehalts abgeben, das der Vatikan ihm zahlte, aber wenigstens blieb ihm ein Taschengeld. Jetzt hat er keinen einzigen Cent mehr. Ich kenne Klöster, in denen erniedrigen sich die Patres, um einmal ein paar Scheiben Schinken auf den Tisch zu bekommen. Joe wusste das und hat sich wochenlang mit allen Mitteln gewehrt, aber gegen diesen Papst hast du keine Chance. Was auch kein Wunder ist.«

»Was meinst du damit?«

»Der Papst, als er noch der Jesuitenpater Jorge Mario Bergoglio war, galt in seiner Funktion als Provinzial-Ordensoberer der Jesuiten Argentiniens als ein äußerst scharfer Hund. Er zwang die Mönche, Schweine zu hüten, Salat anzubauen und Wellblechbaracken zu errichten, um darin mit den Armen die Messe zu lesen. Bei ihm kannst du auf keine Gnade hoffen. Er will, dass alle, die hier sind, sich an der Front bewähren. Du wolltest doch wissen, wieso die Atmosphäre heute so feindselig ist. Weil jeder hier weiß, dass der Papst in den vergangenen zehn Tagen gleich drei Priester, die jahrelang mit uns an diesen Tischen hier gesessen haben, zurück in ihre Gemeinden geschickt hat.«

»Willst du damit sagen, dass all diese Priester hier an den Tischen und all die anderen im Vatikan vor allem eines eint: die Angst davor, wieder dorthin zurückzukehren, wo sie einst angefangen haben?«

»Du kannst das nicht über einen Kamm scheren, aber der Unterschied ist ganz einfach. Es gibt hier Priester, die haben viel zu verlieren, und solche, die haben weniger zu verlieren, wenn sie an die Front geschickt werden. Und es gibt solche, die haben alles zu verlieren, und die haben einen verdammt guten Grund zu wünschen, dass dieser Papst so rasch wie möglich abtritt oder abgetreten wird.«

»Und was ist das für ein verdammt guter Grund?«

»Das musst du schon selbst herausfinden.«

»Und wer sind diese Männer, die einen verdammt guten Grund haben?«

Er lachte leise auf. »Denkst du ernsthaft, ich würde dir jetzt Namen verraten?«

»Warum nicht, ich würde gern mit ihnen sprechen, vielleicht hätten sie ja Interesse daran, mir ihren Standpunkt zu schildern.«

»Hast du sie noch alle? Sie sollen dir erzählen, wieso sie den Papst so schnell wie möglich loswerden wollen? Glaubst du ernsthaft, dass das einer von ihnen tun würde? Vergiss es!«

»Die reden also mit niemandem?«

Er lächelte nur.

Die Audienz war beendet.

Ein paar Tage später besuchte ich einen langgedienten Mitarbeiter der Kurie, der für mich einer der wichtigsten Gesprächspartner während der Amtszeit von Papst Franziskus werden sollte, weil er den Papst abgrundtief hasste. Seit der Veröffentlichung meines Buches *Franziskus – Zeichen der Hoffnung* machten alle Gegner des Papstes einen Bogen um mich und schnitten mich ganz offen, der Anti-Franziskus-Zirkel lehnte jeden weiteren Kontakt mit mir ab. Nur mein alter Kurienfreund hielt, wahrscheinlich aus jahrelanger Gewohnheit, an den Treffen mit mir fest. Aber auch er war stinksauer auf mich. Er wohnte in einer sehr großzügigen Wohnung in einem parkähnlichen Gelände in der Nähe der Peterskirche. Er gehörte noch zu der Generation, die in Rom ihre deutschen Gewohnheiten beibehalten hatten, und schätzte ein gutes Stück Kuchen beim nachmittäglichen Kaffeetrinken. Und so lud er mich in unregelmäßigen Abständen dazu ein.

Kaum hatten wir Platz genommen, da schimpfte er schon los. »Dass niemand von der richtigen Seite mehr etwas mit dir zu tun haben will, das hast du dir ganz allein zuzuschreiben. Wie konntest du dieses Buch nur *Franziskus – Zeichen der Hoffnung* nennen? Was waren wir denn vorher? Zeichen der Verzweiflung und Zeichen des Untergangs? Du haust uns doch alle in die Pfanne, wenn du Papst Franziskus zum Zeichen der Hoffnung hochstilisierst. Was soll denn das für eine Hoffnung sein? Hoffnung auf was? Wir haben mit Karol Wojtyła die Berliner Mauer zum Einsturz gebracht, und dann kommt dieser Argentinier daher und meint, alles besser zu wissen. Er verstößt gegen Traditionen und tritt Glaubenswahrheiten mit den Füßen, und du bejubelst das auch noch.«

Er war, wie gesagt, schlecht auf den Papst zu sprechen und im Umgang etwas schwierig. Aber er war mein einziger Gewährsmann unter den Gegnern des Papstes, und nur er konnte mir erklären, was die Feinde von Franziskus dachten und, vor allem, was sie vorhatten. Ich beschloss, es mit der klassischen Methode zu versuchen, wenn ich nicht weiterkam: einfach einen Stein in das Wasser werfen und sehen, was dann passiert.

»Es gibt ein paar Männer«, sagte ich, »die haben sehr viel zu verlieren durch diesen Papst.«

»Wir haben viel zu verlieren, die Traditionen der Kirche, sogar die unantastbaren Sakramente, einfach alles.«

»Das mag ja sein, aber es gibt Männer, die haben ganz besonders viel zu verlieren.«

Er schwieg mich eine Weile an. Dann sagte er. »Vielleicht solltest du dich mit ihnen mal unterhalten. Ich kenne eine ganze Reihe von ihnen, und vielleicht gehst du einfach mal mit ihnen spazieren.«

Ein Geheimtipp für verschwiegene Treffen konservativer Kreise in Rom ist der Celio-Park beim Konvent der Passionistenpatres nahe der wunderschönen Basilika Santi Giovanni e Paolo hinter dem Kolosseum. Seit fast 1500 Jahren leben in diesem Kloster nur arme Patres. Dort also, in der Nähe einer Muttergottesstatue, warteten an dem verabredeten Tag drei Priester auf mich.

Ich kannte alle drei vom Sehen. Sie arbeiten im Vatikan.

Wir gaben uns kurz die Hand und begannen durch den Park zu spazieren. Zwei der Männer waren für Vatikan-Verhältnisse äußerst schlank, in teures, elegantes Priester-Outfit gekleidet. Dem dritten war es offensichtlich nicht gelungen, sich eines der Hauptlaster der katholischen Lehre, der Völlerei, zu enthalten. Wie viele junge Priester war er regelrecht fett. Seine Kleidung war eher nachlässig.

Sie gaben sich nicht erst mit höflichen Begrüßungsfloskeln ab. Einer der beiden dünnen Priester sagte mir: »Sehen Sie, uns ist klar, was Sie denken. Sie gehören zu diesem Journalistenklüngel, die den Papst über den grünen Klee loben, ohne auch nur die geringste Ahnung von seiner Theologie und seinen wirren Entscheidungen zu haben. Wir wissen, dass Ihre Art zu denken ebenso simpel wie falsch ist. Alles, was Papst Franziskus macht, ist großartig und toll, und alles, was es vorher gab, ist ein alter Hut und muss verschwinden. Wie heißt Ihr Buch? *Franziskus – Zeichen der Hoffnung*. Aber egal. Das ist nun einmal so.«

Ich wollte etwas sagen, aber sie ließen mich nicht zu Wort kommen.

»Sie verstehen nicht«, sagte jetzt der zweite Schlanke, »dass Papst Franziskus die Kirche kaputt macht.«

»Warum sollte er sie kaputt machen?«, fragte ich.

»Das macht er nun mal«, gab der dicke Priester zurück.

»Sehen Sie, es ist eigentlich ganz einfach«, sagte jetzt wieder einer der Dürren in selbstgefälligem Tonfall. »Es gibt innerhalb der Kirche sehr komplexe Fragen, äußerst komplizierte Zusammenhänge, die nur Fachleute mit einer langen Ausbildung an einer Hochschule bearbeiten können. Auf welcher Basis kann man einen Staatsvertrag mit Israel machen? Welche Besitzungen darf und soll die Kirche zurückfordern, die den christlichen Ritterorden gehörten?«

Jetzt sprach wieder der andere Dünne: »Und wissen Sie, was die Wahrheit ist? Die Wahrheit ist, dass die Kardinäle da oben nie die Arbeit machen. Die echte Arbeit machen immer wir. Wir machen den Job. Wir ertragen geduldig alle Demütigungen. Wir formulieren Gesetzestexte, führen hinter den Kulissen komplizierte Verhandlungen, und wenn dann endlich ein Ergebnis vorliegt, dann überlassen wir es den Kardinälen und Bischöfen, die Früchte unserer Arbeit zu präsentieren, ohne dass wir je mit einem Wort erwähnt werden oder auch nur ein ›Danke‹ hören.«

Jetzt warf der Dicke ein: »Aber bisher, wie gesagt bisher, hatte das alles einen Sinn. Denn irgendwann, wenn die Chefs in Rente gingen, mit 75 Jahren abtraten, dann rückten die Leute nach, die jahrelang die Arbeit gemacht haben. Für all die Jahre, eher Jahrzehnte, der Erniedrigungen wird man dann belohnt. Wie gesagt, bisher war das so«, sagte der Dicke. »Der Lohn für die Jahre des Dienens war der Aufstieg, so lief das im Vatikan.«

»Und jetzt?«, fragte ich.

Abwechselnd prasselte es auf mich nun ein: »Jetzt werden selbst die absoluten Top-Fachleute, die wie wir die wirklich komplizierten Sachen gemacht haben, an die Front versetzt, in irgendeine heruntergekommene Pfarrei, um sich verspotten und beschimpfen zu lassen.«

»Ich habe Kollegen, die sprechen acht Sprachen fließend und sollen von heute auf morgen, statt an einer Universität zu forschen, ungezogene Kinder während einer Ferienfreizeit bespaßen, immer in der Angst, als Kinderschänder bei der Polizei angezeigt zu werden, weil sie einem Messdiener halfen, sich die Schuhe zuzubinden. Finden Sie das sinnvoll?«

»Meinen Sie, es ist gerecht, dass ich mich von irgendeinem Pfarrgemeinderat schikanieren lassen muss, der auch bei einer dieser Modeerscheinungen mitmachen will, wie Frauen mit an den Altar zu stellen? Diese Typen hören nicht einmal zu, wenn man ihnen erklären will, wie die Tradition der katholischen Kirche wirklich aussieht. Die machen einfach, was sie wollen, haben die Gemeinden hinter sich und können einen Priester regelrecht aufreiben.«

»Aber genau das will Papst Franziskus. Wissen Sie, was die Wahrheit ist? Er hasst uns. Er hasst uns, weil wir studieren, weil wir in unseren warmen Bibliotheken sitzen und geistig hart arbeiten, er will uns in den Matsch der Front treiben. Er sagt es immer wieder: Wir sollen die Kirche sehen wie ein Feldlazarett an der Front, wir sollen arbeiten, als würden wir zwischen mit Blut beschmierten Betten stehen, auf denen schwer verletzte Menschen um ihr Leben kämpfen. Er will, dass wir in zugige Baracken Gottes Wort bringen und nicht die Kirchenlehrer studieren, die vor über tausend Jahren lebten. Er hasst die Priester, die nicht nach dem Stallgeruch der Herde stinken, und ja, ich gebe es zu, mir ist der Gestank der Herde, die Ausdünstung aus schalem Bier und billigem Parfüm, einfach zuwider, und dafür verachtet er uns.«

»Ich nehme mal an, dass Sie uns jetzt ebenfalls verachten, weil Sie denken, dass wir uns für etwas Besseres halten. Dabei wollen wir nur unseren komplizierten Job machen, für den wir ausgebildet wurden, hier im Vatikan, in Ruhe und Frieden. Und genau das will er nicht zulassen. So, jetzt wissen Sie, wie wir denken, deswegen sind Sie ja schließlich hier.«

Ich antwortete: »Wenn ich mal ganz offen sein darf: Ich suche im Grunde die Leute, die sich innerhalb des Vatikans organisieren, um den Papst zu schwächen oder zu stürzen.«

Sie waren keineswegs überrascht: »Ich nehme an, dass solche, wie wir es sind, sich noch nicht organisiert haben, aber ich denke, dass es möglich ist, dass sie sich irgendwann organisieren werden. Das wäre dann eine Interessengemeinschaft, die sich gegen einen fehlgeleiteten Papst zur Wehr setzen will. Wenn jemals eine solche Organisation entstehen sollte, wird sie mächtige Verbündete brauchen«, antwortete einer von ihnen.

»Die da wären?«

»Na, diejenigen, die den Papst aus Überzeugung stürzen wollen, weil sie glauben, Gott vor diesem Papst schützen zu müssen.«

»Und wer ist das?«

»Das wissen Sie nicht?«, fragten sie mich ungläubig. »Waren Sie noch nie in Assisi?«

V

Das Erbe von Assisi

Im Jahr 1986 traf Papst Johannes Paul II. eine für die katholische Kirche spektakuläre Entscheidung. Er wollte zusammen mit möglichst vielen religiösen Oberhäuptern in Assisi, der Heimatstadt des heiligen Franziskus, für den Frieden beten. Der Plan allein galt schon als Skandal. Als wichtigster Gegner der Initiative entpuppte sich der damalige Präfekt der Glaubenskongregation, Joseph Kardinal Ratzinger, der sich weigerte, an dem Treffen teilzunehmen.

Was die konservative Ecke dem Papst vorwarf, wog schwer. Sie bezichtigte ihn des Verrats an Gott – Christus habe schließlich eine einzige Kirche gegründet. Dass ein Papst mit anderen Religionsführern für den Frieden betet, erweckte ihrer Ansicht nach den Eindruck, die Religionen seien alle gleich und austauschbar. Aus der Sicht der konservativen Fraktion und auch Joseph Ratzingers setzte sich die katholische Kirche durch das spektakuläre Gebet von Assisi der Gefahr des sogenannten Synkretismus aus, dass sich also jeder sein Süppchen aus verschiedenen Religionen zusammenkochen kann, was weltweit immer häufiger vorkam.

Ich hatte das selbst mehrfach erlebt. Ich kenne Klöster von Frauenorden, in deren Eingangsbereich Buddha-Figuren stehen. Die Begründung ist fast immer die gleiche: Um sich über Wasser zu halten, bieten viele Klöster Kurse an. Doch die klassischen

Kurse wie Bibelstudium mit Oberschwester Cäcilia ziehen einfach nicht mehr. Yoga- und Shiatsukurse hingegen, überhaupt alle Kurse, die mit fernöstlicher Meditation zu tun haben, sind immer rappelvoll, obwohl sie nicht auf Jesus, sondern auf Hinduismus, Buddhismus oder andere nicht christliche Religionen zurückgehen. Es gibt mittlerweile katholische Gemeinden, die sich für die Spiritualität der Maori auf Neuseeland interessieren, Christus mit dem Kult um die Mutter Erde verbinden oder mit der Tradition der Inka-Götter.

Aus der Sicht Ratzingers und vieler Katholiken aus dem konservativen Spektrum bedeutet das einen schwerwiegenden Verrat. Denn in allen anderen Religionen seien allenfalls nur einige Körner der göttlichen Wahrheit enthalten. Wer in das Paradies gelangen will, habe nun einmal die besten Chancen, wenn er sich an den Glauben und die Gebote der katholischen Kirche hält.

Zum Entsetzen der Konservativen kam Papst Johannes Paul II. nach den Anschlägen des 11. September wieder auf seine Idee des interreligiösen Weltgebetstreffens zurück. Er befürchtete einen Weltkrieg der Religionen und lud ein weiteres Mal die Oberhäupter der Religionen der Welt zu einem gemeinsamen Gebet für den Frieden nach Assisi ein. Wieder fuhr ein Papst mit einem Zug der italienischen Eisenbahn dorthin. Johannes Paul II. wollte wie schon 1986 dem Vorbild von Johannes XXIII. folgen, der als erster Papst der Geschichte 1962 den Bahnhof im Vatikan benutzt hatte und mit der Eisenbahn nach Assisi gereist war.

Ich werde die Atmosphäre am Morgen dieses Januartages im Jahr 2002 nie vergessen. Es war fast unglaublich, zu sehen, wie auf dem Bahnsteig im Vatikan Crow-Indianer ihre Götter anriefen, während Brahmanen der Hindus zu Ganesha beteten und jüdische Rabbiner einem muslimischen Scheich in den Zug halfen. Auch dieses zweite interreligiöse Treffen fand nicht die Zustimmung des Joseph Ratzinger. Auf der Liste der Teilnehmer, welche die Vatikan-Zeitung *Osservatore Romano* publizierte, fehlte sein Name. Die Gerüchteküche des Vatikans streute, dass der Sekretär von Papst Johannes Paul II., Stanisław Dziwisz, am Vorabend der Reise Ratzinger angerufen und um dessen Erscheinen gebeten habe. Ratzinger kam zwar, konnte es sich aber nicht verkneifen, während der Verlesung des Abschlussdokuments missbilligend den Kopf zu schütteln.

Der konservative Block sah in diesen Weltgebetstreffen eine Kapitulation der katholischen Kirche. Hatten nicht Tausende Missionare ihr Leben gelassen, um Gottes Wort in die ganze Welt hinauszutragen? Doch suggerierten diese interreligiösen Treffen nicht, dass alle Religionen gleichbedeutend waren? Welchen Sinn hatte es dann noch, zu missionieren? Waren dann nicht all diese Nonnen und Mönche und Priester in der Mission umsonst gestorben? Der Protest gegen diese Treffen von Assisi verband eine ganze Reihe konservativer Gruppen miteinander, die, so unterschiedlich sie auch sein mochten, sich doch in einem einig waren: dass Assisi ein völlig falsches Signal setzte. Die katholische Kirche musste sich klar abgrenzen von anderen Glaubensgemeinschaften und durfte auf keinen Fall den Anspruch aufgeben, die einzige Kirche Gottes zu sein, von der sich zum Beispiel die evangelischen Christen abgespalten hatten, was dazu führte, dass sie keine Kirche, sondern nur noch eine Glaubensgemeinschaft waren.

Die ersten beiden Treffen, die Papst Johannes Paul II. durchgesetzt hatte, zeichneten sich dadurch aus, dass die Religionen auf Augenhöhe miteinander sprachen. Ganz anders verlief hingegen das interreligiöse Treffen in der Amtszeit Benedikts XVI. im Jahr 2011: Es bestand maßgeblich darin, dass Joseph Ratzinger den anderen die katholische Position erläuterte. Trotz des Kurswechsels von Benedikt XVI. blieb es dabei, dass Assisi das Symbol der Sammelbewegung derer war, die Gottes Kirche durch den Papst gefährdet sahen.

Zahlreiche, zum Teil äußerst unterschiedliche Gruppen innerhalb der katholischen Kirche hatten sich also nach den

Weltgebetstreffen in ihrer Empörung gegen Assisi zusammengeschlossen. So entstand eine völlig neue Gruppe der Opposition innerhalb der Kirche. Seltsam an dieser Entwicklung war, dass Assisi nur die Gegner vereinte. Innerhalb des progressiven, aufgeklärten, wenn man so will: »linken« Flügels der Kirche gab es alle möglichen Meinungen zu Assisi, die von heller Begeisterung bis zu völliger Gleichgültigkeit reichten.

Für die Assisi-Hasser des konservativen Flügels gab es neben den beiden Jahrestagen der Weltgebetstreffen von Assisi unter Johannes Paul II., dem 27. Oktober 1986 und dem 24. Januar 2002, noch ein weiteres Datum, das für sie für den totalen Verrat an der katholischen Kirche stand: der 3. Februar 2003.

Ich erinnere mich noch gut an diesen kalten Morgen. Wie so oft hatte ich meine Vespa im Borgo geparkt und war in mein Lieblingscafé, die »Latteria Giuliani«, gegangen. Wie an jedem Morgen tummelte sich dort das Volk aus dem Vatikan: Mitarbeiter der Kurie, des Pressesaals, Sekretäre von Kardinälen und Bischöfen und einige Kolleginnen und Kollegen. An einem der Tische saßen an diesem Morgen zwei Männer in Astronautenanzügen, zusammen mit zwei als eine Art Hexe verkleideten Frauen. Die Männer trugen eine Mischung aus NASA- und Star-Wars-Uniformen, hatten auch Helme dabei. Die Frauen hatten auf dem Tisch auf eine seltsame Weise bunte Steine aufgestapelt. Für Karneval war es eindeutig noch zu früh, der Rosenmontag sollte erst einen Monat später gefeiert werden. Ich dachte, dass die vier möglicherweise nachts auf einer Kostümparty gefeiert hatten und sich jetzt noch ein Frühstück gönnten, bevor sie sich schlafen legten. Es war voll in der Bar, und so fragte ich die vier, ob ich mich zu ihnen setzen dürfe. Sie machten mir freundlich Platz, und auf meine Frage, auf welcher Kostümfeier sie denn gewesen seien, antworteten sie in amerikanisch gefärbtem Englisch, dass sie keineswegs auf einem Maskenball waren, sondern nach Rom gekommen seien, weil sie in den Vatikan wollten.

»Heute werden wir endlich anerkannt«, sagte der Herr, der ein wenig wie Darth Vader aussah.

»Anerkannt?«, fragte ich. »Wer oder was soll Sie anerkennen?«

»Der Papst«, antwortete er ungerührt. »Die katholische Kirche wird uns heute anerkennen.«

Ich schaffte es gerade noch, einen Lachanfall zu unterdrücken. Ich wollte die kostümierten vier nicht beleidigen.

Darth Vader sprach ungerührt weiter: »Wir sind Star People, verstehen Sie? Wir glauben daran, dass Außerirdische in unsere Körper gefahren sind, Götter aus einer anderen Galaxie.«

Ich wusste nicht, was ich sagen sollte.

»Sehen Sie, schon in den 60er-Jahren gab es Hinweise auf UFOs, die auf der Erde landeten und Menschen entführten und sich manchmal ganz friedlich einiger von ihnen bemächtigten. Wir gehören dazu.«

»Okay«, sagte ich.

Die beiden Frauen sahen mich jetzt an und sagten: »Wir haben unsere Freunde hier zufällig kennengelernt. Denn auch wir werden heute anerkannt. Sie haben wahrscheinlich schon von Stonehenge gehört, den heiligen Steinen im Süden Englands. Wir sind Priesterinnen der Steine.«

»Ich bedaure«, fragte ich, »aber was meinen Sie mit ›anerkannt‹?«

»Es gibt doch heute eine Pressekonferenz.«

»Stimmt«, bejahte ich. »Eine Pressekonferenz mit Kardinal Poupard.«

»Meinen Sie, wir dürfen mit hinein?«

»Sie müssten sich akkreditieren. Das geht auch für einen Tag. Aber ich fürchte, jetzt ist es zu spät.«

»Macht nichts, dann feiern wir eben hier.«

»Was werden Sie denn feiern?«

»Der Vatikan wird uns endlich als ebenbürtig akzeptieren. Sie werden endlich zugeben, dass New Age etwas Religiöses ist.«

Mittlerweile hatten wir eine ganze Menge Neugieriger angezogen, und ein Kollege flüsterte mir ins Ohr: »Stimmt das? Die wollen wirklich New Age, also den ganzen Quatsch mit Außerirdischen und so, als Religion anerkennen?«

Ich flüsterte zurück. »Das kann ich mir beim besten Willen nicht vorstellen.«

»Wenn irgendwer auf die Idee gekommen sein sollte, die New-Age-Jungs und -Mädels auf die gleiche Stufe mit dem Christentum zu stellen, wird Ratzinger den Verantwortlichen ganz persönlich an das höchste Kreuz des Petersdoms nageln.«

»Da hast du recht«, flüsterte ich zurück.

Ich gab meinen neuen New-Age-Bekannten eine Runde Cappuccino aus, versprach, ihnen nach der Pressekonferenz genau Bericht zu erstatten, und trabte mit den Kollegen zum Pressesaal des Heiligen Stuhls.

Der erste Teil der Veranstaltung bot nichts Neues. Kardinal Paul Poupard breitete die sattsam bekannte Position der katholischen Kirche noch einmal aus. Es ging um die Krise des Glaubens und das Neuheidentum. Bis zu diesem Punkt blieb alles beim Alten. Dann ergriff Bischof Michael Fitzgerald das Wort und ließ die Bombe platzen. »New Age ist religiös«, sagte er, und allen im Pressesaal stockte der Atem. Das war die extremste Form von dem, was in Assisi versucht worden war.

Konnte man vielleicht vom katholischen Standpunkt aus noch sagen, dass alle monotheistischen Religionen, die auf Abraham zurückgingen, also Judentum, Christentum und Islam, sich eindeutig auf einen Gott bezogen, so war das bei polytheistischen Religionen, die viele Götter kannten, wie etwa dem japanischen Schintoismus, schon fraglich. Was war mit Religionen, die gar keinen Gott kannten, der sich offenbaren will, wie etwa dem Buddhismus? Gehörten die dazu? Joseph Ratzinger war da in seiner Funktion als Präfekt der Glaubenskongregation eindeutig: Das Christentum musste sich in seiner Einzigartigkeit abgrenzen. Schon die andere große monotheistische Religion, den Islam, sah er als »das andere«. Polytheistischen Religionen gestand Ratzinger allenfalls noch zu, dass sie Körner der Wahrheit enthalten könnten. Aber wie sollte er mit New Age umgehen, mit dem Glauben an UFOs?

Aus Sicht der progressiven Seite im Vatikan erschien das, was Fitzgerald gesagt hatte, als selbstverständlich. Wenn die Seele der Menschen nur durch den Glauben an Jesus Christus gerettet werden kann, wollte Gott dann die ewige Verdammnis für all jene, die in ihrem Leben nie eine Chance hatten, von Jesus zu hören? Das ist kaum denkbar, sofern Gott vernünftig ist. Die Frage danach, wie sich Gott in den Religionen zeigt, beschäftigt den »linken Teil« des Vatikan seit Jahrzehnten. Doch für die konservative, die Ratzinger-Fraktion sah das völlig anders aus. Gott hatte beschlossen, seinen Sohn auf die Erde zu senden, und damit war alles gesagt und getan.

Für die konservative Seite gab es die Pflicht, Gottes Wort in die ganze Welt hinauszutragen. Ratzinger hatte mehrfach erklärt, dass er die Verbreitung der Botschaft Christi wie einen Fluss im Laufe der Geschichte sehe. Ich kann diese Haltung verstehen. Auch für meinen Glauben an den christlichen Gott spielt das Rätsel der Verbreitung des Christentums eine große Rolle. Wie konnte es der Botschaft des Jesus gelingen, sich aus einem Kaff mehr oder weniger am Ende der damals bekannten Welt über zwei Jahrtausende hinweg über die halbe Erde zu verbreiten? Warum ist diese Botschaft nicht einfach in Vergessenheit geraten? Das hätte doch nahegelegen, weil sie aus damaliger Sicht nicht praktikabel war. Selig sind die, die Frieden stiften? Aus der Perspektive der damaligen Herren der Welt, der Römer samt ihrem gewaltigen Militärapparat, ergab das keinen Sinn. Wie sollte man seine Familie ernähren, wenn man Frieden stiftete? Krieg brachte reiche Beute und ein Stück Land, wenn man ihn überlebte. Dennoch waren die Worte des Jesus von Nazareth nie in Vergessenheit geraten, obwohl sie erst lange nach seinem

Tod aufgeschrieben wurden. Das macht sie in meinen Augen zu Gottes Worten.

Dennoch glaube ich daran, dass Gott sich auf vielfältige Weise zeigen kann. Mir war aber damals im Pressesaal klar, dass das, was Michael Fitzgerald da gerade gesagt hatte, eine Zuspitzung des Geistes von Assisi bedeutete, eine totale, radikale Öffnung gegenüber allem, was religiös sein könnte. Es gab keinen Zweifel, dass es innerhalb der konservativen Fraktion im Vatikan zu einer heftigen Gegenreaktion kommen würde. Das hatte natürlich vor allem damit zu tun, dass nicht irgendwer New Age als religiös bezeichnet hatte, sondern Michael Fitzgerald, also ein Mann, der unmittelbar davorstand, zum Kardinal ernannt zu werden. Als Chef des Interreligiösen Rates stand ihm das zweifelsfrei zu. Zwei Jahre später wählten die Kardinäle Joseph Ratzinger zum Papst. Er hätte nun Michael Fitzgerald den Kardinalshut geben müssen, doch stattdessen schickte er ihn buchstäblich in die Wüste und machte ihn zum Nuntius (Botschafter) des Vatikans in Kairo und zum ständigen Beobachter bei der Arabischen Liga.

Joseph Ratzinger, nunmehr Papst Benedikt XVI., konnte nicht ahnen, was für einen verhängnisvollen Fehler er damit begangen hatte. Die Ereignisse des 11. September 2001 hatten seinen Vorgänger Johannes Paul II. davon überzeugt, dass eine Art religiöser Weltkrieg drohte. Um im Ernstfall blitzschnell reagieren zu können, hatte er alles darangesetzt, über die Arabische Liga einen Kanal in die arabische Welt offen zu halten, eine Art rotes Telefon. Genau diesen Kanal schaltete Benedikt XVI. jetzt ab. Er hatte zur Arabischen Liga einen Mann geschickt, den er degradiert und gedemütigt hatte, mit dem er offensichtlich nie wieder etwas zu tun haben wollte. Wenn er irgendeinen Wert auf einen Dialog mit der arabischen Welt gelegt hätte, dann wäre dort ein Vertrauter des Papstes aufgetaucht, aber nicht ein im Vatikan abgeschossener Würdenträger, der dem Papst offensichtlich nicht passte. Deutlicher hätte

Benedikt XVI. seine Geringschätzung der arabischen Welt kaum zeigen können.

Für diesen Fehlstart bestrafte das Schicksal Joseph Ratzinger hart. Nach seiner Regensburger Rede 2006, in der er die scharfe Kritik eines byzantinischen Kaisers an Mohammed zitierte, war es in der gesamten islamischen Welt zu heftigen Protesten gegen Benedikt XVI. gekommen. Vor allem in Ägypten tobten die Medien gegen die Beleidigung des Islam durch den Papst. In Somalia wurden die italienische Nonne Rosa Sgorbati und ihr Leibwächter erschossen, vermutlich als Reaktion auf diese Rede. Jetzt hätte Joseph Ratzinger dringend einen gut funktionierenden Kanal in die arabische Welt gebraucht. Doch der war mit der Entsendung des vorher entmachteten Fitzgerald entwertet.

Die Wahl von Jorge Mario Bergoglio zum Papst bedeutete für die Assisi-Hasser einen regelrechten Schock. Seine liberale Haltung und vor allem seine Ablehnung einer katholischen Kirche, die sich per se für etwas Besseres hielt, waren allgemein bekannt. Doch dann kam es noch schlimmer, als die Traditionalisten ohnehin befürchtet hatten. Der Papst setzte auf das Assisi-Konzept noch einen drauf. Im Sommer des Jahres 2014 schickte er sich an, in Caserta nördlich von Neapel in einer Kirche der Evangelikalen zu sprechen und dort auch seinen alten Freund Giovanni Traettino zu treffen, den er bereits zu einem Treffen nach Buenos Aires eingeladen hatte. Aus Sicht des konservativen Flügels im Vatikan war Traettino, ein Priester der evangelikalen Pfingstbewegung, der Teufel in Person. Die evangelikalen Kirchen sind aus Sicht der Traditionalisten im Vatikan nichts weiter als aggressive Sekten zum Schaden der katholischen Kirche. In Lateinamerika, das einstmals fest in katholischer Hand war, verlor die katholische Kirche etwa jeden vierten Gläubigen an die Evangelikalen. Vor allem im einstmals größten katholischen Land der Welt, in Brasilien, mussten die Bischöfe mit Entsetzen zusehen, dass die Evangelikalen in atemberaubendem Tempo Katholiken abwarben, etwa 20 Millionen in nur 25 Jahren.

Zwar hatte der konservative Flügel der katholischen Kirche die Treffen von Papst Johannes Paul II. mit anderen Religionsführern in Assisi verurteilt, aber eine Verbrüderung mit den Evangelikalen war unendlich viel schlimmer. Denn Papst Franziskus gab damit ganz offiziell den Anspruch der Katholiken auf, die einzig wahre Kirche des Jesus Christus zu sein. Zu allem Überfluss wollte er den Evangelikalen noch die Aufwartung machen, bevor er der Diözese Caserta und den Katholiken dort einen offiziellen Besuch abgestattet hätte. Das war aus Sicht der Konservativen untragbar. Denn jetzt sah es so aus, als wäre die katholische Kirche nichts weiter als eine der vielen christlichen Sekten. Der Papst sagte das sogar ganz offen: »Die anderen können uns ja auch eine Sekte nennen.« Damit war aus der Sicht der Konservativen der absolute Tiefpunkt erreicht. Zum ersten Mal in der Geschichte musste nun der Vatikan einen Papst zwingen, eine Diözese, nämlich die in Caserta, zu besuchen, bevor er zu seinem eigentlichen Ziel reiste, dem eng befreundeten Chef einer Sekte.

Um herauszufinden, was die Konservativen im Vatikan wirklich dachten, beschloss ich, die Damen und Herren vom rechten Rand der Kirche zu besuchen. Die mit Abstand aggressivste dieser Gruppen bildete sich aus der ultrakonservativen Bewegung der Anhänger des französischen Bischofs Marcel Lefebvre, des Gründers der Priesterbruderschaft St. Pius X. Sie gehörte nach der Exkommunizierung ihres Gründers nicht mehr zur katholischen Kirche und betonte immer gern, dass ein guter Christ auch deshalb nicht mehr zur katholischen Kirche gehören könne, weil diese sich durch Aktionen wie Assisi von Gottes Willen entfernt habe. Der Einfluss der Lefebvre-Jünger auf das extrem rechte Spektrum innerhalb der katholischen Kirche war jedoch beträchtlich. Dort fanden Millionen von Sympathisanten die Ablehnung des Zweiten Vatikanischen Konzils und aller modernen Bestrebungen in der Kirche durch die Lefebvre-Anhänger völlig richtig. Benedikt XVI. versuchte nach seiner Wahl eine Annäherung an die Anhänger Lefebvres zu erreichen. Das hatte auch mit der beeindruckenden Größe der Bewegung zu tun. Nach eigenen Angaben gehörten zu ihr im Jahr 2019 knapp 700 Priester, die weltweit über 100 Schulen betreiben.

Der Vorstoß Benedikts XVI., die alte Tridentinische Messe, wie sie vor dem Zweiten Vatikanischen Konzil gefeiert wurde, wieder zuzulassen, führte zu einer positiven Reaktion der Anhänger Lefebvres. Dann kam es zur Katastrophe: Benedikt XVI. rehabilitierte, angeblich ohne es zu merken, den Holocaust-Leugner Richard Williamson, der als Bischof bei den Anhängern Lefebvres großen Einfluss besaß. Damit zog sich Benedikt weltweite Kritik zu und musste zurückrudern. Das Projekt des Papstes, die Bewegung Lefebvres wieder in die Kirche zurückzuholen, war damit gescheitert.

Ich hatte am 30. Juni 1988, als Johannes Paul II. den rebellischen ultrakonservativen Lefebvre exkommunizierte, über dessen Anhänger berichtet. Danach hatte ich sporadische Kontakte zu den Anhängern Lefebvres gehabt, vor allem während der Besuche der Päpste in Frankreich. In Rom stellt es keine allzu große Schwierigkeit dar, mit diesen extrem konservativen Kreisen in Verbindung zu treten. Als Treffpunkt der Konservativen gelten diejenigen Gottesdienste in Rom, die nach dem vorkonziliaren, dem sogenannten Tridentinischen Ritus, gefeiert werden. Wenn diese Gottesdienste dann noch in Kirchen stattfinden, die mit den Anhängern der Priesterbruderschaft St. Pius X. sympathisieren, kann man sicher sein, den harten Kern erwischt zu haben.

Im Laufe der Jahre hatten sich meine Beziehungen zu den Anhängern Lefebvres fast völlig zerschlagen. Nur diejenigen, die sich enttäuscht von der Bewegung Lefebvres abgewandt hatten, traf ich gelegentlich wieder. Es waren noch immer fromme konservative Frauen und Männer, die nach wie vor die rückwärtsgewandten Gottesdienste besuchten, jedoch vor allem wegen der frauenfeindlichen und enorm bornierten Aussagen Richard Williamsons mit der Bewegung selbst nichts mehr zu tun haben wollten. Williamson erklärte gern, dass Frauen wegen ihrer biologischen Anlagen nicht für ein Studium geeignet seien.

Ich besuchte an einem Sonntag im Jahr 2019 einen Gottesdienst in der römischen Innenstadt, von dem ich annehmen konnte, dass die Ultrakonservativen dort auftauchen würden. Natürlich wurde der Gottesdienst dort nach dem alten Ritus auf Lateinisch gelesen. In den Kirchenbänken sah ich einige, die ich vor über 25 Jahren während der heißen Phase der Exkommunizierung Marcel Lefebvres kennengelernt hatte. Kurz vor dem Ende des Gottesdienstes ging ich hinaus auf den Platz vor der Kirche und überlegte, wen ich ansprechen sollte. In der Kirchenbank hatte ich einen Hochschulprofessor wiedererkannt, der zusammen mit seiner Frau in den Gottesdienst gekommen war. Ich hatte sie damals einige Male zu mir nach Hause eingeladen und sie gebeten, mir ihre Position zu erklären, was sie auch taten.

Durch sie hatte ich eine Menge dazugelernt. Alles, was Gott, der nach der Wandlung in der Kirche präsent war, beleidigen konnte, war ihrer Ansicht nach unverzeihlich. Eine moderne Jugendmesse mit Rockmusik und Priester mit Gitarre war ihnen ebenso ein Gräuel wie Ordensfrauen, die in Jeans in die Messe kamen. Die Tradition der Kirche bedeutete ihnen sehr viel, und ich hieß das zwar nicht gut, konnte es aber verstehen. Sie hatten es damals befürwortet, dass Papst Johannes Paul II. bis zum Schluss versuchte, die Exkommunizierung Lefebvres zu verhindern, und erst zuschlug, als ihm keine Wahl mehr geblieben war, weil Lefebvre illegal Priester geweiht hatte.

Ich passte das Paar am Portal der Kirche ab. Die Ehefrau des Professors schien sich zu freuen, mich wiederzusehen, und winkte mir zu. Ich ging auf sie zu und wollte sie, wie in Rom üblich, umarmen. Doch der Professor stieß mich regelrecht weg. »Hau ab!«, zischte er mich an. »Zieh Leine! Dass du diesen Ketzerpapst beweihräucherst, ist unverzeihlich. Sprich mich bitte nie wieder an!« Ich war sprachlos, und seiner Frau war die Situation ganz offensichtlich äußerst peinlich. Nie zuvor war mir so klar geworden, wie sehr Papst Franziskus die Kirche schon gespalten hatte.

»Entschuldigung«, stammelte ich.

»Da gibt's nichts zu entschuldigen«, stieß er hervor. »Nach einem Gottesdienst, der meine Seele gereinigt hat, kann ich Leute nicht ertragen, die einen Papst Franziskus bejubeln, der schwule Paare segnet.«

Ich verschwand in Richtung Parkplatz, wo ich meine Vespa abgestellt hatte. Ich sah, dass der Professor sich zu einer Gruppe Männer gesellte und mit ihnen zu diskutieren schien. Ich zog meine Montur an und wollte den Helm aufsetzen, als ich sah, dass die Professorengattin auf mich zukam.

»Hallo«, grüßte ich sie schüchtern. Sie schaute zunächst auf den Boden und sagte dann: »Es tut mir wirklich leid, was mein Mann da gesagt hat. Es war äußerst rüpelhaft. Er hat sich sehr verändert seit ein paar Jahren. Er ist nicht mehr so, wie du ihn gekannt hast. Seit der Wahl von Franziskus ist der Ton unglaublich ruppig geworden. Ich kann damit nichts anfangen.«

»Das tut mir leid«, sagte ich.

Er tauchte auf wie aus dem Nichts. Der Professor stand plötzlich neben uns und funkelte mich böse an.

»Ich verbiete Ihnen, sich meiner Frau zu nähern.«

In Wirklichkeit hat sie sich mir genähert, wollte ich sagen, schwieg aber.

»Auf mindestens zehn Meter. Ist das klar? Sie nähern sich ihr nie wieder, ohne dass mindestens zehn Meter dazwischenliegen.«

Ich nickte und dachte: »Der ist verrückt geworden.«

»Und noch was«, zischte er. »Wenn es stimmt, was man munkelt, dass euer Ketzerpapst den großen Benedikt XVI. für diesen

Assisi-Mann regelrecht vorführen wird, wenn das stimmt, dann wird etwas passieren. Sag das deinen Freunden im Vatikan, dann wird etwas passieren.« Er zog seine Frau weg und verschwand über den Parkplatz.

Ich setzte mich auf meine Vespa und fuhr nach Hause, nach Trastevere. Was hatte er damit gemeint, dass Papst Franziskus daran denken könnte, Papst Benedikt XVI. vorzuführen? Für welchen Assisi-Mann? Was hatte Papst Franziskus vor?

Am 1. September 2019 platzte die Bombe. Papst Franziskus gab bekannt, dass er den von seinem Vorgänger Papst Benedikt XVI. degradierten Bischof Michael Fitzgerald zum Kardinal erheben werde. Das war eine eindeutige Ohrfeige für Benedikt XVI.

Als ich kurz darauf mit Papst Franziskus sprach, sagte er zu mir: »Michael Fitzgerald zum Kardinal zu machen und zu rehabilitieren war ein Akt der Gerechtigkeit.« Bereits im September 2013 hatte Franziskus gezeigt, dass er den Dialog mit den Religionen ähnlich sah wie Michael Fitzgerald und auf keinen Fall wie der Mann, der den Chef des Interreligiösen Dialogs abserviert hatte.

Papst Benedikt XVI. hatte am Abend des 12. September 2006 in seiner berühmt-berüchtigten Rede an der Universität von Regensburg gezeigt, wie wenig Sensibilität er für den interreligiösen Dialog mit der anderen großen Religion neben dem Christentum, dem Islam, aufbrachte. Er zitierte in seiner Rede den byzantinischen Kaiser Manuel II. Palaiologos (1350–1425) mit den Worten, dass Mohammed »nur Schlechtes und Inhumanes« gebracht und vorgeschrieben habe, »den Glauben, den er predigte, durch das Schwert zu verbreiten«. Damit löste er Empörung nicht nur in der islamischen Welt aus, sondern auch blankes Entsetzen in den eher fortschrittlichen Kreisen im Vatikan. Die konservativen Gruppen dort sahen das jedoch anders. Spätestens seit dem Beginn der Debatte, ob der Islam zu Europa gehöre, warteten vor allem die extrem traditionellen Gruppen auf ein Zeichen aus dem Vatikan. Die verunglückte Regensburger Rede des Joseph Ratzinger war nun für sie das lang ersehnte Ausrufezeichen, dass der Islam eben doch nicht Teil der Kultur ihres Kontinents sei.

Papst Benedikt XVI. hatte nie beabsichtigt, dass man seine Rede in diesem Sinn interpretiert. Er erklärte später, dass er an diesem Abend in Regensburg als Theologicprofessor gesprochen habe und nicht als Papst. Wie er jedoch vergessen konnte, dass er der Papst war und seine Worte deshalb ein ganz anderes Gewicht haben, wird für immer sein Geheimnis bleiben.

Als ich an diesem Nachmittag in Regensburg vorab die Rede des Papstes bekam, war mir wie auch meinen Kollegen sofort klar, dass Benedikt XVI. mit diesem Zitat Benzin ins Feuer gießen und massive, wenn nicht sogar gewaltsame Proteste in der islamischen Welt auslösen würde. Ganz sicher wollte Ratzinger den Islam und dessen Gründer in seiner Rede nicht herabsetzen. Er hatte dieses Zitat wohl eher fahrlässig und ohne Notwendigkeit in seine Rede eingebaut. Dass dennoch so viele Gruppen aus der konservativen Ecke überzeugt davon waren, dass der Papst in Regensburg ein sprachliches Bollwerk gegen den Islam errichtet habe, lag daran, dass diese Interpretation einfach plausibel war.

Denn noch als Kardinal hatte Ratzinger in einem Interview mit der französischen Tageszeitung *Le Figaro* in der Ausgabe vom 13. August 2004 erklärt, dass seiner Ansicht nach der Islam nicht zu Europa gehöre, eben »das andere« sei. Deswegen hatte sich Ratzinger auch gegen den Beitritt der Türkei zur EU ausgesprochen. Auch ich hatte Ratzingers ablehnende Haltung dem Islam gegenüber am 20. August 2005 während des Weltjugendtages am Sitz des Erzbischofs von Köln miterlebt. Papst Benedikt XVI. war dort mit muslimischen Geistlichen zusammengetroffen. Im Vorfeld der Begegnung hatte es Beratungen gegeben, worüber der Papst mit den Muslimen sprechen sollte. Es gab immerhin eine Menge Gemeinsamkeiten. Die muslimischen

Geistlichen hatten in ihrem Alltag in Deutschland ähnliche Probleme wie die katholischen Priester: die Abkehr der Jugendlichen von der Religion, Arbeitslosigkeit, Ausgrenzung. Beide Religionen hatten mit dem gesellschaftlichen Wandel zu kämpfen. Auch religiös verband sie einiges: Der Koran verehrt explizit Maria und berichtet ausführlich über sie. Auch Johannes der Täufer, der im muslimischen Sprachgebrauch Yahya genannt wird, genießt im Koran hohes Ansehen.

Doch trotz der Bemühungen seines Umfelds, die Gemeinsamkeiten zu betonen, wollte Ratzinger vor den muslimischen Geistlichen vor allem über Terrorismus sprechen. Das musste natürlich den Anschein erwecken, dass der Papst das Wort »Islam« vor allem mit dem Terrorismus verband, als wäre der Islam in erster Linie die Ursache dafür. Ich erinnere mich gut daran, wie die muslimischen Geistlichen darüber verärgert waren.

Für Ratzinger wie für alle sehr konservativen Christen war es vollkommen klar: Gott hatte seinen Sohn Jesus auf die Erde geschickt, damit dieser sagte, was er zu sagen hatte. Nach Christi Tod und Himmelfahrt war die göttliche Offenbarung beendet. Es gab dem nichts hinzuzufügen, Gott brauchte keine weiteren Propheten mehr. Alle anderen Religionen, wie etwa der Islam, stehen deshalb für die konservative Fraktion im Widerspruch zum Christentum. Das sehe man schon daran, dass die Muslime Jesus nicht als Gottes Sohn anerkennen. Der Konflikt zwischen Christentum und Islam war für die Traditionalisten der katholischen Kirche unauflösbar. Ein Gläubiger konnte entweder an das Christentum oder an den Islam glauben.

Dann kam der September 2013, und Papst Franziskus riss das Steuer im interreligiösen Dialog herum, und zwar in die Richtung, die Michael Fitzgerald hätte einschlagen wollen, wenn ihn Benedikt XVI. nicht fortgejagt hätte. Daneben gibt es noch einige andere Punkte, in denen Papst Franziskus anderer Meinung ist als sein Vorgänger. Doch radikale Kursänderungen gibt es nur vier: das Ende der Herabsetzung Homosexueller, die Zulassung wiederverheirateter Geschiedener zu den Sakramenten, die Absichtserklärung, Frauen zu Diakonen zu weihen, und den interreligiösen Dialog. Beim Angelus-Gebet am 1. September 2013 trat der Papst mit einem düsteren, geradezu verzweifelten Gesichtsausdruck an das Mikrofon. Im Krieg in Syrien war Giftgas vermutlich von Regierungstruppen eingesetzt worden. Die US-Regierung von Barack Obama drohte mit Militärschlägen, weil eine rote Linie überschritten worden sei. Der Konflikt drohte weiter zu eskalieren. Papst Franziskus schrie geradezu heraus: »Nie wieder Krieg.« Er forderte die Menge zu einem in dieser Form noch nie beschworenen Friedensgebet auf, es sollte am Samstag, dem 7. September, um 19 Uhr vor der Peterskirche beginnen.

Die Gegner von Papst Franziskus befürchteten eine regelrechte Hinrichtung des Pontifikats von Papst Benedikt XVI. Der deutsche Papst war am Abend des 7. September zwar gar nicht auf dem Petersplatz, aber seine Nummer zwei würde dort sein, sozusagen der Vizepapst in seiner Amtszeit: Kardinalstaatssekretär Tarcisio Bertone. Das Friedensgebet von Papst Franziskus drohte Ratzinger und Bertone bloßzustellen. So hatte etwa Papst Benedikt XVI. seinen 81. Geburtstag am 16. April 2008 im Weißen Haus bei US-Präsident George W. Bush gefeiert, der einen Angriffskrieg gegen den Irak mit vermutlich über 100 000 Toten angeordnet hatte. Noch im selben Jahr hatte Benedikt XVI. George W. Bush im Vatikan seine Referenz erwiesen. Als einziger Staatsgast in der gesamten Geschichte des Vatikans durfte der US-Präsident am Gebet an der Grotte von Lourdes hinter der Peterskirche teilnehmen. Jetzt würde Papst Franziskus dem Friedensnobelpreisträger Barack Obama entgegentreten, obwohl dessen Absichten, die Bevölkerung Syriens durch Militärschläge vor Giftgas zu schützen, durchaus nobel waren. Auf pazifistische Weise war das nicht möglich. Franziskus wollte die muslimische Bevölkerung Syriens umarmen. Er hatte muslimische

Würdenträger eingeladen, die auf dem Platz vor der Peterskirche Suren aus dem Koran und ihre Gebete sprechen sollten.

Für die konservativen Kreise um Papst Benedikt XVI. war das alles ein Gräuel. Franziskus würde sich gegen die USA stellen, ein aus ihrer Sicht plumper Antiamerikanismus, und gleichzeitig den fundamentalen Unterschied zum Islam verwischen. Ihnen blieb nur eine Hoffnung: Bei einem solchen Gebet wäre die Anbetung des Allerheiligsten, also die Zurschaustellung der geweihten Hostie, eine Möglichkeit, der Feier einen besonders christlichen Anstrich zu geben. Für die muslimischen Gäste wäre die Präsenz des Allerheiligsten aber eher verstörend, ein Ärgernis, denn sie sehen Christus weder als Gottes Sohn, noch können sie mit der Wandlung der Hostie in den Leib Christi etwas anfangen. Doch Franziskus tat den Ultrakonservativen den Gefallen nicht, die Menschen verschiedener Religionen auf dem Petersplatz zu spalten. Auch er wollte eine Geste des Heiligen, und er fand sie auch. Er bat darum, an diesem Tag zu fasten, weil dieser Akt Christentum und Islam in ihrer Verehrung des Göttlichen miteinander verbindet.

Das war es also, was Franziskus an diesem Abend auf dem Petersplatz erreichen wollte: die Gemeinsamkeiten mit dem Islam – und nicht die Unterschiede – zu betonen. Über 100 000 Menschen drängten sich auf dem Petersplatz und wurden Augenzeugen, wie der Papst an diesem Abend der wichtigste Mahner für den Frieden der Welt wurde. Die sunnitischen Geistlichen aus Syrien ließen wissen, dass sie Franziskus' Fastenaufruf folgen würden. Das war eine Sensation: Hohe muslimische Geistliche folgen der Aufforderung eines christlichen Papstes.

Franziskus schien vor der großen Menge immer wieder geistig kurz abwesend zu sein. Er war in sein Zwiegespräch mit Gott vertieft, dann aber, kurz nach 20 Uhr, erhob er seine Stimme. Der Lärm der Waffen möge schweigen. Er flehte geradezu verzweifelt die Mächtigen um Frieden an, erinnerte immer wieder an das Schicksal der Menschen in Syrien. Mit seinen Gesten und

Gebeten vor der hell erleuchteten Peterskirche schien er zu sagen: Gott, lass es nicht zu. Stoppe diesen Wahnsinn. Mir lief es damals eiskalt den Rücken runter. Wenn man Gott erreichen kann, dachte ich damals, dann so. Es war trotz der Anwesenheit von 100 000 Menschen auf dem Petersplatz so still, dass man den leisen Wind hören konnte, als der Papst zum stillen Gebet für das Land Syrien bat, ein Land, in dem nicht einmal fünf Prozent der Bevölkerung katholisch sind.

An diesem Abend erschien der Mann in Weiß als Charismatiker. Kein richtender, verurteilender Papst, sondern ein alter Mann, der an den ebenfalls betagten Fischer Petrus erinnerte, der zugehört hatte, als der rätselhafte Mann aus Nazareth gesagt hatte: »Selig sind die, die Frieden stiften.«

Für die konservativen Kreise hatte die Regensburger Rede Papst Benedikts XVI. die lang ersehnte Abkehr vom Kurs der Annäherung an den Islam bedeutet, denn die Reaktion der Muslime fiel wie erwartet heftig aus. Danach brachen die höchsten Repräsentanten des Islam alle Beziehungen zum Vatikan ab. Es begann eine Art kalter Krieg der Religionen. Doch dieser Abend vor der Peterskirche war der erste Schritt, um ihn zu beenden. Und kaum drei Jahre später, am 23. Mai 2016, wurde der Albtraum der Konservativen im Vatikan Realität: Die islamische Welt hob in Anerkennung der immensen Bemühungen von Papst Franziskus um die Aussöhnung zwischen den Religionen die gegen den Vatikan verhängten Sanktionen auf. Papst Franziskus konnte sichtlich erleichtert Ahmed el-Tayyeb, den Großimam der Al-Azhar-Universität in Kairo, im Vatikan begrüßen. Die Eiszeit zwischen Christentum und Islam, ausgelöst von Papst Benedikt XVI. und begrüßt von den Traditionalisten, war vorbei.

Doch es blieb noch viel zu tun. Die radikalen Gruppen, wie etwa die Hisbollah im Libanon, lehnten eine Aussöhnung zwischen Christen und Muslimen generell ab. Vom Verzicht auf Gewalt bei der Verbreitung des Islam hielten Gruppen wie

Hisbollah, al-Qaida und IS nichts, das galt ihnen als nicht korangemäß. Die Terror- und Mordanschläge islamistischer Kämpfer auf die Redaktion der Satirezeitschrift *Charlie Hebdo* in Paris am 7. Januar 2015 mit zwölf Toten sowie die damit in Zusammenhang stehende Ermordung von vier Menschen in einem jüdischen Supermarkt zwei Tage später, der Anschlag auf Hotels im tunesischen Port El-Kantaoui am 26. Juni 2015 mit 38 Todesopfern, das furchtbare Attentat von Nizza am 14. Juli 2016 mit 86 Toten sowie das Attentat vom Breitscheidplatz in Berlin am 19. Dezember 2016 mit insgesamt zwölf Todesopfern führten auch dazu, dass sich das Verhältnis zwischen Christentum und Islam zusehends verschlechterte.

Aus Sicht der konservativen Fraktion innerhalb der Kirche konnte es eindeutiger nicht sein: Christen wurden Opfer muslimischer Attentäter. Das Oberhaupt von 1,1 Milliarden Katholiken musste jetzt endlich reagieren. Der Papst musste im Grunde nur einen Elfmeter verwandeln. Aber Franziskus wollte keine Verurteilung des Islam. Er wollte mehr. Viel mehr.

VI

Dialog mit dem Islam

Als ich Ende des Jahres 2016 den Plan für die Papstreise nach Abu Dhabi in der Hand hielt, dachte ich: Das ist eine Sensation historischen Ausmaßes. Am gleichen Tag klingelte mein Telefon, und ein sehr guter alter Freund aus Israel war in der Leitung. Er hatte lange in Rom gewohnt, wir hatten uns während einer Reise von Papst Johannes Paul II. ins Heilige Land im Jahr 2000 kennengelernt.

»Hast du es gesehen?«, fragte er.

»Ja«, sagte ich, »das ist unglaublich.«

»Der Papst wird als erster Papst der Geschichte einen Gottesdienst auf der Arabischen Halbinsel feiern. Ich habe es erst geglaubt, als ich es mit eigenen Augen gesehen habe. Ich dachte, dass nach der großen Öffnung von Papst Johannes Paul II. alles zu Ende wäre, nachdem die Muslime alles abgebrochen haben wegen der Rede von Regensburg. Und jetzt das! Hier in Israel wird der Entschluss des Papstes regelrecht gefeiert. Diese Reise wird die militante Fraktion innerhalb des muslimischen Lagers in enorme Schwierigkeiten bringen.«

»Wieso glaubst du das?«, fragte ich ihn.

»Das ist doch sonnenklar. Was wird Papst Franziskus in Abu Dhabi denn tun? Er wird sicher nicht zum Heiligen Krieg gegen den Islam aufrufen. Er wird da weitermachen, wo Papst Johannes Paul II. aufgehört hat. Er wird das Gleiche verlangen, was

Papst Johannes Paul II. durchsetzen wollte, dass im Namen Gottes keine Gewalt ausgeübt werden darf. Verstehst du, was das aus unserer Perspektive heißt?«

»Erkläre es mir!«

»Der Papst wird im Kernland der Arabischen Halbinsel, nicht weit weg von Mekka, in der Anwesenheit aller möglichen geistlichen Würdenträger des Islam einen Gewaltverzicht der extremistischen muslimischen Armeen und Terrorzellen fordern. Seine Gastgeber wissen das, und sie hätten ihn nicht eingeladen, wenn sie nicht bereit wären, auf seine Forderungen einzugehen. Das wird einen gewaltigen Keil in die muslimischen Gesellschaften treiben.«

Mein Freund ist ein hochintelligenter, hervorragender Autor, doch bei allen Themen, die auch nur entfernt mit militanten Muslimen zu tun haben, war er alles andere als unvoreingenommen. Seine Mutter wurde bei einem Anschlag in Tel Aviv so schwer verletzt, dass sie den Rest ihres Lebens auf Hilfe angewiesen sein wird. Er selbst hatte es bis zum Unteroffizier der Israelischen Armee IDF geschafft. Wenn es um Gewalt von muslimischer Seite ging, musste man im Gespräch mit ihm vorsichtig sein.

»Wie meinst du das mit dem Keil, weltweit?«

»Es gibt auf der ganzen Welt eine Menge Organisationen, die ohne jeden Umschweif sagen, dass Gewalt zum Islam gehört. Schau dir die Hisbollah im Libanon an. Das ist eine politische Partei und eine Armee, die wollen Israel zerstören. Schau dir Boko Haram in Afrika an, die haben über 20 000 Menschen umgebracht, oder muslimische Terrorgruppen auf den Philippinen oder in Indien – die ganze Welt ist voll von ihnen. Es gibt Hunderttausende gewaltbereite muslimische Kämpfer, die zuschlagen, sobald sie die Gelegenheit dazu haben – und dann das! Mitten auf ihrem heiligen Boden wird ein Papst den Islam hofieren und gleichzeitig einen Gewaltverzicht einfordern. Das wird er ganz sicher. Der kann ja nicht nach Abu Dhabi fliegen und dann sagen, ihr könnt ruhig weiter Attentate planen und Unschuldige umbringen, das ist schon in Ordnung, wenn eure Religion das so will.«

Er hatte recht, und ich sah ein, dass das, was der Papst da vorhatte, für die extremistischen Gruppen tatsächlich ein beträchtliches Problem darstellte.

»Fliegst du mit in der Papstmaschine?«, fragte er.

»Ja«, sagte ich.

»Das macht mich richtig neidisch. Ruf mich doch bitte an, wenn du da bist.« Er gab mir eine italienische Handynummer.

»Ich glaube, es ist keine gute Idee, aus Abu Dhabi eine israelische Telefonnummer anzurufen.«

Dass die konservativen Gruppen weit weniger begeistert sein würden von den Plänen des Papstes als mein Freund in Israel, sollte ich nur wenig später erfahren. Ich war mit meiner Vespa gerade in der Nähe der Lateranbasilika unterwegs. Ich liebe diesen Stadtteil, weil ich im Viertel am Kolosseum viele glückliche Jahre verbracht habe. Plötzlich sah ich die Professorengattin über den Platz gehen.

Ich winkte ihr zu und hoffte, dass sie mich nicht ignorieren würde. Sie winkte tatsächlich zurück, und ich fuhr hinüber zu ihr auf die andere Straßenseite. »Haben Sie Zeit auf einen Kaffee?«, fragte ich.

Sie war sportlich, und ich fragte, ob sie Lust habe, mit mir auf der Vespa in meine Lieblingsbar mitzukommen, die nur ein paar Minuten entfernt auf dem Celio-Hügel am Kolosseum lag. Wir fuhren dorthin und schlenderten zu der Bar an der Domus Aurea, der alten Palastanlage Neros.

Wir setzten uns, und sie kam gleich zur Sache. »Wissen Sie, dass sie außer sich sind?«

»Über mich?«

Sie lachte. »Nein, so wichtig sind Sie nicht. Sie sind völlig außer sich, seitdem Sie von der Reise des Papstes nach Abu Dhabi wissen.«

»Außer sich, weil er es schafft, einen Gottesdienst auf der Arabischen Halbinsel zu halten?«

»Nein«, sagte sie und winkte ab. »Es muss eine undichte Stelle in der Glaubenskongregation geben.«

»Wieso?«

»Der Papst hat offensichtlich den Text des angekündigten Abkommens mit dem Islam in die Glaubenskongregation geschickt.«

»Ja, und?«

»Sie sind so wütend, wie ich sie noch nie erlebt habe. Während des ganzen Streits um Marcel Lefebvre damals waren sie auch außer sich, aber nicht so sehr wie jetzt. Sie schreien herum und sagen immer das Gleiche.«

»Was denn?«

»Sie sagen, dass der Papst nicht mehr der Papst sein könne, wenn er das macht. Dann wäre er außerhalb der katholischen Kirche, und dann wären sie gezwungen, drastische Schritte zu unternehmen.«

»Was denn für Schritte?«

»Dann müsste alles getan werden, um eine Nachfolgekirche der katholischen Kirche zu gründen. Die Kirche des Papstes Franziskus wäre dann nicht mehr katholisch. Deswegen müsste eine Kirche entstehen, die sich in der Tradition der echten katholischen Kirche sehe, die auf Gott zurückgehe.«

»Was bringt sie denn so wahnsinnig auf?«

»Ich habe keine Ahnung. Sie sagen es nicht. Sie haben irgendeine Information aus der Glaubenskongregation. Mein Mann ist nur unglaublich verärgert. Er glaubt an Massenübertritte von Hunderttausenden katholischer Pfarrer, die dann die Kirche des Papstes Franziskus verlassen würden.«

»Was sagen Sie da? Hunderttausende Priester würden übertreten?«

»Ja, nach seiner Meinung ist das, was Franziskus vorhabe, so schwerwiegend, dass es der katholischen Kirche, so wie sie jetzt existiert, den Todesstoß verpassen würde. Kein Katholik könne danach noch in der Kirche von Papst Franziskus bleiben, denn diese Kirche habe Gott verraten.«

»Entschuldigen Sie«, sagte ich. »Hat der sie noch alle?«

»Das habe ich auch erst gedacht. Aber es muss sich um irgendetwas sehr Schwerwiegendes handeln. Es gibt viele, die so denken wie mein Mann. Es muss etwas absolut Essenzielles sein. Da sind einige hochgebildete Leute dabei, und wenn Sie es für sich behalten ...«

»Ja?«

»Da sind auch einige Leute aus dem Vatikan dabei, die den Protest unterstützen. Es soll so etwas wie einen stillen, aber massiven Aufstand geben im Vatikan, gegen den Papst.«

»Einen Aufstand?«

»Ja, reihenweise Proteste. Bisher muss dieses Papier aus der Glaubenskongregation nur unter der Hand weitergegeben worden sein. Aber glauben Sie mir, es wird einen Knall geben, einen sehr lauten Knall.«

VII

Der Kampf von Abu Dhabi

Flughafen Rom-Fiumicino, 3. Februar 2019, mittags: Start der päpstlichen Maschine nach Abu Dhabi. Der Mann, der an diesem Tag das Flugzeug betrat, war nicht der ewig lächelnde, sympathische, freundlich werbende Papst Franziskus. An diesem Tag stieg ein energischer, entschlossener, kampfbereiter Papst ein. Die Mission, die nun bevorstand, hatte historische Dimensionen: Zum ersten Mal in der Geschichte des Papsttums würde ein Papst zwei Auslandsreisen hintereinander ausschließlich in rein muslimische Länder absolvieren. Vom 3. bis 5. Februar würde er Abu Dhabi besuchen, kurz darauf, am 30. und 31. März, Marokko. Das löste selbstverständlich einen Sturm der Entrüstung in gewissen Kreisen aus. Wie konnte ein Papst zweimal hintereinander in Länder reisen, deren Bevölkerung zu fast 100 Prozent muslimisch war? In den Vereinigten Arabischen Emiraten, zu denen Abu Dhabi gehörte, durfte nicht auf einer einzigen Kirche ein Kreuz stehen. Wie konnte ein Papst nur Länder bereisen, die dem Christentum offensichtlich feindlich gesonnen waren, es aber ablehnen, sein katholisches Heimatland Argentinien oder das den Päpsten seit Jahrhunderten innig verbundene Spanien zu besuchen?

Im Vatikan spotteten sie schon über »Franziskus von Arabien« und hielten ihm vor, dass er nicht einmal die wichtigsten katholischen Wallfahrtsorte besucht hatte. Franziskus hatte weder in Lourdes noch in Santiago di Compostela gebetet, doch nun wollte er einen Gottesdienst auf der Halbinsel lesen, auf der die wichtigste muslimische Pilgerstätte, Mekka, lag. Er wusste, dass es viel Ärger geben würde wegen dieser Reisen. Er wusste, dass die einfachen Menschen, die ihm so am Herzen lagen, sich fragen würden, was der Papst bei diesen muslimischen Potentaten wollte. Sollte er nicht lieber zu den Christen in Not reisen, von denen es weiß Gott auf dem Globus mehr als genug gab? Stattdessen lief er Gefahr, den autokratischen Herrschern dieser Länder die Gelegenheit zu bieten, sich von einem Papst reinwaschen zu lassen nach dem Motto: Seht her, selbst der Papst sucht meine Nähe. Dabei beteiligen sich die Vereinigten Arabischen Emirate doch an einem brutalen Krieg im Jemen. Dort sterben Kinder und hungernde Zivilisten durch Bomben, bezahlt mit den Petrodollars der Emirate. Zudem wollten die Machthaber in Abu Dhabi bei diesem Besuch bestimmt auch ihren Reichtum demonstrieren und sich mit dem Papst lediglich schmücken – wodurch Papst Franziskus wiederum die Gefahr drohte, dass sein Nimbus der Bescheidenheit Schaden nehmen könnte. Und Marokko ist zwar formell eine konstitutionelle Monarchie, nimmt es jedoch mit den Menschenrechten auch nicht so genau und hat zudem die Westsahara annektiert. Was also wollte der Papst da?

Der Papst war sich bewusst, dass unter vielen Christen das diffuse Gefühl vorherrschte, sie seien die Guten und die Muslime die Bösen. Hielten nicht immer wieder Anschläge von Islamisten die Welt in Atem? Seine Miene auf dem Weg nach Abu Dhabi ließ keinen Zweifel daran, welche Haltung er dazu eingenommen hatte. Extrem zugespitzt lautete seine Botschaft: Zum Dialog mit dem Islam gibt es nur eine Alternative – Krieg! Er wusste, dass diese Reisen gelingen mussten. Seine Miene wirkte so anders als sonst, weil es diesmal nicht um Frömmigkeit oder mehr Wertschätzung oder Toleranz ging. Diesmal ging es um Leben und Tod.

Er musste es schaffen, ein glaubwürdiges Abkommen mit der islamischen Welt zu erreichen – und dieses auch möglichst schnell umsetzen. Franziskus war überzeugt, dass viele Menschen, die in Frankreich, Spanien oder Deutschland Opfer religiös motivierter Terroristen geworden waren, vielleicht noch am Leben sein könnten, wenn ein Papst früher und mit mehr Nachdruck versucht hätte, den Islam zu einem weltweiten Gewaltverzicht zu bewegen.

Während seiner Auslandsreisen hatte Franziskus immer diese typische Franziskus-Haltung eingenommen. Sie ergibt sich daraus, dass er kein Mann ist, der Befehle erteilt. Seine Haltung ist es vielmehr, auf die Einsicht und den guten Willen der Menschen zu setzen. Deswegen lehnt er es auch ab, Menschen anderen Glaubens oder gänzlich Ungläubige zum Christentum zu bekehren. Er hofft darauf, dass Menschen einem guten Beispiel folgen. Er weiß, wie steinig dieser Weg des Guten ist und wie wenig aussichtsreich. Ich habe das immer wieder an ihm wahrgenommen, so auch etwa beim Thema Flüchtlinge. Seine Haltung dazu ist: Ich weiß, dass ihr es nicht mehr hören könnt, wenn ich sage, dass wir die Menschen im Mittelmeer nicht einfach ertrinken lassen können. Ich weiß, dass ihr es satthabt zu hören, dass wir etwas tun müssen, damit sie auf dem Weg nach Europa nicht ihr Leben im Wasser oder in der Wüste oder in einem Gefängnis verlieren. Aber auch wenn ihr das nicht mehr hören könnt, werde ich fortfahren, euch zu erinnern. Ich weiß, dass das vielleicht nichts bringen wird, aber ich setze darauf, dass euer Gewissen und euer Gott euch eines Tages vielleicht erreichen werden und ihr dann aufstehen werdet, um etwas zu tun.

Diese Haltung von Papst Franziskus unterscheidet sich grundsätzlich von der von Papst Johannes Paul II. oder der von Papst Benedikt XVI. Karol Wojtyła erteilte Befehle, verlangte Gehorsam. Den Schwächen des Menschen gegenüber der Kirche oder Gott begegnete er mit Härte. Wenn es sein musste, schrie er auch schon mal herum oder schlug mit dem Stock auf den Tisch.

Der leise, jeden lauten Konflikt scheuende Joseph Ratzinger war zwar eine ganz andere Persönlichkeit als Johannes Paul II., aber auch er befahl. So schrieb er als Präfekt der Glaubenskongregation den Gläubigen immer wieder vor, was sie genau »fest zu glauben haben« und was sie tun oder lassen sollten. Beide Päpste gestanden den Menschen keinerlei Schwäche gegenüber Gott zu. Wer sich scheiden ließ und wieder heiratete und Sex mit dem neuen Partner hatte, wurde von den Sakramenten ausgeschlossen, flog damit de facto aus der Kirche.

Der Gott des Papstes Franziskus ist ein anderer Gott, kein verurteilender, richtender. Der Gott des Papstes Franziskus ist ein barmherziger Gott, der immer verzeiht. Diese Kernbotschaft des Pontifikats von Papst Franziskus, so harmlos sie klingen mag, entfaltete im Vatikan eine große Sprengkraft. Die Gegner von Papst Franziskus sahen darin nicht weniger als eine Abschaffung der Kirche. Aus ihrer Sicht verzeiht Gott nur dann, wenn die Gläubigen sich auch an die Regeln halten. Ein barmherziger Gott hingegen, der immer und alles verzeiht, braucht keine Kirche, die darauf achtet, dass seine Regeln eingehalten werden. Das bedeutete: Gott verzeiht nichts, wenn man seine Gebote übertritt und sich nicht um seine Kirche schert. Franziskus hingegen fühlt sich von Gott berufen, dass er einen steinigen, wenig erfolgversprechenden und frustrierenden Weg geht, auf dem er durch Überzeugung und als Vorbild wirkt und die Menschen nicht mit Macht oder Verboten zu einer Einsicht zwingt.

Franziskus weiß, dass dieser Weg des Guten manchmal naiv ist. Hätten Winston Churchill oder Franklin D. Roosevelt Adolf Hitler durch ihr gutes Beispiel davon abbringen können, Millionen Menschen ermorden zu lassen? Sicher nicht. Aber Franziskus will gar nicht wie ein Staatsmann agieren. Der Grundsatz der Politik, dass sie die Kunst des Machbaren ist, interessiert ihn nicht. Er ist sich durchaus bewusst, dass er allein nichts bewegen kann auf dieser Welt, sondern dass er auf die Einsicht der Gläubigen angewiesen ist.

So war das bisher bei Franziskus, doch an diesem Morgen auf dem Weg nach Abu Dhabi strahlte der Papst etwas ganz anderes aus. Dieser Pakt mit dem Islam musste gelingen. Diesmal musste er handeln, er musste die berechtigten Widerstände im eigenen Lager beiseitewischen und mit dem Kopf durch die Wand. Wie schwierig diese Aufgabe war, spürten wir Begleiter im Flugzeug des Papstes, als er versicherte, er habe alles, was in Abu Dhabi abgesegnet werden solle, von der Glaubenskongregation prüfen lassen. War das, was der Papst vorhatte, so heikel, dass er eine Selbstverständlichkeit betonen musste, nämlich dass die ihm unterstehende Glaubenskongregation Bescheid wusste über das, was er vorhatte? Vielleicht war der Papst, den die Welt in Abu Dhabi und Marokko zu sehen bekommen würde, der Jorge Mario Bergoglio, der einst als junger Chef der Jesuiten wegen seiner Härte von sich reden machte, der seine Seminaristen Schweineställe bauen ließ und sie in die Slums schickte? Würde er ebenso wenig nachsichtig gegenüber denen sein, die seine Pläne in Arabien durchkreuzen wollten?

Nach dem Start tickte die Uhr. Der Papst begibt sich auf einer Auslandsreise in die Obhut, aber auch unter die Kontrolle seiner Gastgeber. In traditionell katholischen Ländern ist das kein Problem. In Spanien oder Polen wird dem Papst jeder Wunsch von den Lippen abgelesen. Aber in Ländern, die dem Papst feindlich gesonnen sind oder in denen so gut wie keine Katholiken leben, kann das sehr schwierig werden. Die wichtigste Frage, die ich mir nach dem Start stellte, war: Wie würde das saudische Königshaus reagieren, wenn der Papst auf der Arabischen Halbinsel einen gigantischen Gottesdienst feiern wollte?

Die Saudis sehen sich als Hüter der heiligen Stätten des Islam. Als Papst Johannes Paul II. im Jahr 2001 die Umayyaden-Moschee in Damaskus besuchte, hatte es heftigen Widerstand aus Saudi-Arabien gegen diesen Besuch gegeben. Würden die Traditionalisten in der muslimischen Geistlichkeit wieder versuchen, einen Papst zu behindern, den ersten Gottesdienst eines

Papstes auf der Arabischen Halbinsel? Papst Johannes Paul II. hatte jahrelang bittere Erfahrungen damit gemacht, wie große Gottesdienste manipuliert werden können. Um den Papst zu demütigen, gab es ein ganz einfaches Mittel. Die Gegner des Pontifex mussten lediglich verhindern, dass die Gläubigen zu seinem Gottesdienst gelangen konnten. Ein Papst, der in einem leeren Stadion oder auf einer leeren Wiese einen Gottesdienst zelebrieren muss, steht irgendwie als Verlierer da.

Ähnliches hatten auch die Sowjets im Sinn, als Johannes Paul II. zum ersten Mal als Papst Polen besuchte. Der damalige Staats- und Parteichef der UdSSR, Leonid Breschnew, hatte den polnischen Papst zuvor noch davor gewarnt, nach Polen zu kommen. Eine wirksamere Aufforderung an den Papst zum Besuch seines Heimatlands hätte Breschnew gar nicht aussprechen können. Während Johannes Pauls Reise durch das Land sollte der polnische Geheimdienst auf sowjetisches Geheiß verhindern, dass Menschenmassen zu den Gottesdiensten des Papstes strömten – vergeblich. Deshalb zeigte das polnische Fernsehen den Papst immer nur in Nahaufnahme – man sollte auf den TV-Bildern nicht erkennen, dass Hunderttausende zu den Messen gekommen waren. Auf ähnliche Weise versuchte es Fidel Castro 1998 in Havanna während des Papstbesuchs in Kuba. Er ließ die Blockwarte in den Wohnkomplexen in Havanna ausrichten, dass der Besuch der Papstmesse Repressalien nach sich ziehen konnte. Dennoch kamen mehr als 400 000 Menschen, einfach zu viele, um sie alle bestrafen zu können.

In Abu Dhabi drohte jetzt ein ähnliches Problem. In dem Land selbst gibt es außer Ausländern so gut wie keine Katholiken. Der Papst lief also Gefahr, in einem leeren Stadion zu predigen, denn die Regenten der Anrainerstaaten konnten die Anreise von Christen verhindern. In den meisten Ländern der Arabischen Halbinsel leben und arbeiten Christen nur auf Zeit. Zahlreiche syrische Christen, aber auch solche aus dem Libanon, aus Palästina, von den Philippinen und aus Indien fristen hier ein temporäres Dasein als Gastarbeiter. Würden die Saudis und die übrigen Staaten zulassen, dass diese Christen nach Abu Dhabi strömten?

Es gab noch ein weiteres Problem: Die arabischen Machthaber reiben dem Papst immer wieder gern die alten Konflikte zwischen Christen und Muslimen unter die Nase. Dazu gehören die Standards: Der Vatikan verweigere den Palästinensern Jerusalem als Hauptstadt eines palästinensischen Staates und unterstütze einseitig Israel, während in den Palästinensergebieten Unschuldige sterben würden. Diese Vorwürfe sind unsinnig. Vielmehr verlangt der Vatikan einen internationalen Status für Jerusalem, was Israel ärgert, weil es Jerusalem als seine Hauptstadt ansieht. Der Vorwurf einer einseitigen Bevorzugung Israels ist allein schon deshalb abwegig, weil nahezu alle Christen im Heiligen Land Palästinenser sind. Dennoch hatte auch während des Besuchs von Papst Johannes Paul II. in Syrien im Jahr 2001 dessen Machthaber Baschar al-Assad dem Papst vorgeworfen, den angeblichen Morden an den Frauen und Kindern in den Palästinensergebieten tatenlos zuzusehen.

Zusätzlich drohte noch eine ganz andere Art von Problemen während dieser Papstreise. Wenn ein Papst ein Land bereist, in dem die Christen so gut wie unsichtbar sind und Polizei und der Rest des Sicherheitsapparats keine Erfahrung im Umgang mit Christen haben, kommt es immer wieder zu Missverständnissen. Im Jahr 2000 hatte der Vatikan in dieser Hinsicht einen schweren Fehler begangen und den Papstbesuch so gelegt, dass der Papst am Sabbat in Jerusalem war. Jüdische Polizisten mussten zu seinem Schutz abkommandiert werden und waren somit gezwungen, die Sabbatruhe zu brechen.

Meine Versuche, von Rom aus irgendwie herauszubekommen, was den Papst in Abu Dhabi erwarten würde, scheiterten kläglich. Alle Journalisten in Abu Dhabi, mit denen ich über das Internet Kontakt aufzunehmen versuchte, erklärten mir mehr oder weniger deutlich, dass es sie Kopf und Kragen kosten konnte, wenn sie sich mit mir austauschten – das Internet werde überwacht. Während des Fluges begrüßte Papst Franziskus wie immer jeden an Bord einzeln. Ich konnte mich eine Weile mit ihm unterhalten. Nach der Landung in Abu Dhabi empfingen die Gastgeber den Papst zum Willkommensbesuch beim Herrscher Abu Dhabis, Chalifa bin Zayid al-Nahyan. Ich schaute mir die Begrüßungszeremonie an und dachte: Armer, armer Papst. Der Idealist Franziskus musste sich wieder einmal mit den schmutzigen Angelegenheiten der profanen Welt auseinandersetzen und einiges hinunterschlucken, was ganz eindeutig nicht seinen Vorstellungen entsprach. Zu seinen Ehren donnerten im Augenblick seiner Ankunft am Palast des Kalifen im Tiefflug Kampfjets der Luftwaffe Abu Dhabis über ihn hinweg. Es waren wohl die gleichen Flugzeuge, die im Jemen Bomben abwarfen und unterernährte Kinder und ihre Eltern töteten. Wenn der Papst irgendetwas sicher nicht wollte, dann auf diese Art und Weise geehrt zu werden. Der Papst der Armen musste im Palast eines der reichsten Menschen der Welt gute Miene zum bösen Spiel machen.

Aber vielleicht macht gerade das diesen Mann aus Argentinien so besonders. Er wusste, dass man diesen Besuch politisch benutzen würde. Doch auf dieser Welt kann man nun mal nicht sehr viel bewegen, wenn man nicht bereit ist, sich ab und zu die Hände schmutzig zu machen. Dennoch war die martialische Begrüßungszeremonie dem Papst unendlich peinlich. Er merkte dazu nur kleinlaut an, dass die »Gastgeber so ihre Wertschätzung für den Papst ausdrücken wollten«. Wenn dem so war, dann hatten sie von diesem Papst nichts, aber auch gar nichts begriffen.

Ich machte mich im Pressezentrum an die Arbeit. In einem Nebensaal hatten einige Fernsehsender ihre Büros aufgebaut. Ich ging zur Kaffeemaschine und überlegte mir, wie ich einen Kollegen dazu bringen könnte, mir ein paar Fragen zu beantworten, als mich eine sehr attraktive junge Frau ansprach.

»Sind Sie mit dem Papst aus Rom gekommen?«

»Ja«, antwortete ich.

»Oh, hätten Sie ein paar Minuten Zeit für mich?«

»Sicher«, sagte ich.

»Großartig«, antwortete sie und deutete auf eine Sitzecke. Wir nahmen Platz, und sie zückte ihren Block.

»Also, ich bin Moderatorin und arbeite für einen Sender hier in den Vereinigten Arabischen Emiraten. Ich muss die Messe kommentieren, die der Papst im Stadion lesen wird. Von Religion habe ich leider keine Ahnung, ich habe nur gelesen, dass Katholiken einmal während der Messe etwas essen und dass auch der Papst etwas isst. Da stand wirklich in dem arabischen Infotext, er würde Gott verspeisen, und ich habe mich gefragt, wie ich das meinen Zuschauern erklären soll.«

»Oh, das wird jetzt etwas länger dauern«, antwortete ich. Sie fing an zu schreiben, und ich versuchte, so gut ich es konnte, das Wesen der heiligen Messe zu erklären. Nach etwa einer halben Stunde waren wir fertig. Sie schien zufrieden.

»Kann ich mich irgendwie revanchieren?«, fragte sie.

»Ich hätte da auch ein paar Fragen zum Besuch des Papstes.«

Sie schüttelte den Kopf. »Das geht nicht, sorry. Ich darf das nicht.«

»Ich nenne weder Ihren Namen noch Ihre Firma. Es geht mir nur darum, dass ich verstehe, was hier passiert.«

»Keine Namen?«, fragte sie.

»Nein.«

»Okay. Dann kommen Sie, ich gebe einen aus.«

Wir überquerten die Straße, auf der anderen Seite erstreckte sich der Strand. Wir ließen uns in den für Februar angenehm warmen Sand fallen.

»Also, was wollen Sie wissen?«

»Werden die Gläubigen überhaupt nach Abu Dhabi gelassen? Oder werden die Saudis versuchen, den Papstbesuch scheitern zu lassen, indem sie verhindern, dass die christlichen Gastarbeiter anreisen können, sodass der Papst vor leeren Rängen beten wird?«

Sie lachte. »Sie haben eine arg veraltete Vorstellung von der Arabischen Halbinsel. Die Zeiten, in denen das saudische Herrscherhaus mit seinen rückständigen Vorstellungen hier das Sagen hatte, sind längst vorbei. Das Internet und das Fernsehen haben die Emirate, Saudi-Arabien und den Oman verändert. Die jungen Menschen wollen Rockkonzerte besuchen, coole Klamotten tragen, kaltes Bier trinken, mit Mädchen flirten. Das lässt sich nicht mehr aufhalten. Ich lebe zum Beispiel mit meinem Freund zusammen. Wir sind nicht verheiratet. Das wäre für meine Mutter unvorstellbar gewesen. Heute ist das normal. Es gibt mittlerweile überall Clubs, in denen DJs auflegen, auch in Saudi-Arabien. Alles hat sich verändert, weil die jahrtausende-alte Unterdrückung der Frauen nicht mehr möglich ist. Sie brauchen uns für die Zeit nach dem Öl. Sie brauchen Ingenieurinnen, Ärztinnen, Professorinnen. Sie wollen, dass wir uns bilden, und das bedeutet, dass sie uns Rechte geben müssen. Ihr werdet diesen Umbruch in der arabischen Welt noch erleben. Wir wollen keine Kamelrennen mehr, sondern coole Kunstausstellungen. Wir wollen keine Wasserpfeifen mehr, sondern Gourmetküche aus Italien. Unsere Gesellschaft ist jung und ändert sich schnell. Deswegen ist der Papst hier.«

Sie fuhr fort: »Die Könige, die Prinzen, die Scheichs hier in Arabien wissen, dass die Gesellschaft sich modernisieren wird. Was sollen wir mit einer Religion anfangen, die als Belohnung im Paradies jede Menge Jungfrauen verspricht und in der Theologen darüber streiten, ob Frauen überhaupt eine Seele haben. Das alles wird sich ändern. Das wissen die, die hier die Macht haben. Sie können es verzögern, sie können es boykottieren, aber sie können es nicht auf ewig verhindern. Der Papst ist hier, weil sich der Fortschritt in Arabien nicht mehr aufhalten lässt und weil militante Gruppen innerhalb des Islam isoliert werden müssen. Die Machthaber hier brauchen Verbündete, die das

Gleiche wollen: die Extremisten ausschalten und ihnen ihre Basis nehmen. Es geht nicht darum, die Terrorzellen zu bekämpfen, die London oder Rom bedrohen. Es geht darum, diejenigen zu bekämpfen, die hier auf der Arabischen Halbinsel zuschlagen wollen. Die Scheichs werden versuchen, möglichst viele Religionsführer ins Boot zu holen, um ein Abkommen zu unterschreiben, wonach niemand im Namen Gottes Gewalt ausüben darf. Damit wollen sie ihre eigene Machtbasis sichern.«

Ich antwortete: »Papst Franziskus ist es ziemlich egal, aus welchem Grund der Islam erklärt, dass es keine Gewalt im Namen Gottes geben darf. Es geht ihm vielmehr darum, dass der Islam es überhaupt erklärt. Der Papst wird ein solches Abkommen begrüßen. Die Katholiken machen nach den vielen Attentaten in Europa Druck auf ihn, damit er den Islam zum Gewaltverzicht zwingt. Aber es gibt da ein Problem. Die Unterhändler des Islam wollen dafür etwas haben, was den Papst vor ziemliche Schwierigkeiten stellt. Bevor der Papst abgeflogen ist, sind die konservativen Katholiken fast im Kreis gesprungen, weil er hier irgendetwas tun oder sagen wird, das sie auf die Palme treibt. Offensichtlich haben die Unterhändler des Islam dem Papst irgendetwas abgehandelt. Haben Sie eine Ahnung, was das sein könnte?«

Sie lachte. »Ich hätte nicht gedacht, dass ihr auch Ärger mit den Konservativen habt. Ich dachte, das Problem haben nur wir.«

»Nein«, sagte ich. »Den Ärger mit den Ewiggestrigen haben wir auch.«

»Wenn sie ihm etwas abhandeln wollen, dann betrifft das garantiert Israel und die Palästinensergebiete. Sie wissen doch, das ist das Thema, das alle Muslime eint, von Indonesien bis Tunesien. Ich schätze, sie werden verlangen, dass der Papst einer Zweistaatenlösung zustimmt und sich vor allem dagegen ausspricht, dass sich Israel Jerusalem als Hauptstadt unter den Nagel reißen kann.«

Das klang absolut plausibel, aber das war es nicht.

Für den Nachmittag war das große Treffen von Papst Franziskus und Großimam Ahmed al-Tayyeb von der Al-Azhar-Moschee in Kairo, einem der höchsten Würdenträger des sunnitischen Islam, zur gemeinsamen Unterzeichnung des »Dokuments über die Brüderlichkeit aller Menschen – für ein friedliches Zusammenleben in der Welt« geplant. Die Gastgeber brachten uns zu dem wirklich beeindruckenden Founder's Memorial. Während die Sonne langsam herabsank und der Abend hereinbrach, entstand in der Installation das Porträt des Gründervaters der Vereinigten Arabischen Emirate, Scheich Zayeds bin Sultan al-Nahyan. Es besteht aus einzelnen Punkten, die in der Dämmerung ein riesiges Gesicht ergeben.

Kurz bevor der Papst eintraf, fand ich endlich die Zeit, das Dokument über die Brüderlichkeit genau durchzulesen. Der Besuch des Papstes war bisher völlig reibungslos verlaufen. Er hatte überhaupt nichts getan, was den Zorn der Traditionalisten wie etwa der Lefebvre-Anhänger rechtfertigte. Was immer die Männer im rechten Spektrum so ärgerte, es musste in diesem Dokument stehen. Als ich die Stelle schließlich fand, erstarrte ich für einen Augenblick. Das war wirklich starker Tobak. Ich rief einen Freund an, der an einer päpstlichen Hochschule lehrt, und las ihm den Absatz vor. Er war ein glühender Anhänger von Papst Franziskus, doch als ich geendet hatte, schwieg er. Dann sagte er leise: »Das ist wirklich heftig. Es tut mir leid, du weißt, ich verehre diesen Papst, aber das geht ganz schön weit. Es wird viele geben, die sagen werden, dass das mit den Evangelien nicht vereinbar ist. Der Krieg innerhalb der Kirche wird sich jetzt weltweit noch gewaltig zuspitzen.«

Es ging um den Satz: »Der Pluralismus und die Verschiedenheit in Bezug auf Religion, Hautfarbe, Geschlecht, Ethnie und Sprache entsprechen einem weisen göttlichen Willen, mit dem Gott die Menschen erschaffen hat.« Das war es also, was aus der Glaubenskongregation nach draußen gesickert war. Dieser Satz musste die Konservativen, Männer wie Joseph Ratzinger, aber auch gemäßigte Gottesmänner und viele traditionalistische Gläubige empören. Nach der christlichen Lehre teilt sich Gott durch seinen Sohn mit. Doch der Islam widerspricht der Göttlichkeit des Jesus von Nazareth. Wie kann Gott diesen Widerspruch gewollt haben? Teilt er sich nun durch diesen Sohn den Menschen mit oder nicht? Wenn nicht, dann hat das Christentum keine theologische Grundlage mehr – so sehen das die Konservativen. Aus ihrer Sicht ist diese Erklärung unendlich ketzerisch, weit weg von allem, was die katholische Kirche in ihrem Kern sein wollte, die einzige von Gott gegründete Kirche.

Als Papst Franziskus und Imam Ahmed al-Tayyeb schließlich begannen, die Dokumente zu unterzeichnen, hatte die Dunkelheit bereits eingesetzt. Viele, die dort saßen, hatten das Gefühl, eine historische Stunde zu erleben. Eine gespannte Stimmung lag über den Besucherreihen der Open-Air-Gedenkstätte. Im Hintergrund ragten supermoderne Wolkenkratzer in den warmen arabischen Nachthimmel. Die Lichter in den Bürogebäuden wurden eingeschaltet, als ein Papst und ein Imam Frieden schlossen in einem Konflikt, der den Mittelmeerraum über eintausend Jahre geprägt hatte.

Als wir mit der Delegation zurück ins Hotel kamen, sah ich meine Strandbekanntschaft bei ihrer Kameracrew im Hoteleingang stehen. Nach kurzer Begrüßung verließen wir das Hotel und gingen über die Straße zum Strand.

»Wie war Ihr Tag?«, fragte ich.

Sie antwortete: »Die konservativen Scheichs sagen mir alle ins Mikrofon, dass die Christen uns über den Tisch gezogen hätten. Der Verzicht auf Gewalt, die Verurteilung aller muslimischen Gruppen, die Ungläubige bekehren oder bekämpfen wollen, widerspreche dem Islam. Du weißt doch: neun, eins, eins, eins.«

»Was ist das denn?«

»Sie sind aber wirklich ein Ungläubiger«, antwortete sie lachend. »Das ist die vielleicht berühmteste Sure im Koran, da steht, dass die Gläubigen kämpfen sollen für Allahs Weg und töten und getötet werden sollen, dafür kämen sie ins Paradies. Die Traditionalisten sagen, dass das Abkommen ein Verrat an Allah sei und dass es einen verheerenden Bruderkrieg im Islam auslösen wird. Sie sagen, dass das, was wir heute mit dem Papst unterschrieben haben, den Kern unserer Religion angreife.«

»Komisch, genau das Gleiche sagen meine Leute auch. Wir hätten, um euch einen Gefallen zu tun, den Kern des Christentums verraten, indem wir das erklären, was ihr immer sagt, nämlich dass Gott mehrere Propheten hat, statt einmal seinen Sohn zu schicken, um zu sagen, was er will.«

»Wie bitte?«, fragte sie. »Wie kann Gott einen Sohn haben?«

»Vergessen Sie es«, antwortete ich. »Das glauben wir nun mal. Ihr glaubt ja auch, dass Mohammed in einer Nacht durch die Luft von Mekka nach Jerusalem geflogen ist.«

»Okay«, sagte sie. »Unentschieden in Irrationalität.«

»Wollen die Scheiche hier wirklich ein historisches Zeichen setzen und Zehntausende, wenn nicht über 100 000 Christen zusammenströmen lassen zur ersten Messe eines Papstes in Arabien? Oder wollen sie es verhindern?«, fragte ich.

»Es wäre ein sehr starkes Signal, wenn die Massenmesse stattfinden würde. Es wäre ein Zeichen, dass der Islam den Frieden will, statt die Christen abzuschlachten. Denn nie zuvor war es einfacher, Zehntausende Christen abzuschlachten, als morgen in Abu Dhabi.«

»Und wenn sie kein Zeichen des Friedens senden wollen?«

»Dann werden sie morgen versuchen, den Strom der Besucher zu behindern, sodass der Papst allein dasteht.«

»Ich bin gespannt«, bemerkte ich.

»Ich auch«, sagte sie.

Ich musste jetzt zu meiner Crew zurück. Den Vormittag des 5. Februar 2019 werde ich nie vergessen. Ich hatte die Feindseligkeit von Muslimen gegenüber dem Papst mehrfach miterlebt. Ich war dabei, als Papst Johannes Paul II. im Jahr 2000 den

Tempelberg in Jerusalem besuchte und Steine flogen. Die Palästinenser ließen Luftballons aufsteigen mit Botschaften, die den Papst attackierten. Aus ihrer Sicht beging der Papst ein Verbrechen, weil er die Angriffe der Israelis auf muslimische Pilger, die den Tempelberg besuchen wollten, nicht ausreichend verurteilt hatte. Zuvor hatte der Vertreter der Muslime während des interreligiösen Treffens im Notre Dame of Jerusalem Center seine Aggressionen gegenüber dem Papst geradezu herausgeschrien. Ähnlich feindselig war es im Jahr 2001 in Damaskus zugegangen. Ich erinnere mich gut daran, wie aggressiv Polizei und Armee in Syrien gegen die Delegation des Vatikans vorgingen. Im Hof der Umayyaden-Moschee war es zu regelrechten Faustkämpfen gekommen. Ein Mitarbeiter des Pressesaals des Vatikans war mit blutig geschlagener Nase zu Boden gegangen.

Ich hätte mir für diesen Vormittag also alles Mögliche vorstellen können, aber nicht das, was ich nun sah. Zehntausende Christen strömten zum Zayid-Stadion in der Sports City am Stadtrand von Abu Dhabi. Die Polizei schätzte, dass sich insgesamt 180 000 Menschen aufgemacht hatten. Sie sammelten sich vor dem Stadion und säumten die Straßen. Nur etwa 40 000 Christen, denen es gelungen war, ein Ticket für die Messe zu bekommen, durften das Stadion betreten. Mit den anderen Journalisten stand ich auf der Reporterplattform im Stadion und sah, wie die Menschen dem Papst zujubelten. Jedem Anwesenden war klar, dass man hier Zeuge eines einzigartigen historischen Ereignisses wurde.

Ich verließ den Reporterplatz und schob mich kreuz und quer durch die Menge und befragte die Menschen, bevor die Messe begann. Ein Christ aus Syrien teilte mir mit: »Ich arbeite in Saudi-Arabien und bin extra hierhergekommen. Für mich ist es ein Wunder. Es ist eine sensationelle Wendung. Hier war alles, was mit dem Christentum zu tun hat, strengstens verboten. Wenn du einem Muslim eine Bibel geschenkt hast, konntest du ins Gefängnis kommen. Auf den wenigen Kirchen, die es gibt, dürfen keine Kreuze zu sehen sein – und jetzt das!« Eine Christin aus dem Libanon sagte: »Dass der Papst wirklich hier in Arabien beten darf, kann ich einfach nicht fassen, vor allem, weil auch so viele Muslime ins Stadion gekommen sind.«

Nach dem Gottesdienst rasten wir zum Flughafen. Auf dem Rückflug unterstrich der Papst noch einmal, warum die Reise so wichtig war. Zu einem Dialog mit dem Islam gebe es nur eine Alternative, und das sei Krieg. Doch alle, die damals dabei waren, wussten, dass seine Gegner den Papst für die gemeinsame Erklärung über die Brüderlichkeit würden bezahlen lassen – und zwar einen sehr hohen Preis.

VIII

Der Papst am Massengrab

Im Sommer des Jahres 2013 traf Papst Franziskus eine spektakuläre Entscheidung: Er warf den Ablauf für die Organisation einer päpstlichen Reise über den Haufen und verlangte, dass alles getan werde, damit er am 8. Juli auf der Insel Lampedusa im Gedenken an die im Mittelmeer ertrunkenen Flüchtlinge beten könne. Alle Reisen eines Papstes waren seit Jahrzehnten mit einem Vorlauf von etwa einem halben Jahr organisiert worden, diesmal blieben dem Reisechef Alberto Gasbarri für die erste Reise von Papst Franziskus nur wenige Tage. Diese Entscheidung des Papstes barg vor allem deswegen so viel Zündstoff, weil die erste Reise eines Papstes auch eine Art Absichtserklärung dafür ist, was er in den Jahren seines Pontifikats vorhat.

Papst Johannes Paul II. hatte am 29. Oktober 1978 während seiner ersten Reise als Papst das Marienheiligtum bei Mentorella östlich von Rom besucht. Der erste slawische Papst der Geschichte hatte damit klargestellt, dass für ihn die Verehrung der Muttergottes unendlich wichtig war. Er präsentierte sich als Mystiker, dessen Leben zutiefst verflochten war mit dem Geheimnis Gottes und der Muttergottes. Papst Benedikts XVI. erste Reise führte ihn zum Eucharistischen Kongress in Bari, weil ihm das Rätsel der Eucharistie, die Wandlung der Hostie in den Leib Christi, unendlich viel bedeutete.

Wie anders war in dieser Hinsicht jedoch Papst Franziskus! Statt als Ziel seiner ersten Reise einen Ort zu bestimmen, der mit der Nähe Gottes zu tun hatte, wählte er einen der brisantesten politischen Schauplätze Europas aus: Franziskus pilgerte sozusagen an ein Massengrab im Mittelmeer. Europa sollte sich über diesen Punkt, den Umgang mit Flüchtlingen, auf Jahre zerstreiten.

Damit positionierte sich Franziskus von vornherein als zutiefst politischer Papst. Er wollte eindeutig keine Kirche, die im stillen Gebet vor dem Mysterium ausharrt. Im Laufe der Vorbereitungen für diese Reise stellte sich immer mehr heraus, dass die Auswahl seines ersten Reiseziels auch die grundsätzliche Ausrichtung seines Pontifikats vorgab. Der Vatikan stand unter Schock, denn es zeichnete sich ab, dass der Papst damit einen Keil zwischen die Gläubigen der katholischen Kirche treiben würde. Die konservativen Gruppen sahen darin einen Skandal, denn der Papst ist für sie das Symbol der Einheit der Christen. Doch was Franziskus vorhatte, musste zwangsläufig zu einer Teilung der Kirche führen.

Viele konservative Katholiken in Europa und den USA sind davon überzeugt, dass die katholische Kirche und damit der Papst sich nicht um das Massensterben der Flüchtlinge kümmern sollte. Schließlich bestehe die überwiegende Mehrheit der Migranten aus Muslimen, nur eine winzige Minderheit war katholisch. In Lampedusa aber betete Franziskus mit diesen Worten: »Ich denke auch an die geschätzten muslimischen Immigranten, die heute Abend das Fasten des Ramadan beginnen, und wünsche ihnen reiche geistliche Früchte. Die Kirche ist euch nahe auf der Suche nach einem würdigen Leben für euch und eure Familien.« Damit hatte der Papst für viele Katholiken eine Grenze überschritten. Er konnte nach ihrer Meinung ja vielleicht noch Bezugspunkt für andere christliche Glaubensgemeinschaften sein, doch vor allem hatte er sich um die Katholiken zu kümmern. Nun aber betonte er, dass die Kirche den

Muslimen nahe sein und ihnen bei der Suche nach einem würdigen Leben helfen wolle.

So hieß es in Franziskus' Gebet auf Lampedusa: »Herr, in diesem Gottesdienst, den wir zur Buße feiern, bitten wir um Vergebung für die Gleichgültigkeit gegenüber so vielen Brüdern und Schwestern. Wir bitten dich, Vater, um Vergebung für den, der sich damit abgefunden, der sich im eigenen Wohlstand eingeschlossen hat, der zur Betäubung des Herzens führt.« Durch diese Sätze erhob der Papst sich zum Anwalt aller Flüchtlinge und verpflichtete die mehr als eine Milliarde Katholiken zur Solidarität mit ihnen.

Damit aber machte er sich Millionen Katholiken zu Gegnern, die der Meinung waren, dass die katholische Kirche sich nicht um Flüchtlinge kümmern sollte, sondern um die Seelen auf dem Weg ins Paradies. Aus der Sicht dieser Katholiken waren die Worte des Papstes, dass sie »sich im eigenen Wohlstand eingeschlossen« hätten, nicht nachvollziehbar. Hatten sie sich diesen Wohlstand nicht verdient – und überhaupt, was für ein Wohlstand? Wie viele Katholiken mussten Tag für Tag hart arbeiten, auch um ihre Kirche über Steuern oder Spenden finanzieren zu können? Millionen Katholiken versuchten, ein anständiges Leben zu führen. Warum sprach der Papst nicht über sie? Warum warf der Papst ausgerechnet ihnen vor, ihren Wohlstand nicht teilen zu wollen? Viele Katholiken in Italien fragten sich, warum sie ihren Wohlstand ausgerechnet mit möglicherweise gar gewaltbereiten Muslimen teilen sollten, die in Massen nach Europa strömten, um dort die Gesellschaft grundlegend zu verändern und sie von ihren christlichen Wurzeln zu entfernen.

Für die Gegner des Papstes zeichnete sich ein düsteres Szenario ab, denn Franziskus arbeitete das Thema Immigration nicht einfach ab. Es entwickelte sich zu dem Thema seines Pontifikats schlechthin. Im April 2016 ließ er einen ökumenischen Gipfel auf der griechischen Insel Lesbos organisieren. Zusammen mit dem griechisch-orthodoxen Erzbischof von Athen und ganz Griechenland, Hieronymus II., sowie dem Oberhaupt aller orthodoxen Kirchen, dem ökumenischen Patriarchen von Konstantinopel, Bartholomaios I., beklagte er das Massensterben im Mittelmeer ein weiteres Mal.

Noch drastischer wurde Franziskus am 19. Dezember 2019 vor 33 Flüchtlingen, die über einen vom Vatikan mit veranlassten humanitären Korridor aus Lesbos in den Kirchenstaat gekommen waren: »Es ist die Ungerechtigkeit, die verantwortlich ist für die Toten. Denn es ist die Ungerechtigkeit, die viele Flüchtlinge zwingt, ihre Heimat zu verlassen. ... Die Flüchtlingsschiffe zu stoppen löst nicht das Problem. Es geht darum, die ökonomischen Interessen beiseitezulassen, sodass die Person ins Zentrum rückt.«

An diesem Tag wurde auch dem Letzten im Vatikan klar, dass Papst Franziskus ein altes Problem der katholischen Kirche ins Zentrum gerückt hatte: Die Kirche solle sich um die Ungerechtigkeit auf dieser Welt kümmern und dafür kämpfen, sie abzuschaffen. Damit stellte er sich in die Tradition der Theologie der Befreiung, welche die ungerechte Gesellschaftsordnung in Lateinamerika für Armut und Tod verantwortlich machte. Das hatten seine Vorgänger, die Päpste Johannes Paul II. und Benedikt XVI., noch ganz anders gesehen. Aus ihrer Sicht war die Kirche nicht dafür da, in politische und gesellschaftliche Verhältnisse einzugreifen, auch wenn diese noch so ungerecht waren. Die Kirche habe sich um Gott und den Glauben zu kümmern.

Franziskus hat damit tatsächlich einen Keil in die Gemeinschaft der Katholiken getrieben. Die frommen eifrigen Kirchgänger, die begeistert zu Johannes Paul II. und Benedikt XVI. gepilgert waren, rückten von Franziskus ab, während die politisch engagierten Christen, von denen manche schon lange keine Kirche mehr von innen gesehen hatten, dem Papst zujubelten. Franziskus hatte nicht wissen wollen – oder vielleicht auch tatsächlich nicht gewusst –, dass es unter den italienischen

Katholiken eine weit verbreitete Stimmung der Ablehnung gegenüber Einwanderern gab.

Die bis 1992 nahezu ununterbrochen regierenden italienischen Christdemokraten hatten offensichtlich die Unterstützung ihrer katholischen Wähler gehabt, wenn sie Flüchtlinge wegschickten. Der dramatischste Vorfall in ihrer Regierungszeit ereignete sich im August 1991 in Bari, als dort das Schiff »Vlora« mit wohl 15 000 bis 20 000 albanischen Flüchtlingen anlegte. Obwohl es sich um völlig verzweifelte Opfer des kommunistischen Systems handelte, also um die lebenden Beweise dafür, dass das Konkurrenzsystem zum Kapitalismus versagt hatte, siegte die Fremdenfeindlichkeit, und der damalige christdemokratische Ministerpräsident Giulio Andreotti ließ die albanischen Flüchtlinge unter unmenschlichen Bedingungen im Vittoria-Stadion in Bari einsperren, um sie abzuschieben.

Für die gleiche Linie entschieden sich die italienischen Christdemokraten gegenüber Libyen. Schon in den 90er-Jahren war bekannt geworden, dass es in Libyen, auch infolge der Kriege im Tschad, einen Sklavenmarkt gab. Das hinderte die italienischen Christdemokraten aber nicht daran, mit dem libyschen Diktator Muammar al-Gaddafi ein Milliardengeschäft zum Bau einer Gaspipeline abzuschließen. Gaddafi war ein Rassist, ich habe selbst erlebt, wie er in Afrika auf einer Reise äußerst abfällig über Menschen mit dunkler Hautfarbe sprach. Italien unterstützte Gaddafi bei seiner Jagd auf Schwarzafrikaner, die Italien zu erreichen versuchten. In dieser Zeit war Andreotti Lieblingsgast von Papst Johannes Paul II. und Chef einer katholischen Zeitschrift. Er war Italiens Oberkatholik, der um jeden Preis versuchte, Fremde aus Italien fernzuhalten, vor allem wenn sie Hilfe brauchten.

Auch die katholische Kirche selber hat schon früher ihren Beitrag zur fremdenfeindlichen Haltung italienischer Regierungen geleistet. Eines der erschreckendsten Beispiele dafür ist die Schenkung der Eheringe an den faschistischen Mussolini-Staat am 18. Dezember 1935. Damals hatte die katholische Kirche nachdrücklich das Einsammeln von Gold in Form von Eheringen unterstützt, um damit den Äthiopienkrieg gegen die »Schwarzen« in Afrika zu finanzieren. Die katholische Kirche hat diese Schuld nie aufgearbeitet.

Nach dem Zweiten Weltkrieg kam es immer wieder zu bewunderungswürdigen Hilfsaktionen italienischer Katholiken in Afrika. Doch die frommen Italiener sollten den hungernden Menschen in Afrika vor allem mit Almosen helfen. Und nun kommt Papst Franziskus und schockiert sie mit der Aussage: Diese Leute brauchen keine Almosen. Sie haben ein Recht auf einen Teil des Wohlstands, den ihr euch unter den Nagel gerissen habt. Sie sind nicht auf eure Hilfe angewiesen, sie müssen den Teil bekommen, der ihnen zusteht.

Ich hätte es nie für möglich gehalten, wie viele meiner katholischen Bekannten und auch Freunde in Italien von diesem diffusen Fremdenhass geprägt sind. Häufig sprechen mich, wenn ich auf dem Land unterwegs bin, Bekannte auf den Papst an. Da ist der Herr, der mir das Hundefutter verkauft, und die Dame, die mir Baumaterial bringen lässt, wenn wir mal wieder etwas zu renovieren haben. Sie alle gehören zu der in Italien noch immer relativ stark vertretenen Gruppe von Katholiken, die eine intensive Volksfrömmigkeit praktiziert. Sie gehen regelmäßig in die Kirche und vergessen am Palmsonntag nie, ein Palmenblatt oder einen Olivenzweig segnen zu lassen, den sie neben einem Bild der Muttergottes in ihrem Geschäft aufhängen. Sie melden sich als Freiwillige zu den spektakulären Karfreitagsprozessionen und spenden regelmäßig für Hilfsbedürftige. Während der Pontifikate von Johannes Paul II. und Benedikt XVI. besuchten sie regelmäßig deren Generalaudienzen.

Unmittelbar nach der Wahl von Papst Franziskus hat sich jedoch etwas geändert. Die gesegneten Palmzweige schmückten immer noch die Geschäfte, doch an der Stelle, an der jahrzehntelang wie ein gutes Omen das Bild des Papstes gehangen hatte, herrschte jetzt gähnende Leere. Es dauerte eine Weile, bis mir das auffiel, aber dann fragte ich schließlich nach. Die Antwort war fast immer identisch, und sie entsetzte mich: Einen solchen Papst, der immer mehr Leute nach Italien holen will, den wollen wir nicht. Doch diese Menschen einfach wegen blinden Fremdenhasses zu verurteilen greift zu kurz. Vor allem die katholischen Gruppen sind nicht so einfach über einen Kamm zu scheren, denn sie sind häufig sehr engagiert in Hilfsprogrammen für Flüchtlinge in Italien. Papst Franziskus hat es da mit sehr komplexen Verhältnissen in der italienischen Gesellschaft zu tun. Das habe ich auch ganz konkret bei mir zu Hause erlebt.

IX

»Das ist nicht mehr mein Papst!«

Es gibt nur sehr wenig in meinem Leben, das ich so sehr liebe wie die Abende mit unseren alten Freunden in Rom. Wir kennen uns, seit unsere Kinder noch ganz klein waren, also seit über 20 Jahren. Diese Abende waren immer unvorstellbar laut. Töchter boten theaterreife pubertäre Ausbrüche, Anna sang sizilianische Lieder, Maria spielte gleichzeitig römische Gassenhauer auf dem Klavier, jemand, von dem niemand so genau wusste, wer ihn eigentlich eingeladen hatte, versuchte alle zu übertönen mit der Schilderung seiner Lebensgeschichte. Jede Menge Kinder rannten kreischend durch das Haus, bis sie, weit nach Mitternacht, unter irgendeinem Tisch neben einem der Hunde einschliefen. Wer es nicht laut und chaotisch mag, sollte auf keinen Fall länger als ein paar Jahre in Rom leben.

Wir zelebrierten unsere abendlichen Treffen unter Freunden völlig anders als in Deutschland. Das hat sehr viel mehr mit Oper als mit einem Abendessen zu tun. Zunächst einmal: Es kommen immer alle. Ich habe noch nie erlebt, dass einer unserer Freunde nicht konnte. Selbst wenn wir uns im Sommer zwei Monate lang beinahe täglich zum Abendessen verabredeten, waren wir stets circa 15 Personen. In der Küche war es immer brechend voll. Wir kochten nicht zusammen, sondern gegeneinander. Marcella schleppte sizilianische Spezialitäten an, etwa die wirklich am besten eingelegten Tomaten der Welt nach dem Geheimrezept ihrer Mutter. Carlotta brachte eine sensationelle Peperonata mit Gemüse aus dem eigenen Garten mit, Alessandro schnitt Gurken klein, die ihm jeder der Köche für sein Rezept wegnahm. Wir hatten alles Mögliche miteinander erlebt: fast ertrinkende Kinder, Arbeitslosigkeit, Schulsorgen, Ehekrisen in jeder denkbaren Form. Nichts hatte die Gruppe jemals gesprengt.

An diesem Abend, es war irgendwann im Jahr 2018, plauderte ich, ohne lange zu überlegen, drauflos. Ich erzählte, dass der Papst über humanitäre Korridore Flüchtlinge von der griechischen Insel Lesbos in den Vatikan holen wolle.

»Was will er?«, fragte Carlotta.

»Er wird Flüchtlinge nach Rom in den Vatikan holen.«

Es war schlagartig still.

Dann sagte Carlotta: »Wenn das so ist, dann ist das nicht mehr meine Kirche und auch nicht mehr mein Papst. Wenn er mit einer solchen Geste zeigen will, dass wir alleine, ohne Unterstützung, noch mehr Flüchtlinge aufnehmen sollen, dann kann er mich mal.«

Das Drama der Flüchtlinge im Mittelmeer hatte unser aller Leben verändert. Seit dem Jahr 2000 ertranken mindestens 4000 Menschen auf dem Weg nach Italien. Allein im Jahr 2015 erreichten etwa 150 000 Flüchtlinge per Boot Italien. Seit vielen Jahren hat das Massensterben auf hoher See zwischen Nordafrika und Süditalien immer wieder die Politik, unsere Gespräche und unseren Alltag mitbestimmt.

Jeder hatte irgendwann hautnah damit zu tun gehabt. Ich erinnere mich an einen Fischer, der in einer Bar auf Sizilien während unseres Urlaubs erzählte, dass er die Toten, die sich in seinen Netzen verfangen hatten, immer ins Wasser zurückwerfe und nie melde, weil sonst sein Boot für polizeiliche Untersuchungen tagelang beschlagnahmt werden würde. Ich werde auch den Tag nicht vergessen, als wir in den Ferien in Kalabrien ein Boot mieteten und auf dem Wasser Rettungswesten und die wenigen Habseligkeiten eines untergegangenen Flüchtlingsboots treiben sahen.

Der Ansturm aus Afrika auf Italien gehörte zum Alltag in Italien, und der Rest Europas tat dabei unter Verweis auf das Dublin-Abkommen immer so, als wäre das allein das Problem der Italiener. Wir fühlten uns allein gelassen – das war das alles beherrschende Gefühl. Italien musste das allein lösen, ohne Hilfe der viel reicheren Nachbarn im Norden, mit veralteten Schiffen, einer überforderten Polizei, völlig unzureichenden Auffanglagern, dafür aber mit einem ganz großen Herzen. Ich habe in den vergangenen Jahrzehnten wieder und wieder erlebt, dass das ständig wegen angeblich mangelnder Effizienz geschmähte Italien unter dramatischen Umständen die Kohlen aus dem Feuer holen musste.

Doch jetzt hatte sich etwas verändert. Der Grund dafür, dass dieser Abend eine Katastrophe werden würde, war ganz einfach: Die Retter waren müde. Durch die italienische Gesellschaft wie auch durch meinen engsten Freundeskreis ging ein tiefer Riss. Carlotta und Dario, beide überzeugte Katholiken, hatten angepackt, jahrelang. Carlotta hatte bei uns zu Hause den Keller durchforstet nach allem, was sie bei einer Wohltätigkeitsveranstaltung zugunsten von Immigranten verkaufen könnte. Ihr eigener Keller war schon leer. Sie hatte eine enorme Energie an den Tag gelegt, um Organisationen, die sich für die Immigranten engagierten, zu unterstützen. Ich erinnere mich, wie sie einmal einem Zoo für ein paar Tage ein Kamel abschwatzte. Zu Weihnachten sind in Italien die lebendigen Krippen sehr populär. In irgendeiner malerischen Grotte oder einem alten Gebäude sitzen dann als Josef und Maria verkleidet Laien, oft mit einem echten Baby, und sammeln Geld. Aber eine Krippe mit einem echten Kamel würde natürlich noch mehr Besucher anziehen.

Carlotta hatte kein einfaches Leben. Sie hatte zwei Söhne auf die Welt gebracht, die beide unter erheblichen Lernbehinderungen litten. Beide schlugen sich, ohne Schulabschluss, mit Gelegenheitsarbeiten durch und verließen sich auf die Unterstützung durch ihre Mutter. Mit Männern hatte Carlotta, die auf eine verhängnisvolle Weise sexy ist, immer Pech gehabt. Nummer eins hatte sich als Einbrecher erwiesen und war in den Knast gewandert, Nummer zwei hatte vorgegaukelt, sie heiraten zu wollen, obwohl er schon verheiratet war, Nummer drei lag meist auf ihrer Couch und tat gar nichts. Unsere Freundin Carlotta meisterte das alles irgendwie, lebte als überzeugte Katholikin, ging in die Messe und glaubte an ein Leben nach dem Tod.

»Wie meinst du das?«, fragte Simona. »Wieso kann der Papst nicht Flüchtlinge nach Rom holen?«

Das war ein Fehler. Simona hätte das nicht sagen dürfen, das wusste ich sehr genau. Simona war eine römische Linksintellektuelle, eine Frau, die afrikanische Tänze liebte und einen schweren Job als Spezialistin für Lernbehinderungen an einer Schule hatte. Sie lief in Klamotten herum, als wolle sie gleich auf einem Markt in Tansania einkaufen gehen. Sie hatte zwei fast perfekte Kinder und ihre Männer immer gut im Griff gehabt. Simona war links und trat immer für Immigranten ein, aber getan hatte sie für sie nichts. Wenn ich ehrlich bin, ich übrigens auch nicht. Ich spürte, dass sich da ein gewaltiger Krach zusammenbraute, und schnippelte Gemüse in der Küche in der Hoffnung, dass sich der Streit noch würde beilegen lassen.

»Na ja«, sagte ich, »der Papst kümmert sich um Flüchtlinge, das gehört einfach zu seinem Job.«

Carlotta fuhr mich an: »Als er schon ganz zu Beginn seiner Amtszeit 2013 nach Lampedusa flog, als erste Reise ein solches Ziel auswählte, war doch klar, dass er damit vor allem eines zeigen wollte: Ich will mich positionieren, auf der Stelle, deswegen geht es mir um das heikelste aller Themen weltweit: Immigranten. Denn statt erst einmal zu beten, will uns Papst Franziskus sagen: Ich bin nicht euer Papst. Ich bin ein Funktionär der Linken. Ich gehe nicht zu Katholiken in Not, sondern ich besuche einen Haufen Muslime, die aus Nordafrika gekommen sind und zu Allah beten. Wenn der Papst Flüchtlinge hätte treffen wollen, dann hätte er eines der zahllosen katholischen Auffanglager besuchen können, in denen sich Katholiken für die ungebetenen

Gäste aus Afrika jeden Tag den Arsch aufreißen. Aber wir haben einfach kein Geld, keinen Platz und keine Energie mehr, um immer noch mehr und noch mehr Immigranten menschenwürdig unterbringen zu können.«

Das war nur die halbe Wahrheit, und Carlotta wusste das. Die andere Hälfte der Wahrheit bestand darin, dass sie Angst um ihre Söhne hatte. Beide hatten beschlossen, auf Kosten der Mutter zu leben und so gut wie keine Anstrengungen zu unternehmen, um Geld zu verdienen. Carlotta kannte natürlich die Jungs aus Libyen in unserer Straße, die eine winzige Pizzeria aufgemacht hatten, sehr fleißig arbeiteten, nebenbei studierten und zweifellos innerhalb einer Generation aufsteigen würden. Gegen sie hatten Carlottas Söhne keine Chance.

»Mir gefällt, was der Papst macht«, sagte Simona.

Carlotta explodierte: »Ausgerechnet du sagst das? Du bist seit deiner Kommunion in keiner Kirche mehr gewesen, und du sagst mir, dass dir gefällt, was der Papst macht. Du sagst, du glaubst nicht an Gott. Okay, kein Problem. Aber der Papst sollte kein Politiker sein, er sollte für uns Christen da sein. Es gibt so viele Probleme, die der Papst anpacken könnte. Aber dann kommt Franziskus daher und sagt zu Beginn seines Pontifikats: ›Ich bin der Anführer der linken Koalition gegen die Orbáns in Ungarn und Trumps in den USA.‹ Ich will ja auch, dass sich die Leute gegen die Trumps und Orbáns in Stellung bringen, aber nicht der Papst. Warum reist nicht ein Imam oder Scheich zu den gestrandeten Muslimen nach Lampedusa und hilft ihnen mit den Milliarden der Golfstaaten? Warum geht der Papst nicht in eine Hochhaussiedlung am römischen Stadtrand, wo verzweifelte Katholiken leben, die ihre Arbeit verloren haben?«

»Du sprichst wie die Leute von der Lega Nord.«

Jetzt war es passiert. Das Wort war gefallen, und es gab kein Zurück mehr, das wusste ich.

»Jetzt geht das wieder los«, brüllte Dario. »Wenn ihr nicht einmal am Abend die Lega plattmachen könnt, fühlt ihr euch nicht wohl. Es stimmt, sie sind fremdenfeindlich, und das ist abscheulich, aber es ist nicht immer alles falsch, nur weil die Lega es sagt.«

Dario hatte im Leben mehr Glück gehabt als Carlotta. Er war, was man in Rom einen *tuttofare* nennt, was mit dem deutschen Begriff »Mädchen für alles« nicht ganz richtig übersetzt ist. Eigentlich war er Gärtner, aber er hatte einen winzigen, nicht wirklich legalen Betrieb, der alles Mögliche machte. Dario konnte Autoersatzteile besorgen, die es eigentlich nicht mehr gab, einen durchgebrannten Sicherungskasten ersetzen, ein bezahlbares Motorboot für den Sommer besorgen, Bäder renovieren oder Olivenbäume beschneiden. Er war, auch wenn das komisch klingt, auf eine gute Art katholisch. Er quatschte nicht, sondern packte an. Er beschäftigte einen notorischen Trinker aus dem Senegal, der es mit einem Flüchtlingsboot nach Italien geschafft hatte, sich Jimmy nannte und aus allen Jobs geflogen war. Er half ihm, weitgehend trocken zu bleiben, damit er seine Familie ernähren konnte.

Dario ist kein Rassist. Aber auch er hatte Angst vor zu vielen Immigranten. Seit Beginn der 90er-Jahre hatte sich Italien mit den Immigranten arrangiert. Das System läuft hier völlig anders als in Deutschland, wo es um die Unterbringung während der Asylverfahren geht. Die meisten Immigranten, die in Italien ankommen, wollen weiter nach Nordeuropa. Die etwa 25 Prozent, die in Italien bleiben, müssen sich mit der wichtigsten italienischen Eigenschaft vertraut machen: dem Sich-Arrangieren.

Die Immigrationswelle veränderte Italien. In Rom kann man nahezu 24 Stunden am Tag von perfekt organisierten Einwanderern sein Auto waschen lassen. Es ist kein Problem, an nahezu jeder Straßenecke jemanden zu finden, der für wenig Geld einen Reißverschluss reparieren, die Wäsche waschen oder die Oma betreuen kann. Selbstverständlich funktioniert diese Art der Dienstleistung nur durch Ausbeutung. Ich habe Elendsviertel besucht, die in Villa Literno und bei Foggia entstanden, wo Tomatenpflücker unter Bedingungen wie in einem Slum in Afrika leben. Es ist schwer, hier zu einem eindeutigen Urteil zu finden: Italien lässt einerseits sehr viel einfach geschehen, und Immigranten werden hier nur wenig geschützt. Andererseits haben sie aber auch viel mehr Möglichkeiten. Sie müssen nicht wie Hunderttausende in Deutschland tatenlos die Zeit totschlagen, sondern können Friseursalons für Rastafrisuren oder Garküchen gründen, die auch von einheimischen Italienern geschätzt werden. Dank der Immigranten ist Italien ein gut funktionierendes Dienstleistungsland geworden. Zudem arbeiten die Immigranten oft härter, verlangen weniger Bezahlung und sind häufig besser ausgebildet. In meiner Wäscherei in Trastevere etwa arbeitet ein Herrenschneider aus Angola. Der hat sein Handwerk richtig gelernt. Er repariert mit unglaublicher Geschicklichkeit die oft nur schlecht zusammengenähten neuen Klamotten.

Der Name der fremdenfeindlichen Lega Nord hing immer noch in der Luft.

Jetzt rastete Simona aus: »Wie könnt ihr an den Arschlöchern der Lega Nord ein gutes Haar lassen? Und überhaupt, warum ist die Lega Nord mit ihrem ganzen Mist hier so erfolgreich? Ihr lebt doch in Rom.«

Da hatte Simona recht. Mich hatte auch immer gewundert, wie die Lega es geschafft hatte, in Mittel- und Süditalien so erfolgreich zu werden. Unter dem späteren Innenminister Matteo Salvini wurde die Lega bei den Europawahlen 2019 in Italien die Partei mit den meisten Stimmen. Dabei war die Lega als separatistische Bewegung entstanden, ihr Slogan war: »Roma Ladrona, la Lega non perdona« (Rom, die Diebin, die Lega verzeiht nicht). Es war eine norditalienische Partei, die eine Abspaltung des angeblich so tüchtigen Nordens vom angeblich faulen Süden wollte. Im ersten Jahrzehnt ihres Bestehens wählten ausschließlich Norditaliener, also Menschen, die nördlich von Bologna wohnten, die Lega. Erst Salvini gelang es, die fremdenfeindliche Partei in ganz Italien zu etablieren, und er änderte den Wahlspruch von »Der Norden zuerst« in »Die Italiener zuerst«.

Ich versuchte durch rasches Gemüseschnippeln die Hoffnung aufrechtzuerhalten, dass der Streit in sich zusammenbrechen würde. Sie waren alle meine Freunde, und ich wollte als Gastgeber nicht hineingezogen werden. Aber Simona holte mich dazu. »Andreas war doch da, der hat doch den ganzen Mist der Lega Nord gesehen.«

In den 90er-Jahren hatte ich den Chef der Lega Nord, Umberto Bossi, der wie ein Diktator die Partei beherrschte, häufig interviewt und ihn mehrere Male in der Parteizentrale besucht. Für mich als Deutschen, der eher Sympathisant von Joschka Fischer war, war es ein befremdliches Gefühl, dass die Parteifarbe der Lega ausgerechnet Grün war, obwohl sie ausdrücklich den Bau von Atomkraftwerken befürwortete.

»Also, wann hat das angefangen«, fragte Simona, »dass ihr auf den Mist der Lega reingefallen seid?«

»Vielleicht als Rom aufhörte, Rom zu sein«, meckerte Dario.

Ich kannte diesen Streit und wollte mich heraushalten, aber was Dario da sagte, war nun wirklich Quatsch. Dass Rom seinen Charakter verloren habe, eine Stadt der Fremden geworden sei, ist absoluter Unsinn. Von Anfang an war Rom eine Stadt von Zugereisten. Sie entwickelte sich in der Antike zu der damals mit weitem Abstand größten Metropole der Welt. Indische Unterhändler trafen auf Pelzhändler aus Germanien, nordafrikanische Millionäre kauften Händlern aus England Stoffe ab. Ägypter beteten im Isis-Tempel in der Nähe des Kapitols mit in Rom geborenen Generälen. Die heutigen Immigranten haben Rom nicht die Identität geraubt, sondern sie ihr zurückgegeben. Das provinzielle Rom gab es nach 1870 nur für kurze Zeit. Die Päpste hatten im Guten wie im Bösen immer dafür gesorgt, dass Rom eine internationale Stadt mit Verbindungen und einem Austausch von Menschen auf der ganzen Welt war.

»Carlotta hat recht«, sagte Dario. »Ich will mit dem Papst auch nichts mehr zu tun haben. Er benimmt sich wie ein Funktionär der Linken. Wir in Italien stehen immer als die Verbrecher da, aber keiner spricht darüber, dass die wahren Schuldigen für das Drama im Mittelmeer die Schlepperbanden sind.«

»Aber er will sich doch nur um Menschen kümmern, die in Not sind«, entgegnete ich.

Carlotta zischte mich an: »Du warst doch 1994 in Bari, als die ›Vlora‹ dort ankam. Stand Papst Johannes Paul II. etwa damals auch am Pier, um die albanischen Flüchtlinge in Empfang zu nehmen?«

Im Sommer 1991 stürmten Tausende Albaner in dem zusammengebrochenen kommunistischen Land das Schiff »Vlora«, das in der albanischen Hafenstadt Durrës Zucker aus Kuba entladen hatte. Die etwa 15 000 bis 20 000 Menschen auf dem Schiff zwangen den Kapitän, Kurs auf Italien zu nehmen. Ich wartete damals im Hafen von Bari auf die »Vlora« – es war ein apokalyptischer Anblick. Die Menschen klammerten sich an jedes erdenkliche Eckchen des Schiffes, das ohne Wasser, ohne sanitäre Einrichtungen, nur von einem Hilfsmotor angetrieben, über die Adria geschlichen war. Ich habe noch vor Augen, wie die Menschen das Schiff verließen und die Mülleimer am Hafeneingang plünderten auf der Suche nach etwas Essbarem. Viele nahmen weggeworfene alte Zeitschriften mit, weil sie noch nie eine bunte Broschüre gesehen hatten. Im Schiff entdeckte die Polizei eine Leiche.

»Das stimmt nicht«, widersprach ich Carlotta. »Johannes Paul II. war auf eine gewisse Weise da.«

»Lass den Mist, Andreas«, sagte Carlotta. »Ich kann mich noch sehr genau an die Bilder aus Bari erinnern, der Papst war nicht da.«

»Er war nicht persönlich da, das stimmt, aber er war von diesem Tag an in Gedanken ständig mit der ›Vlora‹ und den albanischen Flüchtlingen beschäftigt.«

»Wieso das denn?«, fragte Carlotta.

»Karol Wojtyła wusste, wie gefährlich die Ereignisse auf der ›Vlora‹ für ihn waren. Bis zur Ankunft der ›Vlora‹ hatten Menschen, die aus dem Ostblock geflohen waren, als hilfsbedürftige, dem Kommunismus entkommene arme Kreaturen gegolten. Sie waren sozusagen der lebendige Beweis, dass der kommunistische Ostblock den Systemwettkampf verloren hatte und der Westen als Sieger daraus hervorgegangen war. Nach dem Mauerfall betrachteten viele Italiener die aus dem untergegangenen Reich des Kommunismus ankommenden Osteuropäer zunächst einmal mit Genugtuung, weil die ihre Welt, die wunderbare Welt des Westens, bewunderten – und weil dadurch auch die jahrzehntelang so starken italienischen Kommunisten, der Partito Comunista Italiano (PCI), diskreditiert waren. Doch mit der ›Vlora‹ änderte sich alles. Die Stimmung schlug um, weil die Immigranten als gefährlich angesehen wurden. Albaner waren das Symbol für Gewalt, Schmutz und Gefahr. Das lag aber vor allem an den entsetzlichen Szenen im Vittoria-Fußballstadion in Bari.«

Ich war damals als Reporter in Bari gewesen. Es war ein Albtraum. In den ersten Tagen wurden etwa 15 000 Menschen in dem Stadion zusammengepfercht. Die Polizei hatte solche Angst vor den Flüchtlingen, dass alle Zugänge zum Stadion einfach verschlossen wurden. Die Armee versorgte die Albaner aus der Luft mit Wasser und Lebensmitteln, weil sich niemand in das Stadion traute. In den folgenden Tagen wurden wir dann Zeugen einer schlimmen Entwicklung: Es bildeten sich bewaffnete Banden, die im Stadion ein Terrorregime errichteten, Frauen zur Vergewaltigung freigaben, Lebensmittel, die für alle bestimmt waren, raubten und Menschen zusammenschlugen. Es gab einen spektakulären Ausbruchsversuch. Die Flüchtlinge rissen die Stahltore ein, etwa 300 Menschen entkamen. Die Polizei schoss in die Luft.

»Nach dem, was im Vittoria-Stadion geschehen war, wusste Papst Johannes Paul II., dass die öffentliche Meinung sich geändert hatte, dass Menschen aus Osteuropa nicht mehr als arme Opfer des Kommunismus aufgenommen würden. Er setzte alles ihm Verfügbare ein, die Caritas, die Gemeinden, die Diözesen, um zu verhindern, dass Osteuropäer sich in Italien solche Szenen leisteten, mit denen die Albaner sich so in Verruf gebracht hatten. Und tatsächlich: Im Laufe der Jahre wurden Hunderttausende Osteuropäer in Italien heimisch.«

»Und gründeten illegale Handwerksbetriebe, die uns das Leben schwer machen«, maulte Dario.

»Ja, weil sie kommen, wenn man sie ruft, billiger sind und besser arbeiten«, sagte Simona. Was Simona gesagt hatte, traf mich wie ein Stich. Wenn wir das nächste Mal zusammenkommen, wird nichts mehr so sein wie zuvor, dachte ich.

»Im Gegensatz zu dir, Simona, haben wir, Carlotta und ich, es wenigstens versucht, den Leuten von den Booten zu helfen«, antwortete Dario.

Simona blickte jetzt zu Boden.

»Aber wir können nicht allen helfen«, fuhr Dario fort. »Der Papst macht einen Riesenfehler. Wenn er immer wieder auf dem Thema Immigration herumreitet, werden wir die ganzen kleinen Unternehmer verlieren, die uns bisher geholfen haben, mit Spenden, mit bezahlbaren Wohnungen. Sie wollen einen Papst, der uns Katholiken Mut macht. Sie wollen aber keinen Papst, der immer nur sagt: Ihr tut nicht genug. Ihr müsst mehr abgeben, mehr Engagement zeigen. Ohne dass er einen Ausweg anbietet. Es wird irgendwann einen Papst geben, der endlich den Mut haben wird auszusprechen, was das Problem ist: Die Erde ist voll. Der Planet Erde verträgt keine weiteren Milliarden von Menschen. Die Doktrin der Kirche, dass Verhütungsmittel verboten sind, muss sich endlich ändern. Ich kenne doch die Zahlen. Wir haben 1500 Jahre gebraucht, um die Bevölkerungszahl der Erde von 300 Millionen zur Zeit um Christi Geburt auf 500 Millionen zu steigern, aber nur 200 Jahre, um sie von einer Milliarde auf fast acht Milliarden hochschnellen zu lassen. Das muss aufhören, sonst kommt es zur Katastrophe. Aber dieser Papst wird mit der Reise nach Lampedusa nur sagen: Kommt alle her, ihr Millionen aus Afrika, kommt nach Italien. Aber wir schaffen das einfach nicht mehr.«

Jetzt war es auf einmal still. Plötzlich lag die Frage in der Luft, ob wir überhaupt noch zusammen essen wollten. Ich wollte einfach sagen: »Kommt, Schwamm drüber, setzen wir uns an den Tisch«, aber Dario ließ mich nicht vom Haken.

»Und du, Andreas. Wie siehst du das? Was sollen wir in Italien machen?«

»Ich bin hier nur euer Gast.«

Schallendes Gelächter. »Du bist schon länger in Italien, als du je in Deutschland warst.«

»Ich bin Deutscher«, sagte ich. »Ich habe meinen Großeltern vorgeworfen, dass sie weggesehen haben, als die Nazis ihre jüdischen Nachbarn abholten. Soll ich jetzt wegsehen, wenn Tausende im Mittelmeer sterben? Ich finde, dass der Papst genau das Richtige macht.«

Es war jetzt schlagartig still. Dario und Carlotta standen gleichzeitig auf. Das war das Letzte, was ich gewollt hatte: dass sie sich nicht mehr willkommen fühlten. Sie waren anderer Meinung, okay, aber es waren meine Freunde. Sie sahen zur Tür, und dann rettete Simona den Abend: »Wenn Andreas das alles so toll findet, was der Papst macht, dann müssen wir wohl ein paar Zelte für Flüchtlinge in seinem Garten aufstellen, und wahrscheinlich werde ich dann auch mal helfen müssen.«

Carlotta sollte übrigens recht behalten. Das Pontifikat von Franziskus war ab der ersten Reise nach Lampedusa eindeutig festgelegt. Dem Papst war dadurch etwas Einzigartiges gelungen: Es war jetzt nahezu allen Menschen auf der Erde nicht mehr egal, was der römische Papst wollte. Selbst die historisch wichtigsten Entscheidungen der Päpste, wie die Einberufung des Zweiten Vatikanischen Konzils, interessierten nur einen Bruchteil der Weltbevölkerung wirklich. Aber ein Papst, der sich für den Schutz der Tausende und Millionen von Flüchtlingen auf der ganzen Welt einsetzte, positionierte sich eindeutig in der Weltpolitik. Von jetzt ab hatten die Schwächsten auf der Welt, egal, an welchen Gott sie glaubten, einen weltberühmten

Fürsprecher. Gleichzeitig hatten die Mächtigen, die ihre Länder abschotten wollten, einen einflussreichen Gegner.

Der Preis dieser Entscheidung, den der Papst zu bezahlen bereit war, war ziemlich hoch ausgefallen. Er spaltete die Katholiken in dieser Frage weltweit. In Italien kam es zum Eklat. Erstmals weigerte sich ein Papst, den italienischen Innenminister zu empfangen, der damals Matteo Salvini war. Der hatte in Italien einen knallharten Abschottungskurs gegenüber Flüchtlingen durchgesetzt, ihnen das Betreten italienischen Territoriums nicht gestattet und sie tagelang vor der italienischen Küste auf Schiffen der Rettungsorganisationen leiden lassen. Daraufhin prangerte Papst Franziskus den Egoismus des Innenministers an. Die Antwort des Lega-Chefs war gerissen und brutal: Er ließ sich auf ein T-Shirt drucken, dass Benedikt XVI. sein Papst sei. Das traf den Kern des Problems der katholischen Kirche: Mussten zwei Päpste, ein zurückgetretener und ein regierender, die offensichtlich in vielen Fragen völlig anderer Meinung waren, nicht zwangsläufig die Katholiken der Welt spalten? Auf der einen Seite Papst Franziskus, der eine bessere Welt hier auf Erden wollte und jetzt durch den Innenminister Salvini in die Rolle des Feindes gedrängt worden war. Auf der anderen Seite der Theologe, der zurückgetretene Papst Benedikt XVI., der sich vor allem um die Welt im Himmel Sorgen machte.

Politisch hatte die Frage von Immigration und Flucht weitreichende Folgen in Europa: In Großbritannien setzte sich Boris Johnson durch, der im Wahlkampf die Bilder von Flüchtlingen zeigte, die angeblich durch den Kanaltunnel nach England kommen wollten. Viktor Orbán in Ungarn schloss die Grenzen und betonte, sein Papst sei Benedikt XVI. Und die nationalistische Regierung in Polen reagierte ganz besonders heftig: Ihr Papst war nicht mehr Franziskus, sondern immer noch der Mann aus Wadowice, Johannes Paul II.

X

Die Karten werden neu gemischt

So waren es auch Polen, die mir klarmachten, dass sich irgendetwas ganz grundlegend im Vatikan geändert hatte. Das erfuhr ich bereits ein paar Monate nach der Wahl von Papst Franziskus. Ich traf einen alten polnischen Bekannten zufällig am Flughafen. Wir waren über ein Jahrzehnt befreundet gewesen, er hatte zum innersten Kreis der Macht um Papst Johannes Paul II. gezählt, und ich freute mich, ihn zu sehen. Zunächst verlief das Gespräch mit ihm ganz normal und nach genau den Regeln, die es im Vatikan nun einmal gibt. Der Staat des Papstes ist keine Demokratie. Es ist die letzte absolutistische Wahlmonarchie der Welt. Deswegen gibt es hier auch eine ganz einfache Regel: Die Bedeutung einer Person misst sich daran, wie nahe sie dem Papst kommt.

Jeder neue Papst sorgt dafür, dass die Karten neu gemischt werden. Wer noch gestern zum inneren Kreis der Macht des alten Papstes gehört hatte, konnte heute vom neuen Papst so weit entfernt sein, dass er nichts mehr zu melden hatte. So tasteten sich am Hof nach der Wahl eines Papstes zunächst einmal alle gegenseitig daraufhin ab, wie nahe der jeweils andere dem Neuling stand. Diese Einordnungs- und Positionierungsspielchen laufen unbewusst ab, es ist ein Automatismus, der jedem im Vatikan in Fleisch und Blut übergeht und in der Regel begleitet wird von der Angst, dass das Gegenüber eventuell näher am Papst dran sein könnte als man selbst.

Mein Freund aus Polen verhielt sich zunächst genau nach Lehrbuch. Er fragte mich nach den einzelnen Begegnungen, die ich mit dem neuen Papst hatte, und versuchte sie zu bewerten, um herauszufinden, wie eng meine Beziehung mit ihm war. Dabei spielte eine Rolle, wie häufig es zu Begegnungen gekommen war, ob der Papst etwas Persönliches gesagt hatte oder ob das Gespräch nur oberflächlicher Natur gewesen war. Irgendwann hörte mein Gegenüber auf zu fragen, er wusste jetzt genug, um mich einordnen zu können, um meine Nähe zum Papst bestimmen zu können. Bei Hof ist das ein wenig wie in einem Sonnensystem: Alles kommt darauf an, wie nahe man der Sonne kommt. Je kürzer die Entfernung zur Sonne, desto heller und wärmer wird es. Gleichzeitig steigt die Gefahr, sich zu verbrennen.

Der nächste Punkt in solchen Gesprächen ist es, herauszufinden, ob der Papst irgendetwas gesagt oder angedeutet hat, das einen selber betrifft. Man ist sich ja im Vatikan niemals der Gunst des Papstes völlig sicher, deshalb versucht man herauszubekommen, was der Papst denkt, wann immer sich die Gelegenheit dazu bietet. Natürlich fragt man nicht plump: Hat der Papst etwas über mich oder die Gruppe, zu der ich gehöre, gesagt? Nein, man tastet sich behutsam vor.

Ich erinnere mich an ein solches Gespräch mit maximalem Herzklopfen und Unmengen Adrenalin in meinem Blut kurz vor dem Tod von Papst Johannes Paul II. Ich hatte ein nicht besonders frommes Buch über diesen Papst geschrieben, in dem ich auch einiges davon erzählt habe, was außerhalb des Protokolls geschehen war, etwa wann er ausgebrochen war aus dem goldenen Käfig, um Ski zu fahren oder spazieren zu gehen. In Polen hatte es Empörung darüber gegeben, dass ein Deutscher so unverblümt über den Papst schrieb. Ich war damals Vatikan-Korrespondent für den Axel Springer Verlag. Einige prophezeiten mir, der Papst würde mich aus dem Vatikan abservieren. Das war in einer absolutistischen Monarchie kein Problem: Man musste mir nur Privilegien streichen, wie etwa das, den Papst in seinem Flugzeug begleiten zu dürfen. Ich traf mich damals mit einem seiner Mitarbeiter zufällig zu einem Gespräch und versuchte herauszufinden: War ich in meiner damaligen Position am Ende? Würde der Papst mich feuern? Was hatte er vor? Ich fragte also vorsichtig: Ist Johannes Paul II. eigentlich mit der Berichterstattung über ihn zufrieden oder gibt es da Veröffentlichungen, die ihn ärgern? Damals sagte mir mein Gegenüber, dass der Papst diesbezüglich großes Verständnis habe, was bedeutete: Mach dir keine Sorgen. Es ist o. k.

Ich war also darauf vorbereitet, dass mein jetziger Gesprächspartner versuchen würde, aus mir herauszubekommen, ob der Papst etwas über ihn selber oder die Polnische Bischofskonferenz gesagt hatte. Doch dann geschah etwas völlig Unerwartetes. Mein polnischer Freund sagte plötzlich: »Ich höre, du siehst den Papst, aber hoffentlich nicht zu oft.« Ich war völlig perplex. Der Satz verstieß gegen alle Regeln bei Hof. Dort gilt man normalerweise umso mehr, je öfter man den Papst sieht. Den Papst nicht sehen zu wollen verstieß gegen alle Prinzipien. Auch darüber, was der neue Papst über ihn selbst und seine polnischen Freunde dachte, wollte er nichts von mir wissen. Warum nicht? Dafür gab es nur eine Erklärung: Er wusste bereits, was der Papst über ihn dachte. Dann fiel bei mir der Groschen: Die Polen hatten sich klar gegen Papst Franziskus gestellt, und dieser hatte reagiert. Das Verhältnis zwischen der polnischen Fraktion und dem neuen Papst war offenbar schwer beschädigt.

Mein Gegenüber sah mir an, dass ich jetzt endlich begriffen hatte. Dann sagte er: »Ich wäre an deiner Stelle vorsichtig. Auch dieser Papst wird nicht ewig regieren.«

Deutlicher konnte man das kaum sagen.

Dann fuhr er fort: »Es gibt Gerüchte, dass es eine Gruppe gibt, Männer, die einen Pakt geschlossen haben, um ihn zu stürzen, und sie werden ihn stürzen.«

»Du meinst, sie werden versuchen, ihn zu stürzen.«

»Nein«, antwortete er. »Sie werden ihn stürzen.«

XI

Ohrfeigen für zwei Päpste: Franziskus schlägt zurück

Dass ausgerechnet die Polen eine ganze besondere Beziehung zu Papst Franziskus entwickeln würden, lag auf der Hand. Johannes Paul II. hatte seinen Präfekten der Glaubenskongregation, Joseph Ratzinger, mit aller Macht die Theologie der Befreiung bekämpfen lassen, also jene Strömung, der Papst Franziskus trotz aller Vorbehalte lange nahegestanden hatte. Was die drei Päpste Johannes Paul II., Benedikt XVI. und Papst Franziskus verband, war vor allem Feindschaft. Natürlich hätten sie das niemals zugegeben, aber die Härte der Strafexpeditionen des Joseph Ratzinger im Auftrag und mit Billigung von Papst Johannes Paul II. gegen die Theologie der Befreiung in Lateinamerika ließ sich nun einmal nicht wegdiskutieren. Die polnischen Geistlichen wussten also, dass Papst Franziskus eine andere Linie vertreten würde als Papst Johannes Paul II.

In einer Demokratie gibt es für Journalisten Regeln. Man kann sie befolgen, man kann sie übertreten und muss dann mit Sanktionen rechnen – die Regeln sind aber für alle klar. In einem absolutistischen Reich wie dem Staat des Papstes gibt es für Journalisten zwar auch Regeln, sie sind jedoch unausgesprochen, und man bekommt erst dann mit, dass sie überhaupt existieren, wenn man sie übertritt. Dann ist allerdings manchmal geradezu der Teufel los.

Genau das, nämlich das Übertreten einer solchen eisernen Regel im Vatikan, hat mir einst sehr zu schaffen gemacht, als ich mit gerade einmal 25 Jahren im Herbst 1988 eine Reihe von Gesprächen im Vatikan führte. Wir alle spürten damals, dass etwas in der Luft lag, was die Welt verändern könnte. In Moskau regierte KPdSU-Parteichef Michail Gorbatschow, der bereits im Frühjahr im Zuge der Perestroika erste bedeutende Schritte der Liberalisierung und Abrüstung eingeleitet hatte. So stellte er den unter der Vorherrschaft der Sowjetunion stehenden Ländern des Warschauer Pakts bereits im Frühjahr des Jahres in Aussicht, dass sie sich frei und selbstständig für eine Regierungs- und Staatsform entscheiden könnten, und schickte eine halbe Million Soldaten aus den Kasernen seines Landes nach Hause. Gorbatschow wollte nun US-Präsident Ronald Reagan, den Gewinner des Wettrüstens, sowie dessen bereits gewählten Nachfolger George H. W. Bush in New York treffen.

Ich hatte in mehreren schriftlichen Anfragen darum gebeten, mit Vertretern des Staatssekretariats im Vatikan über die sich anbahnenden Umwälzungen zu sprechen, aber leider immer nur Absagen bekommen. Ich gab nicht auf, schraubte meine Ansprüche immer weiter herunter und bat nun nicht mehr um Interviews, sondern um anonyme Hintergrundgespräche. Mich interessierte vor allem, wie der Vatikan die neuen Entwicklungen in der Weltpolitik beurteilte. In meine Bittbriefe ließ ich einfließen, dass ich bereits Papst Johannes Paul II. getroffen hatte und dieser großes Interesse daran gezeigt habe, dass meine Eltern aus der Nähe von Gleiwitz in Polen stammten. Unterschlagen hatte ich allerdings, dass der Papst mich gefragt hatte, ob mein Polnisch besser sei als mein Italienisch, das ich damals kaum beherrschte, und ich hatte zugeben müssen, dass ich nicht nur schlecht Italienisch, sondern auch kein Wort Polnisch sprach. Doch meine Hartnäckigkeit zahlte sich aus, ich erhielt einen Termin für ein anonymes Hintergrundgespräch in den Räumen der Gregoriana-Universität in der Nähe des Trevi-Brunnens.

Das Gespräch fand an einem Nachmittag mit drei älteren Herren statt, die ganz offensichtlich in der Universität etwas zu tun gehabt hatten und nun, da sie ein bisschen Zeit totschlagen mussten, mit mir reden wollten. Ich hatte mich tagelang darauf vorbereitet und einen ganzen Stapel Papier vor mir liegen. Als wir uns in einem kargen Seminarraum an einen Tisch setzten, betonte ich ein weiteres Mal, dass es mir lediglich um Hintergrundinformationen gehe. Wir sprachen ausführlich über die Situation in Polen. Die Erinnerung an den Mord an dem Priester Jerzy Popiełuszko war noch frisch, der Schock über dessen gnadenlose Hinrichtung im Jahr 1984 durch Mitglieder des polnischen Staatssicherheitsdienstes saß tief.

Ich fragte: »Was mich besonders interessieren würde, ist der radikale Wechsel in der Außenpolitik des Vatikans durch Papst Johannes Paul II. Zuvor hatte Papst Paul VI. eine Art Ostpolitik nach dem Vorbild von Willy Brandt, also eine vorsichtige Öffnung gegenüber Moskau, angestrebt, doch dann hatte Papst Johannes Paul II. einen knallharten Konfrontationskurs gegenüber den Sowjets eingeschlagen. Wie beurteilen Sie das?«

Die drei Herren sahen mich von einer Sekunde auf die andere mit größtmöglicher Feindseligkeit an.

Dann sagte der Jüngste von ihnen: »Sie unterschlagen da etwas, ob bewusst oder unbewusst. Papst Johannes Paul II. hat stets seine volle und rückhaltlose Bewunderung für seinen verehrten Vorgänger Papst Paul VI. betont.«

»Hören Sie«, entgegnete ich. »Ich habe mich vorbereitet. Papst Johannes Paul II. ersetzte systematisch die Diplomaten des Vatikans, die an der Ostpolitik, also der Linie Papst Pauls VI. einer Annäherung an die Sowjets, festhalten wollten. Ich habe hier die Liste der Namen der Diplomaten, die Paul VI. eingesetzt hatte und die Papst Johannes Paul II. austauschte, und zwar immer gegen Hardliner, die keinerlei Kompromisse mit den Russen akzeptieren wollen.«

So ging es noch zwei-, dreimal immer eisiger hin und her, bis schließlich der Jüngere antwortete: »Wissen Sie, was wir bestreiten: dass Papst Johannes Paul II. einen einzigen Augenblick daran gezweifelt hat, dass Paul VI. in grenzenloser Weisheit regierte. Das hat er immer wieder gesagt, und das können Sie überall nachlesen, und wir brechen das Gespräch hier jetzt ab. Sie können gehen.«

Ich raffte meine Unterlagen zusammen, fragte mich, was zum Teufel ich eigentlich falsch gemacht hatte, und stapfte mit meinem wattierten Jackett aus dem Raum. Es regnete, und ich brauchte eine Weile, bis ich meine Montur für die Fahrt auf der Vespa angezogen hatte. Ich wollte gerade den Helm aufsetzen, als der dritte der Herren, ein älterer Mann, der gar nichts gesagt hatte, mir plötzlich auf die Schulter klopfte. Er war damals etwa doppelt so alt wie ich, um die 50 herum.

»Kommen Sie«, sagte er. »Ich gebe Ihnen einen Kaffee aus.«

Ich schnallte meine Montur wieder ab und folgte ihm erleichtert in eine Nische, in der eine Kaffeemaschine stand.

»Ich habe ganz offensichtlich etwas falsch gemacht, und das tut mir sehr leid, aber ich weiß beim besten Willen nicht, was.«

Er nippte an dem Kaffee und lachte dann.

»Wissen Sie was«, meinte er. »Sie haben recht, Sie haben etwas sehr Wichtiges falsch gemacht, einen sehr großen Fehler begangen.«

»Offensichtlich habe ich etwas gefragt, das nicht der Wahrheit entsprach oder unpräzise war.«

»Nein«, widersprach er, »Sie haben das Gespräch gesprengt, nicht weil Sie die Unwahrheit gesagt haben. Damit hätten wir leben und Ihre Aussagen korrigieren können. Das Problem ist, dass Sie die Wahrheit gesagt haben – und es tut mir leid, aber das konnten wir nicht tolerieren.«

»Es tut mir leid. Aber ich verstehe kein Wort«, sagte ich.

»Sehen Sie, Sie haben gefragt, ob Papst Johannes Paul II. die Männer Pauls VI., die seine russenfreundliche Ostpolitik umsetzen wollten, ersetzt habe. Das hat er nicht. Er hat sie ge-feuert, gnadenlos rausgeschmissen. Papst Johannes Paul II. hat keineswegs nur eine Korrektur des Kurses von Papst Paul VI. in der Ostpolitik vorgenommen, er hat sie vollkommen zerstört und das genaue Gegenteil getan. Paul VI. wollte einen Dialog mit den Sowjets, Karol Wojtyła wollte Krieg.«

»Aber das habe ich doch alles genau so gefragt, wenn auch nicht so scharf formuliert.«

»Junger Mann«, sagte er, »ich muss Ihnen jetzt etwas sagen, da das offenbar noch kein anderer im Vatikan getan hat. Sie dürfen im Vatikan alles Mögliche sagen und fragen, aber eines dürfen Sie niemals: auch nur eine Sekunde für möglich halten, dass ein Papst seinen Vorgänger jemals kritisieren könnte. Das wird ein Papst niemals tun. Jeder Papst wird immer und zu allen Zeiten bestätigen, dass sein Vorgänger in unendlicher Weisheit und von Gott geleitet gehandelt und absolut alles richtig gemacht habe. Möglicherweise wird er hinter den Kulissen Entscheidungen treffen, die der Linie seines Vorgängers widersprechen, aber er wird niemals offen und für alle sichtbar seinen Vorgänger ins Unrecht setzen.«

Diese Lektion habe ich nie vergessen, und deswegen sah ich auch gebannt zu, wie die Beziehungen zwischen Papst Franzis-kus und den Polen immer angespannter wurden. Das hatte einen Grund: Am 27. April 2014 sprach Papst Franziskus in Rom Papst Johannes Paul II. heilig. Das bedeutet, dass sich jegliche Kritik an ihm nicht nur gegen einen Papst und den Vikar Jesu Christi, sondern auch gegen einen Heiligen richten würde. Die Polen belauerten seitdem Franziskus und beobachteten mit Argwohn, ob er irgendetwas entschied, das dem Lebenswerk Johannes Pauls II. widersprechen könnte.

Es gibt zweifellos trotz der Auseinandersetzungen, die sich Karol Wojtyła mit der Theologie der Befreiung geleistet hatte, auch Übereinstimmungen zwischen den beiden Päpsten. Was seinen Lebensstil anging, hatte Papst Johannes Paul II. eine ähnlich entwaffnende Bescheidenheit an den Tag gelegt wie später Papst Franziskus. Auch hinsichtlich der grundsätzlichen Ausrichtung der katholischen Kirche lagen sie auf der gleichen Linie: Sie sahen die Kirche als eine globale Institution, die nicht nur von Italien und maßgeblich von Italienern, sondern von Kirchenmännern der ganzen Welt kontrolliert werden sollte. Sowohl Papst Johannes Paul II. als auch Papst Franziskus hatten stets sehr großen Wert auf ein gutes Verhältnis zum Judentum gelegt und die Verbrechen bedauert, die Christen gegenüber Juden begangen hatten.

Was die Päpste trennte, war das Thema Sex. Für Karol Wojtyła war die Frage, ob Menschen ihre Sexualität gemäß den Vorstellungen der Kirche lebten oder nicht, von größter Bedeutung. So hatte Johannes Paul II. gelebte Homosexualität immer als schwere Sünde gegen Gottes Gebote angesehen. Für ihn war das Zusammenleben zweier Menschen ohne Trauschein ein Problem, sofern sie miteinander Sex hatten. Auch war Wojtyła äußerst entschieden in der Ablehnung von Verhütungsmitteln und selbstverständlich allem, was mit dem Thema Abtreibung zu tun hatte.

Franziskus sieht das völlig anders. Es interessiert ihn nicht wirklich, was unter der Bettdecke der Mitglieder der katholischen Kirche geschieht. Franziskus verteidigt die Wiederverheiratung von Geschiedenen, warnt vor der Diskriminierung homosexueller Menschen und bittet sie um Vergebung für das, was die Kirche ihnen angetan hat. Wer wann mit wem ins Bett geht, steht auf einmal nicht mehr im Zentrum der Überlegungen des Vatikans. Seine pastorale Erfahrung scheint Franziskus vieles gelehrt zu haben, sodass er das Zusammenleben von Menschen und ihre Sexualität sehr viel toleranter und pragmatischer sieht als seine Vorgänger. Ich bin ehrlich gesagt erstaunt darüber, wie ein Papst, der sein Leben lang nie verheiratet war, so praktische Tipps für das Eheleben geben kann. Ein Tipp von ihm gefällt mir besonders gut: Geht nie im Streit abends schlafen, versöhnt euch immer vorher. Ich finde, das sollte man beherzigen.

Es war also abzusehen, dass der polnische Klerus gegen Papst Franziskus rebellieren würde. Ein klares Zeichen setzte der polnische Kurienkardinal Zenon Grocholewski, der für die Erziehungs- und Bildungsanstalten der Kirche verantwortlich war und im Juli 2020 starb. Er wagte etwas, was im Vatikan so gut wie nie vorkommt, nämlich dass ein Kardinal öffentlich den Papst kritisiert. Kardinal Grocholewski scheute nicht davor zurück, zu erklären, dass Papst Franziskus etwas tue, was er nicht dürfe, nämlich die Doktrin der Kirche zu verändern. Das zeigte, wie kampfbereit die polnische Kirche war.

Es kam aber noch ein weiterer Faktor dazu in Gestalt von Konrad Krajewski. Während des Pontifikats von Johannes Paul II. hatte es eine klare und sehr simple Führungsstruktur innerhalb der polnischen Fraktion im Vatikan gegeben. Der Sekretär des Papstes, Stanisław Dziwisz, der angesichts der zunehmenden Schwäche des Papstes im Laufe der Jahre immer mehr Aufgaben übernehmen musste, regierte als die unbestrittene Nummer eins. Neben ihm hatten höchstens noch Kardinal Andrzej Maria Deskur und der bereits erwähnte Kardinal Grocholewski etwas zu sagen. Die übrigen Polen, so der De-facto-Krankenpfleger des Papstes Mieczysław Mokrzycki (Spitzname »Mietek«) und der Hilfszeremoniar Konrad Krajewski, hatten hingegen nichts zu melden.

Dass Krajewski einmal zu einem der mächtigsten Polen an der Seite von Papst Franziskus aufsteigen könnte und großen Einfluss auf die Polnische Bischofskonferenz nehmen würde, schien absolut unvorstellbar. Krajewski wohnte seit 1998 in Rom in einer bescheidenen Wohnung im Borgo nahe dem Grenzübergang zum Vatikan. Er lebte wie ein einfacher und glaubwürdiger Kirchenmann, der sich um die Armen kümmert. Nach dem Tod von Johannes Paul II. und der Entmachtung der polnischen Führungsriege im Vatikan wurde das Leben für

Krajewski nicht einfach. Ich begegnete ihm mehrfach im Borgo, er grüßte mich immer höflich, aber es war unübersehbar, dass es ihm nicht gut ging. Sein Gesichtsausdruck verfinsterte sich von Monat zu Monat, er schien niedergeschlagen und unglücklich zu sein. Er äußerte häufiger, dass er nichts dagegen habe, nach Polen zurückzugehen. Besonders froh schien ihn das Leben am Hof von Papst Benedikt XVI. nicht zu machen. Mit der Wahl von Papst Franziskus änderte sich für ihn jedoch alles.

So seltsam es auch klingen mag, aber für Menschen, die ganz konkret anpackten, um Armen oder Kranken in Not zu helfen, war im Vatikan sehr lange kein Platz. Mutter Teresa musste Papst Johannes Paul II. das Armenhaus Dono di Maria, das direkt neben der Glaubenskongregation liegt, mühsam abschwatzen. Es wurde zehn Jahre nach der Wahl von Karol Wojtyła zum Papst eingeweiht. Während des Pontifikats von Benedikt XVI. geriet die praktische Seite des Christentums immer mehr in den Hintergrund. Joseph Ratzinger beobachtete aufmerksam die Priester, die an Hochschulen über den heiligen Augustinus oder den Kirchenlehrer Bonaventura Vorlesungen hielten. Praktiker interessierten ihn nicht. Ich bin seit vielen Jahren mit Kardinal Kelvin Felix aus der Karibik befreundet, der sich um Sterbende und Schwerkranke in einem Slum in Castries auf der Insel St. Lucia kümmert. Auf ihn wurde ein Mordanschlag verübt, den er nur knapp überlebte. Den Drogenkartellen passt es nicht, wenn die Kirche versucht, den Schwächsten zu helfen. Wertschätzung im Vatikan erlebte Felix nie. Papst Franziskus machte das alles wieder gut und erhob ihn sogar zum Kardinal.

Auch für Konrad Krajewskis nächtliche Ausflüge interessierte sich im Vatikan niemand. Dabei hatte sich herumgesprochen, dass Krajewski spätabends oder im Morgengrauen, oft unterstützt von freiwilligen Schweizergardisten, die Obdachlosen, die rund um Sankt Peter unter Vordächern schlafen, mit Lebensmitteln versorgte, die er aus seinem spärlichen privaten Einkommen finanzierte. Als Papst Franziskus das mitbekam, machte er ihn bereits kurz nach seiner Wahl zum Chef für die apostolische Almosenverwaltung – genannt »Päpstlicher Almosenier« – und beförderte ihn später zum Kardinal.

Krajewski stellte mehrfach seine Fähigkeiten als Praktiker unter Beweis. Er war unter anderem zuständig für die Hilfsorganisationen des Vatikans in Rom. In dieser Funktion wurde er eines Tages zu Flüchtlingen gerufen, die der Vatikan in angemieteten Räumen aufnehmen wollte. Als Krajewski sah, dass die Türen der Waschräume und Toiletten abgesperrt waren, rief er den Papst an, um zu fragen, was zu tun sei. Als Antwort soll er bekommen haben: Tritt die Türen ein, wir können uns das leisten. Seinen Spitznamen »Elektriker« bekam Kardinal Krajewski, weil er in einem anderen Gebäude für Arme und Flüchtlinge in der Nähe der Kirche Santa Croce in Gerusalemme, in dem Hunderte Menschen lebten, darunter zahlreiche Kinder, und in dem es seit Tagen keinen Strom gab, zu drastischen Maßnahmen griff. Er kletterte in einen Schacht und entfernte die Plomben an dem Sicherungskasten, was ihm eine Strafanzeige wegen Stromdiebstahls einbrachte. Er versicherte, den Schaden bezahlen zu können.

Der Underdog der Ära Wojtyła hatte es nach ganz oben geschafft, der ehemalige Handlanger hatte seine alten Chefs bei Weitem überrundet, und natürlich erschütterte das die alten Strukturen der Macht der Polen im Vatikan, was das Verhältnis zum Papst nicht unbedingt verbesserte. Wie einflussreich Konrad Krajewski wurde, zeigt die Ernennung des Bischofs von Krakau. Die Besetzung dieses Amtes war ungemein heikel, weil Papst Johannes Paul II. einst Bischof von Krakau gewesen war und sein langjähriger Sekretär Stanisław Dziwisz dort sein Nachfolger wurde. Die Besetzung dieses Postens würde also weltweit Beachtung finden. Papst Franziskus ernannte ausgerechnet den ultrakonservativen und hoch umstrittenen Bischof Marek Jędraszewski dazu, obwohl in Rom die Spatzen von den Dächern pfiffen, dass Dziwisz ihn nicht favorisiert habe.

Die Entscheidung des Papstes erschien auf den ersten Blick als äußerst bizarr, der langjährige CDU-Generalsekretär Heiner Geißler nannte die Ernennung einen Fehler. Jędraszewski gilt als Unterstützer des Nationalisten Jarosław Kaczyńskis, des einflussreichsten Politikers Polens. Doch wer verfügte über so viel Macht, dem einst allmächtigen Dziwisz zu widersprechen? Da Jędraszewski aus der Diözese Łódź stammt und den ebenfalls aus Łódź stammenden Krajewski kennt, schien im Vatikan die Ernennung dieses Bischofs ein weiteres Zeichen für die beeindruckende Macht des Superpragmatikers Krajewski zu sein.

Dass ich den großen Streit der Polen mit Franziskus überhaupt mitbekam, lag auch daran, dass ich im Sommer des Jahres 1999 zum Journalisten-Helikoptertross während der langen Reise von Papst Johannes Paul II. durch Polen gehörte. Nach dem Tod von Johannes Paul II. entstanden in Polen Hunderte Institute, die irgendwie das Andenken an Papst Johannes Paul II. ehren wollten. Die Leiter der Institute schauten oft in den Listen der Papstbesuche der vergangenen Jahre nach und sahen dann meinen Namen in der Gruppe der Journalisten, die den Papst knapp zwei Wochen lang im Helikopter begleitet hatten. »Heli« klang wichtig, deswegen luden mich Institute regelmäßig zu Vorträgen über meine Zeit mit dem verstorbenen Papst ein.

Für mich kam das nicht überraschend. Neben einer Biografie hatte ich auch das Buch *Der Wunderpapst* über Karol Wojtyła verfasst, das in Polen ein Bestseller wurde. Dass ich nicht Polnisch sprach, war den Gastgebern egal. Es gab damals viele Nichtpolen, vor allem Italiener und Spanier, die Papst Johannes Paul II. gut gekannt hatten und in Polen mit ihren Vorträgen regelrechte Publikumslieblinge wurden. Einer von ihnen war mein Freund, der Papstfotograf Arturo Mari, der Johannes Paul II. bis zu seinem Tod nahezu ununterbrochen begleitet hatte. Mir hat die geradezu grenzenlose Verehrung für diesen Papst immer sehr imponiert. Außerdem freute ich mich, an Orte zurückzukehren, die mir viel bedeuteten.

Als deutscher Journalist war ich zu allen Gottesdiensten und Gebeten eingeteilt gewesen, die an die Verbrechen der National-sozialisten in Polen erinnern sollten. Für mich war es erschüt-ternd zu sehen, wie wir Deutsche dort gewütet hatten, auch Karol Wojtyła wusste das und sprach mit mir darüber. Als ich wieder einmal so eine Einladung erhalten hatte, wollte mich der Chef des »Instituts Johannes Paul II.« in Rom zu einem Vorbe-reitungsgespräch in einem Café in Trastevere treffen. Wir unter-hielten uns über meinen geplanten Vortrag, und er zeigte mir den vorbereiteten Text über mich. Dort stand, dass ich Papst Johannes Paul II. und auch Papst Benedikt XVI. begleitet hätte. Aber von Papst Franziskus stand da nichts.

»Entschuldigung«, sagte ich, »aber ihr habt da einen Fehler gemacht: Ich habe auch Papst Franziskus auf Auslandsreisen häufig begleitet, nicht nur Johannes Paul II. und Benedikt XVI.«

Der Institutschef sah mich an, als hätte er auf eine Zitrone ge-bissen.

»Wissen Sie«, antwortete er, »wenn sich das machen ließe, dann würden wir das lieber nicht erwähnen.«

»Warum wollen Sie das nicht erwähnen?«

Nach einigem Hin und Her fuhr er fort: »Der Papst wird etwas tun, das ausdrücklich dem Geist des heiligen Johannes Paul II. widerspricht. ... Dieser Mann aus Argentinien, Papst Franziskus, wirft nicht nur dem heiligen Papst Johannes Paul II. vor, versagt zu haben. Er wirft auch Papst Benedikt XVI. vor, im gleichen Fall einen unverzeihlichen Fehler begangen zu haben. Dieser Papst Franziskus macht seine beiden Vorgänger schlecht. Wissen Sie, was das für die polnischen Gläubigen bedeutet? Es bedeu-tet, dass jetzt ganz offiziell, ausgesprochen durch einen Papst, ein Makel auf das strahlend weiße Gewand des heiligen Johannes Paul II. fällt. Es ist für uns Polen so, als gäbe es jetzt einen Zwei-fel daran, ob Papst Johannes Paul II. überhaupt wirklich heilig war. Sie können bei uns in Polen infrage stellen, was immer Sie wollen, aber nicht, dass Karol Wojtyła ein heiliger Mann war.«

»Was ist das überhaupt für ein Fehler, den die beiden Päpste begangen haben sollen?«

»Oh, ich habe schon viel zu viel gesagt. Also macht es Ihnen etwas aus, wenn wir Ihre Arbeit während der jetzigen Amtszeit von Papst Franziskus aus Ihrer Biografie einfach weglassen? Das wäre sehr wichtig für uns.«

»Ist schon o. k.«, sagte ich.

Während des Heiligsprechungsverfahrens von Papst Johannes Paul II. hatte ich oft mit dem Postulator des Verfahrens, also dem Mann, der die Akte für die Heiligsprechung vorbereiten muss, Sławomir Oder, zu tun. Das war nicht ganz unproblematisch, weil Oder immer wieder mal einen Maulkorb verpasst bekam. Ich tauchte zu vereinbarten Interviews mit einem Kamerateam auf, musste dann aber wieder abziehen, weil seine Chefs der Kongregation für Selig- und Heiligsprechungen ihm plötzlich verboten hatten zu sprechen.

Während dieser Zeit lernte ich mehrere Mitarbeiter von Oder kennen und bekam auch einen Einblick in den wirklich interessanten Teil des Heiligsprechungsprozesses von Papst Johannes Paul II., nämlich die Untersuchungen, die gegen den Papst sprachen. Die Sammlung aller Hinweise, die belegen sollten, dass Karol Wojtyła ein Heiliger gewesen war, überließ man frommen Gottesmännern. Aber den heiklen Job, sich anzuschauen, was der Papst in seinem Leben verbockt haben könnte, mussten ein paar italienische Fachleute lösen. In ihren Zuständigkeitsbereich fiel auch eine sehr delikate Frage. Sie mussten Wunder überprüfen, die Papst Johannes Paul II. vom Himmel aus gewirkt haben soll. Spannend waren vor allem Wunder, die nicht eindeutig waren. Ich durfte selber eines der Wunder der Kommission recherchieren, das sich in Padua zugetragen haben soll. Dort soll auf wundersame Weise ein Kind geboren worden sein, von einer Frau, deren Fruchtblase so sehr Schaden genommen hatte, dass das Kind in ihr nach Überzeugung der Ärzte bereits tot war. Sie hatte vor der Geburt zu Papst Johannes Paul II.

gebetet, und die Chancen standen gut, dass das Wunder offiziell anerkannt würde.

Mit einem der Priester aus diesem Umfeld hatte ich mich angefreundet, und ich besuchte ihn in seiner Mittagspause. Ich lud ihn in eine dieser einfachen Bars ein, in denen die Oma mittags noch ein paar Teller Pasta kocht. Wir setzten uns in eine Ecke etwas abseits, um ungestört zu sein.

Als der Kellner die Tomaten-Bruschette brachte, sagte ich: »Die Polen sind stinksauer, weil Franziskus eine Entscheidung treffen will, die sowohl Wojtyła als auch Ratzinger ins Unrecht setzen soll.«

»Beide?«, fragte er irritiert. »Das glaube ich nicht. Das glaube ich nie und nimmer. Das hat noch nie ein Papst getan. Allein schon Zweifel an der unendlichen Weisheit eines seiner Vorgänger zu haben ist undenkbar. Aber daran zu zweifeln, dass gleich alle beide Vorgänger, von denen einer sogar ein Heiliger ist, stets von Gott geleitet immer genau das Richtige taten, ist ausgeschlossen. … Nehmen wir einmal an, was ich offiziell eigentlich gar nicht denken darf, dass Papst Johannes Paul II. in einem Fall nicht in grenzenloser Weisheit handelte, sondern einen schweren Fehler machte. Dann hätte Papst Benedikt XVI. neun Jahre lang Zeit gehabt, diesen Fehler zu korrigieren. Was für ein schwerer Fehler soll das sein, den Wojtyła macht und den Ratzinger nicht verbessert?«

»Und was könnte es deiner Ansicht nach sein?«

»Na ja, du weißt doch. Jahrzehntelang gab es Hinweise, dass der Gründer der Legionäre Jesu Christi ein übler Sexualverbrecher war. Das soll Papst Johannes Paul II. aber nicht gewusst haben, obwohl es die Spatzen von den Dächern pfiffen. Er empfing ihn immer wieder. Das war ein Riesenproblem. Aber Ratzinger hat nach seiner Wahl alles getan, um Fälle von sexuellem Missbrauch aufzuklären. Also, den Fehler haben sicher nicht beide gemacht.«

»Was noch?«, fragte ich.

»Wir hatten große Angst, dass die orthodoxen Christen protestieren könnten. Karol Wojtyła hat als Bischof einen großen Fehler gemacht und die orthodoxen Christen als Ketzer beschimpft. Später hat er dann eine totale Kehrtwende vollzogen. Seine alten Attacken gegen die orthodoxen Christen spielten dann aber während der Heiligsprechungsphase Gott sei Dank keine Rolle mehr.«

»Gab es noch etwas?«

»Na klar. Das Treffen des Papstes mit dem Schlächter Augusto Pinochet. Wie konnte ein Heiliger einen solchen Mist bauen, aber auch damit hatte Ratzinger nichts zu tun.«

»Kannst du dich mal umhören?«, fragte ich ihn, und er nickte. Ein paar Tage später rief er mich an und sagte nur ein Wort: Managua. Und ich begriff.

Im März 1983 hatte Papst Johannes Paul II. den Priester Ernesto Cardenal, einen Anhänger der Befreiungstheologie und von 1979 bis 1987 Kulturminister der sozialistischen Regierung Nicaraguas, auf dem Flugfeld der Hauptstadt Managua abgekanzelt. Er hatte dem knienden Mann den Gruß verweigert und ihn barsch aufgefordert, seine Situation mit der Kirche in Ordnung zu bringen. Anfang 1985 wurde Cardenal von Papst Johannes Paul II. »a divinis« suspendiert, damit durfte er sein Amt als Priester nicht mehr ausüben, was den frommen Mann schwer traf. Er bat wiederholt um eine Neuaufnahme des Verfahrens gegen ihn, ohne Erfolg. Obwohl Cardenal sogar für den Literaturnobelpreis nominiert wurde, verweigerte ihm auch Papst Benedikt XVI. jede Hilfe. Der ursprüngliche Anlass der Suspendierung vom priesterlichen Dienst, seine politische Karriere, war schon lange gegenstandslos. Bereits im Jahr 1994 war Ernesto Cardenal aus der Sandinistenpartei von Staatschef Daniel Ortega ausgetreten und somit kein Politiker mehr.

Im Februar 2019 hob Papst Franziskus die von seinen beiden Vorgängern ausgesprochene beziehungsweise bekräftigte Suspendierung »a divinis« auf und wies den Nuntius des Vatikans an, Cardenal die Urkunde der päpstlichen Entscheidung an sein Krankenbett zu bringen und mit ihm gemeinsam eine heilige Messe zu feiern.

Diese Nachricht schlug im Vatikan ein wie eine Bombe. Denn sie betraf eine der wichtigsten Fragen überhaupt: Wer war dieser Jorge Mario Bergoglio wirklich? Viele im konservativen Block hatten seine Wahl zum Papst mit Entsetzen zur Kenntnis genommen. Da war ein Mann gewählt worden, einer der lateinamerikanischen Bischöfe, die jahrzehntelang von Rom misstrauisch beäugt und immer wieder gemaßregelt wurden – und ausgerechnet einer von denen war jetzt Papst. Was wollte er? Wollte er Rache? Das wäre ein Albtraum. Die Optimisten in der Kurie hatten abgewunken. So schlimm konnte es nicht kommen – Papst Johannes Paul II. hatte schließlich auch die Kommunisten gehasst, aber dann doch Jorge Mario Bergoglio zum Bischof und Kardinal befördert.

Johannes Paul II. war überzeugt, dass die lateinamerikanischen Jesuiten von Kommunisten und Sozialisten unterwandert und die lateinamerikanischen Jesuiten der Kopf der Theologie der Befreiung waren. Daraus hatten die Jesuiten nicht einmal ein Geheimnis gemacht. Allerdings hatten sie einen der Ihrigen, den ehemaligen Provinzchef Jorge Mario Bergoglio, in ein kleines Kloster im argentinischen Córdoba in die Wüste geschickt. Das kam Karol Wojtyła gelegen: Ein Mann, den die kommunistischen Jesuiten hassten, den sie vor die Tür gesetzt hatten, konnte ja nur auf seiner Linie liegen. Ein Bergoglio, den die Kommunisten hassten, konnte ja schließlich unmöglich selber Kommunist oder Sympathisant der Theologie der Befreiung sein. Letztlich hat Wojtyła aus diesem Grund Bergoglios Karriere ermöglicht, die diesen schließlich auf den Thron des heiligen Petrus katapultierte.

Und jetzt das! Sie hatten sich doch in der Kurie versichern lassen, dass Bergoglio, sollte er jemals doch Sympathien für die Theologie der Befreiung gehegt haben, diese längst abgelegt hatte. Aber warum rehabilitierte er jetzt eine der Galionsfiguren der Theologie der Befreiung? Das passte doch nicht zusammen!

Papst Franziskus wusste genau, dass seine Geste gegenüber Cardenal Papst Johannes Paul II., einen Heiligen, auf das Schwerste beschädigen würde. Es gab nur wenige andere Momente in Johannes Pauls Pontifikat, die so berühmt wurden wie sein oben beschriebener Ausraster am Flughafen von Managua. Der kniende hilflose Pater und der tobende, brüllende Papst, der ihn niedermachte! In Lateinamerika kannte fast jeder dieses Bild. Es war das Symbol dafür, dass die Kirchenmacht das zarte Pflänzchen der Theologie der Befreiung zertrat.

Wenn Bergoglio also Cardenal rehabilitierte, dann würde das Papst Johannes Paul II. wie einen ungerechten Despoten erscheinen lassen. Das war aus Sicht der Konservativen ein absolutes Tabu. Und gleichzeitig würde damit auch die Nummer zwei im Kampf gegen Cardenal, der damalige Chef der Glaubenskongregation und spätere Papst Benedikt XVI., herabgesetzt. Schließlich hatte auch Ratzinger die Theologie der Befreiung erbittert bekämpft und gegen Cardenal keinerlei Gnade walten lassen.

Papst Franziskus verpasste also mit seinem Akt gegenüber Cardenal gleich zwei Päpsten eine Ohrfeige. Und wenn er sich das traute, vor den Augen der ganzen Welt, was war dann noch alles von ihm zu erwarten? Würde er vor gar nichts mehr zurückschrecken? War der Fall Cardenal ein Statement des schlauen Jesuiten auf dem Thron Petri, das signalisieren sollte: Ich habe im Gegensatz zu Benedikt XVI. vor euch keine Angst?

Viele meiner polnischen Bekannten waren über die Rehabilitierung Cardenals zutiefst empört. Als ich einige Wochen später meinen Vortrag in Polen hielt, nahm mich der Organisator vor dem anschließenden Abendessen beiseite und sagte: »Wissen Sie, was an der Entscheidung, Cardenal zu rehabilitieren, das Schlimmste ist? Nicht, dass er zwei ehemalige Päpste bezichtigte, falschgelegen, Unrecht geduldet und keine Gnade gewährt zu haben, sondern dass er ein Tabu gebrochen hat. Eine solche Attacke auf die Vorgänger hat es im Vatikan seit dem Mittelalter nicht mehr gegeben. Die Päpste haben jahrhundertelang nach dem Grundsatz regiert, dass sie nur deswegen eine so herausgehobene Stellung haben, weil sie direkt von Gott geleitet werden. Das heißt, sie müssen darauf bestehen, dass jeder von ihnen in grenzenloser Weisheit und ohne jeglichen Makel regiert, weil er als Vikar Christi stets Gott an seiner Seite hat. Doch wenn der Papst dieses Tabu bricht, dann wird er auch andere brechen und die Kirche aushöhlen, also ihr das Besondere nehmen. Ich flehe Gott an, dass es in Rom Menschen geben möge, die diesen Papst stoppen.«

XII

Explosion Tebartz-van Elst

Auch wenn es sich viele Menschen heute aufgrund des Nimbus des Papstes nicht vorstellen können: Tatsache ist, dass die Päpste sich jahrhundertelang um ihre Glaubwürdigkeit nicht geschert haben. Ob die Gläubigen ihnen abnahmen, dass sie sich verhielten, wie es Christus gepredigt hatte, war ihnen schlicht und einfach egal. Sie ließen sich mit Pfauenfedern Luft zufächeln und führten leidenschaftlich gern Kriege. Papst Julius II. überstieg in voller Rüstung persönlich die Mauern der Stadt Mirandola, die er unbedingt hatte einnehmen wollen, um ihre Bewohner auszuplündern. Dass Jesus von Nazareth, der es ablehnte, auch nur Sandalen zu tragen, und deshalb barfuß ging und der empfahl, auch die andere Wange hinzuhalten, mit einem Papst nichts zu tun hatte, der seiner Geliebten Giulia Farnese teure Geschenke machte wie Papst Alexander VI. oder der im Dreißigjährigen Krieg 20000 Menschen in Magdeburg niedermetzeln ließ wie Urban VIII., lag auf der Hand.

Auch der deutsche Papst Benedikt XVI. sah keine Notwendigkeit, den päpstlichen Lebensstil radikal zu verändern. Er lebte auf die gleiche Art und Weise wie seine Vorgänger, wohnte im Apostolischen Palast, genoss den Sommersitz der Päpste in Castel Gandolfo und ließ sich in teuren Limousinen durch Rom fahren. Erst Papst Franziskus änderte alles. Ich bin mir sicher, dass der Papst aus Argentinien mit seiner Entscheidung, auch im persönlichen Lebenswandel glaubwürdig zu sein, in die Geschichte eingehen wird. Von der ersten Sekunde an verlangte er sich selbst einen äußerst bescheidenen Lebensstil ab.

Er weigerte sich, in den Apostolischen Palast einzuziehen, und bezog dafür wie ein einfacher Prälat lediglich ein Zimmerchen im Gästehaus des Vatikans. Auch am Sommersitz der Päpste in Castel Gandolfo zeigt Franziskus kein Interesse, weder für Urlaub noch zu anderen Zwecken. Einem Mann in der Nachfolge Christi steht es nach seiner Meinung nicht an, einen so protzigen Palast zu bewohnen. Der Papstpalast dort wurde in ein Museum umgewandelt, die Gärten öffentlich zugänglich gemacht. Ebenso weigert sich Franziskus, in die Luxuslimousinen einzusteigen, die in der Garage der Päpste parken. Er ließ sich einen uralten Renault 4 von einem Priesterfreund schenken, in den er sich quetscht, wenn er durch Rom gefahren werden muss.

Diese Bescheidenheit des Papstes führt auf Auslandsreisen immer wieder zu seltsamen Pannen. Ich erinnere mich an die Reise von Papst Franziskus nach Aserbaidschan. Als wir in Baku gelandet waren und aus dem Flughafen herauskamen, standen dort die Autos für die päpstliche Delegation bereit, auch der winzige Kia, den der Papst sich gewünscht hatte. Die aserbaidschanischen Sicherheitsleute konnten sich nicht vorstellen, dass der Papst wirklich in dem Kleinwagen fahren wollte. Sie führten ihn zu einer Limousine, doch Franziskus bestand darauf, zurückzugehen und sich in den kleinen Kia zu zwängen. Auch aufgrund dieser Gesten erreicht der Papst, der sich so bescheiden gibt, weltweit enorme Sympathiewerte. Das zeigt sich nicht zuletzt darin, dass die Zahl der Besuche der Audienzen und Messfeiern unter Papst Franziskus gegenüber seinen Vorgängern beträchtlich angestiegen ist.

Selbstverständlich bedeutet die radikale Veränderung des Lebensstils dieses Papstes eine deutliche Kritik an seinen Vorgängern. Das konnte nicht ohne Folgen bleiben. Denn nahezu der komplette Apparat des Vatikans war ja von einem Vorgänger von Franziskus, Papst Benedikt XVI., aufgebaut worden. Diese Kurienmitglieder sahen jetzt entsetzt, dass ihr Exchef von seinem Nachfolger vor aller Augen ins Unrecht gesetzt wurde. Ihre Reaktion war so simpel wie logisch: Sie warfen Papst Franziskus vor, sich auf Äußerlichkeiten zu konzentrieren. Was bedeutet es schon, in welchem Auto ein Papst sitzt oder in welchem Zimmer er seine wichtigen theologischen Werke schreibt. Das alles waren doch nur Kleinigkeiten.

So begann der Krieg zwischen Theologen und Praktikern im Vatikan. Die Gefolgsleute des Professors für Theologie Joseph Ratzinger im Vatikan konnten gar nicht oft genug erklären, dass es ihnen wie Papst Benedikt XVI. um den Glauben, die Welt der Ideen und Gedanken ging, nicht aber um Autofabrikate oder die Größe des Schlafzimmers eines Papstes. Die Praktiker um Papst Franziskus hingegen warfen den Theologen vor, völlig weltfremd zu sein. Aus ihrer Sicht hatte Joseph Ratzinger offensichtlich den Bezug zur Lebenswelt ganz normaler Menschen mit ihren alltäglichen Sorgen völlig verloren. Es gab zahlreiche Beispiele dafür. Aber vielleicht drastischer denn je zeigte das die Predigt Benedikts XVI. während des Weltjugendtages in Sydney, mit der er sich an die Jugendlichen der Welt wandte. Die Aufgabe, die der Papst lösen sollte, schien nicht allzu schwer zu sein: zu ganz normalen jungen Menschen so zu sprechen, dass sie ihn verstehen können. Stattdessen sagte Papst Benedikt XVI. Sätze wie diesen: »Die Ausgießung des Geistes Christi auf die Menschheit ist ein Unterpfand der Hoffnung und der Erlösung auf alles, was uns verarmen lässt.« Die Ausgießung von was bitte ist ein Unterpfand für wen bitte? Wer von den knapp 300 000 jungen Menschen auf der Pferderennbahn in Randwick sollte das bitte verstehen?

Diese Verehrung der rein geistigen, theologischen Arbeit, die in Ruhe und Abgeschiedenheit, weit weg von den konkreten Sorgen der Gläubigen, stattfindet, führte auch zu radikalen

Veränderungen im Vatikan. Während des Pontifikats von Johannes Paul II. hatten andere Regeln gegolten, einfach weil Karol Wojtyła eine asketische Lebensweise, das einfache Leben wichtig waren. Sein Nachfolger im Vatikan aber stand über allem Materiellen, ihn kümmerte weder Armut noch Reichtum. Gleichwohl hatte Joseph Ratzinger in seiner Zeit als Kardinal nichts gegen all die Annehmlichkeiten, die sein Amt mit sich brachte. Er genoss die riesige, komfortable Wohnung in bester Lage an der Leoninischen Mauer, hatte nichts dagegen, von einer Haushälterin umsorgt und von seinem Sekretär herumchauffiert zu werden.

Benedikt XVI. hat sein Leben fast nur im Studierzimmer zugebracht. Für die ganz normalen Belange des Alltags, wie Wäsche waschen, Essen kochen, die Wände neu streichen, Auto fahren oder auch nur eine Schreibmaschine, geschweige denn einen Computer benutzen, hatte er sich nie interessiert. Aus seiner Sicht schien es völlig in Ordnung zu sein, wenn Männer der Kirche sich die Mühen des Alltags abnehmen ließen. Mit dieser Haltung hatte er sich zum Anführer der Fraktion im Vatikan gemacht, die nur eines wollte: ein Leben, das dem Studium gewidmet war, in dem man sich rein theologisch mit dem Glauben auseinandersetzte, ohne die lästigen, nervigen Zwänge der gewöhnlichen Gläubigen, die sich nur mit Mühe zum Kirchgang aufraffen konnten.

Doch diese Haltung war nicht mit derjenigen von Franziskus vereinbar. Hinter den heiligen Mauern des Vatikans tobte ein kalter Krieg zwischen Theologen und Praktikern. Dieses explosive Gemisch brachte ein Funke aus Deutschland zur Explosion in Gestalt des Limburger Bischofs Franz-Peter Tebartz-van Elst.

Begonnen hatte alles lange vor der Bischofsweihe von Tebartz-van Elst 2008 in Limburg. Sein Vorgänger dort, Bischof Franz Kamphaus, hatte sich in der Frage der Schwangerenkonfliktberatung mutig und mit allem Nachdruck gegen die Kongregation für die Glaubenslehre, der Joseph Ratzinger von 1981 bis 2005 als Präfekt vorstand, gestellt. Kamphaus weigerte sich, aus dem Beratungssystem auszusteigen, das Frauen eine legale Abtreibung ermöglichte. Für Ratzinger waren solche Verstöße gegen die Autorität der Glaubenskongregation und des Papstes sowie gegen die Doktrin der katholischen Kirche unverzeihlich. Aus seiner Sicht hatte Bischof Kamphaus die Gläubigen in Limburg zu einer antirömischen Haltung angestachelt. Deswegen entschied er, als er es auf den Thron des Bischofs von Rom geschafft hatte, einen seiner Ansicht nach absolut linientreuen Mann nach Limburg zu schicken, der den rebellischen Anti-Vatikan-Kurs korrigieren sollte: Franz-Peter Tebartz-van Elst.

Was diesem 2013 zur Last gelegt wurde, betraf jedoch den Glauben und dessen Inhalte überhaupt nicht, sondern es ging nur um materielle Güter, um Badewannen, Luxusreisen und aufwendige Umbauten, Dinge also, die Joseph Ratzinger überhaupt nicht interessierten. Aus der Sicht von Papst Franziskus stellte sich das jedoch ganz anders dar. Unmittelbar nach seiner Wahl hatte er seine argentinischen Landsleute dazu aufgefordert, nicht nach Rom zu kommen und das Geld für die Flugtickets lieber den Armen zukommen zu lassen. Einen solchen Papst würde es also durchaus interessieren, wenn ein Bischof seiner Kirche first class zu den Armen nach Indien fliegt, wie Tebartz-van Elst dies getan hat.

Am 23. Oktober 2013 entband der Vatikan Tebartz-van Elst von seinen Pflichten. Jetzt war es nur noch eine Frage der Zeit, wann er in Rom auftauchen würde. Bei mir stand das Telefon nicht mehr still. Viele Freunde und Bekannte aus dem Vatikan wollten plötzlich mit mir sprechen. Ich beschloss, alle in einem Aufwasch zufriedenzustellen, und lud sie zu einer sehr kurzfristig angekündigten Feier in meinem Haus auf dem Land ein – und zu meiner Überraschung kamen auch alle.

Schon während des Aperitifs war die Spannung greifbar, und ich fragte: »Warum seid ihr alle so scharf darauf, zu erfahren, was mit Tebartz-van Elst geschehen wird? Es ist ein deutsches Problem, es geht um ein deutsches Bistum.«

»Tu nicht so naiv«, sagte ein alter Priester, der mit drei anderen in seinem Auto gekommen war. »Es geht hier um viel mehr. Wir haben jetzt wahrscheinlich die Chance zu sehen, wie Papst Franziskus wirklich tickt.«

»Warum?«, fragte ich.

»Es gibt nur zwei Möglichkeiten. Wenn Tebartz-van Elst nichts in der Hand hat, dann kommt er nach Rom und bittet den Papst um Vergebung. Der kann in diesem Fall unmöglich nachgeben, ohne sein Gesicht zu verlieren, also fliegt der Bischof raus.«

»Oder?«, fragte ich.

»Die zweite Möglichkeit ist, dass er durchaus etwas in der Hand hat, jemanden, der mächtig ist und ihn schützt. Zum Beispiel Benedikt XVI., dann sieht alles ganz anders aus. Es kommt darauf an, wie groß der Skandal in Deutschland wirklich ist.«

»Er ist riesig«, sagte ich. »Der Skandal ist so groß, dass niemand so dumm sein wird zu versuchen, Tebartz-van Elst zu schützen. Das kann ich mir nicht vorstellen.« Mit diesem Urteil sollte ich aber komplett falschliegen.

»Aber Papst Benedikt XVI. hat Tebartz-van Elst 2007 in Limburg eingesetzt. Es ist sein Mann. Er muss ihn verteidigen.«

»Dann gäbe es Krach«, bemerkte ich. »Benedikt hat geschworen, sich herauszuhalten aus dem Pontifikat von Franziskus. Ich kann mir beim besten Willen nicht vorstellen, dass er eine so spektakuläre Revolte gegen seinen Nachfolger anzetteln könnte.«

»Wenn nicht er persönlich, dann einer seiner Leute.«

»Das glaube ich niemals«, antwortete ich.

»Wenn es Krach gibt«, sagte daraufhin mein Freund, »dann muss sich Franziskus entscheiden. Wenn Benedikt tatsächlich wagen sollte, Tebartz-van Elst den Rücken zu stärken, muss Franziskus abwägen. Wenn er den Bischof feuert, dann gibt es einen klaren Bruch mit Joseph Ratzinger. Wenn er ihn nicht feuert, steht er als unglaubwürdig da. Diese ganze Sache hat eine unglaubliche Sprengkraft, weil sie Franziskus zwingen wird, zu zeigen, wie stark er wirklich ist und wie viel Einfluss Joseph Ratzinger wirklich hat und wie in dieser seltsamen Zeit der zwei Päpste die Macht wirklich verteilt ist.«

Ein älterer Priester, der zugehört hatte, warf ein: »Alles hängt jetzt von einem einzigen Punkt ab. Zu wem wird Tebartz-van Elst gehen, zu Benedikt oder zu Franziskus?«

»Wo wird er überhaupt wohnen, wenn er jetzt nach Rom kommt?«

Ich überlegte, dann antwortete ich: »Na ja, ein Mann wie Tebartz-van Elst, der aus einer wohlhabenden Familie kommt, könnte natürlich einfach in einem Hotel absteigen, aber da wäre er isoliert, und möglicherweise könnte er von anderen erkannt werden. Das Einfachste wäre, wenn er sich eine Wohnung geben ließe vom päpstlichen Institut Collegio Teutonico di Santa Maria dell'Anima. Das betreibt nicht nur das Mutterhaus, sondern es besitzt auch eine ganze Reihe von Wohnungen rund um die Piazza Navona und den Campo de' Fiori. Da wäre er auch vor der Presse geschützt.«

»Wirst du erfahren, wenn er zu Ratzinger geht?«

»Ich hoffe es zumindest«, antwortete ich. Es dauerte nur einige Tage, bis ich Gewissheit hatte. Wie abgemacht rief ich den Priester an, der mit allen anderen in Kontakt stand: »Er war bei ihm.«

»Bei wem?«

»Bei Benedikt XVI.«

»Und?«

»Soweit ich weiß, hat er ihm Mut gemacht, dass noch nicht alles verloren ist.«

»Ach du lieber Gott«, sagte mein Freund. »Wenn Benedikt vernünftig gewesen wäre, hätte er ihm gesagt, dass er das Bistum Limburg vergessen soll. Dann hätte Franziskus weniger Arbeit gehabt. Aber jetzt wird es Ärger geben.«

»Benedikt wird sich nicht offen für Tebartz-van Elst einsetzen. Das glaube ich nicht.«

»Wir haben gehört, dass es einer seiner Männer machen wird.«

»Wer?«

»Keine Ahnung. Du bist der Deutsche. Du solltest es wissen.«

Doch ich bekam es nicht heraus. Nur ein paar Tage später rief mich mein Freund wieder an.

»Es hat ein Interview gegeben, in dem er Tebartz-van Elst verteidigt hat.«

»Wer?«

»Es ist Gänswein.«

Mir stockte der Atem. »Gänswein? Wirklich?«

»Ja, er hat Tebartz-van Elst verteidigt. Ganz offen.«

Mir fiel regelrecht der Stift aus der Hand. Das bedeutete, dass es um Tebartz-van Elst im Vatikan keinen Streit geben würde, sondern eine Schlacht. Denn an einer Tatsache konnte es keinen Zweifel mehr geben: Wenn Georg Gänswein, der langjährige Privatsekretär Benedikts XVI., zu Tebartz-van Elst hielt, dann stand auch Papst Benedikt XVI. hinter dem einstigen Limburger Bischof, und das bedeutete, dass es einen Kampf zwischen den beiden Päpsten geben würde. Denn an einem gab es keinen Zweifel: welch immensen Einfluss Georg Gänswein auf den Expapst hatte.

»Wenn es Gänswein ist, dann hat Tebartz-van Elst den alten Papst auf seiner Seite«, sagte mein Freund. »Und wir wissen das seit jenem 7. Dezember 2012.«

XIII

Das Rätsel Georg Gänswein

Angefangen hatte es bereits im April 2012. Ich hatte im Auto gesessen auf dem Weg zu den Fernsehstudios des NDR am Hugh-Greene-Weg in Hamburg und versuchte meine Nervosität in den Griff zu bekommen. Zum hundertsten Mal stellte ich mir die Frage: Bist du dir wirklich sicher? Willst du wirklich die Bombe platzen lassen? In den zurückliegenden Monaten hatte sich das Pontifikat von Benedikt XVI. immer mehr in eine Richtung entwickelt: Enttäuschungen, Fehlschläge, zunehmende Kritik am Papst. Im Grunde lief alles auf eine Sache hinaus, aber ich wagte nicht, sie zu Ende zu denken oder auszusprechen, weil es als zu unwahrscheinlich erschien. Ich erinnere mich, dass ich an einem der ersten warmen Abende des Frühjahrs 2012 auf meinem Balkon saß und mir zum ersten Mal eingestand, was ich wirklich dachte: Papst Benedikt XVI. wird zurücktreten.

Rückblende: Den 25. Februar 2005 werde ich nie vergessen. Ich war mit der Vespa zu einer äußerst ungewöhnlichen Pressekonferenz im wunderschönen Palazzo Colonna gefahren. Kardinal Joseph Ratzinger sollte in dem Palast das letzte Buch von Papst Johannes Paul II. vorstellen, das den Titel *Erinnerung und Identität* trug. Der Job, den Ratzinger erledigen sollte, schien einfacher zu sein, als er tatsächlich war. Papst Johannes Paul II. hatte in seinem Buch die Abtreibung Ungeborener mit den sechs Millionen während der nationalsozialistischen Herrschaft ermordeten Juden in Verbindung gebracht. Die Weltpresse tobte, es hagelte Proteste. Der Vatikan wollte die Wogen glätten und bot den edelsten Saal auf, den Rom zu bieten hatte. Ausgerechnet in diesem Saal, der Galerie des Palazzo Colonna, hatte die wohl berühmteste und romantischste Pressekonferenz in der Geschichte der Stadt Rom stattgefunden. Regisseur William Wyler hatte diese Pressekonferenz 1953 für seinen Film *Ein Herz und eine Krone* inszeniert, in dem Audrey Hepburn der Stadt Rom ihre Liebe gesteht. Dort also sollte Joseph Ratzinger den von allen Leitmedien als völlig abwegig bezeichneten Vergleich des Papstes verteidigen.

Ich parkte meine Vespa vor dem Palast und kam zufällig zeitgleich mit Joseph Ratzinger an. Mein Freund, der damalige Sprecher des Papstes, Joaquín Navarro-Valls, der Ratzinger begleitete, sah mich und winkte mir zu. So fuhr ich also mit Ratzinger und Navarro-Valls mit dem Fahrstuhl hoch in die Galerie. Wir waren zu früh dran, und deswegen hatte ich etwas Zeit, mit Joseph Ratzinger zu plaudern. An einem Punkt ließ er keinen Zweifel: Wenn ein Papst keinen Rückhalt mehr spürt und nicht mehr in der Lage ist, die Kirche zu regieren, sollte er gehen. Was Ratzinger damals aussprach, entsprach offenbar seiner tiefsten Überzeugung, denn es war mutig, so etwas zu sagen. Damit kritisierte er auch die Entscheidung Papst Johannes Pauls II., trotz schwerster Erkrankung bis zum bitteren Ende weiterzumachen.

2012 in Hamburg dachte ich, dieser Punkt sei jetzt für Benedikt XVI. gekommen. Die Missgriffe und Rückschläge hatten sich gehäuft: Angefangen hatte es im Jahr 2006 mit der bereits erwähnten verhängnisvollen Regensburger Rede, in der er in einem Zitat Mohammed herabgesetzt und einen Sturm der Entrüstung in der muslimischen Welt ausgelöst hatte. Ein Jahr später hatte er auf einer Reise nach Brasilien Vertreter von brasilianischen Indianerorganisationen sowie den damaligen venezolanischen Staatspräsidenten Hugo Chávez gegen sich aufgebracht, indem er behauptete, dass die Ureinwohner Lateinamerikas »die Ankunft der Priester still herbeigesehnt« hätten – und erwähnte dabei mit keinem Wort die Massaker der christlichen Eroberer. Im Jahr 2009 hatte er die Exkommunikation des Holocaust-Leugners Richard Williamson aufgehoben, was für viele einer Rehabilitierung gleichkam und innerhalb und außerhalb der Kirche zu heftigen Protesten geführt hatte. Entsetzt über diese Reaktion, hatte Benedikt XVI. einen geradezu verzweifelten Brief an die Bischöfe geschrieben.

Im Laufe des Jahres 2012 hatte sich herausgestellt, dass die Bischöfe sich weltweit mehrheitlich gegen die Ratzinger-Linie aussprachen, alle Katholiken, die nach einer Scheidung wieder heirateten, von den Sakramenten auszuschließen. Benedikts XVI. wichtigste Personalentscheidung, die Ernennung von Tarcisio Bertone zum Kardinalstaatssekretär, hielten viele im Vatikan für falsch. Benedikt XVI. erschien als isoliert, einsam, gescheitert. Es war das eingetreten, was er einst im Falle von Johannes Paul II. als Grund für einen Rücktritt genannt hatte: Der Papst hatte den Rückhalt verloren und die Kirche nicht mehr im Griff.

Er wird zurücktreten, sagte ich zum ersten Mal laut zu mir – doch damals hörte nur mein Hund Eccolo zu. Aber es war eine Sache, so etwas zu denken, und eine andere, im Fernsehen den ersten Rücktritt eines Papstes seit dem Jahr 1294 vorherzusagen. Mir war klar, dass es eine Sensation historischen Ausmaßes sein würde, wenn der Papst zurückträte, und es zweifellos für meine Karriere nicht nachteilig wäre, wenn ich das vorhersagte. Doch was würde sein, wenn ich irrte? Wenn ich im Fernsehen den Rücktritt eines Papstes ankündigte, der nie stattfinden würde? Dann wäre es wohl vorbei mit meiner Glaubwürdigkeit als Vatikan-Fachmann. Als wir im Studio ankamen, fasste ich einen Entschluss. Während der Livesendung antwortete ich auf die Frage der Moderatorin, ob ich noch etwas

Besonderes im Vatikan erwarten würde in diesem April 2012: »Dieser Papst wird zurücktreten.«

Ein paar Minuten nach dem Ende der Sendung schien mein Handy verrücktzuspielen. Eine Unmenge Anrufer wollte sofort mit mir reden. Als ich die Nummer eines guten Freundes erkannte, ging ich ran.

»Du sagst, er wird zurücktreten? Hast du sie noch alle?«

»Ich glaube, er wird zurücktreten.«

»Dass seit über 700 Jahren kein Papst mehr freiwillig zurückgetreten ist, weißt du aber schon?«

»Natürlich.«

»Dann wirst du verstehen, dass ich nie und nimmer daran glaube, dass er zurücktreten könnte. Du hast deine Karriere als Vatikan-Fachmann versaut.«

Er schwieg eine Weile. »Allerdings, wenn du doch recht haben solltest, dann würde eine der spannendsten Situationen in der Geschichte des Vatikans eintreten.«

»Weil wir dann zwei Päpste hätten.«

»Das auch. Aber denk doch mal nach: Unterstellen wir mal den völlig irren Fall, dass du recht hast. Was wird dann passieren? Dann werden wir zum ersten Mal seit Jahrhunderten erfahren, wer im Apostolischen Palast wirklich die Macht hat.«

»Ich verstehe nicht«, antwortete ich.

»Denk doch mal an Johannes Paul II. oder an Paul VI. Sie waren in der letzten Phase ihrer Amtszeit krank.«

»Ja und?«

»Das bedeutet, dass alle wussten, dass sie versuchen mussten, ihre Schäfchen ins Trockene zu bringen, bevor der Papst stirbt. Aber wenn er zurücktritt, wird das natürlich unendlich viel spannender.«

»Wieso?«

»Wenn tatsächlich der irre Fall eintreten sollte, dass er zurücktritt, dann werden das nur seine engsten Vertrauten erfahren. Nur die, die wirklich zählen, werden das vorher wissen.

Nur sie werden also versuchen, sich auf einen Posten zu retten, den sie behalten können, auch wenn der Papst zurückgetreten ist und ein neuer gewählt wurde. Verstehst du: Wenn Benedikt XVI. wirklich zurücktreten sollte, dann werden einige Männer, die wir vielleicht gar nicht auf der Rechnung haben, die aber wirklich zum inneren Kreis der Macht des Joseph Ratzinger zählen, anfangen, sich neue Posten zu suchen. Es sei denn, sie sind fromm und legen ihr Schicksal in Gottes Hand, aber das habe ich im Vatikan nur sehr selten erlebt.«

»Du hast recht«, sagte ich.

Im Herbst 2012, fünf Monate später, rief mich mein Freund erneut an und zischte aufgeregt ins Telefon: »Hast du es gesehen? Die Liste für die Ernennung der Kardinäle ist draußen.«

»Ja und?«

»Da stimmt was nicht. Irgendwas stimmt da ganz und gar nicht.«

Ich schaute mir die Liste an und sah sofort, dass mein Freund recht hatte. Seit 1978 hatte es 14 Kardinalskreierungen gegeben. In der katholischen Kirche werden Kardinäle nicht ernannt und nicht gewählt, sondern kreiert, also geschaffen. Das ist schon seit über 900 Jahren so. Die Prozedur, in der sie geschaffen werden, das sogenannte Konsistorium, blickt auf eine noch viel ältere Tradition zurück, die bis auf das Römische Kaiserreich zurückgeht. Wenn der Kaiser Berater wünschte, durften sie bei ihm vortreten. Sie mussten aber stehen bleiben, während der Kaiser als Einziger sitzen blieb. Das ist auch der Ursprung des Wortes »Konsistorium«, es leitet sich ab vom lateinischen *consistere*, hinzutreten.

In seiner langen Amtszeit hatte Papst Johannes Paul II. neunmal Kardinäle kreiert, Papst Benedikt XVI. bisher viermal. Das hier war jetzt das fünfte Mal. Alle Kardinalskreierungen hatten eine Gemeinsamkeit: Es wurden fast immer 20 bis 30 Kardinäle geschaffen. Es gab nur wenige Ausnahmen, bei Johannes Paul II. waren es einmal 42 Kardinäle. Doch es waren immer mindestens 15 Kardinäle, ansonsten wäre der riesige Aufwand für ein Konsistorium, für das der komplette Apostolische Palast umorganisiert werden muss und Hunderte vatikanische Gendarmen und Schweizergardisten Sonderschichten einlegen müssen, unverhältnismäßig. Ich starrte ungläubig auf die neue Liste des aktuellen, fünften Konsistoriums der Amtszeit von Papst Benedikt XVI. Das konnte einfach nicht stimmen. Ich rief im Pressesaal des Heiligen Stuhls an, aber die bestätigten: alles korrekt.

Ich rief meinen Freund zurück. »Hast du es gesehen?«, sagte er.

»Ja«, antwortete ich, »ich dachte, das sei ein Irrtum.«

»Dachte ich auch.«

Auf der Liste für das Konsistorium standen nur sechs Namen. Nicht einmal ein Viertel eines gewöhnlichen Konsistoriums. Warum machte der Papst das? Einen solch riesigen Aufwand für nur sechs Kardinäle betreiben? So etwas war seit Jahrzehnten nicht mehr passiert.

»Mit irgendeinem der neuen Kardinäle kann was nicht stimmen«, sagte mein Freund.

Wir schauten uns die sechs Namen an. Drei schieden aus. Die Nominierung der Erzbischöfe von Manila (Philippinen), Bogotá (Kolumbien) und Abuja (Nigeria) war nicht auffällig. Die Erzbischöfe dieser Städte hatten traditionell einen Anspruch darauf, zum Kardinal erhoben zu werden. Blieben noch drei übrig. Kardinal Nummer vier war auch nicht auffällig. Es war das Oberhaupt der sogenannten Thomaschristen in Indien. Ihr Oberhaupt wird traditionell als Zeichen der Wertschätzung zum Kardinal erhoben. Die etwa sieben Millionen Thomaschristen, die zur katholischen Kirche gehören, führen ihre kleine separate Kirche auf die Gründung durch den »ungläubigen« Apostel Thomas zurück, der um das Jahr 55 nach Indien gekommen sein soll. Auch Nummer fünf war unauffällig: Das Amt des Oberhaupts der Maronitischen Kirche von Antiochien geht auf den heiligen Petrus zurück, der in Antiochia wirkte. Dass der maronitische Patriarch zum Kardinal erhoben wurde, war eine alte Tradition.

»Also bleibt nur noch einer«, schloss mein Freund daraus.

»Ja«, antwortete ich. »Nummer sechs. Harvey.«

Ich kannte den US-Amerikaner James Michael Harvey, den Präfekten des Päpstlichen Hauses, gut und hatte ihn Hunderte Male gesehen. Er kümmerte sich um alle privaten und öffentlichen Audienzen des Papstes. Wer zum Papst wollte, aus welchem Grunde auch immer, musste an Harvey vorbei. Harvey war gelinde gesagt schweigsam. Er sprach so gut wie nie. Ein leichtes Nicken seines Kopfes als Zeichen der Wertschätzung war schon das Höchste, was man von ihm erwarten durfte.

»Es ist Harvey«, sagte mein Freund. »Denk doch mal nach. Harvey ist erst 63 Jahre alt. Der Papst kann einen Priester nur aus zwei Gründen zum Kardinal ernennen, wenn er nicht Erzbischof in einer Stadt ist, die traditionell einen Kardinal stellt: aus Dankbarkeit am Ende einer langen Karriere – das gilt jedoch erst ab etwa 75 Jahren, Harvey ist also viel zu jung dafür. Die zweite Möglichkeit ist, dass ein Amt den Kardinalshut erfordert, wie etwa bei der Glaubenskongregation. Harvey soll aber Erzpriester von San Paolo fuori le mura, einer der Papstbasiliken in Rom, werden. Das ist ein Altersruhesitz, dafür muss man etwa 80 Jahre alt sein. Harvey liebt seinen Job. Doch als Kardinal kann er nicht mehr Präfekt sein. Er wird wegbefördert, und das völlig überstürzt in einem Minikonsistorium. Warum?«

»Du hast recht«, stimmte ich zu. »Warum lässt der Papst sich nicht einfach Zeit und befördert Harvey beim nächsten normalen Konsistorium, wenn er ihn unbedingt zum Kardinal erheben will?«

»Stattdessen paukt er ein Konsistorium durch, um einen Präfekten, der noch zwölf Jahre seiner Amtszeit vor sich hat, zum Kardinal zu machen. Was soll das?«

»Ich habe keine Ahnung«, antwortete ich.

Zwei Wochen später platzte die Bombe. Papst Benedikt XVI. ernannte am 7. Dezember 2012 in Rekordzeit seinen Sekretär Georg Gänswein zum Präfekten des Päpstlichen Hauses, als Nachfolger von James Michael Harvey. Und er weihte Gänswein nicht nur zum Bischof, sondern gleich zum Erzbischof.

Sobald die Nachricht bestätigt war, rief mich mein Freund an. »Der Hammer, oder? Harvey musste in aller Eile weg, weil Gänswein den Job wollte«, sagte er ins Telefon.

»Oder es ist Zufall«, gab ich zu bedenken.

»Zufall? Spinnst du? Jetzt ist Gänswein auch offiziell der starke Mann im Päpstlichen Haus. Jetzt ergibt dieses seltsame Konsistorium Sinn. Harvey musste rasch weg, weil Gänswein Präfekt werden wollte. Ich muss mich bei dir entschuldigen. So langsam glaube ich, dass du recht hast. Es könnte tatsächlich sein, dass der Papst seinen Rücktritt erwägt. Wenn das stimmt, dann hat er das vor seinem Sekretär nicht geheim gehalten, weil er ihn außerordentlich schätzt. Wenn Gänswein einen sehr, sehr großen Einfluss auf den Papst hat, dann könnte er ihn gebeten haben: Mach mich zum Präfekten, dann habe ich einen angesehenen und einflussreichen Posten, wenn dein Nachfolger gewählt wird. Wenn das stimmt, dann hat Gänswein Benedikt dazu gedrängt, extra ein Konsistorium zu veranstalten, Harvey zu entsorgen und dann selber den Posten zu bekommen. Dann wird Benedikt XVI. bald zurücktreten, und der neue Papst wird eines wissen: Georg Gänswein hat einen gewaltigen Einfluss auf den zurückgetretenen Papst.«

Das wäre nichts Neues gewesen im Vatikan: Wenn Päpste in der Vergangenheit ihr Ende nahekommen fühlten, haben sie häufig ihre Sekretäre zu Bischöfen ernannt. So hatte etwa der todkranke Johannes Paul II. im September 2003 seinen langjährigen Sekretär Stanisław Dziwisz zum Bischof weihen lassen.

Und tatsächlich: Nur wenige Wochen nach der Bischofsweihe von Georg Gänswein am 11. Februar 2013 trat Papst Benedikt XVI. zurück. Wenn unsere Überlegungen stimmten, dann hatte er jedoch seinem Sekretär einen Posten verschafft, der auch ihm nach seinem Rücktritt einen enormen Einfluss im Vatikan sicherte.

Nur wenige Tage später bekam ich Informationen, die bestätigten, dass der sich anbahnende Konflikt um den Limburger Bischof noch weitaus härter ausfallen würde, als ich gedacht hatte. Ich rief meinen Freund zurück. »Es gibt da noch einen«, sagte ich. »Kardinal Müller.«

»Wirklich? Um Gottes willen. Damit hat sich die Feuerkraft von Tebartz-van Elst erheblich erhöht.«

Ich hatte einst Gerhard Ludwig Müller zu seiner Erhebung zum Kardinal gratuliert. Als Präfekt der Glaubenskongregation war er sehr angesehen und verfügte über eine enorme Machtfülle. Wenn also Tebartz-van Elst Papst Benedikt XVI., Georg Gänswein sowie Kardinal Gerhard Ludwig Müller hinter sich hatte, würde Papst Franziskus eine heftige Auseinandersetzung durchstehen müssen. Die Kirche derer, die Karriere gemacht hatten und durch Papst Franziskus wirklich viel zu verlieren hatten, die Kirche von oben, stand jetzt kampfbereit und in voller Montur da, um Papst Franziskus eine Niederlage beizubringen. Doch dieser blieb standhaft.

Am 26. März 2014 nahm Papst Franziskus das Gesuch von Bischof Tebartz-van Elst auf Amtsverzicht an. Er weigerte sich, ihn in die Diözese Limburg zurückkehren zu lassen. Damit war die Schlacht zwischen den Theologen und den Praktikern im Vatikan zu Ende. Der Papst hatte zurückgeschlagen. Solange dieser Franziskus auf dem Thron Petri sitzen würde, war es eben nicht egal, ob ein Kirchenmann in Saus und Braus lebte, selbst wenn seine theologische Weisheit schier unendlich war. Es ging Franziskus dabei nicht darum, seinen Priestern und Bischöfen einen möglichst einfachen Lebensstil aufzuzwingen, sondern um Glaubwürdigkeit. Wie soll ein Bischof, der in einem Palast residiert, sich in Luxuskarossen herumchauffieren lässt und erster Klasse fliegt, je eine Familie verstehen, deren

Einkommen nicht bis zum Monatsende reicht? Wie sollte umgekehrt eine Familie, die für ihren Lebensunterhalt hart arbeiten muss, je Vertrauen zu einem Bischof haben, der zwar behauptet, ein Gefolgsmann Jesu Christi zu sein, aber wie ein Millionär lebt?

Der Papst hatte es vorgemacht, wie er sich das vorstellte, und zwar unmittelbar nach seinem Amtsantritt, im Sommer 2013 während des Weltjugendtages in Rio de Janeiro. Franziskus hätte auf einem Fußballplatz in einer der etwa 500 Favelas einen Gottesdienst feiern sollen. Doch statt wie geplant an den Ort der Veranstaltung zu fahren, stieg der Papst mitten in der Favela aus. Er lief mit ganz gewöhnlichen Bewohnern durch die Favela, klopfte schließlich an die Tür einer Familie und sagte: »Hätten Sie vielleicht ein Glas Wasser für mich oder einen Schnaps?« So stellt sich der Papst seine Priester vor: als Kirchenmänner, die zu den Menschen gehen, die sie brauchen. Zu Menschen, die sich fragen müssen, ob sie ihren Kindern würden Schulbücher kaufen können oder der kranken Oma die dringend benötigte Medizin.

Der Papst war dabei alles andere als zimperlich, denn seine Antwort auf die Frage, für wen die Kirche eigentlich da sei, war knallhart. Solange er als Nachfolger des heiligen Petrus waltet, ist diese Kirche für die Armen da, für diejenigen, die ausgeschlossen sind. Für diese aktive Kirche braucht er mutige Priester. Männer jedoch, die sich ihr Leben lang in der Studierstube einschlossen, um über Gott nachzudenken, wie Joseph Ratzinger, braucht er nicht. Alle Würdenträger im Vatikan, die geglaubt hatten, dass Franziskus keinen Widerstand leisten werde, dass er den Wünschen der Männer um Papst Benedikt XVI., vor allem Georg Gänswein und Gerhard Ludwig Müller, schon nachgeben werde und dazu stets ein liebes und freundliches Gesicht machen würde, hatten sich getäuscht.

Und so weigerte sich der Papst auch, die Amtszeit von Kardinal Gerhard Ludwig Müller als Präfekt der Glaubenskongregation, die am 2. Juli 2017 endete, zu verlängern, und setzte ihn damit de facto ab. In einem persönlichen Gespräch mit mir auf einem Flug nach Afrika im September 2019 sagte Papst Franziskus: »Kardinal Müller ist wie ein Kind.« Kurz darauf, im Februar 2020, beurlaubte Franziskus Georg Gänswein aus seinem Amt als Präfekt des Päpstlichen Hauses.

XIV

Die Provokation Kasper

Eine Art Offenbarung erlebten der Vatikan und die Öffentlichkeit nur vier Tage nach der Wahl von Jorge Mario Bergoglio zum Papst am 17. März 2013, einem Sonntag, während des Angelus-Gebets. Der neu gewählte Papst landete da einen kaum für möglich gehaltenen Coup und gab schon beiläufig seinen künftigen Kurs vor. Das ist eigentlich ungewöhnlich, weil ein neuer Papst in der Regel die Mannschaft seines Vorgängers übernimmt. Wenn man sich vorstellt, welch ungeheure Verantwortung es für jemanden bedeuten mag, plötzlich zum Oberhaupt der größten und ältesten Institution der Welt gewählt worden zu sein, dann bietet sich an, dass ein neuer Papst in den ersten Tagen das Naheliegende tut: nämlich gar nichts. Er bestätigt einfach alle Mitglieder der Kurie, wie die päpstliche Regierung und Verwaltung genannt wird, um damit Zeit zu gewinnen. Sobald er sich einigermaßen an das neue Amt gewöhnt hat, kann er dann Schritt für Schritt umsetzen, was er eigentlich vorhat.

Die zweite Möglichkeit wäre, rasch die Mannschaft an der Spitze des Vatikans auszutauschen. Der Papst kann seinen Studienfreund Kardinal A und seinen Vertrauten Kardinal B an die Spitze des Vatikans befördern. Doch eine intelligente Entscheidung ist das nicht unbedingt. Denn es weiß dann immer noch niemand, was denn Kardinal A oder Kardinal B eigentlich will.

Ein Papst beruft in seine Kurie Mitglieder aus allen möglichen Gründen, entweder weil sie sein Vertrauen genießen oder weil sie ihren Job gut machen, doch eines haben sie alle gemeinsam: Sie wissen, dass sie um die Feinde des regierenden Papstes einen Bogen machen müssen, wenn sie keinen Ärger haben wollen.

Wenn ein Kardinal sich jahre- oder jahrzehntelang mit einem anderen Kardinal gestritten hat und dann Papst wird, dann wissen alle seine Mitarbeiter, dass es überlebenswichtig ist, mit dem Feind des Papstes nicht zu paktieren und ihn auf keinen Fall zu unterstützen. Es kommt im Vatikan durchaus vor, dass Mitglieder der Kurie einem erklärten Feind des Papstes absichtlich schaden, um sich beim regierenden Papst einzuschmeicheln.

Wenn ein neuer Papst gewählt wird, hängt das Überleben der amtsführenden Kurie davon ab, wie er zum Vorgänger und zu dessen Feinden steht. Idealerweise fühlt sich der Nachfolger dem Vorgänger eng verbunden und hasst dessen Feinde. Dann ändert sich für die Kurie gar nichts. Unangenehm wird es für sie jedoch, wenn der neue Papst seinen Vorgänger weniger schätzt und dessen Feinde zu seinen engsten Beratern macht. In diesem Falle weiß die Kurie, ohne dass der neue Papst dies explizit formulieren müsste: Ihr habt ausgespielt.

Genau so etwas ist am 17. März 2013 passiert. An diesem Sonntag erwartete die Kurie eigentlich Worte der Dankbarkeit vonseiten des neuen Papstes für ihre Arbeit, die sie für Papst Benedikt XVI. geleistet hatte. Das hätte bedeutet: Alles bleibt beim Alten, alle behalten ihre Jobs. Doch es sollte das Gegenteil eintreten. Papst Franziskus stellte sich eindeutig an die Seite eines Mannes, der fast sein ganzes Leben lang in Opposition zu Joseph Ratzinger gestanden hatte, Kardinal Walter Kasper, und lobte ihn öffentlich als einen guten Theologen, der ein Buch geschrieben habe, das ihm, dem Papst, »so sehr gutgetan habe«.

Das war in diesem Augenblick die größte anzunehmende Katastrophe für die Kurie. Viele von ihnen, wenn nicht alle, hatten Walter Kasper jahrelang entweder links liegen gelassen oder ihm sogar geschadet, weil sie wussten, dass Benedikt XVI. ihn nicht ausstehen konnte. Und dieser Walter Kasper war jetzt der neue starke Mann an der Seite des neuen Papstes – das ließ nichts Gutes ahnen. Franziskus sagte damit der Kurie in etwa: Ich pfeife auf euch.

Walter Kasper hatte jahrzehntelang seine Opposition zu Kardinal Joseph Ratzinger gepflegt – es gab niemanden im Vatikan, der das nicht wusste. Wer für Kardinal Kasper war, musste gegen Ratzinger sein.

In Kasper sahen viele im Vatikan nicht nur einen Gegner Ratzingers, er stand vor allem auch für einen anderen Kirchenbegriff. Papst Benedikt XVI. sah die Kirche auf eine ganz einfache Weise: Gott hatte eine Kirche geschaffen, die allumfassend war, was er mit »katholisch« gleichsetzte, und alle anderen Kirchen hatten sich von ihr abgespalten. Deswegen gab es auch nur *eine* Kirche, die katholische, alle anderen degradierte Ratzinger zu Glaubensgemeinschaften. Das traf die evangelisch-lutherischen Kirchen, aber auch die Baptisten oder die Church of England, die sich laut Ratzinger allesamt nicht »Kirchen« nennen dürfen. Walter Kasper hatte als Chef des sogenannten Einheitsrates im Vatikan, des Päpstlichen Rates zur Förderung der Einheit der Christen, jahrelang mit evangelisch-lutherischen, aber auch sogenannten Freikirchen zu tun gehabt. Er pflegte ein freundschaftliches Verhältnis zu den Oberhäuptern anderer Kirchen und sah in ihnen keineswegs nur Glaubensgemeinschaften oder Sekten. Im Gegenteil: Er war an einer Aussöhnung der verschiedenen Kirchen auf Augenhöhe mit der katholischen Kirche interessiert und arbeitete engagiert dafür.

Der wichtigste Punkt ist aber ein anderer: Walter Kasper steht für eine Kirche, wie sie wirklich ist. Doch diese Kirche hatte sich von der Kirche, wie der Vatikan sie sah, so weit entfernt, dass sich ein regelrechter Abgrund aufgetan hatte. Das zeigte sich immer drastischer an konkreten Beispielen aus dem Alltag der Kirchen. So gehen auf der ganzen Welt seit Jahrzehnten evangelische Christen mit ihren katholischen Ehepartnern in die katholischen Gotteshäuser und empfangen dort bei den Messen selbstverständlich auch die Kommunion.

Das ist zwar laut Kirchenspitze verboten, aber das schert an der Basis seit Jahrzehnten niemanden mehr. Ein anderes Beispiel ist die katholische Verurteilung von Menschen, die nach einer Scheidung wieder heiraten. Sie gelten dauerhaft als Ehebrecher und sind von den Sakramenten ausgeschlossen, dürfen also nicht zur Kommunion. Anscheinend bildet sich die Kirchenspitze ein, wiederverheiratete Geschiedene auf diese Weise bestrafen zu können. In Wirklichkeit werden die Kirchen immer leerer, und es scheren sich immer weniger Leute auf der Welt darum, ob ihnen nun ein Priester eine Hostie gibt oder nicht. Die Kirchenspitze stritt also um Probleme, die in den Gemeinden niemanden mehr interessierten.

Die Führungsebene begriff schlagartig, dass die Gesten der innigen Freundschaft zwischen Joseph Ratzinger und Papst Franziskus, all die spektakulären Fotos, die zwei augenscheinlich tief verbundene Päpste zeigten, Heuchelei waren. Franziskus hatte das Ruder sofort nach seiner Wahl um 180 Grad herumgerissen, und er wollte alles, aber auch wirklich alles, völlig anders machen als sein Vorgänger. Dass der Papst nun so prominent den Namen Kasper erwähnt hatte, kam somit einer Kriegserklärung gegen das Establishment im Vatikan gleich. Franziskus wollte damit in etwa sagen: Ihr Kardinäle und Bischöfe im Vatikan, ihr verplempert seit Jahrhunderten in den Luxuspalästen des Vatikans eure Zeit damit, über theologische Spitzfindigkeiten zu streiten, die niemanden mehr interessieren. Stattdessen hättet ihr euch längst aufraffen müssen, um etwas Sinnvolles zu tun und den Menschen zu helfen, statt sie für angebliche Verbrechen zu geißeln, die kaum mehr jemand als solche ansieht. Glaubt ihr ernsthaft, dass eine halbe Milliarde katholischer Frauen auf der Welt tatsächlich eine Sünde zu begehen glauben, wenn sie Verhütungsmittel benutzen? Glaubt ihr wirklich, dass eine Frau, die von ihrem Mann zur Scheidung gezwungen wurde und wieder heiratete, keine Kommunion mehr bekommt? Bestreitet ihr ernsthaft, dass evangelische und katholische Priester in den Gemeinden nicht längst das gegenseitige Abendmahl zulassen?

Es war absolut nachvollziehbar, dass die Truppe, die Joseph Ratzinger in den Vatikan geholt und dort aufgebaut hatte, kaum je in der Lage sein würde, das zu leisten, was der Nachfolger von Benedikt XVI. von ihr forderte. Joseph Ratzinger hatte sich sein ganzes Leben als Wissenschaftler verstanden und seine Zeit in der Pastorale, wo er mit ganz normalen Menschen arbeiten musste, immer mit Geringschätzung beschrieben. Auch seine Zeit als Erzbischof der Diözese München und Freising (1977–1982), in der er dort praktische Führungsaufgaben wahrnehmen musste, schilderte er stets als ein Unterfangen, auf das er keine Lust hatte oder dem er sich nicht gewachsen fühlte.

Ein Detail zeigt sehr genau den abgrundtiefen Unterschied zwischen Franziskus und Benedikt. Joseph Ratzinger war stets stolz darauf, unfähig zu sein für das praktische Leben, das Papst Franziskus von seinen Priestern forderte. So erklärte Ratzinger immer, dass er unfähig sei, Autofahren zu lernen. Deswegen chauffierte ihn auch sein Sekretär Don Josef Clemens jahrzehntelang durch Italien. Papst Franziskus hätte einem solchen Priester vermutlich geraten, das Autofahren zu erlernen, dann könnte sein Sekretär etwas Sinnvolleres tun, als ihn durch die Welt kutschieren zu müssen.

Aber Ratzinger war nun einmal der Inbegriff des vollständig vergeistigten Kirchenmannes, der entweder einen akademischen Zugang zu den Dingen hatte oder aber gar keinen. Zweifellos war ihm die Welt der Spätantike des von ihm verehrten heiligen Augustinus, die bereits vor rund 1500 Jahren untergegangen ist, weit vertrauter als ein modernes Parkhaus. Er zelebrierte förmlich diesen rückwärtsgewandten Stil des unpraktischen gestrigen Gelehrten. So weigerte er sich auch, einen Computer zu benutzen, und schrieb alles mit der Hand, was dazu führte, dass eine Reihe von Leuten immer wieder damit beschäftigt waren, seine Texte abzutippen.

Diesem Mann also, einem Stubengelehrten, waren die Männer des Topmanagements im Vatikan gefolgt. Papst Benedikt XVI. hatte sich nur theoretisch für Menschen interessiert, die unter sozialer Ungerechtigkeit litten, ihre Arbeit verloren hatten oder sogar hungerten. Der Mensch selber interessierte ihn nur, weil er zum Glauben fähig war. Das war sein Thema, der Mensch als Glaubender, das wurde er nie müde zu betonen. Das hatte er auch von seinen Mitarbeitern gefordert: grenzenlose Begeisterung für den Glauben, also für ein Leben, das bestimmt war durch das Nachdenken über das Verhältnis der Menschen zu Gott.

Doch dann wurde Papst Franziskus gewählt, der etwas völlig anderes von denselben Leuten in der Kurie wollte. Sie sollten sich jetzt ganz konkret für Menschen engagieren, die hungerten oder um ihr Überleben kämpfen mussten, und dafür sorgen, dass sie satt wurden oder in Sicherheit gelangten, bevor man ihnen den Katechismus erklärte.

Nach diesem Sonntag, an dem Papst Franziskus so öffentlichkeitswirksam seine Wertschätzung für Kardinal Kasper bekundet hatte, stand die konservative Gruppe in der Kirchenspitze regelrecht unter Schock. Ich wusste, wie weitreichend und folgenschwer dieses Bekenntnis von Papst Franziskus zu Kardinal Kasper war. Doch ich hatte keine Ahnung, dass es eine solche Sprengkraft besitzen könnte, um eine sehr viel gefährlichere Gruppe gegen den Papst zusammenzuschweißen, die vielleicht noch besser organisiert war als die polnischen Bischöfe und die Spezialisten im Vatikan, die um ihre Karriere fürchteten. Diese Gruppe, die sich gegen Papst Franziskus organisierte, war sehr alt und sehr mächtig.

XV

Der römische Adel und der Papst

Wie tief die Abneigung gegen Papst Franziskus in den höheren gesellschaftlichen Kreisen Roms verwurzelt ist, bekam ich anlässlich einer festlichen Abendgesellschaft bei einer alteingesessenen römischen Adelsfamilie zu spüren, zu der mich ein blaublütiger Freund im Herbst 2013 eingeladen hatte.

Im Laufe der Jahrzehnte habe ich während der letzten drei Pontifikate immer wieder erlebt, dass Fernsehsender, Tageszeitungen oder Zeitschriften mit Vorliebe adlige Kollegen verpflichteten. Die Chefredaktionen versprachen sich offensichtlich Vorteile davon, wenn im Vatikan ein Reporter auftauchte, der aus einer Familie stammte, die selber einmal einen Papst gestellt hatte. Adlige Kollegen im Vatikan waren also nichts Ungewöhnliches. Im Laufe der Zeit ergaben sich mit ihnen ganz normale Freundschaften, und in sehr seltenen Fällen erhielt ich dann auch eine Einladung zu einem Fest des römischen Adels.

Mein Hauptproblem bei diesen Einladungen war erst einmal der Dresscode. Was sollte ich bloß anziehen? Meine Versuche, da mit dem römischen Adel mithalten zu wollen, scheiterten meist kläglich. Ich sah wohl aus wie jemand, der gerade seinen Konfirmandenanzug aus dem Schrank gezogen hat oder der gerade auf eine Beerdigung gehen will. Es gelang mir wohl nie, cool oder schick oder elegant auszusehen, wie es dem Anlass geziemte.

An jenem Tag also wusch ich, um keinen schlechten Eindruck zu hinterlassen, mein zerbeultes Auto und fuhr dann zum Palast der einladenden Familie in der römischen Innenstadt. Ich fühlte eine gewaltige Vorfreude, schon die kurze Autofahrt war ein regelrechtes Abenteuer. Die Straßen im Zentrum Roms haben einen einzigartigen Zauber, denn sie führen vorbei an einer Unzahl von Palasteinfahrten, die vor Jahrhunderten für breite, vierspännige Pferdekutschen gebaut wurden und für Normalsterbliche immer verschlossen bleiben werden.

Zwar wurden hier einige Paläste verstaatlicht und in Museen umgewandelt, doch ansonsten lebten die alteingesessenen adligen Familien zwischen Piazza del Popolo und dem Kolosseum seit Jahrhunderten nobel abgeschirmt in ihren steinernen Schatztruhen. Man fährt an wundervoll verzierten Fassaden vorbei, doch leider kennt man nicht den Zauberspruch, der diese uralten Türen zu öffnen vermag. Nur selten sieht man es im Alltagsverkehr, dass eine elegante Limousine leise hinter den sich plötzlich öffnenden riesigen Pforten der Paläste verschwindet.

Wie ungewöhnlich es für mich war, von einer der schmalen Straßen in der Innenstadt in die Auffahrt des Palastes einzubiegen, sah mir das Wachpersonal offensichtlich an. Zwei Herren in dunklen Anzügen prüften argwöhnisch die Einladungskarte, die ich ihnen zeigte, befanden sie für nicht gefälscht und winkten mich durch. Ich durfte in den für römische Innenstadtverhältnisse gigantischen Innenhof des Palastes fahren. Als ich ausstieg, merkte ich, dass ich nicht nur in der Kleiderfrage danebengelegen hatte. Mein Auto war auch das einzige gewaschene in dem ganzen Hof. Neben mir parkte ein uralter Fiat Panda, der so aussah, als hätte er eine Schlammwüste durchquert. Unter der Dreckschicht konnte ich gerade noch erkennen, dass die Stoßstange verbeult und die Radkästen total verrostet waren. Doch aus dem Wagen stieg ein extrem cooler Typ. Ich meinte mich daran zu erinnern, dass er zu der Adelsfamilie gehörte, deren Spross mit der US-Schauspielerin Sharon Stone zusammen gewesen war. Nun stand ich zwar neben meinem sauberen Auto, sah aber definitiv uncool aus.

Die geparkten Autos verdeutlichten, dass eine klare Trennlinie innerhalb des römischen Adels existieren musste. Auf dem Hof stand eine Vielzahl von gebrauchten Kleinwagen, die der Schrottpresse so gerade noch entronnen waren. Daneben parkten Luxuskarossen, die mit ihrer für Rom üblichen Staubschicht noch extravaganter aussahen und deren Chauffeure elegante Damen und Herren aussteigen ließen. Offensichtlich hatte man es als Adliger entweder zu erheblichem Reichtum gebracht, oder man war total abgestürzt.

Eine Freundin aus dem Hochadel, die ich aus dem Umfeld des Vatikans kannte und die mit »Donna« anzusprechen war, kam zu Fuß in den Hof. Sie hatte den Bus genommen und versuchte mich um Zigaretten anzuschnorren. Gemeinsam betraten wir das Haus, und wieder einmal galt es für mich, die Architektur römischer Barockpaläste zu bewundern. Ich konnte Säulen und Reliefs antiker römischer Gebäude erkennen, die in dem Palast verbaut worden waren. Jahrhundertelang hatten die römischen Bauherren, vor allem die Päpste, in der Renaissance und der Barockzeit unvorstellbare Mengen an Baumaterial aus antiken römischen Gebäuden entwendet und herangeschafft. Ein roter Teppich lag auf den Travertinstufen, Kerzenleuchter erhellten die Eingangshalle. Wie ein Königspaar nahmen die fürstlichen Gastgeber die Gäste in Empfang. Sie standen nebeneinander in der Eingangshalle, während die Gäste in einer langen Schlange an ihnen vorbeidefilierten, um ihnen die Hand schütteln zu können. Ein Diener stand bereit, der Herrin und dem Herrn des Hauses gelegentlich ein Glas Wasser zu reichen. Das Begrüßen der Gäste schien ganz schön anstrengend zu sein.

Auch ich stand mit meiner Bekannten in der Schlange und versuchte die Flasche Whiskey, die ich unter dem Arm trug, so gut ich konnte, unter meiner Jacke zu verstecken. Ich hatte mich gefragt, ob die Gäste zu so einer Einladung wohl etwas mitbringen sollten, und zur Sicherheit eine sehr teure Flasche Whiskey gekauft. Doch niemand anderer hatte ein Mitbringsel dabei, und ich dachte fieberhaft darüber nach, wie ich die peinliche Flasche loswerden könnte.

Ich dachte daran, vorzutäuschen, dass ich im Auto etwas vergessen hatte, und wollte gerade meiner Bekannten diese Ausrede auftischen, als ein Bediensteter mich leise ansprach, auf die Whiskeyflasche deutete und freundlich, aber bestimmt sagte: »So etwas ist hier nicht üblich. Ich gestatte mir, Ihnen das abzunehmen.« Ich schämte mich und wäre am liebsten im Boden versunken. Er verschwand diskret mit meiner Flasche. Dann war ich irgendwann an der Reihe, den Gastgebern die Hand zu schütteln. Eine Art Vorsager flüsterte dem Fürsten zu, dass ich ein Freund seines Neffen sei. Mich irritierte nicht nur das steife Begrüßungsritual, sondern auch, dass fast alle Gäste einen Orden trugen, und ich fragte mich, wie man eigentlich an einen Orden gelangte.

Ich folgte den anderen Gästen in eine kolossale Halle, eine Art Mega-Tanzsaal, wo in Form eines Hufeisens eine gigantische Tischreihe aufgebaut worden war. Ich bemerkte, dass es keinerlei Tischkarten gab, und befürchtete, den nächsten Fehler zu begehen, wenn ich mich auf einen falschen Platz setzen würde. Als ich mich unsicher umschaute, fiel mir ein weiterer Bediensteter auf, der mit Blicken wie ein Dirigent die Gäste an ihre Plätze beorderte. Leider wurde ich von meiner blaublütigen Freundin getrennt, und ich bekam einen Platz neben einer älteren, mit schwerem Goldschmuck behangenen Dame zugewiesen. Sie fuhr sich mit der Hand immer wieder durch die aufwendig blondierten und sehr gepflegten Haare und trug ein sehr teures Kleid, das ihrer schlanken Gestalt eine herrschaftliche Ausstrahlung zu verleihen vermochte. Irgendwie wirkte sie wie eine in Goldbrokat gehüllte, in die Jahre gekommene Prinzessin. Ich schätzte sie auf etwa 70 Jahre. Etwas unbeholfen versuchte ich mich ihr vorzustellen, was sie mit einer Art Kopfnicken zur Kenntnis nahm. Ansonsten schien sie mich vollständig zu ignorieren.

Endlich entdeckte ich meinen Bekannten aus dem Vatikan, der mich eingeladen hatte. Er begrüßte mich und flüsterte mir dann ins Ohr: »Du sitzt neben einer Fürstin, du sollst sie etwas aufheitern, sie hat schon mit jeder und jedem hier in der Gesellschaft irgendwann gestritten. Du bist also so eine Art Unterhaltungsprogramm, sei witzig und lass dich nicht abschrecken, auch wenn sie etwas schrullig ist.« Dann verschwand er wieder. Er sah im Gegensatz zu mir irgendwie cool aus, zudem trug auch er einen Orden. Ich begann ernsthaft an mir zu zweifeln: Warum hatte ich noch nie einen Orden bekommen, und wer verlieh diese Dinger überhaupt?

Die Dame schien die Gläser und Teller auf dem Tisch zu inspizieren und würdigte mich keines Blickes. Ich schaute mich unterdessen unter den Adligen und ihren Kindern um, und so langsam konnte ich ein Muster erkennen. Die älteren Söhne und Töchter, also die Erben und Stammhalter, sahen in der Regel eher durchschnittlich aus, hatten gleichwohl oft echte Charakterköpfe, aber waren eher unansehnlich. Die jüngeren Geschwister dagegen ähnelten den älteren überhaupt nicht und waren fast ausnahmslos auffallend attraktiv. Je länger ich mich umschaute, desto klarer wurde mir, dass offensichtlich viele alteingesessene Adlige in erster Ehe standesgemäß eine Fürstin zu heiraten hatten, aber dann nach einer Scheidung ganz offensichtlich ein Fotomodell ehelichten, das zwar nicht mehr standesgemäß, aber dafür umso attraktiver war.

Plötzlich spürte ich den Blick meiner Tischnachbarin auf mir. Sie betrachtete mich mit dem Interesse, das ein Spitzenkoch für eine Tiefkühlpizza aufbringt. Ich fragte mich, ob ich mir ein Stück Brot nehmen dürfe, das auf dem Tisch bereitstand, traute mich aber nicht. Plötzlich sagte meine Tischnachbarin: »Schon gut, immerhin habt ihr gewonnen.«

Mich durchfuhr es eiskalt. Was meinte die Dame? Was hatten wir gewonnen? Ich dachte fieberhaft nach auf der Suche nach einer passenden Antwort und sagte dann: »Gewonnen zu haben heißt aber nicht, dass man auch recht hat.«

Ich hatte keine Ahnung, was das genau heißen sollte, aber es schien mir angemessen. Die Dame, deren Gesicht professionell geschminkt war, sah mich jetzt direkt an.

»Das ist eine erstaunliche Antwort«, erwiderte sie.

Was zum Henker sollte daran erstaunlich sein?, dachte ich.

»Ich habe mich noch gestern mit meiner Tochter darüber unterhalten, wie man die Niederlage hätte vermeiden können.«

Was meinte sie mit Niederlage? Ein Fußballspiel? War sie ein Fan von AS Roma? Hatten die in der vergangenen Woche verloren? Und konnte eine ältere, vornehme Dame wie sie überhaupt ein Fußballfan sein? Oder war sie einfach etwas verwirrt? Ich versuchte mich an Konversationen zwischen Adligen und Nichtadligen aus Tolstois *Krieg und Frieden* zu erinnern. Plötzlich fiel mir ein Satz ein.

»Wichtig ist, dass jeder seinen Platz kennt.«

Jetzt blickte sie mich direkt und voller Überraschung an.

»Sie verwundern mich. Vielleicht hätten Sie uns in Paris ja nicht bekämpft?«

Paris? Was sollte das denn?, dachte ich. Was zum Henker hat Paris damit zu tun?

Plötzlich sagte sie: »Aber es ist nun mal so, dass wir die Französische Revolution verloren haben, der Adel hatte das Nachsehen, und jetzt sitzen Sie neben mir.«

Ich ahnte jetzt, was sie sagen wollte: Jetzt sitzen solche Strolche wie Sie neben mir, statt dass mir ein Königssohn als Nebenmann den Abend versüßt. Ich überlegte kurz, ob ich beleidigt sein sollte. Warum wollte sie mit mir nicht den in Rom üblichen Party-Small-Talk pflegen und mit mir etwa über die Parkplatzsituation in der Stadt reden? Ihre Sorgen hingegen hingen mit einem Ereignis zusammen, das über 200 Jahre zurücklag und uns beide dennoch für immer zu trennen schien.

Dann räumte sie ein: »Aber es kann ja auch ganz unterhaltsam sein, die Welt aus einer anderen Perspektive zu sehen.«

Sie sagte das so, als sähe ich die Welt aus der Perspektive einer Küchenschabe. »Ich höre mir durchaus gern die Sichtweise anderer an, solange sie mich nicht mit Details ihrer Erwerbstätigkeit langweilen. Sie arbeiten wahrscheinlich auch.«

Tatsächlich, das tat ich. Ich wusste nicht, was ich sagen sollte.

»Auch mein Sohn hat jetzt mit diesem Unsinn angefangen, in einem unserer Paläste will er jetzt Catering anbieten für Hochzeiten. Ich fragte ihn: Was heißt das, Catering? Du machst doch nichts anderes, als Brötchen zu schmieren. Dann habe auch wenigstens den Mut, es zu sagen: Ich schmiere für andere Brötchen. Sein Vater, mein Mann, hat sein Leben noch damit zugebracht, die äußerst pikanten Inschriften auf den Hunderten von antiken Sarkophagen zu studieren, die unsere Familie in den Albaner Bergen gerettet hat.«

Mir verschlug es die Sprache. Die alte Dame sprach über eines der größten Rätsel Roms. Es ist bewiesen, dass die Päpste Hunderte antiker Sarkophage verschwinden ließen, weil ihnen die Inschriften nicht passten. Einige dieser Inschriften sind sogar überliefert. Auf einer davon empfahl der Tote den Nachgeborenen, Sex mit möglichst vielen Frauen zu haben und sehr viel Wein zu trinken, also maximalen Spaß zu haben, bevor es ans Sterben geht. Das missfiel den Päpsten natürlich. Sie ließen solche Sarkophage aussondern und irgendwo verschwinden. Es blieb aber immer ein Geheimnis, was mit diesen verbannten Sarkophagen geschehen ist.

»Die gibt es also tatsächlich«, platzte ich heraus. »Die verschollenen Sarkophage, die die Päpste verschwinden ließen.«

»Aber sicher«, antwortete sie. »Interessiert Sie das?«

»Sehr sogar, ich habe immer gedacht, es sei nur ein Gerücht, dass irgendwer diese Sarkophage aufbewahrt hat.«

»Sie sind in unserem Schloss, eine ganze Menge davon, ich könnte Sie einmal einladen, wenn Sie die Stücke sehen wollen. Immerhin kann ich Ihnen ja eine Tasse Tee anbieten, wenn ich Ihnen schon nicht meinen Namen gebe.«

Sie sah mich prüfend an, ob ich das Wortspiel verstanden hatte.

Wie alle, die länger in Rom gelebt haben, habe auch ich die erotischen Gedichte von Goethe gelesen und kannte die Probleme, die er mit seiner nicht standesgemäßen Geliebten Christiane Vulpius gehabt hatte. Um die Frau, die als einfache Putzmacherin (Modistin) angestellt war und die er soeben geheiratet hatte, hoffähig zu machen, hatte er Johanna Schopenhauer (die Mutter von Arthur) gebeten, Christiane zu einer Tasse Tee einzuladen. Darauf hatte sie geantwortet, dass sie Goethes Geliebter ja wohl eine Tasse Tee anbieten könne, wenn er der fragwürdigen Frau sogar seinen Namen gegeben habe.

»Ich bin wahrscheinlich ähnlich unter Ihrem Stand wie Christiane Vulpius, aber über eine Tasse Tee würde ich mich freuen«, sagte ich.

Sie sah mich lächelnd an. Ich hatte den Test bestanden.

»Wir hatten eine deutsche Zofe«, erklärte sie. »Sie brachte uns sehr viel über Goethe bei. Ihr Papst, Benedikt XVI., erinnert mich sehr an sie. Sie besaß auch diese stille Ernsthaftigkeit, die nichts, aber auch gar nichts durchgehen ließ. Sie sind sicher stolz auf Ihren deutschen Papst, auch wenn wir in Rom leider nicht nur ihn, sondern auch diesen Protestanten aus Deutschland bekommen haben. Sie haben doch hoffentlich nichts mit ihm zu tun?«, fragte sie mich und sah mich mit funkelnden Augen an.

Ich zermarterte mir das Hirn. Was für einen Protestanten meinte sie denn?

Plötzlich stand mein adliger Bekannter, der mich eingeladen hatte, neben mir.

Er deutete auf die alte Dame und sagte dann: »Ich sehe, dass ihr euch prächtig unterhaltet, wie schön.«

»Wir sprechen über den Vatikan, und ich habe ihn gefragt, ob er auch mit diesem schrecklichen verkappten Protestanten, Kardinal Kasper, zu tun hat.«

Jetzt begriff ich. Der liberale Kardinal Kasper erschien ihr offensichtlich als so wenig konservativ-katholisch, dass sie ihn einen Protestanten nannte, was aus ihrer Sicht eine regelrechte Beschimpfung zu sein schien.

Mein Bekannter wehrte empört ab: »Aber nein, da schätzt du Andreas total falsch ein. Andreas würde dem niemals auch nur die Hand geben.«

Ich zuckte zusammen, aber gleichzeitig wusste ich nicht, was ich tun sollte. Wenn ich schlagfertig und mutig gewesen wäre, dann hätte ich gesagt: Moment, ich kenne Kardinal Kasper recht gut, und ich schätze ihn. Aber ich tat nichts. Eine Sekunde verstrich, eine weitere, und dann war es auf einmal zu spät. Die alte Dame beugte sich wohlwollend ein wenig vor und sagte dann meinem adligen Bekannten: »Man kann sich ja sehr leicht in Menschen täuschen. Aber du hast recht, dieser Kollege von dir macht nicht den Eindruck, dass er sich mit diesem Protestanten Kasper einlassen könnte. Das würde ich ihm beim besten Willen nicht zutrauen.«

Mein Bekannter nickte bestätigend: »Da kannst du ganz beruhigt sein, das würde er ganz sicher nicht.«

Natürlich hätte ich damals etwas tun müssen, aber ich blieb einfach stumm. Mir war die ganze Situation extrem unangenehm, aber ich versuchte sie zu verdrängen. Zum Glück kam die Vorspeise. Es waren einfache Bruschette, also Röstbrot mit Olivenöl, das natürlich vom familieneigenen Landgut stammte, dann Pappardelle-Nudeln mit Wildschwein. Der Fürst soll das Tier auf seinen Ländereien eigenhändig geschossen haben. Bei nahezu allen ähnlichen Abendessen, zu denen ich eingeladen worden war, gab es nie diese extravaganten Luxusspeisen, die in Roms Nobelrestaurants serviert werden, wie Reis mit Safran und echtem Gold. Bei diesen privaten Einladungen hingegen waren die Gerichte ausgesprochen rustikal und einfach. Eine adlige Dame hatte mir das einmal damit erklärt, dass alle ihr bekannten Adligen in ihrem Leben nie so gut gegessen hätten wie in ihrer Kindheit, als sie von Köchinnen auf den Bauernhöfen ihrer Familien versorgt worden waren.

Ich versuchte, das Gespräch in Gang zu halten, was immer dann gut klappte, wenn es auf die grundsätzliche Überlegenheit des Adels und der Stadt Rom hinauslief. Ich erzählte, dass ich an der Universität in Hamburg Kurse über Kunstgeschichte belegt hatte.

»Aber wissen Sie«, sagte ich kleinlaut. »Es macht nicht sehr viel Spaß, in Hamburg die Werke der Renaissance und des Barocks zu studieren, weil es dort so gut wie nichts zu sehen gibt. Die Hauptwerke sind ja fast alle hier.«

Sie nickte gnädig angesichts dieser Huldigung ihrer Stadt. Ich beschloss, vorsichtig zu sein und nicht zu dick aufzutragen.

»Leider sind ja einige Meisterwerke auch in Rom nicht für alle zugänglich.«

»Was meinen Sie damit?«, fragte sie.

»Na ja, die Liste ist lang, sehr lang. Etwa die *Aurora* im Palazzo Pallavicini Rospigliosi.«

»Das interessiert Sie?«, fragte sie überrascht.

»Na ja«, antwortete ich, »ich schätze mal, dass viele Millionen Menschen davon träumen, das Bild einmal in ihrem Leben zu sehen, was ja leider unmöglich ist, obwohl es eines der Hauptwerke des Barocks ist. Der Palast wird ja von der Besitzerfamilie bewohnt.«

Sie sah mich jetzt äußerst verstimmt an.

»Sind Sie einer der Kerle, die nur an Enteignung denken, wenn es um Adlige geht?«

»Natürlich nicht«, beeilte ich mich zu versichern. »Auf den Schultern des Adels in Rom liegt ja auch die Last, solche Meisterwerke zu erhalten.«

»Da haben Sie ganz recht. Aber Sie dürfen mich gern einmal

in den Palazzo Pallavicini Rospigliosi begleiten und sich in Ruhe das *Aurora*-Fresko anschauen.«

»Das wäre fantastisch«, sagte ich.

»Vielleicht haben Sie ja auch am 16. März nichts vor?«

Ich verstand die Anspielung. Der 16. März, der Jahrestag der Auferweckung des Paolo Massimo von den Toten durch den römischen Schutzpatron Filippo Neri, ist bis heute das Hauptfest des römischen Adels und wird in dem für die Öffentlichkeit nicht zugänglichen Massimo-Palast gefeiert. Das ist einer der privaten Paläste Roms, die mit wertvollen historischen Kunstwerken eingerichtet sind.

»Sie würden mich ernsthaft zum Fest der Familie Massimo mitnehmen?«

»Warum nicht, Sie sind doch ein frommer Mann, oder etwa nicht?«

Sie ließ die rhetorische Frage im Raum stehen.

Dann fuhr sie fort: »Außerdem freut es mich, dass Sie ähnlich über diesen Kasper denken. Man sagt, dass er sogar zu den Riten der Protestanten geht, wenn sie die katholische Messe nachäffen.«

O Gott, dachte ich. Was wird sie wohl sagen, wenn sie herausfindet, dass meine Frau evangelisch ist?

»Dieser Kasper soll sogar wollen, dass uns die Messe wieder genommen wird, die uns Papst Benedikt endlich wieder zurückgegeben hat.«

»Sie meinen die alte, vorkonziliare Messe, den Tridentinischen Ritus?«, fragte ich. Kasper machte meiner Ansicht nach völlig zu Recht keinen Hehl daraus, dass er die Rückwärtsrollen von Joseph Ratzinger nicht schätzte. Wozu musste eine Messe wieder erlaubt werden, in der die Priester den Gläubigen konsequent den Rücken zukehren?

»Kasper soll sogar das Wunder der Blut weinenden Muttergottesstatuen von Civitavecchia leugnen, obwohl Bischof Grillo es bestätigt hat.«

Da hatte die alte Dame zweifellos recht. Mit Blut weinenden Madonnen konnte Kasper beim besten Willen nichts anfangen.

»Ich frage mich, was will dieser Protestant eigentlich? Uns Katholiken alle zu Ketzern machen? Ich hätte nie gedacht, dass ein Papst, nicht einmal ein so seltsamer wie dieser aus Argentinien, auf einen solchen Mann wie diesen Kasper hereinfällt. Aber es geht ja diesem Papst Franziskus und seinem Kardinal Kasper mehr um Politik als um Gott. Das sagt ja auch Papst Benedikt. Aber was soll das? Die Kirche soll meine Seele retten, dazu ist sie da. Doch die Seele von diesem Kasper ist schwarz. Er soll ja nicht einmal Achtung vor dem Leib Christi haben und ihn heimlich sogar den Protestanten geben.« Plötzlich stutzte sie. Dann fügte sie verärgert hinzu: »Sie sagen ja gar nichts.«

Ich sagte spontan, was mir als Erstes in den Sinn kam. »Ich glaube, ich schäme mich ein bisschen.« Das war sogar die Wahrheit. Tatsächlich schämte ich mich dafür, dass ich nicht den Mut besaß, einfach zu sagen: Ich schätze Kardinal Kasper schon seit Langem. Aber so fasste sie es völlig falsch auf.

»Sie schämen sich für Ihren Landsmann Kasper. Das ehrt Sie.«

Sie hob plötzlich die Stimme und rief so laut, dass es der ganze Tisch hören konnte: »Dieser Herr hier hat den Mut, endlich mal zu sagen, was für eine Schande dieser Kasper ist.«

Sie erntete allgemeine Zustimmung. Der ein oder andere murmelte: »Dieser Protestant!«

In diesem Augenblick passierte es: Mir fiel auf einmal auf, dass ein etwa 30-jähriger schlanker Mann in elegantem Anzug meinen Blick aufzufangen versuchte, und in diesem Augenblick erkannte ich ihn. Er war dabei gewesen, als ich mit Kardinal Kasper einen Film für den Weltjugendtag in Köln 2005 gedreht hatte. Er wusste, dass ich nicht derjenige war, als den man mich hier gefeiert hatte, als einen entschlossenen Gegner Kaspers. Er wusste, dass ich die Wahrheit verschwiegen hatte und – wenn man so wollte – ein Verräter war. In diesem Augenblick drängte sich mir das Wort auf, das diesem Mann in Bezug auf mich durch den Kopf gehen musste: Judas. Ich war wie erstarrt. Mir fiel plötzlich sein Name wieder ein: Alessandro.

Ein Impuls befahl mir, aufzustehen und auf der Stelle zu gehen, aber das ging nicht. Ich hatte einmal miterlebt, wie ein TV-Journalist, der es gewohnt war, sich für den wichtigsten Menschen unter der Sonne zu halten, vorzeitig ein Fest des römischen Adels verlassen hatte, weil er angeblich Wichtigeres zu tun hatte. Sein Abgang war als Unverschämtheit angesehen worden. Wenn ich jetzt gegangen wäre, hätte sich dieser Alessandro genötigt sehen können, aufzustehen und mich als Blender und Betrüger anzuklagen. Er hätte sich gezwungen sehen können zu sagen: Bevor er verschwinden kann, sich einfach verdrückt, solltet ihr wissen, mit wem ihr es zu tun habt, mit einem Judas, einem Freund des Protestantenkardinals.

Ich rührte mich nicht. Zu meiner Überraschung passierte in den nächsten Sekunden erst einmal gar nichts. Er stand nicht auf, klagte mich nicht an – ich konnte es kaum fassen, aber das Fest ging einfach weiter. Er schaute nur ab und zu in meine Richtung, als wollte er nachschauen, wie jemand aussah, der sich in einer unmöglichen Lage befand. Ich versuchte, die Ruhe zu bewahren, bekam aber keinen Bissen mehr herunter.

Dann sah ich zu meinem Entsetzen, dass dieser Alessandro aufstand. Er ging schnurstracks auf den Gastgeber zu, der in der Mitte des Tisches saß. Ich sah, dass er ihm etwas ins Ohr flüsterte, und hatte keinen Zweifel daran, worum es sich handelte: Sie haben einen Verräter an Ihrem Tisch! Ich fragte mich, was jetzt wohl geschehen würde. Jetzt würde wohl einer der Diener zu mir kommen und mir ins Ohr flüstern, dass meine Anwesenheit hier nicht länger erwünscht sei. Oder der Gastgeber würde selber aufstehen und das Wort ergreifen, um etwas Vernichtendes zu sagen. Ich machte mich so klein, wie ich konnte, als würde ich dadurch unsichtbar.

Meine Tischnachbarin hatte etwas gesagt und schaute mich jetzt verärgert an, weil ich nicht reagierte. Ich hatte ihre Worte nicht richtig mitbekommen und versuchte es mit einem höflichen »Entschuldigung, was haben Sie gesagt?«, was aber nur dazu führte, dass die Dame zischte: »Augenscheinlich langweilt Sie ja das Gespräch mit mir.« Ich dachte fieberhaft darüber nach, was ich sagen konnte, um es wiedergutzumachen, als plötzlich wie aus dem Nichts ein Diener neben mir auftauchte und mir etwas ins Ohr flüsterte.

Die ganze Zeit hatte ich panisch nach Worten gesucht, mit denen ich mich bei der Abendgesellschaft entschuldigen konnte, und versuchte sie jetzt stotternd vor dem Diener zu formulieren. Doch plötzlich wurde mir klar, dass der Bedienstete nur gefragt hatte, ob ich noch etwas Wein wollte. Er sah mich an und wartete immer noch auf eine Antwort. »Ja«, flüsterte ich, während ein Kellner meinen Teller abräumte. Ich hatte das Hauptgericht kaum angerührt, sah mich ängstlich um. Die starre Sitzordnung der Tischgesellschaft begann sich aufzulösen, die Kellner servierten Sorbet zum Nachtisch. Mein Blick tastete den Raum ab, als mir der Atem stockte. Alessandro war aufgestanden und kam in meine Richtung. Ich wollte vortäuschen, zur Toilette zu müssen, um dann einfach durch irgendeinen Hinterausgang zu verschwinden. Den Mantel würde ich in der Garderobe hängen lassen, das konnte ich verschmerzen. Doch meine Beine wollten mir nicht gehorchen, ich blieb wie erstarrt sitzen. Plötzlich drehte Alessandro ab, ein Bekannter zog ihn auf einen Stuhl neben sich.

Immer noch rang ich um die Worte, die ich sagen wollte, falls Alessandro mich zur Rede stellen sollte. Und plötzlich sagte ich laut und deutlich »Entschuldigung«, als säße Alessandro neben mir.

»Ich weiß nicht, ob ich das annehmen möchte«, erwiderte die alte Dame neben mir. »Ihre Entschuldigung. Sehen Sie, eine alte Dame zu ignorieren, bei Tisch! Ihrem Gespräch nicht zu folgen bedeutet eine schwere Beleidigung. Ich weiß nicht, ob Sie das mit einer Entschuldigung einfach so wegwischen können.

Angesichts des katastrophalen Zustands Ihrer Beziehungen zu den höheren gesellschaftlichen Kreisen in Rom hatte ich Ihnen sogar eine gewisse Unterstützung zugesagt, aber beleidigen lasse ich mich nicht.«

»Nichts läge mir ferner, als Sie beleidigen zu wollen«, antwortete ich. Dann wollte ich noch sagen: Im Gegenteil, selten habe ich eine so interessante Bekanntschaft gemacht. Aber ich kam nicht mehr dazu. Alessandro war aufgestanden und kam genau auf mich zu. Er stellte einen Stuhl neben meinen. Mir schoss die Röte ins Gesicht.

Er sah mich ein paar Augenblicke an, dann sagte er: »Es freut mich, Sie kennenzulernen. Ich kannte mal jemanden, der Ihnen derart ähnlich sieht, dass es schon beinahe unheimlich ist. Aber das war ein recht guter Vertrauter von Kardinal Walter Kasper. Da Sie, wie ich höre, diesen deutschen Kardinal äußerst kritisch sehen, sich sogar für ihn schämen, können Sie es ja wohl nicht sein. Aber«, fuhr er fort, bevor er aufstand, »die Ähnlichkeit mit Ihnen ist wirklich frappierend.«

Ich hatte das Gefühl, dass ein sehr geschickter Schwertkämpfer mit einem eleganten Florett eine Reihe geschickter Drehungen zelebriert hatte, um mich dann, ganz nebenbei, einfach abzustechen.

»Kennt ihr euch?«, fragte plötzlich die alte Dame neben mir.

Alessandro schüttelte langsam den Kopf: »Nein«, sagte er. »Ich habe deinen Tischherrn nur mit jemandem verwechselt.«

XVI

Der Papst, der Adel und die Johanniter

Ich kam an diesem Abend also noch mit einem blauen Auge davon. Aber seitdem wusste ich, wie es wirklich um das Verhältnis zwischen dem Papst und seinem Berater Walter Kasper einerseits und dem römischen Adel andererseits stand. Die Adligen Roms verabscheuten die Haltung von Franziskus und Kardinal Kasper zutiefst.

Ich fragte mich damals, was jetzt geschehen würde. Konnte der Papst es wirklich dabei belassen, dass eine weit über ein Jahrtausend alte Verbindung zwischen dem römischen Adel und dem Amt des Papstes plötzlich radikal abbrach? Diese Liaison hatte sich in den zurückliegenden Jahrhunderten als äußerst schillernd und regelrecht abenteuerlich erwiesen. Der Titel des Papstes wurde über Generationen von adligen Familien einfach weitervererbt. Wenn der Vater Papst gewesen war, wurde es nach dessen Tod sein Sohn oder sein Bruder.

Wer einmal in Rom auf den Spuren der Papstgeschichte wandeln möchte, sollte einen Spaziergang durch das Zentrum der Ewigen Stadt machen, ausgehend von der Piazza del Popolo in Richtung Monumento a Vittorio Emanuele II über die heutige Via del Corso. Diese schnurgerade Straße, auf der sich heute die shoppenden Massen drängen, hieß einst Via Lata. Diese Straße ist für das Papsttum von eminenter Bedeutung, weil in dieser Gegend mehr Päpste geboren wurden als auf manchen

Kontinenten: Papst Stephan II. (Pontifikat 752–757), sein Bruder und Nachfolger Paul I. (757–767), Hadrian I. (772–795), Stephan V. (885–891) und Sergius IV (1009–1012).

Bereits ab dem Frühmittelalter bildete sich das System heraus, dass der römische Adel die Wahl vieler Päpste unter sich ausmachte. Die Zahl der adligen Familien Roms, die es schafften, einen Sohn auf den Thron des heiligen Petrus zu hieven, ist lang. Viele Familien plünderten dann mithilfe eines Netzes von Verwandten den Vatikan gnadenlos aus. Besonders hervor tat sich dabei Papst Paul V. (1605–1621) aus der Familie der Borghese, dessen Name auf der Fassade des Petersdoms verewigt ist. Er raubte rücksichtsloser als alle vor und nach ihm die Schätze des Vatikans aus. Viele Päpste aus römischen Familien oder Familien, die sich dort später etablierten, haben das Aussehen der Stadt Rom stark geprägt, so Papst Martin V. (1417–1431) aus der Familie Colonna, Papst Gregor XV. (1621–1623) aus der Familie Ludovisi oder Papst Alexander VII. (1655–1667) aus der Familie Chigi.

Eine ganze Reihe von Päpsten waren aus heutiger Sicht Verbrecher, die für schwere Vergehen verantwortlich waren. Papst Urban VIII. (1623–1644) aus der Familie Barberini heizte den Dreißigjährigen Krieg an und begrüßte 1631 eines der schlimmsten Kriegsverbrechen, die Tötung von etwa 20000 für vogelfrei erklärten Bewohnern der Stadt Magdeburg, als Ausräucherung eines »Ketzernestes«. Papst Innozenz X. (1644–1655) aus der Familie Pamphilj wollte das Massensterben des Dreißigjährigen Kriegs verlängern und den Frieden von Münster nicht anerkennen. Auch Papst Paul IV. (1555–1559) aus der Familie Carafa hat einen höchst zweifelhaften Ruf: Er erließ das Gebot, dass Juden in Gettos zu leben hatten, und veranlasste eines der grausamsten Verbrechen in der Geschichte Italiens: Er ließ 1555 in Ancona 24 aus Portugal geflohene zwangsbekehrte Juden (Marranen) verbrennen, weil sie sich nicht an seine Auflagen gehalten hatten.

Auch wenn sich die Adligen auf dem Thron Petri nur selten als fromm, weise oder gerecht erwiesen hatten, bestand nichtsdestotrotz die sehr enge Verbindung zwischen dem römischen Adel und dem Papst fort. Ohne die Päpste ist der römische Adel nicht denkbar, denn in Rom entschied der Papst, welche Familien den Adelstitel bekamen. Damit übte ein Papst ein ähnliches Privileg aus wie die Könige von Großbritannien. Während dort die Königin das Privileg vergibt, dass man sich künftig als »Sir« ansprechen lassen darf, verleiht in Rom der Papst das Vorrecht, dass die von ihm in den Adelsstand erhobenen Damen und Herren als »Donna« und »Don« bezeichnet werden dürfen.

Dem römischen Adel war nun ab jenem Augenblick, in dem Kardinal Walter Kasper von Franziskus positiv hervorgehoben wurde, klar, dass seine traditionell enge Verbindung zum Papsttum durch Franziskus zunichtegemacht werden würde. Dieser Papst aus Argentinien wollte mit dem konservativen alten Adel, der die Protestanten immer verabscheut hatte, nichts zu tun haben. Das war ein herber Schlag. Der römische Adel hatte sich mehr als ein Jahrtausend lang für die bedeutendste Aristokratie der Welt gehalten, weil er direkt mit dem Nachfolger des Vikars Gottes, also dem Mann auf dem Thron Petri, verbunden war. Was hatten denn andere europäische Adlige dagegen vorzuweisen? Eine Verbindung mit dem ketzerischen König von Großbritannien oder mit dem von Rom abhängigen König von Spanien?

Auch die Päpste fühlten sich dem übrigen europäischen Hochadel überlegen. So konnte der Papst, wenn es ihm gefiel, einem König ein Privileg verleihen, aber nicht umgekehrt. Ein positives Resultat der traditionell engen Allianz zwischen Papsttum und römischem Adel und der damit verbundenen Verschwendungssucht ist immerhin, dass Rom dadurch in eine der schönsten Städte der Welt mit 921 Kirchen und zahllosen prächtigen Plätzen und Brunnen verwandelt wurde.

Wie immer man dieses seltsame Verhältnis des römischen Adels zum Papsttum auch beurteilen mag, die historischen Verdienste einiger Päpste aus adligem Hause sind jedoch nicht zu leugnen. So gilt als unumstritten, dass Papst Martin V. aus der Adelsfamilie Colonna einst das Amt des Papstes gerettet hat. Ohne diesen 1417 beim Konstanzer Konzil am Bodensee gewählten Papst gäbe es vermutlich kein römisches Pontifikat mehr.

Nach der Entscheidung der zunehmend unter französischen Einfluss geratenen Päpste im Jahr 1309, Rom zu verlassen und sich in Avignon niederzulassen, hatte ein konstanter Abstieg des Papsttums und der Verfall ihrer Macht eingesetzt. Die Krise um den Thron Petri verschärfte sich trotz der Rückkehr der Päpste nach Rom 1376 immer mehr – mit Doppelwahlen und Gegenpäpsten –, bis sie 1414 einen Höhepunkt erreichte, als drei Päpste gleichzeitig den Anspruch erhoben, der Vikar Jesu Christi zu sein: Benedikt XIII. in Avignon, Gregor XII. in Rom und Johannes XXIII. in Pisa. Über 500 Jahre später sollte der Vorgänger Papst Pauls VI. sich ebenfalls Johannes XXIII. nennen, um den Gegenpapst zu rehabilitieren.

Als der böhmische König und deutsche Kaiser Sigismund 1414 im neutralen Konstanz das nach der Stadt benannte Konzil einberief, drohte dem Papsttum das definitive Ende. Sowohl die deutschen Fürsten als auch der französische König drangen nämlich darauf, dass die Päpste in Zukunft in ihren Ländern als abhängige Bischöfe residieren sollten. Doch nachdem Oddo Colonna als Martin V. zum Papst gewählt worden war, erreichte er, dass das sogenannte Große Abendländische Schisma, also die Spaltung der römischen Kirche, beendet werden konnte und die Päpste nach Rom zurückkehrten und unabhängig blieben. Bei allem Verdruss über seine zum Teil vollkommen unchristlichen Vorgänger hatte Papst Franziskus also durchaus auch Gründe, für die Rettung seines Amtes durch Vorgänger aus adligem Hause dankbar zu sein.

Sein Vorgänger, Joseph Ratzinger, hatte keinen Zweifel an seiner Wertschätzung des Adels gelassen. Seine enge Verbindung zum Geschlecht der Thurn und Taxis in Regensburg war offensichtlich. In den Kreisen des italienischen Adels genoss Joseph Ratzinger eine immense Wertschätzung, was auch damit zu tun hatte, dass Benedikt XVI. die Zahl der italienischen Kirchenfürsten, der Kardinäle, erhöht hatte.

Auf den ersten Blick scheint eine Aussöhnung von Papst Franziskus mit dem Adel schwierig zu sein, allein schon weil es so viele unterschiedliche Organisationen adliger Familien gibt. Es gibt hingegen eine andere, historisch eng mit dem Papsttum verbundene Organisation, die von ihren Ursprüngen her eng mit dem Adel, vor allem mit den Rittern, verbunden war und deren Hauptquartier nur einen Katzensprung vom Vatikan entfernt auf dem Aventin-Hügel liegt. Dort befindet sich der Sitz des Großmeisters des Souveränen Malteserordens, wegen seines Beinamens »Souveräner Ritter- und Hospitalorden vom hl. Johannes zu Jerusalem von Rhodos und von Malta« oft auch Johanniterorden genannt. Ich habe fast täglich eine ganz spezielle Verbindung zu diesem Ritterorden, aus einem simplen Grund: Wenn ich auf meiner Terrasse in Rom sitze, schaue ich direkt auf das Gebäude des Großmeisters. Und fast jeden Tag erinnert es mich daran, warum dieser Papst aus Argentinien sich mit der real existierenden katholischen Kirche so schwertut.

Der Johanniterorden ist nämlich gekennzeichnet durch etwas, mit dem dieser Papst absolut nichts zu tun hat. Franziskus sieht wie viele Katholiken die Kirche als eine friedliebende, globale Institution, die von Menschen wie Mutter Teresa geprägt wurde. Doch das stimmt nicht: Die katholische Kirche hatte nie einen argentinischen, pazifistischen Papst vorgesehen, weil sie nie wirklich global geprägt und friedlich war, sondern bis in die Knochen durch zwei Faktoren dominiert wurde: Europa und Krieg. Es handelte sich dabei nicht um nur einige Monate dauernde Scharmützel, sondern um einen über 1300 Jahre währenden Krieg um die Kontrolle des Mittelmeerraumes gegen den Islam. Dieser Krieg wurde nicht in Bergoglios Heimat am Südatlantik und nicht von Amerikanern, Afrikanern oder Asiaten geführt, sondern von Europäern, und zwar vorwiegend im Mittelmeerraum. Und eine der Speerspitzen im Kampf der katholischen Kirche gegen den Islam waren die Johanniter. Papst Franziskus ist diese kriegerische Tradition zutiefst fremd. In dem Teil der Welt, in dem er aufgewachsen ist, hat die Kirche nie wirklich Krieg geführt, sein Heimatkontinent war auch nie geprägt durch die blutigen Auseinandersetzungen mit dem immer beschworenen Hauptfeind der katholischen Kirche, dem Islam.

Wie sehr die Päpste mit den Johannitern verbunden waren, zeigt sich unter anderem auch darin, dass ihnen als einzigem Orden ein Vertreter des Papstes zugewiesen ist, der den Titel eines Kardinalpatrons trägt. Kein anderer Ritterorden innerhalb der katholischen Kirche besitzt ein vergleichbares Privileg.

Noch der deutsche Papst Benedikt XVI. hatte aus seiner Ablehnung des Islam keinen Hehl gemacht, er sah den Islam als das »andere« an und sprach sich gegen Beitrittsverhandlungen zwischen der Europäischen Union und der Türkei aus. Joseph Ratzinger wurde nie müde zu sagen, dass Europa nicht durch den Islam, sondern durch das Christentum geprägt wurde und der Islam nicht zur Identität Europas gehört.

Für die Päpste war der Krieg gegen Muslime etwas völlig Selbstverständliches, für eine sehr, sehr lange Zeit. Die blitzartige Ausbreitung des Islam führte rasch nach Mohammeds Tod im Jahr 632 zu schwerwiegenden Konflikten mit den christlichen Reichen, sowohl mit Byzanz als auch später mit dem Frankenreich Karls des Großen. Im Jahr 711 überquerte der berberisch-muslimische Feldherr Tariq ibn Ziyad, nicht einmal 80 Jahre nach dem Tod Mohammeds, die Meeresenge von Gibraltar und betrat mit seinem Invasionsheer europäischen Boden. Dieser Teil Spaniens gehörte damals zum Westgotischen Reich, dessen Herrscher Roderich den muslimischen Vorstoß zu stoppen versuchte. Am 19. Juli soll in der Nähe von Jerez de la Frontera die sogenannte Schlacht am Río Guadalete begonnen haben, die angeblich sieben Tage dauerte. Die Westgoten wurden dabei so vernichtend geschlagen, dass ihr Reich unterging, Roderich selber starb in der Schlacht.

Diese Eroberung Spaniens durch muslimische Truppen, vor allem Araber und Berber, war für die Päpste ein Schock. Zu blankem Entsetzen steigerte sich die Angst vor den scheinbar unbesiegbaren muslimischen Truppen, als es diesen gelang, die Pyrenäen zu übersteigen und in das heutige Frankreich vorzudringen. Den Arabern gelang die Eroberung von Narbonne, dann nahmen sie sich Toulouse vor und belagerten die Stadt. Aus Sicht des Papstes stellte dieser Angriff eine unvorstellbare Ungeheuerlichkeit dar, die sofortige militärische Gegenmaßnahmen erforderte. Denn Toulouse war nicht irgendeine Stadt, sondern die Stadt des Märtyrers Saturninus von Toulouse. Zur Zeit des Kaisers Decius (249–251) versuchte Saturninus, in der heutigen Provence zu missionieren. In Toulouse soll er gefangen genommen und an den Schwanz eines wütenden Stieres gebunden worden sein, das Tier soll den Märtyrer vom Kapitol (dem Ort, an dem das heute noch so benannte Rathaus von Toulouse steht) zu Tode geschleift haben. Über seinen Reliquien wurde bereits im Jahr 400 die Kirche St-Sernin de Toulouse errichtet – ein Ort, der als besonders heilig galt.

Dass die islamischen Heere es wagten, diese heilige Stadt anzugreifen, die so nah am Kerngebiet des alten römischen Imperiums lag, versetzte den Papst in Entsetzen. Wie sehr die christliche Welt eine Zurückdrängung der Muslime erhoffte, zeigt das Schreiben von Herzog Eudo von Aquitanien, der die Belagerung von Toulouse durchbrechen und das arabische Heer schlagen konnte, an Papst Gregor II. im Jahr 721. Sein Bericht enthielt eine maßlos überzogene Darstellung seines Sieges, in der er von 350 000 gefallenen Arabern berichtete. Diese Zahl kann aus mehreren Gründen nicht stimmen: Zum einen wäre es zu diesem Zeitpunkt unmöglich gewesen, ein so riesiges Heer zu versorgen. Zum anderen schätzen die arabischen Chroniken das Invasionsheer, das zehn Jahre zuvor die Meerenge von

Gibraltar überquert hat, auf 12 000 Mann. Die Zahl der tatsächlich gefallenen Soldaten dürfte nach vorsichtigen Schätzungen nicht einmal ein Hundertstel der von Eudo an den Papst berichteten Zahl betragen haben.

Gut einhundert Jahre später, 846, plünderten muslimische Piraten die alte konstantinische Peterskirche, den Vorgänger des heutigen Petersdoms, der noch außerhalb der Stadtmauern von Rom lag. Europa war geschockt. Die Karolinger setzten eine Art Zwangssteuer durch, um den Bau einer Schutzmauer für den Vatikan zu finanzieren, denn der Islam, der sich mit atemberaubender Geschwindigkeit in Nordafrika und im Nahen Osten ausgebreitet hatte, war zum ersten Mal in greifbare Nähe der Päpste vorgerückt.

Drei Jahre später kam es an der Tibermündung zur Seeschlacht von Ostia. Papst Leo IV. hatte die Seemächte von Amalfi, Neapel und Gaeta um Hilfe gebeten, und seine Biografen schreiben dem Papst dann das entscheidende Wunder zu. Als die muslimischen Piraten in Richtung der Tibermündung segelten, kam ein Sturm auf, der die Schiffe der Angreifer zerstörte. Die christlichen Schiffe hatten leichtes Spiel und besiegten die dezimierte muslimische Flotte. Gott persönlich soll auf Bitten des Papstes den Sturm entfesselt haben. Noch heute kann man in den Stanzen des Raffael im Apostolischen Palast sehen, wie Papst Leo IV. Gott für den Sieg über die Muslime dankte, die er nun in Ruhe versklaven konnte. Sie mussten beim Bau der Verteidigungsmauer des Vatikans, der Leoninischen Mauer, mitarbeiten.

Nach langem Niedergang baute Rom seine Verteidigungsanlagen jetzt erstmals wieder aus. Allerdings fiel dieser Mauerbau, obwohl unterstützt durch die fränkischen Könige, nicht einmal halb so hoch und breit aus wie die Mauern, welche einst die römischen Kaiser in der Ewigen Stadt angelegt hatten.

Gut 200 Jahre später forderte erstmals ein Papst zu einem Angriffskrieg auf, als Urban II. im Jahr 1095 zum ersten Kreuzzug aufrief. Die muslimischen Seldschuken hatten auf dem Höhepunkt ihrer Macht das christliche Byzantinische Reich geschlagen und gedemütigt. Kaiser und Bischof von Konstantinopel baten den Papst um Hilfe gegen die »Ungläubigen«. Es ist umstritten, ob Urban II. tatsächlich die Eroberung Jerusalems forderte oder nur den Krieg gegen die Seldschuken wollte. Dass er dem Kreuzfahrerheer das Himmelreich und die Vergebung der Sünden für ihre Teilnahme an dem Angriffskrieg versprach, lässt sich ebenfalls nicht beweisen. Sicher ist, dass sein Nachfolger Paschalis II. hocherfreut über die Eroberung Jerusalems war. Im *Liber Pontificalis* ist von den Muslimen als »Söhnen Satans« die Rede. Paschalis pries den Krieg gegen die Muslime in Jerusalem als von Gott selber gewollt und das Gemetzel der Kreuzritter an den muslimischen Bewohnern Jerusalems als Erfüllung von Christi Willen.

Dieser erste große Angriffskrieg sollte das Bündnis des bis heute wichtigsten europäischen Ritterordens, der Johanniter, mit dem Papst besiegeln und sie an seiner Seite zu einer Macht im Mittelmeerraum aufsteigen lassen. Als Gründer des Ordens gilt ein gewisser Gerardo Sasso, der aus der Provence oder aus Amalfi stammte und Ende des 11. Jahrhunderts in dem direkt neben der Grabeskirche liegenden Gästehaus des Benediktinerordens in Jerusalem, Santa Maria Latina, tätig war. Dieses Gästehaus war dem heiligen Johannes geweiht, woraus sich der Name des Ordens, Johanniter, ableitet. Bei der Belagerung Jerusalems im Jahr 1099 und der Eroberung der Stadt durch Gottfried von Bouillon gewann der Orden erheblich an Bedeutung. Er versorgte vor allem christliche, aber auch jüdische und muslimische Pilger. Der Papst erkannte den Orden schließlich im Jahr 1113 an. In der Kapelle des Ordens auf dem Aventin-Hügel in Rom ist der Gründer mit seinen beiden Attributen, Brot und Ketten, dargestellt. Laut einer Legende soll Gerardo den hungernden christlichen Belagerern Jerusalems von der Stadtmauer Brot zugeworfen haben. Als die muslimischen Verteidiger dies sahen, sollen sich die Brote in Steine verwandelt haben, dennoch wurde er von ihnen eingekerkert.

Dieser erste militärische Erfolg der Päpste, die Eroberung Jerusalems, löste eine nicht abreißende Reihe von Kriegen zwischen Muslimen und Christen aus. Zunächst wurden die Christen im Mittelmeerraum immer weiter nach Westen zurückgedrängt. Papst Alexander II. und Papst Gelasius II. hatten mehrfach zum Kreuzzug gegen die Muslime in Spanien aufgerufen. Die Eroberung Jerusalems hatte auch im von Muslimen besetzten Spanien und Portugal Hoffnungen auf eine Befreiung geweckt. Doch nach über 200 Jahren und sieben Kreuzzügen war das Projekt der dauerhaften Eroberung der Ursprungsstätten des Christentums endgültig gescheitert: Im Jahr 1291 gelang es den ägyptischen Mamelucken, die letzte große Festung des Königreiches Jerusalem, die Festung der Hafenstadt Akkon, zu erobern. Der Großmeister der Johanniter, Jean de Villiers, kommandierte die Truppen der Verteidiger, wurde schwer verletzt und konnte mit einem der letzten Schiffe, das Akkon verließ, nach Zypern entkommen.

Weil der Ritterorden über keinerlei Einflussgebiet mehr verfügte, ließen sich die Kämpfer der Johanniter von einem Händler aus Genua anwerben. Sie sollten die Insel Rhodos erobern, der Kaufmann sicherte ihnen im Gegenzug die Insel als ihr Herrschaftsgebiet zu. Im Kampf gegen Byzantiner und Muslime eroberten die Johanniter systematisch die Insel und befestigten sie stark. Im Jahr 1480 kam es zum nächsten großen Gemetzel zwischen Johannitern und Muslimen, als die Osmanen die Stadt Rhodos auf der gleichnamigen Insel zu stürmen versuchten. Trotz einer gewaltigen Übermacht von vermutlich etwa 100 000 Soldaten, die es mit schätzungsweise 7000 Verteidigern, darunter etwa 300 Ritter der Johanniter, zu tun hatten, gelang es den Osmanen nicht, die Stadt zu erobern. Da die osmanischen Befehlshaber ihren zunächst siegreichen Soldaten verboten hatten, die Stadt zu plündern, verließen die muslimischen

Angreifer voreilig ihre hart erkämpften Positionen, was zu einem solchen Chaos führte, dass die verteidigenden Ritter die Muslime in die Flucht schlagen konnten. Und die Johanniter konnten nach der erfolgreichen Verteidigung sogar die Flotte der Osmanen plündern.

Da die Johanniter mit ihrer Flotte immer wieder die osmanischen Handelsschiffe bedrohten, blies das Osmanische Reich 1522 zu einem Großangriff gegen Rhodos. Etwa 150000 muslimische Soldaten kämpften gegen 180 Ritter und rund 1000 Soldaten. Fast wäre der Orden der Johanniter dabei ausgelöscht worden, doch es gelang noch, einen Abzug auszuhandeln. Am Neujahrstag 1523 rückten die Johanniter ab, um sich mit ausdrücklicher Billigung des Papstes auf Malta niederzulassen. Aber auch von dort aus bedrohten die Johanniter den Handel der Osmanen und waren dem Sultan in Istanbul ein Dorn im Auge. Zudem schien Malta die perfekte Basis zu sein, um von dort aus Sizilien und damit das Königreich Neapel anzugreifen.

Aber auch dort tauchte im Jahr 1565 wieder eine riesige muslimische Flotte mit etwa 130 Schiffen und 40000 Soldaten auf, um die Insel zu erobern. Die Johanniter schienen mit knapp über etwa 500 Rittern und etwa 6000 Soldaten wiederum hoffnungslos unterlegen zu sein. Papst Pius IV. hatte den Johannitern, die er Retter des Abendlandes nannte, geholfen, die Insel zu befestigen und sie auf die Abwehr eines Angriffs durch die Muslime vorzubereiten. Der Großmeister des Ritterordens, Jean Parisot de La Valette, befehligte die äußerst verlustreichen Kämpfe, die sich von Mai bis September hinzogen. Während einer kurzen Phase der Belagerung waren es einmal nur etwa 1000 Männer, die die zahlenmäßig so überlegenen muslimischen Streitkräfte davon abhielten, die Festung der Malteser zu erobern. Noch heute trägt die Hauptstadt Maltas den Namen des siegreichen Großmeisters, Valletta.

Dieser Sieg über die Muslime ermutigte Papst Pius V., die furchtbarste Seeschlacht aller Zeiten zu planen. Nie zuvor und nie danach, nicht einmal während der furchtbaren Seeschlachten des Zweiten Weltkriegs, starben an einem Tag so viele Menschen in einem einzigen militärischen Gefecht. Pius V. hatte mit aller Macht ein Bündnis der wichtigsten katholischen Seemächte erreichen wollen. Venedig sollte zusammen mit dem Erzfeind Genua und der spanischen Flotte die angeblich unbesiegbaren Osmanen schlagen. Am 7. Oktober 1571 kam es bei Lepanto (das heutige griechische Nafpaktos am Eingang zum Golf von Korinth) zu einer gewaltigen Seeschlacht, bei der innerhalb weniger Stunden etwa 38 000 Menschen starben, davon rund 30 000 auf muslimischer Seite.

Von da an wurde die Macht im Mittelmeerraum neu verteilt, die osmanischen Kriegsschiffe konnten nicht weiter in das westliche Mittelmeer vordringen. Papst Innozenz XI. schließlich schlug die Türken militärisch entscheidend. Er organisierte das Bündnis, das die türkische Belagerung Wiens im Jahr 1683 beendete. Danach schmiedete er die »Heilige Liga«, die 1683 den sogenannten »Großen Türkenkrieg« begann, eine Reihe einzelner Schlachten, die bis zum Jahr 1699 das Osmanische Reich entscheidend schwächten.

Seit der Eroberung der Iberischen Halbinsel durch die Araber und Berber ab dem Jahr 711 bis zum Jahr 1699, also knapp 1000 Jahre lang, hatten die Päpste nahezu ununterbrochen Kriege gegen muslimische Herrscher und Truppen geführt. Papst Pius V. hat sogar ein Gebet geschrieben, um der Muttergottes für den Sieg über die Türken zu danken, und führte den Jahrestag der »Muttergottes vom Siege« ein, den ersten Sonntag im Oktober. Später wurde der Tag in den katholischen Festtag »Unserer Lieben Frau vom Rosenkranz« umbenannt. An allen entscheidenden Kämpfen zwischen Christen und Muslimen waren die Johanniter beteiligt, oder sie lösten sie sogar aus.

Jahrhundertelang empfingen die Päpste nicht nur diese Krieger mit allen Ehren, sondern auch, bis zur Amtszeit von Papst Benedikt XVI., die Nachkommen dieser adligen Familien, deren

Vorfahren einst für die Päpste gekämpft hatten. Aber was sollte ein Papst aus Argentinien diesen Kriegerfamilien sagen? Die Johanniter hatten sich in Landesgruppen, sogenannten Zungen, organisiert. Es waren Ritter aus Frankreich, Großbritannien, Spanien, Deutschland, aber nicht aus den Ländern, die Papst Franziskus gut kannte, wie Uruguay oder Chile. Franziskus hatte sich für die Probleme der Christianisierung Japans interessiert, die Konflikte im pazifischen Raum. Was sollte er da mit einer Kirche anfangen, die nahezu 1000 Jahre Krieg gegen den Islam geführt oder dies an geistliche Ritterorden delegiert hatte? Vom Augenblick seiner Wahl an stellte sich die Frage, wie dieser Papst, der aus einer einfachen Eisenbahnerfamilie aus dem weit entfernten Argentinien stammte, eine Beziehung zum Hochadel aufbauen sollte, der so lange die Geschichte der katholischen Kirche entscheidend geprägt hat.

Dies zeigt, was das historisch Einzigartige am Pontifikat von Papst Franziskus ist. Er ist nicht nur der erste Mann vom amerikanischen Kontinent, der den Papstthron bestieg, nicht nur der erste Papst, der zum Orden der Jesuiten gehört, nicht nur der erste Papst, der sich den Namen Franziskus gab, er ist vor allem der erste Papst, der ganz bodenständig ist, kein »Auserwählter«, der sich den Traditionen der Eliten verbunden fühlt.

Aus Eliten hatten sich das ganze 20. Jahrhundert hindurch die Päpste immer wieder rekrutiert. Franziskus jedoch war nie Elitediplomat des Vatikans, wie Paul VI., Johannes XXII., Pius XI. und Pius XII. Er ist auch kein Vertreter des Adels, wie etwa Papst Benedikt XV. Er gehört noch nicht einmal zu einer akademischen Elite, wie Johannes Paul I. und Benedikt XVI. Er ist der einzige Papst der vergangenen hundert Jahre, der keinen Doktortitel hat. Das war also das Besondere an der geradezu erdrutschartigen Verschiebung der Kräfte im Vatikan: Dort saß jetzt nicht mehr ein Papst, der sich zu den Eliten zählte, der in prächtigen Botschaftsgebäuden bei Champagner und Häppchen mit Diplomaten Small Talk gepflegt hat, sondern ein Papst, der als einfacher Pater und später als Bischof der Armen in den Slums von Buenos Aires versucht hat, das schlimmste Leid zu lindern oder wenigstens zu trösten, wo es ging. Franziskus hatte auch nicht seine Zeit damit zugebracht, abgeschirmt vom Stress der Welt sich mit der Theologie zu beschäftigen.

Die Geschichte der Kirche hatte mit Franziskus einen völlig neuen Typus eines Papstes hervorgebracht. Der fühlte sich nicht mit den Kriegsherren der Kirche der vergangenen Jahrhunderte verbündet, sondern mit den einfachen Soldaten, die rücksichtslos von katholischen Generälen verheizt worden waren. Aus Sicht der Konservativen der katholischen Kirche hatte Papst Franziskus so etwas wie einen Gendefekt. Was immer zur Gedankenwelt eines Papsts gehört hatte, die Geschichte des Mittelmeerraumes, die prägenden Kriege zwischen Christen und Muslimen weit über ein Jahrtausend hinweg, die natürliche Nähe des Papsttums zum Adel, der Anspruch auf theologische Unfehlbarkeit – all das besaß Franziskus einfach nicht. Mit Franziskus hatte ein ganz neues Kapitel in der Geschichte der Kirche begonnen.

XVII

Fake News im kalten Krieg der Päpste

Kaum etwas offenbart die Dramatik des Paktes gegen den Papst so deutlich wie die Verwicklung von Franziskus in die erste aktiv betriebene Medienkampagne des Vatikans in seiner Geschichte. Jahrzehntelang hatte der Vatikan stets nur reagiert, echte oder mutmaßliche Angriffe auf den Papst und den Vatikan lediglich abgewehrt. Doch das Jahr 2018 sollte das Buch der Geschichte der Kirche um einen weiteren Eintrag ergänzen: Zum ersten Mal ging der Vatikan medienpolitisch in die Offensive.

Die Geschichte der Entwicklung der Medien im Vatikan zeichnet sich vor allem durch sein enormes Tempo aus. In nur knapp 40 Jahren katapultierte sich der Vatikan aus der Steinzeit der Mediennutzung in die Postmoderne mit eigenem Internet-Fernsehkanal. Bezeichnend hierfür ist der Amtsantritt des Sprechers von Papst Johannes Paul II., Joaquín Navarro-Valls, im Jahr 1984. Als dieser seinen Vorgänger fragte, wo das Archiv des Pressesaals sei, wo also aufbewahrt werde, was der Papst wann wem gesagt hatte, tippte der an seine Stirn und antwortete: »Hier ist alles drin.« Ein Pressearchiv existierte nicht. Jahrzehntelang schrieben die Reporter am päpstlichen Hof einfach mit, was der Papst sagte. Die professionelleren von ihnen beherrschten Stenografie, aber selbst ihnen gelang es nur selten, den Wortlaut des Papstes getreu wiederzugeben. Deshalb auch existieren von zahlreichen Reden der Päpste, sofern sie nicht von

Radio Vatikan übertragen wurden, unterschiedliche Versionen, die sich zum Teil widersprechen.

Heute kann jeder im Internet nachschauen und verlässlich erfahren, was der Papst zu welchem Thema gesagt hat. Noch bis in die 70er-Jahre des vergangenen Jahrhunderts hinein mussten sich viele Leser aus den auf Stenonotizen beruhenden Berichten zusammenreimen, was der Papst gesagt haben mochte. Ein weiteres Problem war, dass mancher Papst eine undeutliche Aussprache hatte oder im Fall einer Krankheit, wie bei Papst Paul VI., nur noch schwer zu verstehen war. Viele publizierte Reden der Päpste gaben nur bruchstückhaft oder falsch wieder, was der Papst gesagt hatte.

Erst mit der Ankunft von Navarro-Valls änderte sich alles grundlegend. Von nun an verteilte der Pressesaal regelmäßig die Redemanuskripte des Papstes mit den entsprechenden Angaben über Zeit, Ort und Anlass. Navarro-Valls begann auch als Erster eine Verteidigungsstrategie des Vatikans aufzubauen für den Fall, dass ein Medium etwas geschrieben hatte, das den Papst beschädigen konnte oder dem Papstsprecher aus irgendwelchen anderen Gründen nicht passte.

Ende der 90er-Jahre habe ich das selbst erlebt, als sich die Anzeichen verdichteten, dass Papst Johannes Paul II. aufgrund seiner Parkinson-Krankheit zurücktreten wolle. Ich schrieb einen Artikel darüber, wie das Szenario in so einem Fall aussehen könnte. Das passte dem Vatikan damals überhaupt nicht ins Konzept. Jegliche Diskussion darüber, ob der Papst sein Amt weiterführen oder besser zurücktreten solle, musste um jeden Preis vermieden werden. Deshalb zitierte mich Navarro-Valls nach Erscheinen des Artikels in den Pressesaal. Ich war noch sehr jung, und mir schlotterten die Knie, immerhin hatte mir Navarro-Valls am Telefon ausrichten lassen, dass ich den Papst verärgert hätte.

Meine Quellen hatten mir glaubhaft versichert, dass Papst Johannes Paul II. über seinen Rücktritt nachdenke und dass er bereits habe prüfen lassen, wie das abzulaufen habe. Doch angesichts der Vehemenz, mit der Navarro-Valls bestritt, dass der Papst jemals seinen Rücktritt in Erwägung gezogen habe, beging ich den Fehler, meinen Quellen nicht mehr zu glauben. Ich wusste nicht, dass Navarro-Valls ein Teil jener Maschinerie war, die dafür sorgen sollte, dass Papst Johannes Paul II. um jeden Preis im Amt blieb – schließlich wollten sie ja alle ihren Job behalten. Navarro-Valls hielt mir eine eindringliche Standpauke und schwor, dass der Papst nie über einen Rücktritt nachgedacht habe. Ich habe nie erfahren, ob er gezwungen worden war zu lügen oder ob er wirklich nicht wusste, dass Johannes Paul II. die Umstände für einen Rücktritt prüfen ließ.

Bei seinen ersten Versuchen, auf die Attacken der Presse zu reagieren, machte Navarro-Valls auf dem für ihn neuen Terrain auch Fehler. Immer öfter versorgte er uns Vatikan-Journalisten direkt mit Informationen. Er schaffte es, auf diese Weise ein Vertrauensverhältnis aufzubauen, das er nutzen konnte, sobald es Ärger gab. Wir freundeten uns mit Navarro-Valls an, was auch dazu führte, dass wir ein Auge zudrückten, wenn er unbedingt eine Nachricht aus der Welt haben wollte. Mir ist noch lebhaft die Geschichte mit den sexuellen Eskapaden eines hohen Vatikan-Kirchenmannes mit Transvestiten in Erinnerung, die völlig aus dem Ruder lief und von der Polizei bekannt gemacht wurde. Wir aber verschwiegen sie auf Wunsch von Navarro-Valls.

Doch diese direkte Informationspolitik hatte auch ihre Tücken. Auf einer Lateinamerikareise versorgte er uns Journalisten im Tross wieder wie üblich mit Informationen. Er beantwortete auch Rückfragen zu einem Treffen mit einer Wissenschaftlerin. Navarro-Valls schilderte Details, sogar was die Kleidung der Dame betraf. Doch das Treffen hatte nie stattgefunden, Navarro-Valls hatte erst nach dem Pressegespräch mit uns erfahren, dass das Treffen abgesagt worden war. Damit lag sein Kopf auf dem Schafott. Wenn wir über diese Geschichte damals berichtet hätten, wäre er erledigt gewesen.

Nach dem Rücktritt von Navarro-Valls 2006 entschied sich Papst Benedikt XVI. dazu, wieder einen Pater zum Pressechef zu machen. Federico Lombardi bekam den Job. Papst Franziskus setzte dann 2015 den Medienprofi Dario Viganò, einen in Brasilien aufgewachsenen Italiener, als Chef des neu geschaffenen Kommunikationssekretariats ein.

Im Laufe der Jahre 2016 und 2017 nahmen die Angriffe auf Papst Franziskus innerhalb des Vatikans immer mehr zu. Die Gegner schossen sich alle auf den gleichen Vorwurf ein: Der Papst sei theologisch eine Null. Der Chef der Glaubenskongregation, Gerhard Ludwig Müller, gehörte zu der Gruppe von Kardinälen, die regelmäßig die theologische Kompetenz des Papstes infrage stellten. Er erklärte mehrfach, er müsse das Pontifikat von Franziskus »theologisch retten«. Papst Franziskus wurde vorgeworfen, dass er Entscheidungen treffe, etwa im Hinblick auf die Relativierung der Unauflöslichkeit der Ehe, die theologischer Unsinn seien, was sein Vorgänger, der theologische Superstar Professor Joseph Ratzinger, ihm auch gern erklären könnte.

Um diese Attacken abzuwehren, entwickelte der Vatikan in Gestalt des brillanten, von mir hoch geschätzten Dario Viganò einen relativ simplen Plan. Statt auf das zu reagieren, was die Zeitungen, Fernsehen und sonstige Medien publizierten, sollte jetzt ein medialer Befreiungsschlag für den Papst im kalten Krieg im Vatikan erfolgen. Wenn Franziskus ständig vorgeworfen wird, er könne theologisch seinem Vorgänger Ratzinger nicht das Wasser reichen, dann mussten die Medien doch nur mit Unterlagen gefüttert werden, aus denen hervorging, dass Ratzinger die theologischen Fähigkeiten von Papst Franziskus über den grünen Klee lobte. Damit wäre Franziskus' Gegnern zunächst einmal der Wind aus den Segeln genommen.

Dazu ließ Viganò zunächst Ratzinger die theologischen Werke von Papst Franziskus zukommen. Der konnte kaum ablehnen, sie in Empfang zu nehmen – das wäre grob unhöflich gewesen. Ratzinger sollte dann um ein Vorwort für die Werke von Papst Franziskus sowie um eine Beurteilung derselben gebeten werden. Auch das könne Ratzinger, so das Kalkül von Viganò, kaum verweigern, denn sollte er das tun, würde die Abneigung öffentlich, die zwischen den beiden Päpsten dann offensichtlich herrschte. Dass ein zurückgetretener Papst die Theologie seines Nachfolgers loben musste, schien auf der Hand zu liegen.

Eigentlich konnte an dem Plan nichts schiefgehen, so dachte Viganò. Doch als er in einem Brief vom 7. Februar 2018 die Antwort erhielt, war die Enttäuschung groß. Joseph Ratzinger weigerte sich nicht nur, das Vorwort zu schreiben, sondern er lehnte es auch ab, die Bücher überhaupt zu lesen und zu beurteilen, dazu fehle ihm die Zeit.

Gleichzeitig aber stand im ersten Teil des Ratzinger-Briefes genau das, was Viganò brauchte: die Versicherung, dass es Unsinn sei, Papst Franziskus mangelnde theologische Kompetenz zu unterstellen. Der ansonsten so erfahrene Medienmensch Viganò beging nun einen schweren Fehler. Er manipulierte den Brief und fütterte damit die Medien. In den ersten Stunden ging die Rechnung auf, der Angriff schien gelungen, die Medien taten genau das, was Viganò erreichen wollte. Weltweit verbreitete sich die Nachricht, dass Joseph Ratzinger in einem Brief die theologischen Kompetenzen seines Nachfolgers gelobt habe. Den Rest des Briefes unterschlug Dario Viganò einfach. Doch schließlich flog alles auf. Das Umfeld von Ratzinger ließ verlauten, dass der zurückgetretene Papst keineswegs daran dachte, ein Vorwort zu schreiben, dass er die Werke seines Nachfolgers als »Büchlein« abtat und sich weigerte, sie zu kommentieren. Jetzt stürzten sich die Medien wieder auf den Fall, aber ganz anders, als Dario Viganò beabsichtigt hatte.

Im Grunde war Viganòs Plan daran gescheitert, dass das, was er der Öffentlichkeit demonstrieren wollte, die Übereinstimmung der beiden Päpste, beim besten Willen nicht existierte. Im

Gegenteil: Joseph Ratzinger verhielt sich sogar offenkundig feindselig. Die Nachricht, dass der Vatikan zum ersten Mal Nachrichten manipuliert hatte, um Franziskus mithilfe von Fake News einen Sieg im kalten Krieg der Päpste erringen zu lassen, ging um die ganze Welt. Am 21. März 2018 musste Dario Viganò zurücktreten. Die erste Medienkampagne des Vatikans war spektakulär gescheitert.

XVIII

Die Legionäre Christi
und die Jungfrau von Guadalupe

Der Fall des durch den Medienchef des Vatikans manipulierten Briefes von Papst Benedikt XVI. zeigte, wie aufgeheizt die Stimmung im Reich des Papstes war und wie sehr sie auf die Medien übersprang. Es gab aber noch einen weiteren Faktor, der ungefähr seit dem Amtsantritt von Franziskus in den Medien für eine zum Zerreißen gespannte Atmosphäre sorgte, wofür der Papst allerdings beim besten Willen nichts konnte. Die Rede ist von der großen Krise der traditionellen Medien. Das Sterben der Zeitungen, die Krise der traditionellen Rundfunk- und Fernsehanstalten hatten zu einem Massaker unter den Korrespondenten und Journalisten in Rom geführt. Hunderte von ihnen waren arbeitslos geworden oder in ihre Heimatländer zurückgekehrt. Unter denen, die geblieben waren, herrschte ein Hauen und Stechen sondergleichen. Das Pontifikat von Franziskus litt lange Zeit auch darunter, dass die Zeiten, in denen in aller Ruhe aus dem Vatikan berichtet werden konnte, endgültig vorbei waren. Die Kollegen, die ihre Jobs verloren hatten, mussten mit allen Mitteln Nachrichten aus dem Vatikan in die Finger bekommen, um sie zu Geld machen zu können, weil sie sonst die Miete nicht mehr bezahlen konnten.

Diese Lage betraf auch einen alten Freund von mir. Wir trafen uns im Spätsommer 2014 ausgerechnet im Caffè Greco in der Via dei Condotti, und als ich ihn zur Tür hereinkommen sah, wusste ich, dass dieser Treffpunkt aus meiner, aber vor allem auch aus seiner Sicht völlig unpassend gewählt war. Doch ich hatte schon mehrfach erlebt, dass, je schicker die ausgewählten Treffpunkte waren, desto größer die Schwierigkeiten waren, unter denen die Kollegen litten. Er sah abgehetzt, abgemagert aus, seine große, sportliche Gestalt, die sonst mit einer gewissen Nonchalance getragene elegante Anzüge geziert hatten, wirkte jetzt eingefallen, sein Bart war weiß geworden, sein Haar stark gelichtet. Er sah um viele Jahre gealtert aus.

Schon als wir uns begrüßten, begriff ich, dass er auch deswegen so erschöpft wirkte, weil er offenbar einen verdammt weiten Weg hinter sich hatte. Er wohnte wohl nicht mehr im vornehmen Stadtteil Monteverde Vecchio. Aber offensichtlich hoffte er, mit dem Glanz des Caffè Greco, in dem schon Goethe gesessen hatte, zu überspielen, dass sein Leben gerade ohne jeden Glanz auskommen musste.

Wir setzten uns an einen der kleinen unbequemen Tische und bestellten den sündhaft teuren Kaffee. Es war später Vormittag und das Café relativ leer.

»Also, was gibt es?«, fragte ich.

Er schilderte mir seine Geschichte, und leider entpuppte die sich als die gleiche Tragödie, wie sie so viele Korrespondenten im Vatikan in den vergangenen Jahren erlebt hatten. Walter hatte über 20 Jahre lang für eine ganze Reihe von amerikanischen Zeitungen gearbeitet und sich dadurch einen ganz auskömmlichen Lebensstil leisten können. Er hatte mit seiner Frau vier Kinder bekommen, die alle noch zur Schule gingen, wohnte über ein Jahrzehnt in einer geräumigen Terrassenwohnung und leistete sich das teure Hobby, neben dem Familienwagen einen alten Porsche zu fahren. Doch dann kam der Untergang. Das Zeitungssterben hatte ihm den Boden unter den Füßen weggerissen. Von einem Tag auf den anderen stand er ohne Arbeit da. Er hatte es sich gut gehen lassen und deswegen auch nicht viel Geld beiseitegelegt.

Er kam meiner Frage zuvor. »Nein, wir wohnen nicht mehr in der teuren Wohnung in Monteverde, wir sind an die Appia gezogen.«

Die Adresse, Via Appia, ist in Rom die teuerste Adresse überhaupt und gleichzeitig auch eine der billigsten. Es kommt darauf an, ob die Wohnung an der Via Appia Antica, der alten Römerstraße, liegt, wo die Villen von Stars wie Gina Lollobrigida liegen, oder an der Via Appia Nuova, einer hässlichen, sich kilometerweit in Richtung Süden hinziehenden Vorstadtsiedlung.

»Appia Nuova natürlich, fast schon Albaner Berge«, sagte er, bevor ich fragen konnte.

Er versuchte mich anzulächeln, aber ich sah, dass darunter absolute Verzweiflung lag. Ich wusste, wie es ihm ging, mir war auch schon mal Ähnliches passiert, und deswegen wusste ich auch, dass es keinen Sinn machte, lange um den heißen Brei herumzureden.

»Du bist jetzt schon ziemlich lange arbeitslos. Wie kommst du über die Runden?«

Weil seine Frau eine Römerin ist, kam nicht infrage, die Stadt zu verlassen, also hatte er versucht, sich hier durchzuschlagen, allerdings mit nur mäßigem Erfolg. Aber jetzt schien er endlich eine Chance zu haben. Er hatte sich bei einem der zahllosen Ritterorden im katholischen Spektrum beworben, und die hatten ihm eine Stelle in Aussicht gestellt.

»Sie überlegen sich, ob sie in mich investieren sollen, also ob es sich lohnen könnte, einen Mann, der sich im Vatikan auskennt, als Referenten des Chefs einzustellen.«

»Und wovon hängt das ab?«

»Ist doch klar. Wenn Papst Franziskus ein offenes Ohr für die Belange der Adligen in den Ritterorden haben sollte, dann wäre eine solche Investition sinnvoll. Allerdings …«

»Schon klar«, sagte ich. »Sollte sich herausstellen, dass dem Papst die Ritterorden völlig egal sind, dann macht es keinen

Sinn zu versuchen, sich über einen Referenten an den Papst heranzumachen.«

»Genau. Deswegen wollen sie eine Art Beweis, bevor sie mich einstellen.«

»Im Grunde ist die Sache ganz einfach. Der Papst wird zeigen, ob er die Adligen dieser Welt schätzt oder nicht«, erklärte ich.

»Wenn er sie schätzt, wenn er versuchen will, das Verhältnis zu ihnen zu verbessern, wird er einen engen Bekannten oder gar einen echten Freund zum wichtigsten Orden des Adels, den Johannitern, schicken. Du weißt doch, dass der Papst einen Kardinalpatron ernennen muss, einen Kardinal, der sich besonders um den Orden kümmert und auch wichtige Funktionen im Orden wahrnimmt. Der Kardinalpatron Paolo Sardi wird jetzt im September 80 Jahre alt, damit ist er draußen. Wenn der Papst einen Mann als Nachfolger Sardis ernennt, dem er selber sehr nahesteht, den er oft trifft, mit dem er regelmäßig spricht, dann heißt das, dass der Papst für die Interessen und Belange des internationalen Adels immer ein offenes Ohr hat. Wenn er jedoch jemanden schickt, der ihm egal ist, oder gar jemanden, den er meidet, dann bedeutet das, dass der Adel den Papst nicht auf direktem Weg erreichen kann und dass dem Papst der Adel relativ egal ist.«

»Das weiß ich auch, was willst du mir denn damit sagen?«

»Ich habe ein Problem. Der Ritterorden will mir den Job geben, wenn der Papst einen Freund oder Bekannten zum Kardinalpatron ernennt. Wenn nicht, kann ich die Hoffnung auf den Job begraben.«

»Ja und?«, fragte ich.

»Ich habe mich etwas weit aus dem Fenster gehängt.«

»Ich verstehe nicht.«

Er druckste jetzt herum. »Nun«, sagte er, »ich habe ihnen gesagt, dass ich den Namen des Kardinalpatrons für den Johanniterorden erfahren werde, bevor er offiziell bekannt gegeben wird. Ich habe sozusagen versprochen, dass ich also mit einem Geschenk zu meinen neuen Bossen kommen werde.«

Jetzt fiel bei mir der Groschen. Er hatte das Gleiche getan, was viele Journalisten aus Verzweiflung tun, wenn sie einen neuen Job haben wollen. Sie geben mit ihren Kontakten an, ihrem Hintergrundwissen, sie behaupten, Dinge in Erfahrung bringen zu können, die nur sie in Erfahrung bringen können, lange bevor sie öffentlich werden.

»Und wie willst du den herausbringen?«, wollte ich wissen.

»Nicht ich«, antwortete er. »Du! Du musst mir helfen, geh zu Carlos.«

»Das werde ich ganz sicher nicht tun«, antwortete ich. »Er hasst mich und ich …«

Das war es also, was er wollte. Ich wohne nicht allzu weit entfernt von der Basilika Sankt Paul vor den Mauern, und im Laufe der Jahrzehnte hatte ich immer wieder einmal mit den Erzpriestern der Basilika zu tun gehabt. Mit einigen von ihnen hatte ich mich ein wenig angefreundet, und das hatte zu Kontakten zu einer der extrem konservativen Gruppen innerhalb der Kirche geführt. Der Orden Legionäre Christi, der 1941 in Mexiko gegründet worden war, schätzte die Basilika sehr für Priesterweihen. In einer so berühmten Basilika in Rom sollte den europäischen Kardinälen, die unter akutem Priestermangel litten, gezeigt werden, dass es auch anders geht. Bei den Massen-Priesterweihen in der Basilika demonstrierten die Legionäre gern, dass sie von angehenden Priestern geradezu überrannt wurden und im Vergleich zu den alten Orden, wie Franziskanern oder Jesuiten, keineswegs mit katastrophalem Mitgliederschwund zu kämpfen hatten. Mit einem Sympathisanten der Legionäre namens Carlos, der aber nicht zu dem Orden gehörte, sondern als Weltpriester eingesetzt wurde, hatte ich einmal ein erhebliches Problem gehabt.

Man kann die Strömungen innerhalb der katholischen Kirche nicht so ohne Weiteres in rechts oder links einteilen, aber es gibt natürlich schon so etwas wie besonders konservative oder besonders fortschrittliche Gruppen. Was innerhalb der Kirche

»rechts« und was »links« ist, folgt anderen Kriterien als in der Politik. Ganz grob lässt sich sagen: Je mehr eine Gruppierung darauf besteht, dass die Kirche dazu da ist, die Seelen zu retten, das Verhältnis zu Gott zu pflegen, desto mehr kann sie als »rechts« gelten. Wer sich innerhalb der Kirche auch um die ganz irdischen Sorgen der Armen auf der Welt kümmert, gilt hingegen als »links«.

Aus kirchlicher Sicht waren Orden wie die Legionäre Christi und Opus Dei eindeutig rechts, Gemeinschaften wie die Fokolar-Bewegung (Werk Mariens) und Sant'Egidio (Gemeinschaft des hl. Ägidius) ganz links. Wie gesagt, das gilt innerhalb der Kirche. Für einen Politiker einer bürgerlichen Partei wären sowohl die Fokolar-Bewegung als auch Sant'Egidio zum inneren Kern der Kirche zu rechnen und damit im gängigen politischen Spektrum rechts der Mitte angesiedelt, während die konservativen kirchlichen Bewegungen eher als extremistisch angesehen würden, wenn nicht gar als verbrecherische Organisationen, wie etwa in Vatikanthrillern gern die Prälatur Opus Dei dargestellt wird. Die rechten Bewegungen haben nahezu ausnahmslos eines gemeinsam: Sie haben Geld, viel Geld. Die Legionäre Christi werden auch gern als Millionäre Christi verhöhnt. Sie kommen fast durch die Bank aus sehr wohlhabenden Familien Lateinamerikas.

Die Erinnerung an den Streit mit Carlos war für mich viele Jahre lang ein regelmäßig wiederkehrender Albtraum. Wieder und wieder zogen vor meinem inneren Auge die Szenen vorbei, während derer ich dachte, dass ich aus eigenem Verschulden meine Existenz verspielt hatte. Ich hatte diesen Horror vor allem deswegen so oft vor Augen, weil ich das Szenario, wie für einen Journalisten das Ende am Hofe des Papstes kommt, schon öfters bei anderen miterlebt hatte.

Ich saß voller Angst, mit kaltem Schweiß überzogen, im päpstlichen Flugzeug auf dem Rückflug von Mexiko-Stadt. Verzweifelt bemühte ich mich darum, alles zu tun, dass man mir nicht anmerkte, wie sehr ich in Panik war. Der Untergang war wie alles im Vatikan an ein einziges Kriterium gebunden: Waren der Papst und seine Umgebung dir gewogen, oder waren sie es nicht? Wenn ein Journalist die Gunst des Monarchen, also des Papstes, verloren hatte, dann wurde er für seinen Arbeitgeber wertlos, weil er dann von allen wirklich wichtigen Informationen am Hof des Papstes ausgeschlossen war.

Deswegen traf eine Verbannung aus dem Umfeld des Papstes Journalisten auch so schwer. Solange sie am päpstlichen Hof geschätzt wurden, hatten sie im besten Fall gewisse Privilegien. Wenn sie es nicht geschafft hatten, positiv aufzufallen, ließ man sie in Ruhe und einfach ihrer Arbeit nachgehen. Aber wenn sie aus irgendeinem schwerwiegenden Grund den Papst verstimmt hatten, konnte das schwerwiegende Konsequenzen haben und ganze Existenzen zerstören.

Einer der berühmtesten Fälle betrifft den Hollywood-Superstar Mel Gibson. Der hatte im Jahr 2004 den Film *Passion* über die Passion Christi gedreht. Es gab im Vatikan Journalisten, Fans des Gibson-Films, die von Papst Johannes Paul II. eine Empfehlung für diesen Film forderten. Aber der Papst wollte das nicht. Es ging um viele Millionen Dollar. Eine Empfehlung des Papstes für diesen Film konnte Gold wert sein. Er sollte schließlich auch in Schulen und Kirchengemeinden gezeigt werden. Schließlich behaupteten Mitarbeiter der Pressestelle des Vatikans, der Papst habe gesagt, der Film stelle die Passion so dar, wie sie gewesen ist. Das rief beim Sekretariat des Papstes eine gewaltige Verstimmung hervor. Statt alles auf sich beruhen zu lassen, stellte es klar, dass der Papst den Film gar nicht gesehen habe, was zu einem enormen Schaden führte. Die betreffenden Mitarbeiter der Pressestelle wurden kaltgestellt. Auch die Lobbyisten, die für Hollywood arbeiteten, hatten ihr Ansehen eingebüßt, weil sich herausstellte, dass sie nach diesem Eklat keinerlei Einfluss mehr auf den Papst haben würden.

Ein anderer Fall betraf einen Kollegen, der für eine Bischofskonferenz arbeitete und auf den Gedanken gekommen war, seine Frau und die gemeinsamen vier Kinder zu verlassen und seine Geliebte zu heiraten. Das kam am Hofe von Papst Johannes Paul II. überhaupt nicht gut an, und der Kollege verlor außer seinen Kontakten auch seinen Platz im päpstlichen Flugzeug. Damit war er erledigt. Der Vatikan ist eben besonders. Ich nehme einmal an, dass die Rennleitung in der Formel 1 oder der Präsident eines Bundesliga-Fußballclubs keine Probleme damit hat, wenn ein Reporter seine Frau für seine Geliebte verlässt.

Das Ende kam für die Kollegen immer auf die gleiche Art und Weise: mit einem Kopfnicken. Auf eine besonders heikle und erniedrigende Art und Weise erwischte es die Betroffenen während einer Papstreise. Wenn man also das Pech hatte, dass man während einer Papstreise etwas getan hatte, das als schwerwiegend angesehen wurde, reagierte der Hof des Papstes sofort, noch während der Reise. Das hatte dann noch den zusätzlichen Nachteil, dass alle im Gefolge wussten, dass der Betreffende draußen war.

Im Detail spielte sich das während des langen Pontifikats von Papst Johannes Paul II. dann so ab: Ein Priester aus der unmittelbaren Umgebung des Papstes, im schlimmsten Fall der Sekretär des Papstes selbst, Don Stanisław Dziwisz, tauchte in der päpstlichen Maschine an dem Vorhang auf, der das Journalistenabteil abtrennte. Dziwisz war sich seiner Macht durchaus bewusst. Er liebte es, Reporter darauf hinzuweisen, dass er im Falle schweren Fehlverhaltens mit dem jeweiligen Chefredakteur sprechen wolle, der den Sünder sicher bestrafen werde. Er stand dann dort am Vorhang und suchte den Blick eines der Begleiter vom Pressesaal des Heiligen Stuhls. Jetzt kam es darauf an: Wenn er lächelte und auf einen Journalisten deutete, hieß dies, dass der Pressesaal-Mitarbeiter diesen Reporter zum Papst bringen durfte. Manchmal waren das einfach Reporter, die zum ersten Mal im Papstflieger saßen, ein andermal schlicht die Journalisten, die aus dem Land kamen, das der Papst besucht hatte, oder auch einfach Journalisten, die der Papst besonders schätzte. Setzte Don Dziwisz oder ein anderer aber eine betrübte Miene auf, nickte dem Pressesaal-Mitarbeiter kurz zu und deutete auf den betreffenden Journalisten, lautete das Urteil: Es gibt da ein Problem.

An jenem Abend auf dem Weg zurück nach Rom im Flugzeug von Aeroméxico war ich mir sicher, dass jemand aus der Umgebung des Papstes bekümmert dreinschauen und in meine Richtung nicken würde, was meine Existenz zerstören würde. Der Flug war lang, deswegen wusste ich nicht, wann es geschehen würde. Sicherlich würde der Papst mit seinen Sekretären zunächst zu Abend essen, frühestens dann käme es zur Hinrichtung. Ich versuchte, nicht auf den Vorhang zu starren, schaffte es aber nicht, meine Augen davon abzuwenden. In den nächsten Stunden würde dort jemand stehen, und dann würde sich mein Schicksal entscheiden.

Ich war in diese Katastrophe geschlittert, ohne die geringste Ahnung zu haben, was da auf mich zukommen würde. Papst Johannes Paul II. war zu einer Reise nach Mexiko aufgebrochen. Ich hatte schon einige päpstliche Reisen hinter mir, im Grunde war das alles Routine. Auffällig schien nur, wie die Reise organisiert worden war. Nach der Landung in Mexiko-Stadt stiegen wir in einem ausgesprochen eleganten Hotel in der Innenstadt, in der sogenannten Zona Rosa, ab. Dort stellte sich heraus, dass die komplette Organisation des Besuchs in Händen des Ordens der Legionäre Christi lag. Die Legionäre waren allgegenwärtig, sie beherrschten das Pressezentrum, kümmerten sich um die Logistik während der Gottesdienste, beaufsichtigten alle Details des Staatsbesuchs. Mit ihren teuren Anzügen, die für das Priester-Outfit maßgeschneidert worden waren, den wie mit dem Lineal gezogenen Scheiteln, ihren exklusiven Rasierwassern und dem gepflegten Oberschicht-Spanisch waren sie unübersehbar. Außerdem waren sie fast ausnahmslos von weißer Hautfarbe, und das in einem Land, in dem der weitaus größte Teil der Bevölkerung Mestizen sind, also Nachkommen aus der Verbindung zwischen Indigenen und Weißen.

Zu meiner Schande muss ich gestehen, dass ich das luxuriöse Ambiente der Legionäre in den ersten Stunden nach der Landung durchaus genossen habe. Sie waren sehr aufmerksam, alles war perfekt organisiert. Nach dem langen Flug ließ sich Johannes Paul II. Zeit, deswegen hatte ich einen halben Tag frei. Ich zog mich im Hotel, in dem auch die Legionäre ihr Hauptquartier aufgeschlagen hatten, um und machte mich auf den Weg zu dem Ort, wegen dem Karol Wojtyła diese weite Pilgerreise unternommen hatte: das Heiligtum der Muttergottes von Guadalupe. Mit einem typischen »Vocho«, einem VW Käfer made in Mexiko, ließ ich mich an den Stadtrand zum Heiligtum bringen. Während der Fahrt bemerkte ich die Unruhe des Fahrers, und als ich ihn danach fragte, erklärte er, dass an einer der Kreuzungen, an denen wir gehalten hatten, ein Kollege von ihm am selben Morgen eine Pistole an den Kopf gehalten bekommen hatte. Das passiere an roten Ampeln häufiger. »Die springen mit gezogenen Pistolen einfach auf die Straße, und dann gibst du ihnen entweder ganz schnell alles, was du hast, oder du bist tot. In Mexiko sterben pro Tag etwa 30 Menschen bei Mordanschlägen. Die Armut und der Hunger lassen manche Leute verzweifeln«, sagte er.

Als ich in die Nähe des Heiligtums kam, erlebte ich einen Schock. Bitterarme Indios, gehüllt in Fetzen, die nur andeutungsweise an ihre traditionelle Kleidung erinnerten, krochen mit blutig aufgerissenen Knien über den Boden. Als Zeichen ihrer Demut gegenüber der Muttergottes legten sie die letzten Kilometer auf Knien zurück. Viele waren stark unterernährt, manche litten offensichtlich an Infektionskrankheiten. Mehrere hatten offene Wunden an den Armen und Beinen, andere litten an schweren Behinderungen, einige litten offensichtlich an den Folgen von Polio (Kinderlähmung) und schleppten sich auf kleinen hölzernen Wägelchen über den Asphalt. Es waren Hunderte.

Die Menschen schienen völlig versunken in ihrer Andacht zu sein, einige verdrehten die Augen, murmelten unablässig Gebete oder riefen mit lauter Stimme die Muttergottes an. Für mich war es eine apokalyptische Prozession des menschlichen Elends. Sie schienen alle mit der Erwartung gekommen zu sein, dass irgendetwas an diesem Ort ihnen dabei helfen könnte, ihrer Armut und ihrem Elend zu entkommen. Sie trugen erstaunlicherweise nicht nur Kruzifixe und Bilder der Muttergottes, sondern auch Amulette von Göttern aus der Religion der Azteken. Ich erkannte die Figur der aztekischen Erdmutter Coatlicue. Neben der scheinbar endlosen Karawane, die sich um zahlreiche Häuserblocks wand, liefen Kinder, die den Betenden Wasser zu verkaufen versuchten. Sie schienen gar nicht bemerkt zu werden.

Manche waren zusammengebrochen und schafften es nicht weiter. Sie kauerten apathisch an den Hauswänden, schienen ihre blutenden Wunden nicht zu bemerken. Diese Menschen brauchten einen Arzt, sterile Verbände, sie brauchten etwas zu essen und ein Dach über dem Kopf. Sie mussten einfach aufhören, in einem Zustand solchen Elends über den nackten Boden zu kriechen.

Ein Gedanke schoss mir durch den Kopf, der mich fertigmachte. Ich dachte: Wir sind schuld. Wir Weißen sind in ihr Land gekommen, wir haben ihre Zivilisation zerstört, die wunderschöne Azteken-Stadt, die hier stand, eine Stadt auf dem Wasser, ein Venedig Mittelamerikas. Wir haben ihnen ihr Land geraubt, ihre Bodenschätze geplündert. Wir haben sie versklavt, ihnen Krankheit, Armut und Tod gebracht. Das war die Wahrheit, und jetzt kontrollieren die Legionäre Christi diese Stadt und diesen Papstbesuch. Auch jetzt stand die Kirche auf der falschen Seite.

Ich hatte mich lange mit der Theologie der Befreiung befasst, aber verstanden habe ich sie erst an diesem Vormittag vor dem Heiligtum von Guadalupe. Dort habe ich die Menschen zum ersten Mal gesehen und gerochen, die nicht arm geboren, sondern arm gemacht worden waren, wie die Theologie der Befreiung predigt. Das Elend stufte sich ab nach Hautfarben. Ganz unten am Ende der Skala vegetierten die Menschen mit der dunkelsten Hautfarbe, jene, deren Blut sich am wenigsten mit dem der weißen Eroberer gemischt hatte. Ich sah eine Indiofrau mit zwei kleinen Kindern auf dem Arm, die in Lumpen gekleidet war und erschöpft an einer Mauer lehnte. Mir kam der Gedanke, ob es für diese Frau nicht viel besser gewesen wäre, wenn dieses Volk, das ihr jene Maria aus Nazareth gebracht hatte, Amerika nie entdeckt hätte. Wir Weißen waren mit einer Religion gekommen, die auf einem Mann beruhte, der Frieden und Barmherzigkeit gepredigt hatte, und wir hatten in seinem Namen und dem seiner Mutter Maria Krieg und Tod, Habgier und Krankheiten über die Welt gebracht.

Ich schlich ziemlich niedergeschlagen durch diese Prozession des Leidens zum Pressezentrum, das sich neben dem Heiligtum befand und dessen Eingang von schwer bewaffneten Polizisten und natürlich den allgegenwärtigen Priestern der Legionäre Christi bewacht wurde. Der Kontrast hätte nicht größer sein können: Alles in dem Pressezentrum roch neu und sauber, es roch nach Reichtum und nach einem Leben ohne Sorgen. Kurz, es war das komplette Gegenteil von dem, was man da draußen zu sehen bekam. In dem Pressezentrum arbeiteten piekfein gekleidete Weiße an neuesten Computern. Vor den großen Fernsehern für die Liveschaltung zur Papstmesse standen Tische übervoll mit Softdrinks und Snacks. Alle taten so, als gäbe es die ausgemergelten Pilger, die zu dieser Muttergottes pilgerten, gar nicht. Ich fragte mich, ob es mir nicht auch so ergehen würde, dass ich das ganze Elend einfach nicht mehr sehen würde, wenn ich auch hier in Mexiko-Stadt lebte.

Ich sah einen der Männer, die nicht zu den Legionären gehörten, aber mit ihnen sympathisierten, freudestrahlend auf mich zukommen. Es dauerte einen kurzen Moment, bis ich Carlos erkannte. Sein Scheitel war noch ein wenig exakter gezogen, sein Anzug noch etwas exklusiver, als dies bei den Legionären der Fall war. Wir hatten uns im Vatikan bei Veranstaltungen der Legionäre gesehen, ich kannte ihn von den Priesterweihen in der Basilika Sankt Paul vor den Mauern, an deren Organisation er beteiligt gewesen war.

»Na«, fragte er freudestrahlend, »wie gefällt es dir im Land der Legionäre Christi?« Er wollte mich wie in Rom üblich in den Arm nehmen. Ich riss mich los.

»Was hast du?«, fragte er.

»Es tut mir leid«, sagte ich, »aber die Menschen da draußen, diese verzweifelte Armut zu sehen, das hat mich fertiggemacht.«

»Ach, Quatsch«, antwortete er. »Das sind doch nur ein paar Indios. Sieh dich hier um!« Er deutete auf eine große Gruppe äußerst eleganter Weißer, die offensichtlich dem Papstbesuch entgegenfieberten.

»Die Pilger, die ich gesehen habe, sehen anders aus. Sie waren sehr arm.«

»Die haben einen ganz anderen Begriff von arm. Wenn sie ein Schwein besitzen zum Beispiel, giltst du da schon als reich.«

Ich hatte das Gefühl zu explodieren. »Aber deinem Vater hätte ein Schwein sicher nicht gereicht.«

Er sah mich erstaunt und ungläubig an.

»Da draußen schleppen sich diejenigen, denen dieses Land gehört, blutig und in Lumpen über den Asphalt zu einer Muttergottes, die ihnen Trost spenden soll für das, was die Missionare, die diese Muttergottes in ihr Land brachten, ihnen angetan haben.«

Jetzt wurde er kreidebleich, in seinem Gesicht spiegelte sich Entsetzen.

»Du lästerst Gott«, sagte er verstört.

»Ja, von mir aus. Es ist nun mal diese Muttergottes aus dem fernen Nazareth, die die Missionare und Soldaten mitbrachten. Sie haben die Azteken in den Tod getrieben, oder?«

Er lief knallrot an und fauchte dann zurück: »Du beleidigst die Mutter Christi.«

»Ich sage nur die Wahrheit! Ihr habt diese stolzen Nachkommen der Azteken in einen Haufen elender Bettler verwandelt, die sich jetzt an dem von euch installierten Heiligtum der Muttergottes trösten lassen sollen. Aber wie soll die Muttergottes sie trösten, wenn diese Muttergottes zur weißen Oberschicht dieses Landes gehört wie ihr? Ihr habt den Gott der Weißen hierhergebracht, einen Gott der Unterdrücker. Der Papst steht auf der falschen Seite, auf eurer, der Seite der Reichen, Mächtigen, denen das Elend derer, die sie arm gemacht haben, egal ist. Ihr habt den Indios die Schätze des Landes geraubt, die denen da draußen gehören«, sagte ich.

»Das soll ich mir ausgerechnet von einem Deutschen anhören, einem Mann desjenigen Volkes, das ganz Europa in Schutt und Asche gelegt und Millionen Menschen vergast hat? Ausgerechnet du willst mir unsere Sünden in Lateinamerika vorhalten? Ich würde zu gern sagen: Hau einfach ab, aber wir haben uns monatelang ins Zeug gelegt für Leute wie dich, damit sie während dieses Papstbesuchs keinerlei Unannehmlichkeiten in unserer Heimat haben. Ich schwöre dir, was du hier heute abgezogen hast, das wird ein Nachspiel haben.«

Im Pressezentrum blickten jetzt alle auf. Wir waren beide ziemlich laut geworden. »Na klar, droh mir ruhig«, sagte ich.

Er wandte sich ab, und im gleichen Moment lief es mir eiskalt den Rücken hinunter. Es stimmte, was er sagte. Die Legionäre hatten definitiv einen enormen Einfluss bis hin zum Papst persönlich. Ich hatte einen Fehler gemacht, der mich alles kosten konnte.

In den kommenden Tagen sah ich mit wachsendem Entsetzen, dass Carlos tatsächlich ständig in der unmittelbaren Umgebung des Papstes, der Leibwächter und der Sekretäre des Papstes war. Er hatte bestimmt Dutzende, wenn nicht Hunderte Gelegenheiten, um ihnen zuzuflüstern, dass sie sich eine Laus in den

Pelz gesetzt hatten: mich, einen Journalisten, der es wagte, den von den Legionären perfekt vorbereiteten Papstbesuch in Mexiko schlechtzumachen.

Als wir schließlich im Flugzeug saßen, um zurückzufliegen, hatte ich nicht mehr den geringsten Zweifel, dass es mich erwischen würde. Ich hoffte nicht einmal mehr darauf, mit einer Rüge davonzukommen. In erinnere mich an den Abschied von Mexiko, der mich wahrscheinlich schwer beeindruckt hätte, wenn ich nicht so besorgt gewesen wäre. Tausende Mexikaner standen auf den Straßen und hielten Spiegel hoch, sodass die ganze Stadt wie ein Lichtermeer glitzerte, während die Maschine des Papstes erschreckend tief über die Stadt hinwegflog, bevor sie Richtung Rom abdrehte. Mir war klar, dass in der ersten Stunde des Fluges gar nichts passieren würde. Sämtliche engen Mitarbeiter des Papstes würden erst mit ihm essen. Die Wagen mit den Getränken und Tabletts würden zwischen den Sitzreihen hindurchgeschoben. Erst nach dem Essen, wenn der Papst sich langsam auf die Nachtruhe vorbereiten würde, wäre die Zeit für das Jüngste Gericht, das über mich hereinbrechen würde, gekommen. Dann würde ein Mitarbeiter des Papstes den Vorhang ein klein wenig zur Seite ziehen, ein einziges Mal einem Mitarbeiter zunicken und auf mich deuten, dann wäre ich erledigt.

Das Ende kam dann keineswegs sofort. Der Vatikan ist enorm sparsam mit Sanktionen. Lediglich die Privilegien wurden ausgesetzt. Es konnte Wochen, ja Monate dauern, bis sich herausstellte, dass man erledigt war. Spätestens wenn einer meiner Chefs anfragen sollte, wann er wieder einmal mit seiner Mutter zu einem Gottesdienst mit dem Papst kommen und in vorderster Reihe sitzen könnte, und ich das dann nicht mehr organisieren könnte, würde ich wissen, dass es aus ist. Dann wäre offenkundig, dass meine Kontakte zum Papst und zu seiner Umgebung nicht mehr funktionierten und ich für meinen Arbeitgeber die Investition in Rom nicht mehr wert bin. Das würde logischerweise meine Kündigung bedeuten.

Die Servierwagen für den Digestif wurden weggeschoben, jetzt war es wohl so weit. Ich starrte auf den Vorhang und überlegte, wer kommen und den Mitarbeitern des Vatikans ein Zeichen geben und dann auf mich deuten würde. Aber zunächst geschah nichts. Die Minuten verstrichen, wir waren längst hoch über dem Atlantik, und noch immer geschah nichts. Ich verspürte gleichzeitig Angst und Müdigkeit, und irgendwann schlief ich ein.

Die Abreibung bekam ich ein paar Tage später in Rom. Ich wurde zu einem Gespräch in den Vatikan geladen und erfuhr am eigenen Leibe, wie sehr der Papst die Legionäre Christi schätzte. Mein Streit mit Carlos war bis nach ganz oben, zum Sekretär des Papstes, Don Stanisław Dziwisz, gelangt. Dziwisz schien die Legionäre für einen Segen für die katholische Kirche zu halten. Ein Mitarbeiter des Sekretariats des Papstes erklärte mir, dass ich angesichts des Protests der Legionäre mit Schwierigkeiten zu rechnen haben würde. Ich erfuhr aber nicht, welcher Art diese Schwierigkeiten sein würden. In den nächsten Monaten hing die Drohung wie ein Damoklesschwert über mir. Von nun an machte ich einen riesigen Bogen um die Legionäre, um sie auf keinen Fall weiter zu provozieren. Deswegen dachte ich auch im Traum nicht daran, Carlos je wiederzusehen.

Doch Walter ließ nicht locker. Er tauchte vor meiner Haustür auf, lud sich zum Abendessen ein, bombardierte mich mit Telefonaten, fing mich vor dem Büro ab, und irgendwann hatte er mich so weit, dass ich mich zu der ausnehmend schönen und uralten Kirche traute, in der Carlos schon seit Jahren als eine Art Mischung von Priester und Verwalter arbeitete.

Was die Verwaltung der römischen Kirchen angeht, ist die Logik des Vatikans ganz simpel. Je reicher der Orden, desto wertvoller und älter sind die Kirchen, die sie in Rom anvertraut bekommen, um sie in Schuss zu halten. Sehr alte Kirchen, die antike Gebäudeteile haben und älter als 1500 Jahre sind, kosten im Unterhalt ein Vermögen. Deswegen übergibt sie der Papst gern Kardinälen oder Orden, die so hohe Summen lockermachen können.

Fast die komplette Kirche war eingerüstet, es wimmelte dort von Bauarbeitern. Walter und ich fanden das Büro, in dem anscheinend die Baustellenleitung untergebracht war. Ich öffnete die Tür und blickte in die erstaunten Augen von Carlos.

Er sah von seinem Schreibtisch auf, der von einer seltsamen Mischung aus unterschiedlichen Gegenständen bedeckt war. Neben einem ultramodernen und zweifellos sehr teuren Laptop standen kleine Plastikbehälter mit Rosenkränzen und Postkarten, die Ansichten der Kirche zeigten und für 50 Cent zum Verkauf angeboten wurden.

Er hielt sich nicht erst mit Höflichkeiten auf.

»Ich wüsste nicht, dass ich dich hergebeten habe.«

Walter sagte: »Ich lass euch dann doch besser mal allein.« Er verdrückte sich aus dem Zimmer, allerdings nicht, ohne mir vorher ins Ohr geraunt zu haben: »Vergiss nicht, dass es um meine Familie geht.«

Carlos sah unterdessen wieder konzentriert auf seinen Laptop, als wäre ich Luft.

»Ich möchte mit dir sprechen«, insistierte ich.

»Ich aber nicht mit dir«, gab er in Richtung seines Computers zurück. »Ich habe keine Lust, mit Leuten zu verkehren, die sich als allwissend aufspielen, nachdem sie ein paar Stunden auf einem anderen Erdteil waren, und sich dann dazu berufen fühlen, über Dinge zu richten, von denen sie keine Ahnung haben. Und ich habe auch keine Lust, mit Leuten zu sprechen, denen es nichts ausmacht, Gott zu lästern.«

Er schaute konzentriert auf den Bildschirm und schwieg. Ich hatte jetzt die Nase voll und wollte gehen. Auf der anderen Seite hatte ich auch keine Lust, mich von ihm ins Bockshorn jagen zu lassen. Also blieb ich stehen. Plötzlich sah er auf und verschränkte die Arme vor der Brust.

»Nun gut«, grummelte er. »Sag schon, was du zu sagen hast. Ich warte schon seit Monaten darauf, dass du kommst. Also, leg los!«

Ich war baff. Ich hatte keine Ahnung, was er meinte. Wieso hatte er auf mich gewartet, und das seit Monaten? Was hätte ich ihm sagen sollen?

Egal, dachte ich. Frag ihn einfach, damit du Walter diesen einen verdammten Gefallen tun kannst, und dann gehst du.

»Ich muss wissen, wen der Papst zu den Johannitern schicken wird. Welcher Kardinal aus der rechten Ecke wird das machen?«

Er sah mich ein paar Augenblicke ausdruckslos an, dann stand er auf. Ich dachte erst, dass er vor Wut nach Luft schnappte, bis ich merkte, dass er lachte. Er lachte schallend und hemmungslos, dass ihm die Tränen über die Wangen liefen. Er bekam sich gar nicht wieder ein, prustete und wischte sich die Tränen aus dem Gesicht.

»Das ist gut«, schnaubte er. »Du wolltest mich nur anzapfen, um eine Information zu bekommen. Das ist wirklich gut.«

Nachdem er sich beruhigt hatte, sagte er: »Weißt du, bei mir gibt es nichts mehr anzuzapfen. Vielleicht macht es dir ja Freude, es zu hören, aber die Legionäre sind im Eimer, vollkommen im Eimer. Der angeblich heilige Ordensgründer hat sie in den Abgrund gerissen. Dein deutscher Papst Benedikt XVI. hat das ganze Ausmaß der Verfehlungen des Ordensgründers Marcial Maciel Degollado bekannt gemacht. Die Mitglieder haben Maciel Degollado wie einen Propheten verehrt, und dann entpuppt er sich als ein regelrechtes Sexmonster. Er hat Seminaristen, Kinder und Jugendliche missbraucht. Es ist alles so widerlich. Er hat ihnen nach dem Sex, fromm wie er sich gab, die Absolution erteilt. Der heilige Maciel Degollado spielte sich immer als glühender Verfechter der Ehelosigkeit der Priester auf, machte aber mit seinen Frauen Kinder in Mexiko, Spanien und der Schweiz. Er soll sich an seinen eigenen Kindern vergangen haben. Weißt du, was mich am meisten trifft?«

»Nein«, sagte ich.

»Sein geistiges Vermächtnis! Das Buch *Psalter meiner Tage* habe ich wie das Evangelium verehrt, bis herauskam, dass es ein schlichtes Plagiat war. Der angebliche Heilige hatte es einfach abgeschrieben.« Er schnappte nach Luft.

»Weißt du, wie sehr die Legionäre im Eimer sind? Ich weiß aus allererster Hand, dass Papst Franziskus sich weigerte, die Heiligsprechung von Papst Johannes Paul II. zu unterschreiben. Er verwies darauf, dass Johannes Paul II. Maciel Degollado immer weiter unterstützt hat, obwohl in Mexiko alle wussten, dass er ein Sexualverbrecher war. Die ersten Verdachtsmomente gegen Maciel Degollado stammen schon aus der Zeit des Zweiten Weltkriegs. Verstehst du, es gab Anzeigen seit dem Jahr 1943! Ich habe ihn verehrt, wie du weißt, aber die Wahrheit ist, dass Maciel Degollado den Orden zerstört hat. Die Zahl der Männer, die bei den Legionären Priester werden wollen, geht stark zurück.

Ausgerechnet bei den Legionären, die immer damit geprahlt haben, dass sie Unmengen junger Priester weihen können! Solange Papst Franziskus regiert, werden sie kein Bein mehr auf den Boden bekommen. Sie sind draußen, ausgebootet, abgeschoben. Sie erfahren überhaupt nichts mehr aus dem inneren Zirkel der Macht, weil niemand mehr mit ihnen spricht.«

»Warum hast du darauf gewartet, dass ich komme?«, fragte ich.

»Na, weswegen bist du denn hier? Das liegt doch auf der Hand! Du willst Rache, was denn sonst – das dachte ich zumindest. Ich habe dich damals, als wir noch was zu sagen hatten, in die Pfanne gehauen. Aber jetzt sitzt ein Kommunist auf dem Thron des Papstes, und du hast gewonnen. Jetzt wimmelt es im Vatikan von deinen Weltverbesserer-Freunden. Ich schätze, du hast durchgesetzt, dass ich einen Schlag in die Magengrube bekomme, und du willst mir natürlich persönlich sagen, was es ist. Rache ist eine Süßspeise, die man kalt genießt. Was ist es? Bin ich meinen Job hier in dieser Kirche los? Das ist es wahrscheinlich. Sie schicken mich zurück nach Spanien, richtig?«

»Nein«, sagte ich, »ich brauche nur Informationen aus dem Umkreis von Papst Franziskus.«

»Hör zu, die Leute, die ich kenne, haben keinerlei Interesse daran, auch nur das geringste bisschen über die Arbeit von Papst Franziskus zu erfahren. Was sie wirklich wollen und wofür sie alles tun werden, ist, dass er so schnell wie möglich vom Thron des Papstes gefegt wird. Das Einzige, was ich dir sagen kann, ist, dass um mich herum jede Menge Priester mit einem einzigen Gedanken beschäftigt sind: Wie können wir das Pontifikat dieses Kommunisten Franziskus so schnell wie möglich beenden? Wenn dich die Details interessieren, musst du Monsignore F. finden. Der ist der Einzige unter meinen Kontakten, der wirklich etwas wusste.«

XIX

Begegnung der unheimlichen Art
mit Monsignore F.

Es erwies sich als nicht ganz einfach, Monsignore F. zu finden. Irgendwie wollte niemand wirklich über ihn sprechen. Nach einigen Tagen im Spätherbst 2014 begriff ich, warum das so war.

Er war versetzt worden, und zwar eindeutig strafversetzt. Schließlich bekam ich heraus, wo er nun seinen kirchlichen Aufgaben nachgehen musste – in einer Stadt an der Adria. Irgendetwas musste im Laufe seiner Karriere gründlich schiefgegangen sein, und zwar noch während des Pontifikats von Johannes Paul II. Ich hatte versucht, alles über ihn in Erfahrung zu bringen, dessen ich habhaft werden konnte. Das Ergebnis war enttäuschend: Monsignore F. war bereits viele Jahre vor dem Amtsantritt von Papst Franziskus an die Adria versetzt worden. Monsignore F. war Papst Franziskus zudem nie begegnet. Alles deutete darauf hin, dass Monsignore F. nicht einmal Kontakt zu Franziskus und seinem Umfeld gehabt hatte. Er konnte eigentlich gar nichts wissen, was den inneren Zirkel um Franziskus betraf. Dass ein Mann, der so weit weg von Rom in einer unbedeutenden Pfarrei lebte und vor so langer Zeit zum letzten Mal im Vatikan gewesen war, echte Geheimnisse kannte, also wusste, wer genau den Papst bekämpfen und absetzen wollte, erschien als vollkommen abwegig. Wenn nicht einmal meine besten Kontakte im Vatikan, die dem Papst wirklich nahe kamen, wussten, wer genau den Papst zu stürzen beabsichtigte, wie bitte sollte dann ein abservierter

Mann, der seit Jahrzehnten keinen Zugang mehr zum Papst hatte, darüber irgendetwas wissen?

Mir kam der Verdacht, dass Carlos mich schlicht hereingelegt und mich aus reiner Bosheit dazu verleitet hatte, zwei Tage damit zu verschwenden, an die andere Küste Italiens zu fahren. Im Grunde hatte ich mich auf die Reise gefreut. Ich mag die Adria. Ich finde, dass sie zu Unrecht als »Teutonengrill« beschimpft wird. Die Städte an der Küste sind sehr viel schöner als ihr Ruf. Ich habe eine ganze Menge Freunde dort, und ich schätze deren gastfreundliche Art und die 50er-Jahre-Atmosphäre, die immer noch in einigen Städten herrscht. Meine Frau hatte dort vor über 30 Jahren ein paar Monate lang gearbeitet und das Privileg genossen, im legendären Grand Hotel von Rimini zu wohnen, wo ich sie so oft wie möglich besuchte. Ich erinnere mich, dass die Rockgruppe Pink Floyd in diesem Sommer ein Konzert in Venedig gab und eine Algenpest ausbrach, was beides dazu führte, dass ich genug Vorwände hatte, um zu meiner späteren Frau zu fahren. Es war eine sehr schöne Zeit gewesen.

Ich freute mich also, dass der Besuch bei Monsignore F. mir gestatten würde, ein paar dieser Städte wiederzusehen, in denen ich lange nicht mehr gewesen war. Das Telefonat mit Monsignore F. war allerdings ausgesprochen schroff verlaufen, wenn nicht ausgesprochen unfreundlich. Statt mich in seine Pfarrei zum Kaffee zu bitten, wie es eigentlich üblich ist, hatte er sich lediglich dazu bereit erklärt, sich zu einem kurzen Gespräch mit mir zu treffen. Er blieb vage und sagte nur, ich solle in seine Kirche kommen. Ich hatte keine Ahnung, warum er sich so ablehnend verhielt.

Die Reise war für mich ein seltsames Erlebnis, vor allem, weil es so kalt war. Der Winter hatte begonnen, und ich stoppte kurz in Rimini. Noch nie in meinem Leben war ich bei Minusgraden an der Adria gewesen. Die bunten Umkleidehäuschen waren wie mit Zuckerguss von Raureif überzogen, und am Strand tummelten sich Hunde mit ihren in dicke Jacken eingewickelten

Besitzern. Das Grand Hotel schien in einem Dornröschenschlaf zu liegen, die Tennisplätze neben dem Hotel waren mit einer Eisschicht überzogen und schienen auf den Sommer zu warten. Auch die Menschen wirkten völlig anders, als ich es gewohnt war. Statt mit ausladenden Gebärden jede Begegnung zu zelebrieren und sich unendlich viel Zeit für allerlei Gespräche auf der Straße oder der Piazza zu lassen, flohen sie vor der klirrenden Kälte so schnell wie möglich in die schützenden Häuser. Die Kaffeebars, die im Sommer so verlockend wirkten, schienen völlig ungeeignet für den Winter zu sein. Die Glastüren, die Theken mit den Fächern für Eis, die schlichte Einrichtung mit wenigen weißen Barhockern – all das, was im Sommer so gut zu der Hitze passte, machte jetzt einen abweisenden und eingefrorenen Eindruck. Vergeblich versuchte ich, ein auch nur halbwegs geheiztes Lokal zu finden. Eigentlich suchte ich nur einen Laden, wo ich eine Piadina essen konnte, diese so leckeren Fladenbrote mit Stracchino-Käse, Schinken und Rucola, fand aber nichts dergleichen und beschloss also weiterzufahren.

Als ich die Stadt von Monsignore F. erreichte, schickte ich ihm eine SMS. Er antwortete aber nicht. Also fuhr ich zu seiner Kirche, die leider vollkommen ungeheizt war, wickelte mich in meine Jacke, zog den Schal enger, betete ein wenig und wartete.

Nach etwa einer Viertelstunde, als ich schon fast zu einem Eisblock gefroren war, tauchte Monsignore F. endlich auf. Er war ein großer, gut aussehender Mann von etwa 60 Jahren mit einem weißen Haarkranz. Für einen Kirchenmann schien er mir ungewöhnlich schlank. Er bewegte sich geschmeidig, wie ein geübter Wanderer. Sein glatt rasiertes Gesicht wirkte mürrisch, als hätte ich ihn bei etwas Wichtigem gestört. Er machte mir ein Zeichen, dass ich ihm folgen sollte, und ging zur Sakristei. Er schloss auf, und zu meiner Enttäuschung musste ich feststellen, dass es auch in der Sakristei nur unwesentlich wärmer war.

»Hören Sie«, sagte er zu mir, »ich kenne Sie aus dem Fernsehen, und ich möchte eines klarstellen: Ich mag Sie nicht.«

»Darf ich fragen, warum Sie mich nicht mögen?«

»Sicher. Ich kann es nicht ausstehen, wenn jemand solchen Unsinn über Papst Johannes Paul II. verzapft wie Sie, dass er etwa dazu beigetragen habe, die Berliner Mauer zu Fall zu bringen, dass er die europäische Geschichte beeinflusst habe. Das hat er nicht. Er war ein störrischer alter Mann, über den man im Vatikan sagte: Gott vergibt immer, Karol Wojtyła nie.«

»Das habe ich aber anders in Erinnerung.«

»Das weiß ich, und ich habe keine Lust, das mit Ihnen zu diskutieren.«

»Ich denke, dass ich mich für Ihre Offenheit bedanken sollte.«

»Das können Sie sich sparen«, schnaufte er. »Sagen Sie mir einfach, was Sie von mir wollen, und stehlen Sie mir nicht meine Zeit.«

Das war der springende Punkt. Was wollte ich eigentlich von ihm? Ich dachte einen Augenblick nach, was ihm offensichtlich missfiel. »Also, was ist jetzt?«, meckerte er. »Wenn Sie mir nichts mehr zu sagen haben, sollten Sie jetzt gehen.«

Ich dachte, ich probiere es jetzt einfach mit der Wahrheit. »Es gibt jemanden, der mich hierhergeschickt hat, weil ich einer ganz bestimmten Frage nachgehe.«

»Die wäre?«

»Die Frage lautet: Wer will Papst Franziskus zum Aufgeben zwingen?«

»Sie sind dümmer, als ich dachte«, schimpfte er. »Woher soll ich das wissen? Seit über 20 Jahren sitze ich hier in diesem Loch und habe keine Ahnung, was in Rom passiert. Wer hat Ihnen denn eingeflüstert, dass Sie zu mir kommen sollten?«

»Das möchte ich lieber nicht sagen.«

»Gut«, antwortete er, »dann war es das jetzt.«

Er öffnete die Tür zur Sakristei und ließ mich in die Kirche hinausgehen. Er ging stumm neben mir her bis zum Portal der Kirche und wandte sich dann grußlos ab.

Ich blieb einfach stehen und fragte mich, was ich jetzt tun sollte. Plötzlich stand er wieder neben mir.

»Sie haben Sie wegen etwas ganz anderem zu mir geschickt. Habe ich recht?«, fragte er.

Ich war so überrascht, dass ich beim besten Willen nicht wusste, was ich antworten sollte. Dann sagte ich einfach: »Ja, das stimmt.«

»Das dachte ich mir«, erwiderte er. »Und jetzt fahren Sie mit leeren Händen zurück.«

»Sieht ganz so aus«, antwortete ich.

Er schwieg einen Augenblick, dann sagte er: »Ich könnte es mir eventuell anders überlegen, vielleicht sollten Sie noch eine Weile bleiben. Ich muss nachdenken.« Dann verschwand er in der Dämmerung.

Ich setzte mich in mein Auto und wusste nicht so recht, was ich jetzt tun sollte. Worüber wollte er nachdenken? Der Weg zurück nach Rom würde etwa fünf Stunden dauern, ich würde tief in der Nacht ankommen und meine Familie wecken. Ich fuhr ein wenig herum und sah, dass es ein einziges geöffnetes Hotel gab. Bevor ich ausstieg, schaute ich auf mein Handy. Er hatte nicht versucht, mich anzurufen. Dann ruhst du dich heute Abend einfach nur im Hotel aus, dachte ich.

Ich stellte mein Auto auf einem Parkplatz ab, dessen lädierten Begrenzungsmauern ich ansehen konnte, dass hier im Sommer ein gnadenloser Kampf um jeden Zentimeter stattfinden musste. Jetzt stand mein Wagen dort ganz allein. Der Mann an der Rezeption ließ mich mürrisch ein Formular ausfüllen. Er schien sich nicht darüber zu wundern, dass ich kaum Gepäck dabeihatte, sondern gab mir wortlos die elektronische Zimmerkarte. Ich ging die langen, blau gestrichenen Flure entlang, die im Sommer Frische und Kühle ausstrahlen würden, jetzt aber nur eiskalt wirkten. Das Zimmer war nicht geheizt. Ich fand zwar einen Heizköper, konnte den Regler auch aufdrehen, aber es kam keinerlei Wärme an. Die Anlage war ausgeschaltet. Ich hüllte mich in meine dicke Jacke, setzte mich auf einen Stuhl am Fenster und sah hinaus auf das Meer, das feindselig gegen den Strand schlug. Ich ärgerte mich darüber, dass ich nicht gleich nach Rom gefahren war, und beschloss, dies jetzt doch zu tun, vorher aber noch ein Restaurant zu suchen und etwas zu essen. Missmutig verließ ich das bereits bezahlte Zimmer in der Gewissheit, nicht mehr zurückzukommen.

Der alte Mann am Empfang zog gerade seine Jacke an und blickte mich entschuldigend an. »Ist sicher kalt im Zimmer, vielleicht gebe ich Ihnen noch eine Decke.«

»Wie wäre es mit heizen?«

»Die Anlagen in den Zimmern können nur kühlen.«

»Das hätten Sie mir vielleicht vorher sagen sollen.«

»Ich kann nichts machen«, sagte er. »Sehen Sie, Sie sind der einzige Gast, und ich mache jetzt Schluss. Sie haben ja die Karte zu Ihrem Zimmer, die öffnet auch den Haupteingang. Außerdem scheinen Sie sich ja ungestört unterhalten zu wollen.« Er ließ mich stehen und verließ mit schleppendem Schritt das Hotel. Die Glastür glitt hinter ihm zu. Ich war allein.

Irgendwoher kam ein Geräusch, als kratzte ein Stuhl auf dem Linoleumfußboden. Es schien aus dem Restaurant zu stammen. Ich drehte mich um und ging den himmelblau gestrichenen Gang entlang an den Gästetoiletten vorbei zu der mit bunten Fischen verzierten Glastür des Speisesaals. Die Tür ließ sich leicht aufstoßen, aber ich fand den Lichtschalter nicht. Im Halbdunkel erkannte ich zahlreiche Tische, die mit großen weißen Tüchern abgedeckt worden waren. Auf einem Tisch sah ich eine Kaffeemaschine, daneben stapelten sich Tassen. Auf einem weiteren Tisch wartete eine ganze Armee aus Salz- und Pfefferstreuern auf den Beginn der Saison. Ich erkannte daneben einen Schrank voller Wassergläser und musste an das Geräusch denken, das Eiswürfel in einem Glas machen, und spürte die empfindliche Kälte jetzt noch mehr. Ich wollte mich gerade wieder umdrehen und gehen, als ich Monsignore F. erkannte.

Er saß in seinen Mantel gehüllt an einem Tisch.

»Ich schätze, dass wir hier nicht einmal einen Kaffee bekommen werden«, sagte er. »Aber setzen Sie sich doch!«

Ich gehorchte und ließ mich auf einen Stuhl an seinem Tisch gleiten.

Er sah mich jetzt hoch konzentriert an, als suchte er nach einem ganz bestimmten Merkmal in meinem Gesicht. Dann fuhr er fort: »Also, zunächst möchte ich, dass Sie wissen, dass man Ihnen das alles ganz falsch dargestellt hat. Sie haben Ihnen mit Sicherheit gesagt, dass wir es nicht geschafft haben, aber das stimmt nicht. Wir haben es geschafft.«

Was zum Henker mag er geschafft haben, dachte ich.

»Es gab einen ganz bestimmten Punkt, an dem wir beschlossen haben, Papst Johannes Paul II. zu stürzen.«

Mir klappte schier die Kinnlade herunter. Deswegen also hatte Carlos mich hierhergeschickt. Er wollte mich nicht zu einem Mann schicken, der Papst Franziskus stürzen will, sondern zu einem, der schon einmal einen Papst gestürzt hat.

Monsignore F. fuhr fort: »Ich war zusammen mit den anderen der Meinung, dass der Papst aus Polen Gottes wichtigste Gebote missachtete, was den Gottesdienst angeht. Wir haben nur aus Achtung und Furcht vor Gott gehandelt. Wir waren gezwungen, etwas zu tun.«

Ich versuchte eine möglichst ausdruckslose Miene aufzusetzen und meine Überraschung zu verbergen.

»Als er mit dieser unseligen Idee der Weltjugendtage daherkam, haben wir zunächst versucht, ihn zu beraten. Ich habe ihn gefragt: ›Wie bitte wollen Sie eine heilige Messe feiern mit drei Millionen Teilnehmern?‹ Die heilige Messe der katholischen Kirche ist gedacht für einige Hundert, wenn es hochkommt einige Tausend Teilnehmer, aber auf keinen Fall für mehrere Zehntausend und ganz sicher nicht für Millionen. Doch Karol Wojtyła war nicht davon abzubringen. Ich habe es ihm selber gesagt: ›Heiligkeit, nach den Regeln unserer Kirche muss sichergestellt sein, dass jeder, der das möchte, vor einem Gottesdienst beichten kann. Wie bitte wollen Sie ermöglichen, dass Millionen Menschen beichten können? Das ist unmöglich. Wie bitte sollen die Priester an Millionen Menschen die geweihten Hostien austeilen? Das geht einfach nicht!‹«

Er schlug zur Bekräftigung seiner Worte auf den Tisch.

»Ich habe ihn gewarnt, ich habe ihm gesagt, dass während der Massenmessen, die er plante, dem Missbrauch Tür und Tor geöffnet werde. Wenn Millionen Menschen zur Kommunion gehen wollen, wird es sich einfach nicht vermeiden lassen, dass Behälter mit dem Leib Christi in den Dreck fallen, weil die Kommunionshelfer nicht geordnet in den Gängen einer Kirche, sondern im Gedränge der Massen auf einem Acker die Hostien verteilen müssen. Auf der anderen Seite macht eine heilige Messe, ohne dass alle Gläubigen die Möglichkeit haben, die geweihten Hostien zu empfangen, keinen Sinn. Ich flehte ihn an: ›Lassen Sie die Idee der Weltjugendtage fallen. Verzichten Sie auf heilige Messen mit riesigen Massen.‹ Doch er hörte nicht auf uns.«

»Und dann?«, fragte ich.

»Dann wurden wir deutlicher. Wir schrieben ihm, dass die Massenmessen eine Lästerung Gottes und eine Missachtung der Sakramente sind. Doch er wollte einfach nicht hören. Er schien wie berauscht von diesen riesigen Massen, schien immer neue Rekorde brechen zu wollen, immer mehr Millionen von Menschen zu Massengottesdiensten holen zu wollen. Dann mussten wir reagieren.«

»Was haben Sie getan?«

»Wir haben seinen Rücktritt einleiten wollen. Das war damals unendlich viel schwieriger als heute. Wir waren gezwungen, äußerst komplizierte Entscheidungen zu treffen. Sollten wir seine Feinde unterstützen, ihn gesellschaftspolitisch oder aber innerkirchlich unter Druck setzen? Wir haben erwogen, sein direktes Umfeld anzugreifen, es boten sich da eine Menge

Möglichkeiten, einige Priester in seiner direkten Umgebung waren ziemlich leicht zu manipulieren. Aber dann haben wir schließlich die einzig richtige Idee entwickelt, die zum Ziel führte.«

Er winkte ab.

»Ich weiß, was Sie jetzt sagen wollen: Wieso? Es hat doch nicht funktioniert, Sie haben es doch gar nicht geschafft, ihn zu stürzen. Aber das stimmt nicht. Wir haben es geschafft. Wir haben die einzig wirksame Strategie entwickelt: Das Geheimnis bestand darin, seine Selbstzweifel zu verstärken, und genau das hat geklappt. Allerdings sind wir bestohlen worden. Unseren Plan haben andere umgesetzt und damit Papst Benedikt XVI. vom Thron gefegt. Es ist nicht so, wie man Ihnen gesagt hat. Wir haben die völlig richtige Strategie entwickelt, allerdings ist damit ein anderer Papst gestürzt worden.«

Er sah mich triumphierend an.

»Der Mechanismus der Strategie ist ganz einfach. Jeder Papst leidet an Selbstzweifeln und denkt irgendwann, dass er für das Amt nicht geeignet ist. Das liegt in der Natur der Sache: Jeder Mensch, der bei Sinnen ist, muss an der Tatsache verzweifeln, dass er ein Amt ausüben könnte, das ihm das Recht gibt, Stellvertreter Gottes genannt zu werden.«

Das Verhältnis zwischen uns hatte sich verändert, er strahlte plötzlich eine enorme Autorität aus. Ich saß wie ein verunsicherter Schüler vor ihm.

»Also?«, fragte er plötzlich. »Der Name? Wer hat Sie geschickt?«

Ich war so überrascht, dass ich ohne nachzudenken antwortete: »Carlos.«

»Der Carlos, der sich um die alte Kirche kümmert?«

Ich nickte.

»Das wundert mich nicht. Wie viele sind es?«

»Ich verstehe nicht.«

»Wie viele hat er um sich geschart? Wie viele Kardinäle, Bischöfe, Priester, wie viele sind dabei?«

»Ich weiß es nicht«, sagte ich.

»Wenn Sie das nicht wissen, dann trauen sie sich nicht wirklich.« Er zog einen Zettel aus der Manteltasche und legte ihn auf den Tisch. »O. k., kommen wir zu dem Punkt, weshalb sie Sie geschickt haben. Sie sollten mich fragen, was ich in dieser Situation tun würde, um den Papst zu stürzen.«

Ich war mir ziemlich sicher, dass ich in diesem Augenblick blass wurde, und ich hoffte, dass er das in der Dunkelheit nicht sehen konnte.

»Sie müssen Folgendes wissen: Es gibt ein Geheimnis in diesem Pontifikat, und das ist, dass dieser Papst der Einzige ist, der zusammen mit Männern regieren muss, die nur dafür ausgebildet wurden, ihn zu verhindern und zu bekämpfen. Ich demonstriere Ihnen das an einem konkreten Beispiel. Zu Zeiten von Papst Paul VI. zeichnete sich die US-amerikanische Bischofskonferenz dadurch aus, dass sie eher linksliberal war. Sie forderte bereits 1971, zwei Jahre vor dem Rückzug der US-Armee, die Einstellung von deren Kampfhandlungen im Vietnamkrieg und wurde deswegen als Nestbeschmutzer beschimpft. Die steinreichen USA sollten nach Meinung der amerikanischen Katholiken aktiv die bittere Armut in weiten Teilen der Welt bekämpfen. Als Dank dafür, dass die US-Katholiken damals erhebliche Summen für die armen Länder Afrikas gespendet hatten, bekam die US-Bischofskonferenz von Papst Paul VI. dessen Tiara (Papstkrone), die dieser 1964 in einer spektakulären Geste auf dem Hauptaltar des Petersdoms abgelegt hatte, geschenkt. Noch heute wird sie in der Memorial Hall der Basilica of the National Shrine of the Immaculate Conception in Washington, D.C., aufbewahrt. Papst Johannes Paul II. beschloss nach seiner Wahl im Jahr 1978, die Bischöfe des amerikanischen Kontinents nach und nach auszutauschen und durch sehr konservative Männer zu ersetzen, was auch geschah. Einer von ihnen heißt Raymond Burke. Ich schätze, Sie kennen ihn.«

Natürlich kannte ich ihn.

»Der Supertraditionalist und ultrakonservative Kardinal schaffte seinen Aufstieg dank eines Masterplans von Papst Johannes Paul II. für die USA. Begünstigt wurde der Papst dabei durch die Politik des US-Präsidenten Ronald Reagan, der ganz im Einklang mit Johannes Paul II. einen scharfen Kurs gegen das atheistische Sowjetimperium, für beide das »Reich des Bösen«, fuhr und ihm ein extremes Wettrüsten aufzwang, was schließlich zum Mauerfall führte. Einer der Bischöfe, die im Zuge dieses kolossalen Rechtsrucks in der US-amerikanischen Kirche von Papst Johannes Paul II. ernannt wurden, war Raymond Burke. Er bekam 1994 den Bischofssitz in La Crosse, Wisconsin, einer Stadt mit 50 000 Einwohnern. Aus Sicht des Papstes bewährte sich Raymond Burke als Traditionalist und Ultrakonservativer so sehr, dass er 2003 sogar Erzbischof des sehr viel wichtigeren Erzbistums von St. Louis, Missouri, wurde.«

»Klar«, sagte ich, »aus Sicht des Vatikans war St. Louis nicht irgendein Bischofssitz. Justin Francis Rigali stammte schließlich von dort, er war der Chefübersetzer für die englische Sprache während der Pontifikate von Paul VI., Johannes Paul I. und Johannes Paul II. Karol Wojtyła schätzte Rigali ganz besonders und gewährte ihm eines der wertvollsten Geschenke, das ein Papst vergeben kann.«

»Genau«, antwortete Monsignore F. »Auf dem Rückweg von einer Pastoralreise nach Mexiko-Stadt befahl der Papst zu Ehren Rigalis einen Stopover in dessen Diözese St. Louis, obwohl die Grundvoraussetzungen angesichts der pikanten Probleme des US-Präsidenten Bill Clinton sehr ungünstig waren. Die ganze Welt sprach damals über die Oralsexaffäre von Clinton mit seiner Praktikantin Monica Lewinsky. Papst Johannes Paul II. war nicht der Mann, der solche sexuellen Praktiken gern kommentierte. Dennoch entschied er sich für den Besuch in St. Louis, obwohl das ein Zusammentreffen mit Bill Clinton bedeuten würde.«

Ich erinnere mich noch gut an dieses verkorkste Treffen. Clinton wusste, wie schwierig der Dialog mit dem Papst sein würde. Er ließ Johannes Paul II., der wegen eines Hüftleidens an starken Schmerzen litt, eine weite Strecke über das Flugfeld laufen, ohne ihm einen Wagen entgegenzuschicken. Der erschöpfte Karol Wojtyła musste seine letzten Kräfte mobilisieren, um eine vernichtende Rede gegen Clinton halten zu können. Mit dünner Stimme verurteilte er Clintons Politik und beschuldigte die USA aufzurüsten, um schwächere Länder angreifen zu können. Seit diesem historischen Besuch galt die Diözese St. Louis vatikanischen Kreisen als wichtig. Es lag auf der Hand, dass Johannes Paul II., der den Besuch dort sicher nicht vergessen hatte, den neuen Bischof für die Stadt mit großer Sorgfalt aussuchen würde.

Monsignore F. fuhr fort: »Die Ernennung des Supertraditionalisten Burke war ein klares weiteres Zeichen, dass die US-Kirche in eine noch konservativere Richtung geschoben werden sollte. Benedikt XVI. schätzte den von seinem Vorgänger installierten Burke nicht nur, er sah in ihm auch eine verwandte Seele. Das lag vor allem daran, dass Burke ebenso wie Ratzinger ein glühender Verehrer der alten Tridentinischen Messe auf Latein war. Benedikt beschloss, die Karriere von Burke weiter zu befeuern, und berief ihn 2008 zum Präfekten der Apostolischen Signatur und somit zum Chef des obersten Gerichtshofs des Vatikans. Noch nie hatte ein Nichteuropäer einen so wichtigen Posten bekommen. Im Jahr 2010 bekam Raymond Burke schließlich den Kardinalshut. Der ultrakonservative Kirchenmann stieg auf der Karriereleiter weiter nach oben, er schaffte den Sprung in eine der wichtigsten Kongregationen der Kirche, derjenigen für die Bischöfe, sowie in die Kongregation für Selig- und Heiligsprechungen. Was für eine Karriere! Mit der Wahl von Jorge Mario Bergoglio zum Papst 2013 änderte sich jedoch alles. Die beiden Vorgänger von Franziskus hatten Burke bis in die absolute Spitzengruppe der katholischen Kirche geschoben. Doch von Anfang an gab es nicht den geringsten Zweifel daran, dass es zwischen Papst Franziskus und Raymond Burke Krach geben würde.«

Er hatte recht: Burke verkörperte all das, was Papst Johannes Paul II. und auch Papst Benedikt XVI. befördert hatten und was Papst Franziskus hasste: eine selbstverliebte, rückwärtsgewandte, untätige Kirche frömmelnder Traditionalisten.

»Dieser Raymond Burke«, fuhr der Monsignore fort, »hat seine sensationelle Karriere nur mit einem Ziel absolviert: Männer wie Bergoglio zu bekämpfen. Da ist aber nicht nur Burke. Nicht nur in den USA installierte Papst Johannes Paul II. konsequent ultrakonservative Kardinäle. Einer von ihnen war Alfonso López Trujillo.«

O Gott, dachte ich, den hatte ich noch sehr gut gekannt. Mich hatte immer erschreckt, mit welch offenem Hass López Trujillo seine Konflikte ausgetragen hatte. Dabei ging es oft nicht um die Sache, sondern um persönliche Verachtung, Abscheu und den Willen, Bergoglio persönlich zu treffen und zu zerstören.

»Sie wissen wahrscheinlich, dass Kardinal López Trujillo aus einer Oberschichtfamilie in Kolumbien stammte. Er stieg zum Chef des Päpstlichen Rates für die Familie auf und hegte einen unverhohlenen Hass gegen Bergoglio und alles, was mit ihm zu tun hatte.«

Ja, ich konnte mich gut daran erinnern, weil dieser Streit so brutal geführt wurde. Am deutlichsten zeigte dies das Schicksal des am 24. März 1980 in San Salvador, der Hauptstadt von El Salvador, ermordeten Bischofs Óscar Romero. Für die Männer um Franziskus war Romero einer ihrer wichtigsten Helden, ein aufrechter Verfechter der Theologie der Befreiung und Streiter an der Seite der Armen. Was bitte konnte ein Priester gegen einen Bischof haben, der am Altar während eines Gottesdienstes von feigen Ex-Militärs regelrecht hingerichtet wurde? Der 2008 verstorbene Kardinal López Trujillo verhinderte zu seinen Lebzeiten, dass dieser Mann, der Held der lateinamerikanischen Bischöfe und des Jorge Mario Bergoglio, selig- oder gar heiliggesprochen wurde. Erst 2018 konnte Papst Franziskus Óscar Romero heiligsprechen – ein später Sieg über seinen Feind López Trujillo.

1 »Urbi et orbi« in Zeiten von Corona: Zum ersten Mal in der Geschichte spendet Papst Franziskus am 27. März 2020 außerhalb des kirchlichen Festtagskalenders seinen apostolischen Segen. Er bittet Gott um Hilfe gegen die zu diesem Zeitpunkt vor allem Italien mit Wucht heimsuchende Pandemie – aus Gründen des Infektionsschutzes steht er allein im Regen auf einem ringsum leeren Petersplatz.

2 Franziskus und die Kurie: Seit seiner Wahl zum Oberhaupt der römisch-katholischen Kirche kracht es regelmäßig zwischen dem Papst und den Kardinälen der vatikanischen Regierung.

3 Kardinal Gerhard Ludwig Müller: Der vom Papst aus dem Amt gescheuchte ehemalige Chef der Glaubenskongregation muss sich von Franziskus sagen lassen, er benehme sich »wie ein Kind«.

4 Kurienerzbischof Georg Gänswein: Dem Deutschen wurden immer wieder Intrigen gegen Papst Franziskus nachgesagt – das unglückliche Verhältnis endet mit seiner Beurlaubung als Präfekt des Päpstlichen Hauses.

5 Carlo Maria Viganò: Der Kurienerzbischof forderte offen den Rücktritt des Papstes und gilt als Anführer der Revolte gegen ihn.

6 Franz-Peter Tebartz-van Elst: Der ehemalige Bischof von Limburg löste einen heftigen Streit zwischen Papst Franziskus und dem zurückgetretenen Joseph Ratzinger aus. Im März 2014 nahm Franziskus das Rücktrittsgesuch von Tebartz-van Elst an. Seitdem arbeitet er als Kurienbischof und lebt in einem der teuersten Stadtviertel von Rom in der Nähe der Piazza Navona.

7 Kurienkardinal Walter Kasper: Vom ersten Tag an bedeutet die offene Freundschaftsbekundung des Papstes eine Kampfansage an seine Gegner in der Kurie.

8 September 2006: Einer der fatalsten Momente im Pontifikat von Papst Benedikt XVI., als er in Regensburg eine Rede hält mit einem Zitat, Mohammed habe der Welt nur Schlechtes gebracht. Es folgten gewalttätige Proteste in der gesamten muslimischen Welt, vor allem in Ägypten.

9 Februar 2019: Papst Franziskus unterschreibt in Abu Dhabi das historische Abkommen zur menschlichen Brüderlichkeit mit Großscheich Ahmed el-Tayyeb, dem wichtigsten Repräsentanten des Islam.

10 Wenn es nicht zum Dialog kommt, droht Krieg: Papst Franziskus erläutert in Abu Dhabi eindringlich die Notwendigkeit eines Abkommens mit dem Islam. Als erster Papst der Geschichte absolvierte Franziskus, der danach noch Marokko besuchte, zwei Auslandsreisen nacheinander in rein muslimische Länder.

11 Die gute Nachricht: Die Zeitung vom 5. Februar 2019 berichtet von einem geschichtsträchtigen Ereignis, denn als erster Papst feierte Franziskus auch vor Muslimen eine Messe auf der Arabischen Halbinsel.

12 Amazonas-Bischofskonferenz im Oktober 2019: Nach der feierlichen Eröffnung im Petersdom sollte es zu einem heftigen Streit um den Glauben der Bewohner der Amazonasregion kommen.

13 Herzliche Begrüßung: Papst Franziskus empfängt freudig die farbenprächtigen Abgesandten der indigenen Bevölkerung.

14 Die Pachamama: Ist diese Figur einer schwangeren Frau etwa nur ein Götzenbild, dessen Verehrung der Papst zulässt? Als ein Pater während der Andacht im Park des Vatikans vor der Statue kniet, hagelt es Proteste.

15 Papst Franziskus mit Dario Edoardo Viganò: Der brasilianische Medienexperte wird für ein spektakuläres Eigentor sorgen. Im März 2018 akzeptierte Franziskus sein Rücktrittsgesuch vom Posten des Kommunikationschefs des Vatikans. Der zweifellos brillante Viganò wurde in die Päpstliche Akademie der Wissenschaften versetzt.

16 Ernesto Cardenal: Papst Franziskus rehabilitierte den Befreiungstheologen aus Nicaragua und setzte damit gleich zwei Vorgänger ins Unrecht.

17 Reise nach Lampedusa: Schon kurz nach seiner Wahl stellte der Papst klar, dass er gegen die Unbarmherzigen dieser Welt immer Stellung beziehen würde. Über Nacht bekamen die Flüchtlinge der Welt einen weltberühmten Fürsprecher.

18 An einer Tafel mit den Armen: Papst Franziskus lädt einmal im Jahr zu einem gemeinsamen Essen in die Audienzhalle des Vatikans und lässt es sich dabei auch selber schmecken.

19 Der Wunderpapst: Papst Johannes Paul II. mit Vatikan-Korrespondent Andreas Englisch, der ihn achtzehn Jahre lang auf zahlreichen Auslandsreisen begleiten durfte.

20 Ein Jahrtausend-Bild: Zwei Päpste leben seit der Wahl von Franziskus im Jahr 2013 im Vatikan. Wenn früher ein Papst abgedankt hatte, musste er damit rechnen, danach verfolgt oder inhaftiert zu werden.

21 Der deutsche Pontifex: Ein einzigartiger Moment im Leben eines Journalisten, als Korrespondent und Landsmann von Papst Benedikt XVI. empfangen zu werden.

22 Signierstunde über den Wolken: Papst Franziskus scherzt anlässlich der Überreichung des Rom-Buchs von Andreas Englisch: »Ihr Buch muss ich wohl rasch lesen, ich bin zwar der Bischof von Rom, aber weiß noch längst nicht alles über die Stadt.«

23 Fridays for future: Papst Franziskus empfing die Klimaaktivistin Greta Thunberg während der Generalaudienz im April 2019 und dankte für ihr Engagement zum Schutz von Gottes Schöpfung.

24 Lasset die Kinder zu mir kommen: Der Papst mit jungen Syrern im Gästehaus des Vatikans in Castel Gandolfo. Franziskus beendete die Abgeschiedenheit der Päpste und weigerte sich, im Apostolischen Palast einzuziehen.

25 Triumphaler Papstbesuch: September 2019 kam Franziskus nach Mosambik zur Feier des Friedensschlusses, der 1992 mit Unterstützung des Vatikans den Bürgerkrieg beendet hatte.

26 Im Gegenwind: Der starke Sturm am Hafen von Port Louis auf Mauritius lässt das Käppi (Pileolus) des Papstes abheben. Er nahm es mit Humor und predigte einfach weiter.

Der Grund für diesen abgründigen Hass war der unterschiedliche Umgang mit Armut. Lopez Trujillo stammte aus einer sehr prominenten reichen Familie, sein Vater und mehrere seiner Verwandten standen im Dienst der kolumbianischen Regierung. Der Vorwurf, dass die reiche Oberschicht Lateinamerikas, wie etwa die Familie von López Trujillo, die Armen ausbeuten würde, stachelte den Kardinal zu maximalem Hass an. Der Theologie der Befreiung zufolge würden die Menschen in Lateinamerika ja nicht arm geboren, sondern die Reichen dort würden vielmehr dafür sorgen, dass die Menschen arm gemacht und um ihre Chance auf gleichberechtigten Zugang zu den Reichtümern des Landes gebracht werden.

»Alfonso López Trujillo«, fuhr mein Gegenüber fort, »sah Männer wie Bergoglio immer als Kommunisten, die es mit aller Macht zu bekämpfen galt. Dass Männer der Kirche wie Óscar Romero in El Salvador oder Jorge Mario Bergoglio in Argentinien sich an die Seite der Ausgebeuteten stellen und die Rechte der Armen ausgerechnet im Namen der Kirche einfordern könnten, sah López Trujillo geradezu als Verrat an. Er unternahm mit Unterstützung von Papst Johannes Paul II. alles, um den Männern um Bergoglio und der Dachorganisation des Lateinamerikanischen Bischofsrats, CELAM, zu schaden. Um ein Haar hätte er 1992 in Santo Domingo die komplette Organisation der Bischofskonferenz zerschlagen. López Trujillo hatte reichlich Zeit, in den folgenden Jahren eine Phalanx von Männern aufzubauen, die nur eines sollten: Männer wie Bergoglio bekämpfen. Verstehen Sie das?«

»Sicher verstehe ich das. Aber Franziskus wurde trotzdem zum Papst gewählt, auch wenn es eine Reihe Kardinäle gab, die ihn bekämpfen wollten.«

»Ja, aber doch nur, weil die konservativen Kardinäle nach dem Flop des Pontifikats ihres Stars Joseph Ratzinger gezwungen waren, sich mit den progressiven Kardinälen zu einigen. Die wiederum sahen in Bergoglio einen harmlosen Übergangspapst, mit seinen 76 Jahren und nur einem Lungenflügel. Es gab keinen Zweifel, dass der von der Phalanx der mit theologischem Fachwissen bis an die Zähne bewaffneten konservativen Kardinäle an der Kandare gehalten werden würde. Es konnte doch keiner ahnen, dass in dem netten Pausenclown für die Übergangszeit ein unfassbar gefährlicher Drache steckte. Deswegen ist mein Rat ganz einfach: Es ist viel simpler, diesen Papst loszuwerden als Papst Benedikt. Allerdings müsst ihr die Strategie wechseln. Es hat keinen Sinn zu versuchen, die Selbstzweifel von Papst Franziskus zu verstärken, dazu ist er viel zu klug. Er ist sich der Besonderheit seines Pontifikats bewusst: nämlich dass er der erste Papst ist, der in der Kurie von Männern umgeben ist, die dazu ausgebildet wurden, Männer wie ihn zu bekämpfen.

Es gibt nur einen Weg: Setzt das Geschenk ein, das euch Gott gegeben hat. Es gibt noch einen zweiten Papst. Ihr müsst seine Umgebung ausnutzen. Wenn Joseph Ratzinger stirbt, werden die Männer, die Franziskus bekämpfen sollten, alles verlieren: Macht, Schutz und Beziehungen. Aber wenn er wieder das Amt des Papstes übernimmt und erklärt, dass Franziskus nicht mehr katholisch ist, dann habt ihr gewonnen. Ich habe hier alles genau aufgeschrieben. Schritt für Schritt.«

Er pochte auf den Zettel.

»Ihr müsst eine innerkirchliche Front aufmachen und argumentieren: Dieser Mann aus Argentinien ist einfach nicht mehr katholisch. Er verrät die Kirche Gottes. Deswegen musste Papst Benedikt XVI. in den vergangenen Jahren immer wieder eingreifen. Aber irgendwann ist die rote Linie überschritten, und Papst Benedikt muss sich zu dem schmerzlichen Schritt entschließen, Papst Franziskus für abgesetzt zu erklären. Ihr müsst nichts weiter tun, als den Männern in der Umgebung von Papst Benedikt klarzumachen, dass es eine Hetzjagd gegen sie geben wird, dass Franziskus sie fertigmachen wird, sobald Papst Benedikt tot ist. Ihr müsst euch beeilen.«

Ich war vollkommen perplex. »Ich glaube, ich muss jetzt gehen«, gab ich von mir und stand auf. Er schoss hoch und fasste mich fest an der Schulter.

»Irgendetwas mit Ihnen stimmt nicht«, flüsterte er.

Er starrte mich an. »Sie haben Sie gar nicht geschickt, richtig? Sie sind nur hier, um mich auszuhorchen. Sie wollten nicht einmal meine Aufzeichnungen mitnehmen.« Er deutete auf den Zettel auf dem Tisch.

Ich spürte, dass mir die Röte ins Gesicht schoss.

Er durchbohrte mich regelrecht mit seinem Blick, und mir wurde bewusst, dass er sich fast völlig sicher war, von mir hereingelegt worden zu sein. Aber eben nur fast völlig sicher. Einen Augenblick lang dachte ich, er würde zuschlagen.

»Wenn Sie zu diesen Kommunisten um Franziskus gehören und nur hier sind, um mich auszuhorchen, dann werden Sie das bereuen, das garantiere ich Ihnen«, sagte er schließlich. Dann stand er auf und verließ das Hotel.

XX

Franziskus und die Kardinalpatrone

Walter war seine schlechte Laune anzusehen, als ich ihm meine Wohnungstür in Trastevere aufmachte. Er zog hastig seine Jacke aus, ließ sich einen Kaffee geben und stellte sich dann an das Fenster zur Terrasse. Von meiner Wohnung aus kann man auf den Aventin-Hügel und die Burg der Johanniter schauen. Dort wurde an jenem Tag im November 2014 mit Spannung die Nachricht erwartet, wen der Papst zum Kardinalpatron des Ritterordens ernannt hatte.

Walter versuchte vergeblich, sich mit der guten Nachricht zu beruhigen, dass er werde Wort halten können. Es gab eine undichte Stelle im Vatikan, und wir würden die Nachricht, wer der neue Kardinalpatron sein würde, schon vorab bekommen. Allerdings würden wir diese Nachricht erst etwa eine halbe Stunde vor der offiziellen Bekanntgabe durch den Pressesaal erhalten. Aber würde der Ritterorden Walter einen gut bezahlten Job anbieten, nur weil er in der Lage war, eine Information etwa 30 Minuten vor der offiziellen Bekanntgabe zu bekommen? Wenn er Pech hatte, würde es so laufen: Wir würden den Namen zugeflüstert bekommen, dann würde er den Mann anrufen, der sein neuer Chef werden sollte. Doch dieser potenzielle nächste Chef wäre im Augenblick unseres Telefonats vielleicht gerade nicht in seinem Zimmer, würde sein Handy vielleicht in seiner Jackentasche vergessen haben und es nicht hören, und wenn er dann endlich ans Telefon ginge, wäre die Nachricht schon über alle Kanäle gelaufen und Walters Insidertipp wertlos.

»Eigentlich habe ich nur eine Chance«, sagte er. »Papst Franziskus müsste die Adligen dadurch aufwerten, dass er einen echten Freund als Kardinalpatron zu den Johannitern schickt.«

»Du meinst Kardinal Maradiaga?«

»Ja, so jemanden, oder sogar Kardinal Walter Kasper. Sollte er das tun, dann könnte ich darauf hoffen, dass mein Orden in die guten Beziehungen des Papstes zum Adel investieren will und sie sich einen Sprecher leisten. Möglicherweise hätte ich noch eine Chance, wenn Franziskus jemanden schickt, der ihm mehr oder weniger egal ist, wie Kardinal …« – an dieser Stelle nannte er einen Namen, den ich hier nicht erwähnen möchte – »dann hätte ich noch eine kleine Chance. Übel wäre es, wenn er den Johannitern einen Mann schicken würde, den er nicht ausstehen kann. Das würde bedeuten, dass die Johanniter für die Dauer dieses Pontifikats einpacken können, weil sie dann unverhüllt präsentiert bekämen, dass der Papst sich einen feuchten Dreck um sie schert.«

»Ich hoffe, dass es nicht so kommt«, versuchte ich ihn zu beruhigen.

»Schon klar, aber nehmen wir an, er schickt ihnen Kardinal Carlo Caffarra, einen Mann, den er verabscheut. Dann ist Schluss. Wenn der Papst einen Mann ernennt, den er nicht mag, dann wird er natürlich auch mit diesem Mann so wenig Kontakt wie möglich haben, und das heißt dann, dass die Adligen, eben die Johanniter, zum ersten Mal seit über tausend Jahren vom Papst abgeschnitten wären.«

»Ja«, sagte ich, »Caffarra wäre schlimm, aber auch Kardinal Meisner.«

»Stimmt«, antwortete er. »Den Ratzinger-Freund kann er auch nicht ausstehen. Wenn er einen Kardinal zu den Johannitern schickt, den er nicht mag, ist das eindeutig eine Ohrfeige für den Orden.«

»Was wäre das Schlimmste, was den Johannitern passieren könnte?«

»Du sagst, einen Papstfeind als Kardinalpatron zu bekommen, wäre eine Ohrfeige. Schlimmer wäre dann also eine zweite Ohrfeige.«

»Und wie soll die aussehen?«

»Theoretisch könnte der Papst einen persönlichen Feind zu den Johannitern schicken, das wäre Ohrfeige Nummer eins. Ihn dann abzusetzen wäre Ohrfeige Nummer zwei. Den Job dann an einen anderen Kirchenmann zu geben, um den Mist wegzuräumen, den sein Feind angerichtet hat, wäre Ohrfeige Nummer drei. Ich glaube, schlimmer ginge es nicht mehr. Aber wenn der Papst vorhaben sollte, den Adligen zu zeigen, dass er absolut nichts von Menschen in der katholischen Kirche hält, die sich für privilegiert halten, dann würde er so etwas Ähnliches machen.«

Dann klingelte das Telefon. Als ich abnahm, sagte eine Stimme nur einen Namen.

»Und?«, fragte Walter.

»Es tut mir sehr, sehr leid.«

»Wer ist es?«

»Kardinal Raymond Burke. Vor wenigen Tagen erst hat mir jemand erklärt, dass dieser Mann sein ganzes Leben damit zugebracht hat, Männer wie Bergoglio zu bekämpfen. Ich fürchte, es gibt überhaupt keinen Kirchenmann, den Papst Franziskus mehr verachtet als diesen Kardinal. Die Adligen können wohl einpacken. Zu diesem Papst werden sie keine Beziehung mehr aufbauen.«

Ohrfeigen Nummer zwei und drei kamen dann tatsächlich. Kardinalpatron Raymond Leo Burke ließ sich auf einen internen Streit der Johanniter ein, den er mit Pauken und Trompeten verlor. Burke wollte laut Presseberichten aufgrund dubioser Beschuldigungen darauf hinwirken, dass der Großkanzler des Ordens, der Deutsche Albrecht von Boeselager, abgesetzt und aus dem Orden ausgeschlossen werden sollte. Eine Untersuchung ergab, dass Burkes Vorwürfe nicht zutrafen. Boeselager erreichte seine Rehabilitierung und kehrte zurück in sein Amt. Damit musste Burke sein Amt als Kardinalpatron der Johanniter abgeben, Ohrfeige Nummer zwei.

Noch im Februar schickte Papst Franziskus einen seiner engsten Mitarbeiter, den Substituten Giovanni Angelo Becciu, zu den Johannitern, um als päpstlicher Delegat aufzuräumen, was Burke verbockt hatte. Ohrfeige Nummer drei. Walter war klar, dass er damit erledigt war. Niemand aus dem Club der Adligen würde jetzt noch einen Referenten brauchen, der den Papst umgarnen sollte. Da gab es nichts zu umgarnen. Wie fast alle Journalisten in Rom in aussichtsloser Lage versuchte er es bei den Botschaften, wo er schließlich als Aushilfskellner für Abendveranstaltungen unterkam. Ein paar Tage später saß ich mit einer Kollegin aus dem römischen Hochadel zusammen. Sie gehört zu den Frauen, die sich im Auftrag ihrer adligen Familien an den Wallfahrten nach Lourdes beteiligen. Das ist eine traditionelle Pflicht römischer Adelsfrauen. Wir plauderten eine Weile über ihre letzte Reise nach Lourdes, über unsere Familien, den Job. Schließlich fragte ich sie: »Sag mal, was meinst du, wer sind die Feinde von Papst Franziskus?«

Sie dachte eine Weile nach, dann antwortete sie: »Na ja, mit Sicherheit der komplette konservative Block innerhalb der Kirche, mit Sicherheit auch das Großkapital außerhalb der Kirche, die ihn für einen Kommunisten halten. Ich schätze, die Mehrzahl der italienischen Kardinäle und Bischöfe ist gegen ihn, weil er ihnen keine Sonderrolle innerhalb der Kirche mehr zugesteht, und sicherlich die rechten Politiker in Südamerika, denen das Engagement des Papstes für den Regenwald auf den Keks geht.«

»Und die Johanniter-Ritter?«, fragte ich.

Sie wurde vor Empörung kreidebleich. »Was?«, entgegnete sie. »Spinnst du? Es gibt niemanden in Rom, der sich dem Papst gegenüber so absolut loyal verhält wie die Johanniter. Das ist absoluter Unsinn. Sie dienen jedem Papst in absoluter Treue, egal, was der über sie denken mag. Du wirst den Namen der Johanniter nie, niemals im Zusammenhang mit irgendeinem Protest gegen den Papst fallen hören. Es mag den ein oder anderen Unzufriedenen geben, aber niemand von ihnen wird je so weit gehen, im Namen der Johanniter gegen einen Papst zu protestieren. Das schwöre ich dir, und du solltest dir das hinter die Ohren schreiben.«

Im Februar 2017 wollte ich den Tag, wie öfters im Winter, in einer Bar in Trastevere in der Nähe meiner Wohnung mit einem heißen Espresso und einem Cornetto beginnen. Als ich eintrat, sah ich dort einen Bekannten, der in meinem Wohnhaus lebt. Er arbeitet bei der Polizei, dem Drogendezernat, und ich wunderte mich, als er auf mich zukam, kaum dass ich die Bar betreten hatte.

»Dachte ich es mir doch, dass ich dich hier treffe«, sagte er lachend.

»Was ist denn?«, fragte ich.

»Na, ich dachte, du gibst mir einen Tipp, wer es war. Dann kann ich meine Kollegen ein bisschen nerven mit Informationen von einem Vatikan-Fachmann.«

»Was meinst du?«, fragte ich irritiert.

»Hast du es noch nicht gehört? Über Nacht haben Unbekannte über 200 Plakate aufgehängt, illegal, auf denen der Papst beschimpft wurde. Unsere Sonderabteilung, die DIGOS, die sich auch um Terrorismus kümmert, ermittelt.«

Ich war wie vom Donner gerührt. »Ich habe noch nicht Radio gehört und noch nicht ins Internet geschaut.«

»Na ja, jetzt weißt du Bescheid. Also«, fragte er nochmals, »wer war es?«

Ich überlegte, was ich antworten sollte, mir fiel aber nichts ein. Er sagte dann: »Einen Hinweis gebe ich dir. Auf den Protestplakaten ist eine Organisation genannt, sie sich bitter beschwert, vom Papst enthauptet worden zu sein.«

»Wirklich?«, fragte ich. »Wer denn?«

»Die Johanniter-Ritter«, antwortete er.

XXI

Ausgehorcht von Father H.

Geheime Dokumente zugespielt zu bekommen erweist sich für Journalisten fast immer als zweischneidiges Schwert. Manche Dokumente sind so brisant, dass man durch ihre Veröffentlichung einen gewaltigen Karrieresprung machen kann. Als ich jung war, neigte ich dazu, viel zu viele Unterlagen, die mir die Carabinieri, Minister oder manchmal auch Priester im Vatikan zugespielt hatten, zu veröffentlichen. Mir war damals nicht klar, dass so etwas auch eine Falle sein kann. Denn es gibt wahrscheinlich keine sicherere Methode, einen Journalisten zu vernichten, als wenn man ihm ein geheimes Dokument zuspielt und ihn dazu verleitet, es zu veröffentlichen. Wenn er dies dann tut, kann statt der erwarteten Anerkennung für die Enthüllung die Empörung über den Vertrauensbruch, die Verletzung des Geheimhaltungsgebots so gewaltig sein, dass die Karriere des Journalisten zerstört ist.

Mir ist auch schon der Fall untergekommen, dass ich als Mittel zum Zweck benutzt werden sollte. Es gab Kirchenmänner, die mir Dokumente zukommen ließen, um anderen Priestern im Vatikan massiv zu schaden. Ich war also sehr vorsichtig, als ich im März 2016 entdeckte, dass mir jemand das neue, noch nicht veröffentlichte päpstliche Schreiben »Amoris Laetitia« (Freude der Liebe) zugespielt hatte. Ich fand einen Ausdruck des Textes in einem Papierumschlag, den jemand bei mir zu Hause abgegeben hatte. Es ließ sich nicht erkennen, ob es eine vorläufige oder die endgültige Fassung war. Ungewöhnlich war so etwas nicht. Da häufig viele Stellen an päpstlichen Schreiben mitwirken, gehen diese Texte durch viele Hände, und im Vatikan gibt es so viele undichte Stellen, dass nahezu alle vertraulichen Dokumente früher oder später durchgestochen wurden.

Ich las das Schreiben und brauchte nicht lange, um zu verstehen, dass es eine handfeste Sensation war. In dem Schreiben, das die Ergebnisse der beiden Bischofssynoden von 2014 und 2015 zusammenfasste, äußerte sich Franziskus grundlegend zu Fragen von Liebe, Sexualität, Ehe und Familie. Besonderes Aufsehen erregte, dass er den Ausschluss von wiederverheirateten Geschiedenen vom Sakrament der Kommunion infrage stellte.

Den Text zu lesen war für mich eine lange Reise durch das Lateinamerika von Papst Franziskus. Ich sah den Pater Jorge Mario Bergoglio in den Slums von Buenos Aires regelrecht vor mir. Ich erinnere mich noch gut an seine werbenden Worte bei der Konferenz des Lateinamerikanischen Bischofsrats (CELAM) in Aparecida in Brasilien im Mai 2007, an der auch Papst Benedikt XVI. teilnahm. Was Bergoglio sagen wollte, war eigentlich ganz einfach: Die Wirklichkeit der Armen Lateinamerikas hatte im Hinblick auf Liebe und Ehe mit der Wirklichkeit, wie sie Joseph Ratzinger in Deutschland erlebt hatte, nichts zu tun. Die ehrbaren Ehemänner, die einer geregelten Arbeit nachgehen und in einer Kirche ihre geliebte Braut nach Absolvierung des Eheunterrichtes heiraten, um fortan ein gottesfürchtiges Leben zu führen, mochte es in dem Deutschland, in dem Joseph Ratzinger als Priester und Bischof gewirkt hatte, tatsächlich gegeben haben. Doch das Leben in den Armenvierteln Lateinamerikas, in denen die Menschen Jorge Mario Bergoglio als ihren Freund mit Tee und Schnaps empfingen, sah ganz anders aus. Auch diese Menschen betrachteten sich als Katholiken, doch sie schienen auf einem anderen Planeten zu leben.

Als ich damals in der Delegation von Papst Benedikt XVI. nach Brasilien gekommen war, führten uns die Mitarbeiter Bergoglios in Aparecida herum, auch in einem Armenviertel. Ich war damals völlig überrascht, weil ich hier zum ersten Mal in meinem Leben das ganze Spektrum von Hautfarben an einem Ort vereint sah, von ganz weiß bis tiefschwarz.

Ein junger Priester erklärte dann: »Das ist es doch, was Bischöfe wie Bergoglio meinen. Diese Menschen hier in den Slums leben nicht so, wie ihr euch das in Europa ausmalt. Vor allem die Frauen sind oft Opfer von Gewalt. Ihre Männer haben fast nie Arbeit, trinken billigen Schnaps und schlagen sie. Die Frauen versuchen dann oft, zu entkommen, sich unter den Schutz eines anderen Mannes zu stellen, der als Gegenleistung für Schutz Sex verlangt. Diese Frauen sind fromm und katholisch, aber sie haben fast alle Kinder von verschiedenen Männern. Ein Slum ist kein Sanatorium, die Kirchen in Lateinamerika versuchen zu helfen, wo sie können. Aber es hat keinen Sinn, an Menschen, die unter solchen Lebensumständen leiden, Maßstäbe anzulegen, die sie niemals werden einhalten können. Was diese Menschen brauchen, ist Hilfe, Verständnis und Barmherzigkeit. Das ist es, was Bischof Bergoglio immer wieder fordert.«

Ich erinnere mich auch noch gut an die Kathedrale von Castries in St. Lucia in der Karibik und meine Begegnung dort mit dem engen Bergoglio-Freund Bischof Kelvin Felix, dessen Vorfahren Sklaven aus Afrika gewesen waren und den Bergoglio nach seiner Wahl zum Papst in den Kardinalsrang erheben sollte. Wegen der Hitze standen alle Fenster und Türen auf, die Ventilatoren liefen auf Hochtouren, und inbrünstig betende Frauen und Männer saßen in den Bänken und bereiteten sich auf den Gottesdienst vor. Die Messe war bunt und laut, ein paar Frauen tanzten auch.

Nach dem Gottesdienst saßen wir mit alten Bekannten von Bischof Felix zusammen. An unserem Tisch hatte auch eine ältere Frau Platz genommen, die eine ebenso dunkle Hautfarbe wie Bischof Kelvin Felix hatte. Sie hatte sich besonders schick gemacht und trug eine kreischbunte Farbkombination und einen knallroten Hut. Sie gehörte zu einer Gruppe Frauen, die regelmäßig in der Kathedrale das Ave-Maria beteten. Während des Essens erzählte sie mir jedoch, dass sie auch den schwarzen Hahn fürchte und die Geister, die er mit sich bringe, sowie die Untoten, die sie auf dem Friedhof gesehen habe, weshalb Voodoo-Kulte nötig seien.

Bischof Felix sah mir mein Befremden an, und er flüsterte mir zu: »Diese Frau ist fromm, sie kommt in meine Kirche, glaubt an Jesus und das ewige Leben, aber sie glaubt auch an die Traditionen ihrer Vorfahren, den Voodoo, eine Religion, die Sklaven aus Afrika hierher in die Karibik mitgebracht haben. Sie glaubt an übersinnliche Dinge, an die sie als Katholikin nicht glauben dürfte, das weiß ich. Aber was soll ich machen? Sie aus der Kirche jagen? Die Christen Lateinamerikas sind auch Christen, aber das, was es hier vorher an Göttern gegeben hat, spielt immer noch eine Rolle. Die Menschen hier sind nicht so stromlinienförmig, wie ihr Europäer euch Katholiken vorstellt.«

All das, was Jorge Mario Bergoglio in den Slums erlebt hatte, stand in diesem Text von »Amoris Laetitia«. Wie sagte Bergoglio doch: Die Regeln sind für die Menschen da und nicht die Menschen für die Regeln. Als Beispiel führte er gern die Fußgängerampel an: Wenn sie immer auf Rot steht und nie auf Grün schaltet, gehen die Menschen irgendwann einfach über die Straße. Darum ging es in »Amoris Laetitia«. Die katholische Kirche sollte nicht nur die Kirche der Menschen sein, die in weiten Teilen Europas und den USA in meist wohlhabenden, geordneten Verhältnissen leben, sondern sie ist auch die Kirche der Menschen, die unter chaotischen Bedingungen und schrecklicher Armut leiden. Je länger ich las, desto sicherer wurde ich mir, dass sich Franziskus hatte ziemlich zurückhalten müssen, als er das schrieb. Er wäre wohl lieber noch sehr viel weiter gegangen in seinen Formulierungen, aber er begnügte sich damit, der alten, von Europa geprägten Kirche nur eines abzuringen: Barmherzigkeit für die, die sich hatten scheiden lassen und wieder geheiratet hatten. Mehr ging wohl nicht. Wie sollte er es bei der Weihnachtsansprache 2017 ausdrücken: In Rom eine Reform durchzusetzen ist wie der Versuch, die Sphinx in Ägypten mit einer Zahnbürste reinigen zu wollen. Wenigstens dieses kleine Zugeständnis wollte er erreichen, und damit war klar, dass das als eine Art Kriegserklärung aufgefasst würde.

Ich zerbrach mir ein paar Tage lang den Kopf darüber, wer mir das Dokument zugespielt haben könnte, und vor allem, warum dies geschehen war. Deswegen war ich auch nicht wirklich überrascht, als ich unangemeldeten Besuch bekam. Auf dem Weg nach Hause in meine Wohnung in Trastevere gehe ich jeden Abend an einer Stehpizzeria vorbei, die ein freundliches chinesischstämmiges Ehepaar betreibt. Fast immer kaufe ich mir da noch ein Stück frische Pizza, und dort saß diesmal Father H. und kaute an einem Stück Pizza Margherita.

Ich hatte den Priester in Australien während des Weltjugendtages kennengelernt und war später auf seine Einstandsparty eingeladen worden, als er nach Rom versetzt wurde. Er grüßte mich und fragte, ob ich Zeit hätte für ein Bier. Wir fuhren mit dem Fahrstuhl hoch in meine Wohnung. Mich beschlich dabei ein sehr seltsames Gefühl, denn irgendetwas stimmte nicht. Zweifellos war er wegen »Amoris Laetitia« gekommen. Aber er war nicht einflussreich genug, um an eine solche Schrift zu gelangen, bevor sie veröffentlicht wurde – zumindest schätzte ich seine Stelle im Vatikan so ein. Ich konnte mir beim besten Willen nicht erklären, was er eigentlich von mir wollte. Wir setzten uns ans Fenster und schauten auf das abendliche Farbenspiel über der römischen Innenstadt.

Er beschloss, ganz Australier, gleich mit der Tür ins Haus zu fallen. »Du hast ›Amoris Laetitia‹ gelesen?«, fragte er.

»Ja. Der Text ist mir zugespielt worden? Warst du das?«

Er antwortete nicht, sondern zog einen Zettel aus der Jacke und breitete ihn vor sich aus: »Es geht doch um einen alten Streit in Deutschland, oder? Es ist ein deutscher Streit. Ihr habt damit zu tun gehabt? Aber wozu das Ganze? Was macht der Papst da? Was will er erreichen?«

»Du hast recht«, sagte ich. »Es ist ein deutscher Streit. Aber ich kann auch nicht erkennen, warum der Papst das tut, was er da tut.«

Ich sah, dass er sich auf dem Zettel Notizen machte.

»Und das wäre?«

»Es ist über 25 Jahre her, als drei deutsche Bischöfe, Walter Kasper aus Stuttgart, Oskar Saier aus Freiburg und Karl Lehmann aus Mainz, genau dieses Problem angehen wollten, nämlich wiederverheirateten Geschiedenen den Weg zu den Sakramenten zu öffnen. Ihre Argumente waren nahezu identisch mit denen, wie sie der Papst jetzt anführt. Sie lauteten: Die Gesellschaft hat sich radikal geändert, was die Ehe angeht. Die Zahl der Eheschließungen ist in den vergangenen 50 Jahren dramatisch gesunken, ebenso die Dauer einer Ehe, die statistisch nicht mehr lebenslang, sondern durchschnittlich nur noch etwa 15 Jahre hält. Also erklärten Kasper, Saier und Lehmann, dass die Kirche sich dieser Situation anpassen müsse. All die Menschen, die sich scheiden lassen und dann wieder heiraten, können nicht für immer von den Sakramenten ausgeschlossen werden, so lautete der Vorstoß der drei. Aber dieser Versuch endete mit einer Katastrophe. Joseph Ratzinger, der Chef der Glaubenskongregation, wies diesen Vorstoß rigoros ab, richtete Kasper, Saier und Lehmann dafür theologisch regelrecht hin. Der Bruch zwischen diesen Männern konnte nie wieder gekittet werden.«

»Kann es sein, dass Kasper es geschafft hat, Papst Franziskus dazu zu bringen, seinen alten Traum in Bezug auf wiederverheiratete Geschiedene, den Joseph Ratzinger zerstört hatte, nun doch durchzusetzen? Auch wenn das bedeutet, dass er damit den Vorgängerpapst brutal vor den Kopf stoßen würde?«

»Ja, ich glaube, das kann sein«, antwortete ich.

»Oder meinst du, Papst Franziskus wusste nicht, was er damit auslöst? Vielleicht hatte er keine Ahnung davon, dass es diesen Streit zwischen Ratzinger und Kasper in Deutschland gegeben hat.«

»Das halte ich für unmöglich. Der Streit entwickelte sich in den 90er-Jahren zum größten Konflikt innerhalb der Deutschen Bischofskonferenz. Dass Papst Franziskus das nicht wusste, kann ich mir beim besten Willen nicht vorstellen. Das liegt auch daran, dass die drei Superstars der deutschen Theologie daran beteiligt waren. Auf der einen Seite Joseph Ratzinger, auf der anderen der langjährige Chef der Deutschen Bischofskonferenz, Kardinal Karl Lehmann, und der jetzige Vertraute des Papstes, Kardinal Walter Kasper. Papst Franziskus hat ein paar Monate in Deutschland gelebt und dort versucht, seine Doktorarbeit zu schreiben. Er hat sich sein ganzes Leben lang immer für Deutschland interessiert. Er hat mir selber erzählt, dass er Gedichte von Hölderlin liebt. Ich kann mir nicht vorstellen, dass er einen solchen Krach in Deutschland nicht mitbekommen hätte.«

»Glaubst du, dass der Papst in einen alten Streit der deutschen Starbischöfe eingreifen will?«

»Ich weiß nicht, warum er das will, aber genau das tut er«, sagte ich.

Wir unterhielten uns noch eine Weile, dann trank Father H. sein Bier aus, und wir verabschiedeten uns. Kaum war er weg, klingelte es, und an der Gegensprechanlage erklang die Stimme von Father H. ein wenig zu schrill und seltsam zitternd: »Sorry, ich habe was vergessen, lässt du mich noch einmal rein?«.

»Kein Problem«, sagte ich und drückte den Türöffner. Warum ist er so aufgeregt?, fragte ich mich. Ich dachte im ersten Moment, er hätte vielleicht sein Handy bei mir liegen lassen. Stattdessen hatte er nur seine Notizen auf dem Tisch vergessen, eine Lappalie, kein Grund, so aufgeregt zu klingen. Ich ging zum Tisch und schaute mir den Zettel an.

Seine Aufzeichnungen gaben ganz korrekt wieder, was wir besprochen hatten. Ich konnte nichts Besonderes erkennen, erst dann sah ich es: Auf der Seite standen mehrere, fein säuberlich notierte Fragen, doch es war nicht die Handschrift von Father H. Jemand anderer hatte die Fragen aufgeschrieben, die er mir gestellt hatte. Jemand, der aus einem Grund, der mir schleierhaft war, nicht erkannt werden wollte.

Nachdem Father H. mit dem Zettel wieder verschwunden war, brauchte ich etwa zwei Stunden, bis ich alle Weihnachtskarten mit den handschriftlichen Wünschen herausgesucht und durchgesehen hatte. Dann war ich mir zu 90 Prozent sicher, zu wem die Handschrift auf dem Zettel von Father H. gehörte. Der letzte Rest Ungewissheit wich, als ich bei dieser Person um eine Audienz bat und dies in ungewohnt kühler Form abgelehnt wurde, angeblich wegen Zeitmangels. Irgendetwas war dieser Person offensichtlich unangenehm. Hatte sie mir den Text zugespielt und dann Father H. geschickt? Aber wozu das Ganze?

Ich insistierte und bekam tatsächlich eine Audienz. Es war am frühen Abend, und mein Gastgeber erschien in seinem Bischofs-Outfit, ziemlich abgearbeitet. Vielleicht lag Letzteres auch an dem Unwohlsein, das ihn befiel, als er mich sah. Aber er empfing mich freundlich und fragte höflich, was er für mich tun könne. Seine weltgewandte Art, die auch einem Manager eines Großkonzerns gut angestanden hätte, schüchterte mich wie immer ein bisschen ein.

»Ich habe die ›Amoris Laetitia‹ zugespielt bekommen«, sagte ich.

»Ach, wirklich?«, fragte er. »Dann geht es dir wahrscheinlich so ähnlich wie noch ein paar anderen Journalisten.«

»Wahrscheinlich«, antwortete ich. »Dann erhielt ich Besuch von einem Priester, der mich ein wenig aushorchen sollte.«

»Und?«, fragte er.

»So etwas passiert mir immer dann, wenn eine ganz bestimmte Situation eintritt.«

»Das klingt ja interessant«, sagte er.

»Wenn ein wirklich wichtiger Kirchenmann sich mit einer Frage beschäftigt, die er nicht selber stellen will, dann beschafft er zunächst das Material, um das es geht, dann einen Boten, der für ihn vorfühlen soll. Was mich interessiert, ist Folgendes: Was ist das für eine Frage, die er nicht stellen will? Was wollte der Absender mich fragen und hat es sich dann nicht getraut?«

»Ich weiß es nicht, aber ich wüsste, was ich dich fragen würde.«

Er sah offensichtlich voller Schadenfreude, dass ich mich überrumpelt fühlte.

»Ich würde fragen: Ist das der definitive Bruch zwischen den beiden Päpsten? War der Streit damals in Deutschland zwischen Ratzinger und Kasper so heftig und verletzend, dass die Tatsache, dass Papst Franziskus sich jetzt offen gegen Ratzinger stellt, einen nie wiedergutzumachenden Schaden bedeutet? Ist ›Amoris Laetitia‹ eine offene Kriegserklärung an Benedikt XVI., weil diese Frage für Ratzinger im Streit mit den deutschen Bischöfen unendlich wichtig war?«

»Ja, ich glaube, das kann man so sagen.«

»Ist dir klar, wie wichtig diese Frage ist, ob es Krieg zwischen den beiden gibt?«

Er sah mich jetzt mit äußerster Besorgnis an. Ich dachte einen Augenblick nach und schwieg.

»Weißt du, was das heißt«, sagte er, »wenn das hier wirklich der Bruch ist? Wenn es tatsächlich so sein sollte, dass all diese Gesten, Freundschaftsbekundungen, Umarmungen der beiden Päpste, all diese sensationellen Bilder zweier innig verbundener Päpste einfach Quatsch sind, dann steht die Kirche nicht vor einem sanften Wandel, sondern vor einer Revolution. Dann haben wir einen Mann an der Spitze, der eine ganz andere Kirche will. Dann wird es der Ratzinger-Mannschaft in der Kurie an den Kragen gehen.«

Es war klar, an wen er dachte. Vor allem an den wichtigsten Ratzinger-Vertrauten, den Herausgeber von dessen Gesamtwerk, den Chef der Glaubenskongregation Gerhard Ludwig Müller.

»Ich kann mir das nicht vorstellen«, sagte ich. »Ratzinger hat bei seinem Rücktritt und noch beim Amtsantritt von Papst Franziskus geschworen, sich nicht einzumischen, seinem Nachfolger absolut freie Hand zu lassen.«

»Bisher hat er sich aber nicht wirklich daran gehalten. Die erste Enzyklika hat Ratzinger Papst Franziskus regelrecht reingedrückt.«

»Das schien mir eher eine freundschaftliche Geste, die beiden Päpste haben zusammen einen Text verfasst.«

»Das wird sich jetzt ja zeigen. Wenn es eine freundschaftliche Geste war, wenn sich Ratzinger jetzt heraushält, dann kommt es jetzt auch nicht zum Bruch. Dann wird gar nichts geschehen, dann wird der Papst ›Amoris Laetitia‹ durchziehen, und niemand nimmt Schaden. Aber wenn nicht …«

»Ich glaube nie und nimmer, dass sich Ratzinger gegen ›Amoris Laetitia‹ stellen wird, und auch keiner seiner Gefolgsleute.«

»Du meinst ernsthaft, der ganze Ratzinger-Fanclub innerhalb der Kurie wird einfach nur zuschauen, wenn sie eine solche Breitseite des Papstes abbekommen? Aus ihrer Sicht untergräbt er das Sakrament der Ehe.«

»Ist das nicht ein bisschen zu hoch gegriffen?«

»Du verstehst das nicht. Aus der Sicht der Konservativen ist alles ganz simpel. Es heißt in Kapitel 19, Vers 6 bei Matthäus: Was Gott gebunden hat, soll der Mensch nicht trennen. Das sagt Gottes Sohn. Deswegen ist die Ehe unauflöslich. Wer sich aber scheiden lässt und dann wieder heiratet, begeht aus Sicht der Konservativen eine schwere Sünde gegen Gott. Wenn er oder sie mit dem neuen Partner regelmäßig Sex haben will, dann ist das ein schrecklicher Ehebruch, etwas Unverzeihliches, weil die Sünder sich gar nicht ihre Schuld eingestehen.«

»Das verstehe ich nicht.«

»Nein, das verstehst du nicht. Denn wenn man in einem Fall wie dem Sakrament der Ehe Ausnahmen zulässt, dann müsste man auch in Bezug auf alle anderen Sakramente annehmen, dass sie nicht für alle Ewigkeit gültig, sondern relativ sind – und dann kann die katholische Kirche einpacken. Denn gäbe es auch Ausnahmen für die Taufe, die nur in einigen Fälle gilt, oder für die Vergebung der Sünden, dann wäre die Absolution im Beichtstuhl manchmal eben nicht bindend. Die konservativen Kreise glauben, dass man ein Verbrechen gegen Gott begeht, wenn man an den Sakramenten rüttelt und Ausnahmen zulässt. Deswegen kann ich mir auch nicht vorstellen, dass deine Prognose zutrifft.«

»Wie meinst du das?«

»Wenn ich es richtig begreife, war der Streit zwischen Ratzinger und den Bischöfen Saier, Lehmann und Kasper ein einschneidendes Ereignis. Wenn jetzt der Papst in dieser für Ratzinger offensichtlich so wichtigen Frage genau das tut, was dieser verboten hat, dann muss es zum endgültigen Bruch kommen. Ich glaube, dass Papst Franziskus genau das will, einen endgültigen Schnitt. Den Abbruch aller Beziehungen zu Ratzinger. Deswegen besteht er auf ›Amoris Laetitia‹.«

»Und was ist, wenn du unrecht hast?«

»Dann müsste Ratzinger schweigen und seine komplette Mannschaft auch, aber ich glaube nie und nimmer, dass das eintreten wird.«

»Natürlich werden sie schweigen. Sie werden doch nicht Position gegen den Papst beziehen, ohne sich vorher mit Ratzinger abgesprochen zu haben, und du wirst sehen, dass sie die Klappe halten, weil er sein Wort gab und er sich jetzt nicht einmischen darf.«

»Ich glaube, dass das Gegenteil eintreten wird. Ich glaube, dass der alte Streit der Deutschen jetzt in die Weltkirche transportiert wird und sich dort wie ein Virus ausbreitet. Ich glaube, dass Ratzinger keineswegs verhindern wird, dass seine Leute auf den Papst losgehen werden.«

»Und wer soll das sein?«

»Diese Frage kannst du besser beantworten als ich. Ich kann dir nur sagen, dass die Männer auf den Papst losgehen werden, die früher auf Kasper, Saier und Lehmann losgegangen wären. Lehmann und Saier sind tot, also stellt sich die Frage: Wer von den deutschen Kardinälen und Bischöfen liebt Kardinal Kasper und damit den Papst nicht unbedingt?«

»Kardinal Meisner«, antwortete ich, »Kardinal Müller, Kardinal Cordes, möglicherweise der Ratzinger-Freund Brandmüller. Aber ich kann mir beim besten Willen nicht vorstellen, dass Ratzinger das nicht verhindern wird. Das wäre ein klarer Wortbruch. Er sagte zu, von jeder Einmischung abzusehen. Dass ein alter deutscher Streit die Weltkirche erfassen wird, kann ich mir einfach nicht vorstellen.«

Doch da sollte ich mich gründlich täuschen.

XXII

Der Streit um »Amoris Laetitia«

Im März 2016 änderte sich alles. Die Veröffentlichung des päpstlichen Schreibens »Amoris Laetitia« (Freude der Liebe) verursachte vor allem eines: Der schwelende Aufstand gegen den Papst schlug in offene Rebellion um. Im Kern ging es in diesem epochalen Aufstand gegen Papst Franziskus um einen uralten Streit innerhalb der deutschen Kirche, der durch die Freundschaft von Kardinal Walter Kasper mit Papst Franziskus in die Weltkirche getragen wurde.

Wie bereits erwähnt, hatten 1993 drei einflussreiche deutsche Bischöfe, Karl Lehmann aus Mainz, Walter Kasper aus Stuttgart und Oskar Saier aus Freiburg, einen Vorstoß gewagt, um wiederverheirateten Geschiedenen wieder die Teilnahme am Sakrament der Kommunion zu ermöglichen, was laut kirchlicher Doktrin verboten ist. Das Trio wollte dieses Verbot abschaffen und zog sich damit den Zorn des mächtigen damaligen Präfekten der Glaubenskongregation, Joseph Ratzinger, zu, der die drei Bischöfe zu einem Rückzieher zwang.

Diesen Punkt griff Franziskus in dem Schreiben »Amoris Laetitia«, in dem es um die grundlegenden Fragen von Liebe, Ehe und Familie ging, wieder auf und stellte dort wiederverheirateten Geschiedenen, die zur Kommunion gehen wollten und bereit waren, ihr Anliegen mit dem zuständigen Priester zu besprechen, einen Weg zurück in die Kirche und zu diesem Sakrament in Aussicht.

Rätselhaft an der Entscheidung von Papst Franziskus war, warum er sich zu einem solchen Schritt entschlossen hatte, denn es war klar, dass er damit in ein Wespennest stoßen würde. Der Entschluss, etwas zu erlauben, was sein Vorgänger als Chef der Glaubenskongregation definitiv verboten hatte, musste einen Aufstand provozieren. Wollte der Papst das?

Wie absurd gelegentlich die Verhältnisse innerhalb der katholischen Kirche sind, zeigt der folgende Vergleich. Der Streit um wiederverheiratete Geschiedene ist relativ jung, weil auch die Ehescheidung als gängige Praxis ein noch relativ junges Phänomen ist. Dennoch hat die Kirche über die damit verbundenen Probleme bereits ausführlich gestritten. Ein Problem hingegen, das mindestens ein Jahrtausend älter ist, nämlich der sexuelle Missbrauch in der katholischen Kirche, wird erst seit so kurzer Zeit ernsthaft im Klerus diskutiert, dass die Positionen dazu noch nicht klar sind. Die Kirche hat darüber viele Jahrhunderte lang geschwiegen, erst jetzt setzt langsam ein Meinungsbildungsprozess zum Schutz potenzieller Opfer ein. Der Anti-Missbrauchsgipfel vom Februar 2019 brachte diesbezüglich mehr Klarheit. Bis dahin war vieles nicht geklärt, etwa wann und von wem und unter welchen Umständen Missbrauchsdelikte bei der Polizei angezeigt werden müssen und ob es dazu innerkirchliche Ermittlungsverfahren geben müsse.

In der Frage der wiederverheirateten Geschiedenen und ihrer Zulassung zur Kommunion hingegen sind die Fronten in der katholischen Kirche seit Jahren völlig verhärtet. Der Papst konnte also keineswegs überrascht darüber sein, dass es zu einer extremen Reaktion seiner Gegner kam. Es war, als hätte Franziskus ein Streichholz in ein Pulverfass geworfen.

Den Konservativen war »Amoris Laetitia« ein Gräuel. Aus ihrer Sicht hatte Papst Franziskus mit dieser Schrift Gottes Gebote verraten, vor allem untergrub er damit das Sakrament der

Ehe. Und wenn erst einmal ein Sakrament seine Berechtigung verloren hatte, dann würde es nicht lange dauern, bis auch die anderen angezweifelt und obsolet würden. Gottes Kirche kann nur weiterbestehen, wenn sämtliche Sakramente für alle Zeiten gültig bleiben. Deshalb, weil die Ehe ein Sakrament und unauflöslich ist, dürfen nach dieser Logik wiederverheiratete Geschiedene nicht zur Kommunion zugelassen werden.

Wenn ein Ehepartner sich scheiden lässt, ist aus Sicht der Kirche noch alles in Ordnung, weil die Ehe ja eigentlich weiterbesteht. Erst wenn der Ehepartner wieder heiratet, begeht er aus Sicht der Konservativen den Ehebruch, weil er sich dann nicht mehr daran hält, ausschließlich mit dem erstverheirateten Ehepartner Sex zu haben. Wer aber beschließt, fortgesetzt zu sündigen, also permanenten Ehebruch mit dem neuen Ehepartner zu begehen, wird nach dem Verständnis der Konservativen vom Tisch des Herrn vertrieben. Wer sein sündiges Verhalten nicht ändern will, hat nach der Doktrin der katholischen Kirche kein Recht, an den Sakramenten teilzuhaben. Dass all diese Regeln in der Welt der Ärmsten, die Jorge Mario Bergoglio nur zu gut kannte, oft gar nicht eingehalten werden konnten, dass diese Menschen Barmherzigkeit und Hilfe brauchten, das leuchtete den Kirchenmännern, die nur die eleganten Paläste des Vatikans kannten, nicht ein.

Die Revolte gegen Franziskus erfasste den Vatikan mit ungeahnter Wucht. Die konservativen Kreise beschuldigten Franziskus, mit »Amoris Laetitia« eine theologische Schlamperei ersten Grades abgeliefert zu haben. Papst Franziskus habe sich damit als theologischer Ignorant geoutet. Der Vatikan kannte nur noch ein Thema – »Amoris Laetitia«. Selbst gemäßigte Kreise, die Papst Franziskus unterstützten, sahen in der Schrift eine Attacke auf die Sakramente, was in ihren Augen einer Katastrophe gleichkam.

Der Streit an der Spitze der Kirche verdeutlichte aber auch, in welch katastrophaler Verfassung sich die katholische Kirche befand. An der Basis, in der Gemeindearbeit, spielten diese Probleme schon seit Jahrzehnten keine Rolle mehr. In zahllosen Ländern lassen Zigtausende katholische Priester wiederverheiratete Geschiedene zur Kommunion zu, ohne mit der Wimper zu zucken. Die Kirchenspitze legt sich dagegen selber lahm mit einer spitzfindigen Diskussion über ein Problem, das an der Basis niemanden mehr interessiert. Die Konservativen im höheren Klerus bemerken gar nicht, wie sehr sie sich lächerlich machen. In Wirklichkeit sind in vielen Ländern der Welt mittlerweile die Kirchen gähnend leer, und niemand will überhaupt zur Kommunion gehen – das ist das eigentliche Problem der katholischen Kirche.

Immerhin sorgte der Streit um »Amoris Laetitia« für ein neues Phänomen im Pontifikat von Franziskus: Erstmals gaben sich die Feinde des Papstes offen zu erkennen. Im September 2016 veröffentlichte eine Gruppe Kardinäle die Schrift »Dubia« (lateinisch für »Zweifel«), in der sie klarzustellen versuchten, dass ihrer Ansicht nach »Amoris Laetitia« der Lehre der Kirche widersprach. Die Liste der Namen der Autoren dieser Attacke gegen den Papst zeigte vor allem eines: Das Versprechen von Papst Benedikt XVI., sich nicht in die Amtsführung von Papst Franziskus einzumischen, war nicht viel wert. Denn ausgerechnet die engsten Vertrauten von Joseph Ratzinger gingen auf Papst Franziskus los. Wenn Ratzinger tatsächlich gewollt hätte, dass sein Nachfolger von der Ratzinger-Fraktion nicht behelligt wird, dann wäre es ihm ein Leichtes gewesen, seine Freunde zurückzupfeifen. Doch das tat Benedikt XVI. nicht. Sein enger Freund Kardinal Joachim Meisner, der ihn erst dazu überredet hatte, das Amt des Papstes anzunehmen, unterschrieb zusammen mit einem weiteren engen Ratzinger-Freund, Kardinal Walter Brandmüller, die Attacke gegen den Papst. Somit bestand in einer Weltkirche, die in über 180 Ländern vertreten ist, die Hälfte der Kerngruppe der Revolte gegen den Papst aus deutschen Kardinälen. Neben Meisner und Brandmüller unterschrieben noch

Kardinal Raymond Burke und der Kardinal Carlo Caffarra aus Bologna.

Eine weitere Gruppe, die mit Nachdruck die Kritik an Papst Franziskus unterstützte, kam noch dazu: Das waren die polnischen Bischöfe. Ihre grenzenlose Verehrung für Papst Johannes Paul II., ihren Landsmann, brachte sie in eine ganz besondere Lage. Für sie war nicht nur abscheulich, dass der Papst einen aus ihrer konservativen Sicht unerlaubten Weg einschlug. Was für sie viel schwerer wog, war der Umstand, dass der Papst damit der Lehrmeinung ihres großen Idols, das sogar heiliggesprochen worden war, widersprach. Johannes Paul II. hatte nämlich in der Frage des Zugangs wiederverheirateter Geschiedener zum Sakrament der Kommunion ganz traditionell entschieden und hier keine Zugeständnisse gemacht. Franziskus bekam es also zum ersten Mal mit klar sichtbaren und gut organisierten Gegnern zu tun, die ihm ganz offen nicht nur widersprachen, sondern ihn auch beschuldigten, theologisch nicht für das Amt des Papstes geeignet zu sein und Gottes Willen zu widersprechen, was einer Aufforderung gleichkam, das Amt niederzulegen.

Ich beschäftigte mich in den folgenden Tagen mit dem Plan, den alle Kollegen verfolgten, nämlich Kontakt aufzunehmen mit den Kardinälen, die hinter »Dubia« standen. Den wahrscheinlich wichtigsten von ihnen kannte ich gut, was mir aber nicht gerade half, weil er schlecht auf mich zu sprechen war. Mit Kardinal Joachim Meisner hatte ich einen handfesten Streit ausgetragen, weil er der Meinung war, in einem Interview, das ich mit ihm geführt hatte, schlecht weggekommen zu sein. Auch mein Verhältnis zu den anderen drei Mitunterzeichnern, Kardinal Brandmüller, Kardinal Caffarra und erst recht Kardinal Burke, war alles andere als gut. So beschloss ich erst einmal, vorsichtig Erkundigungen darüber einzuziehen, ob sie überhaupt gewillt waren, mich zu empfangen. Das größte Problem stellten dabei meine Bücher über Papst Franziskus dar. Allein schon wegen ihnen gelte ich als ein Anhänger von ihm, was die Bereitschaft seiner Gegner, mit mir zu sprechen, sicherlich nicht steigern würde.

XXIII

Päpste auf der Abschussliste

Mit meinem geliebten E-Bike fuhr ich die Fußgängerzone des Borgo Pio hinunter und erkannte plötzlich Carlos im Eingang der »Latteria«. Ich fragte mich, ob er auf mich gewartet hatte. Die Fußgängerzone des Borgo Pio ist der »Strùscio« des Vatikans. In jeder Stadt in Mittel- und Süditalien gibt es so einen Strùscio. Das ist der Platz oder die Gasse, wo vorwiegend junge Mädchen, aber durchaus auch ihre Mütter sowie Jungs und ihre Väter am späten Samstagnachmittag, im Sommer auch an jedem Spätnachmittag in ihre schicksten Klamotten gekleidet auf und ab paradieren. In Rom hat jeder Stadtteil seinen Strùscio. Wahrscheinlich gibt es nichts, was den Unterschied zwischen Menschen aus Mittel- und Süditalien und Nordeuropäern so deutlich markiert wie der Strùscio. Denn das Wichtigste am Strùscio ist eben, dass man ständig in Bewegung ist, dass man immer auf und ab geht. Norditaliener neigen dazu, sich in ein Café zu setzen, Nordeuropäer gar empfinden es als entspannend und unterhaltsam, stundenlang auf einem Hocker vor einem Glas Bier oder Wein in einer Kneipe zu sitzen. Wobei auch beim Strùscio durchaus ab und zu etwas getrunken wird. Doch meistens handelt es sich nur um einen Espresso, und der Barbesuch dauert nicht länger als eine oder zwei Minuten. Stundenlang irgendwo zu sitzen und etwas zu trinken, widerspricht vollkommen der süditalienischen Seele. Man geht zum

Strùscio, um die Frauen und Männer anzuschauen, um zu sehen und gesehen zu werden.

Natürlich wimmelt es auf dem vatikanischen Strùscio nur so von meist ranghohen Mitarbeitern aus dem Vatikan. Denn der Borgo Pio ist die natürliche Verlängerung der Via Sant'Anna, die aus dem Innenhof des Vatikans, dem Belvedere-Hof, schnurgerade den vatikanischen Hügel nach unten führt, am Kontrollposten der Gendarmen und dem Wachhaus der Schweizergardisten vorbei.

Wenn man die Straße nach Osten bis zum Ende geht, steht man schließlich vor dem Gebäude der LUMSA-Universität, die nur einen Steinwurf weit weg von der Engelsburg liegt. Papst Pius IV. ließ diese Straße in der Spätrenaissance anlegen. Das war derjenige Papst, der das vielleicht wichtigste Fresko der Welt, das *Jüngste Gericht* von Michelangelo, davor bewahrte, dass es die Konzilsväter von Trient zerstörten. Verhindern konnte er jedoch nicht, dass die Figuren des Michelangelo teilweise mit Unterhosen überdeckt wurden.

Wer aus dem Vatikan herauskommt und einen Kaffee trinken will oder einfach zur U-Bahn muss oder etwas essen gehen will, landet von ganz allein auf dem Strùscio. Viele der Bars und Restaurants am vatikanischen Strùscio sind nicht sonderlich einladend. Eine Ausnahme ist die »Latteria«, der angesagte Treffpunkt des Strùscio. Eine Latteria war ein Geschäft, in dem man Milch und Käse kaufte, als es noch kaum Supermärkte gab. Diese Latteria hier wurde dann von ihren Besitzern in eine Bar umgebaut. In den Wintermonaten wirkt dieses ungeheizte Café mit dem riesigen Steintresen wie eine Art Eisschrank, wahrscheinlich ist es dann einer der ungemütlichsten Räume des Planeten. Ich kann mich an Touristen erinnern, die in der »Latteria« auf ihren Besuch in der Peterskirche oder in den Vatikanischen Museen warteten und sich nach einiger Zeit in der Kälte des Cafés schworen, nie wieder nach Rom zurückzukommen. Sobald es wärmer wird, wirkt der gleiche Raum einladend, weil er angenehm kühl ist. Dann tauchen plötzlich Tische und Stühle vor der »Latteria« auf, und sie wird eine der reizvollsten Bars der Stadt. Wer jemanden treffen will, der im Vatikan arbeitet, setzt sich am besten vor die »Latteria« und wartet einfach, denn der Gesuchte wird früher oder später vorbeikommen.

Ich versuchte also in Carlos' Gesicht einen Hinweis darauf zu finden, ob er auf mich gewartet hatte, konnte mir aber keinen rechten Reim darauf machen. Ich stieg vom Fahrrad ab, gab ihm die Hand, und wir setzten uns an einen Tisch nach draußen. Der Tag im September 2016 war noch sehr warm, und die »Latteria« bot sich als idealer Ort für eine Ruhepause an. Der höfliche Kellner brachte mir einen Caffè macchiato, und ich erkannte jetzt auf Carlos' Gesicht so etwas wie eine tiefe Genugtuung, was nichts Gutes erahnen ließ. Er hatte also doch auf mich gewartet, weil er mir irgendetwas unter die Nase reiben wollte.

»Dein Papst hat ganz schön Ärger. Offensichtlich gerät er ganz schön in Panik.«

»Wieso das denn?«

»Die Kardinäle, die ihm das ›Dubia‹-Schreiben unter die Nase rieben, warten immer noch auf eine Antwort. Da kommt aber nichts.«

»Weißt du was?«, sagte ich. »Mal ganz ehrlich, mich kotzt das an. Worum geht es denn? Darum, dass Menschen, die möglicherweise ohne ihre Schuld geschieden wurden und sich dann wieder verliebt haben und heirateten, wie alle anderen in eine Kirche gehen wollen. Das wollt ihr bekämpfen. Deswegen attackiert ihr den Papst. Der hat keine Lust auf so etwas zu antworten, das sage ich dir.«

Er schwieg eine Weile, dann sagte er: »Sie sind hinter dir her.«

Ich sah ihn überrascht an. Wollte er mir Angst machen? »Wer ist angeblich hinter mir her?«

»Es gibt jemanden, der in Erfahrung zu bringen versucht, ob du dich an die Unterstützer der »Dubia« heranmachst. Da ist jemand sehr stark an dir interessiert. Wenn du mir nicht glaubst, dann frag doch einfach mal nach.«

Noch am selben Abend telefonierte ich meine Kontaktleute ab, und mir wurde bei jedem Gespräch klarer: Carlos hatte recht. Irgendjemand hatte herumtelefoniert, um herauszufinden, ob ich Kontakt zu den »Dubia«-Rebellen suchte.

Nach der Veröffentlichung der »Dubia« tummelten sich rudelweise Journalisten in Rom, die Kontakt zu den aufständischen Kardinälen suchten. Es lag also auf der Hand, dass ich das auch versuchen würde. Also, warum telefonierte jemand hinter mir her? Wollte Monsignore F. Rache, hatte er mich in Rom auf eine Art schwarze Liste von unerwünschten Journalisten setzen lassen, vor denen die Gegner von Papst Franziskus gewarnt werden sollten? Ich machte mir zunächst keine übermäßigen Sorgen, doch dann geschah etwas sehr Seltsames. Ich bekam eine Einladung einer Anwaltskanzlei, von der ich noch nie gehört hatte und die mir ein Flugticket nach Palermo schickte. Man bot mir ein überaus großzügiges Honorar an, wenn ich bereit sei, mich mit ihnen zu treffen. War das eine Falle?

Ich antwortete der seltsamen Kanzlei, dass ich einverstanden sei. In der Nacht vor dem anstehenden Flug nach Palermo schlief ich schlecht und träumte zudem von einem Gefängnis in Palermo, in das ich gelockt worden war. Trotzdem fuhr ich am nächsten Tag zum Flughafen und ging zum Gate für die Maschine nach Palermo. Ich schaute mich suchend um, ob dort eventuell irgendjemand auf mich wartete, irgendein Unbekannter, aber ich erkannte niemanden. Dann erst bemerkte ich, dass tatsächlich jemand in der Schlange vor dem Gate stand und ganz offensichtlich Blickkontakt mit mir suchte und mich auch mit einem Nicken grüßte.

Ich könnte nicht sagen, was ich erwartet hatte, aber sicher nicht das, was ich jetzt sah. Die unbekannte Person war eine Sie, und nicht irgendeine Sie. Die junge Dame trug ein Business-

Kostüm, das ihre Kurven betonte. Ich lebe lange genug in Rom, um das, was Frauen dort am Körper tragen, einigermaßen einschätzen zu können – und es bestand kein Zweifel, dass das, was die Dame da anhatte, ein Vermögen gekostet hatte. Der Stil war schlicht und klassisch und erinnerte an Grace Kelly. Vermutlich hatte sie ursprünglich brünette Haare, aber ein sehr guter Friseur hatte ihr eine perfekte blonde Mähne auf den Kopf gezaubert. Sie trug das Haar zu einem jugendlichen Pferdeschwanz gebunden, und ich konnte mir perfekt die Bewegung vorstellen, die sie machen würde, um den Gummi bei passender Gelegenheit aus dem Haar zu nehmen und es in seiner ganzen Pracht zu entfalten. Ich schätzte sie auf Anfang bis Mitte dreißig, sie hätte also leicht meine Tochter sein können. Sie sah mir natürlich meine Überraschung an und genoss dies offensichtlich, gab mir nonchalant die Hand und schlug dann vor, dass wir zu einem anderen Gate gehen sollten, wo es wesentlich ruhiger sei.

»Aber unser Flug?«, fragte ich irritiert.

»Oh, das tut mir leid. Sehen Sie, ich wollte den Fluggastbereich nicht verlassen, weil ich gleich rasch weiter muss nach Frankfurt. Deswegen habe ich mir erlaubt, Ihnen das Ticket zu schicken, sodass Sie hier hereinkommen können und wir uns ein wenig geschützter als in der Ankunftshalle unterhalten können.«

Ich dachte, ich höre nicht richtig: Diese Frau hatte mir ein Flugticket gekauft, nur um nicht den für Passagiere reservierten Teil des Terminals verlassen zu müssen und dadurch eine halbe Stunde zu verlieren. Das sollte mich beeindrucken, was es auch tat. Es signalisierte eines: Geld spielt keine Rolle. Auf dem Weg zu der Bar, die sie offensichtlich kannte, fiel mir auf, dass sie geübt darin war, auf äußerst unbequemen Pumps zu laufen, was auf ein enormes Maß an Selbstdisziplin schließen ließ.

Wir setzten uns in eine Ecke, möglichst weit weg von allen anderen Gästen, wo sie ihren schicken, winzigen Prada-Rucksack abschnallte. Diese Art Rucksäcke, die für das bisschen verarbeitete Material wahnsinnig teuer waren und um die 1000 Euro kosteten, war Mitte der 90er-Jahre bei Topmodels plötzlich in Mode gekommen. Ich fragte mich, ob sie das kleine Ding als Erinnerung an frühere Zeiten trug, oder waren diese Rucksäcke noch immer oder schon wieder in?

Während ich kurz von ihrem Rucksack abgelenkt war, sah sie mich kurz an, um ihre Wirkung auf mich einzuschätzen, schien zufrieden zu sein und legte dann los.

»Ich danke Ihnen, dass Sie gekommen sind. Ich bin sehr froh darüber.«

»Nun ja«, sagte ich, »Sie haben mir eine nicht unerhebliche Summe zukommen lassen, nur für ein kurzes Gespräch.«

»Innerhalb unserer Branche ist das ein völlig normales Informationshonorar für ein erstes, unverbindliches Gespräch.«

»Gut«, erwiderte ich, »dann danke ich für die Großzügigkeit.« Ich war jetzt auf der Hut. Ich hatte noch nie erlebt, dass Frauen in Business-Kostümen so viel Geld für reine Nettigkeiten ausgaben. Bestimmt hatte die Sache einen Haken, und ich musste aufpassen, dass ich ihn nicht schluckte.

»Ich habe eigentlich nur eine Frage, und die lautet: Wie gefährdet ist der Papst? Wie lange kann er sich noch halten? Ich weiß, dass Sie dem nachgehen, also bitte ich Sie, Ihr Wissen mit mir zu teilen.«

Ich zögerte. Dann sagte ich: »Sie werden verstehen, dass ich dann gern wüsste, warum Sie das interessiert. Außerdem wüsste ich gern, ob Sie mir hinterhertelefonieren, um herauszufinden, ob ich Kontakt zu den Rebellenkardinälen aufnehme, die gerade dem Papst Ärger machen.«

Sie sah mich nachdenklich an. »Sehen Sie, ich musste sichergehen, dass Sie sich wirklich für die Gefährdung des Papstes und ein mögliches vorzeitiges Ende seiner Amtszeit aufgrund der Proteste der Kardinäle gegen ihn interessieren. Ich weiß nicht viel über Journalisten und Buchautoren wie Sie, aber ich bin mir sicher, dass es unüblich sein dürfte, in Ihrer Branche

Informationen mit Konkurrenten zu teilen. Sie leben von dem, was Sie herausfinden, also geben Sie das selbstverständlich auch nicht preis. Das verstehe ich, aber ich bin keine Konkurrenz, keine Journalistin.«

»Was sind Sie dann?«

»Ich arbeite für etwas, das man sich wie eine große Versicherungsfirma vorstellen muss.«

»Ich glaube, dann sprechen Sie mit dem falschen Mann. Ich weiß nicht, wie ich einer Versicherungsfirma helfen könnte.«

»Doch, das könnten Sie sehr wohl. Sagen wir es mal so: Für uns ist es von ungeheurem Interesse zu wissen, ob Papst Franziskus sich halten kann oder ob das Risiko besteht, dass seine Gegner ihn aus dem Amt drängen. Wir wären bereit, für eine fundierte Einschätzung eine erhebliche Summe zu bieten, eine weit höhere als das reine Informationshonorar, das Sie bekommen haben und das nur dazu gedient hat, uns kennenzulernen.«

Ich überlegte, was ich sagen sollte.

»Ich möchte ganz offen zu Ihnen sein: Ich verstehe von dieser Materie rein gar nichts. Als ich diesen Auftrag bekam, Informationen über eine mögliche Gefährdung von Papst Franziskus zu beschaffen, konnte ich mir ehrlich gesagt überhaupt nicht vorstellen, dass ein Papst überhaupt gefährdet sein könnte.«

»Oh«, sagte ich, »da irren Sie sich jetzt aber gewaltig. Sehr wahrscheinlich sollten alle vier Päpste, die vor Papst Franziskus gewählt wurden, also alle Nachfolger Petri seit der Wahl von Papst Paul VI. im Jahr 1963, aus dem Amt gedrängt oder getötet werden. Die jüngere Geschichte hat gezeigt, dass Päpste äußerst gefährlich leben und es eine ganze Menge Menschen gibt, die wollen, dass sie verschwinden oder sterben.«

»Ich verstehe nicht ganz«, entgegnete sie.

»Sie haben insofern recht, als bis zum Jahr 1970 alle Befürchtungen, dass ein Papst ermordet werden könnte, als reines Hirngespinst galten. Im Mittelalter hat es reihenweise Päpste gegeben, die getötet wurden, aber diese Zeiten schienen nun sehr lange her und endgültig vorbei zu sein. Doch am 27. November 1970 versuchte auf dem Flughafen von Manila auf den Philippinen der 35-jährige Bolivianer Benjamín Mendoza y Amor Flores, mit einem kurzen Säbel, einem sogenannten Kris, Papst Paul VI. zu ermorden. Als Priester verkleidet, stürmte er auf den Papst zu, als der nach der Landung die Gastgeber begrüßen wollte. Der harte Priesterkragen rettete dem Papst das Leben, weil er seine Kehle vor der Klinge schützte. Die Stichwunde, die der Attentäter dem Papst an den Rippen beibrachte, war nicht lebensgefährlich. Ob es Hintermänner für dieses Attentat gab, konnte nie geklärt werden.«

»Okay, das wäre Nummer eins, und dann?«

»Acht Jahre später, am frühen Morgen des 29. September 1978, sorgte eine Lüge des Vatikans dafür, dass zum ersten Mal seit den Mordanschlägen auf Päpste in der Renaissance ernsthaft von Interpol erwogen wurde, dass ein Papst liquidiert worden war. Nach Angaben des Vatikans starb der Nachfolger von Papst Paul VI., Papst Johannes Paul I., in der Nacht vom 28. auf den 29. September 1978 in seinem Bett an einem Herzinfarkt. Sein Sekretär, Monsignore John Magee, Sohn eines Milchbauern aus Irland, habe ihn gefunden, verbreitete der Vatikan. Doch das war gelogen. Die Ordensfrauen Schwester Vincenza und Schwester Margherita haben in Wirklichkeit den toten Papst entdeckt, was sie später auch zugaben, jedoch nicht der Jahrzehnte später wegen Mitschuld an der Vertuschung von sexuellem Missbrauch in seiner Diözese geschasste Magee. Doch warum hatte der Vatikan über die genauen Umstände der Auffindung der Leiche gelogen? Warum wurde eine Autopsie abgelehnt? Bis heute ist unklar, woran genau Papst Johannes Paul I. gestorben ist. Da es klare Motive für eine Beseitigung von Johannes Paul I. gab, ermittelte nach Angaben von John Magee auch Interpol, weil ein Mordanschlag auf den Papst mit Gift in Erwägung gezogen wurde. Nachweisen ließ sich das nie, doch der Verdacht, dass ein Papst möglicherweise ermordet worden war, ließ sich nie wieder ganz zerstreuen.«

»Das wäre Nummer zwei, und dann?«

»Nur drei Jahre später, am 13. Mai 1981, versuchte der Türke Mehmet Ali Ağca, Papst Johannes Paul II. zu liquidieren. Es gibt zwar Spekulationen darüber, dass möglicherweise der KGB in Zusammenarbeit mit dem bulgarischen Geheimdienst den Papst zu ermorden versuchte. Doch ist bis heute ungeklärt, ob Ali Ağca ein Auftragstäter war. Dann gab es noch ein Attentat.«

»Noch eines auf Papst Johannes Paul II.?«

»Ja, ein Jahr nach dem Attentat von Ali Agca versuchte der spanische Priester Juan María Fernández y Krohn am 12. Mai 1982, Johannes Paul II. im portugiesischen Wallfahrtsort Fatima, den der Papst gerade anlässlich einer Marienwallfahrt besuchte, mit einem Bajonett zu ermorden. Es gelang ihm, nahe genug an den Papst heranzukommen, um zustechen zu können, aber er verfehlte das Herz. Auch die genauen Umstände dieses Attentats konnten nie aufgeklärt werden. Der Verdacht, dass der Priester von Auftraggebern geschickt worden war, konnte nie bestätigt werden.«

»Okay, das wäre Nummer drei, und dann?«

»Am 28. Februar 2013 trat Papst Benedikt XVI. zurück. Joseph Ratzinger war zu diesem Zeitpunkt noch vollkommen gesund und in einer weit besseren Verfassung als Papst Johannes Paul II. in den letzten Jahren seines Pontifikats, als er schon schwer von seiner Parkinson-Krankheit gezeichnet war. Dass Papst Benedikt XVI. aus gesundheitlichen Gründen zurückgetreten sei, wie er angab, galt von Anfang an als wenig glaubwürdig. Viele Kardinäle und Bischöfe, wie auch der damalige Chef der Deutschen Bischofskonferenz, Robert Zollitsch, vermuten, dass die Kurie hinter Benedikts Rücken die Fäden zog und ihn regelrecht hinterging und entmachtete. Es ist somit eine Tatsache, dass die letzten vier Päpste, Benedikt XVI., Papst Johannes Paul II., Papst Johannes Paul I. und Papst Paul VI. aus dem Amt gedrängt oder eliminiert werden sollten. In einem Fall, bei Benedikt XVI., hat der Plan, den Papst auszuschalten, zweifellos geklappt. In zumindest einem weiteren Fall, dem des plötzlichen Todes von Papst Johannes Paul I., lässt sich bis heute der Verdacht, dass dieser Papst ermordet wurde, nicht ausschließen.«

»Das ist wirklich beeindruckend«, sagte meine Gesprächspartnerin. »So klar war mir das bisher nicht.«

»Was Franziskus angeht«, fuhr ich fort, »ist vielleicht die Ähnlichkeit mit den Fällen von Johannes Paul I. und Benedikt XVI. am interessantesten.«

»Warum?«

»Was immer auch der Grund für das Attentat auf Papst Paul VI. gewesen sein mochte, der Auftrag für den Mordanschlag kam nach allem, was man weiß, nicht aus dem Inneren der katholischen Kirche, sondern von außen. Das trifft auch auf das Attentat auf Papst Johannes Paul II. zu. Doch im Fall von Johannes Paul I. gab es ein klares Motiv im Inneren des Vatikans: Man wollte diesen Papst loswerden, und so war es auch bei Benedikt XVI.«

»Entschuldigen Sie, aber was waren die Motive dafür?«

»Im Fall von Papst Johannes Paul I. hatte es einen Chef der Vatikan-Bank gegeben, Paul Marcinkus, der den Verkauf der Banca Cattolica del Veneto, die mehrheitlich im Besitz der Vatikan-Bank war, an die Banco Ambrosiano betrieb. Deren Chef Roberto Calvi, der den Spitznamen »Bankier Gottes« trug, war 1982 in London ermordet worden. Mit der Banca Cattolica war auch Albino Luciani in seiner Amtszeit als Patriarch von Venedig verbunden: Sie war die Hausbank seiner Diözese Venedig, außerdem hatte Letztere einen Anteil von fünf Prozent daran. Luciani war über diesen Besitzerwechsel »seiner« Bank sehr erbost, weil damit auch die Vorzugsbedingungen für seine Diözese entfielen. Ausgerechnet Luciani sollte nun als Papst Johannes Paul I. Vorgesetzter des Vatikan-Bankers Marcinkus werden. Und dann war Papst Johannes Paul I. plötzlich tot. Johannes Paul I.

und Benedikt XVI. wurden von Mächten innerhalb der Kirche bekämpft, Ersterer möglicherweise eliminiert. Das Gleiche versuchen jetzt andere Kräfte bei Papst Franziskus auch.«

»Wer?«

»Warum sollte ich das Ihnen sagen?«

»Was kann ich tun, damit Sie Ihr Wissen mit meinen Auftraggebern teilen?«

»Sie müssten Ihre Karten auf den Tisch legen. Warum wollen Sie das alles wissen, und warum geben Sie so viel Geld dafür aus?«

Auf ihrer Stirn zeigte sich jetzt eine kleine Falte, die wohl leichte Verärgerung ausdrückte. Der Kellner brachte ihr einen Latte macchiato und mir einen Espresso.

Sie schien eine Weile mit sich zu ringen, dann erklärte sie: »Ich kann nicht gut lügen. Deshalb ist es wohl das Beste, wenn ich Ihnen die Wahrheit sage. Auch wenn ich damit das Gebot der Diskretion meines Auftraggebers verletze.«

»Ich möchte Sie nicht in Schwierigkeiten bringen«, sagte ich.

»Unsere Firma betreut einige sehr große Unternehmen bei der Einschätzung von Risiken.«

»Und was bitte hat der Papst damit zu tun?«

»Sehen Sie, unsere Kunden haben in einigen Ländern Afrikas große wirtschaftliche Interessen. Einige dieser Länder sind durch die unterschiedlichen Religionen stark zerrissen wie Kamerun oder Nigeria. Meist geht es um die Auseinandersetzung zwischen Christen und Muslimen.«

»Ja, und?«

»Unsere Kunden haben ein sehr starkes Anwachsen des Einflusses der Christen in einigen Ländern Afrikas bemerkt, der Islam wird dort massiv zurückgedrängt, was aus unserer Sicht ein positives Signal im Hinblick auf die wirtschaftlichen Beziehungen ist.«

»Und was hat der Papst damit zu tun?«

»Soweit ich informiert bin, schlägt der Papst erstmals in der Geschichte der Kirche einen neuen Kurs ein, was homosexuelle Menschen angeht.«

»Das stimmt. Bisher galten homosexuelle Neigungen unter allen Päpsten als unnatürlich und moralisch fragwürdig und homosexuelle Handlungen als schwere Sünde.«

»Jetzt soll Franziskus den Kurs der katholischen Kirche in Sachen Homosexualität radikal ändern. Stimmt das?«

»Soweit ich das abschätzen kann, ja. Er ist der erste Papst der Geschichte, der Homosexualität nicht als Sünde gegen Gott sieht und der Meinung ist, dass die Kirche homosexuellen Menschen grausames Unrecht angetan hat.«

»Sehen Sie, und genau das ist unser Problem. Für katholische Priester, die in Ländern leben, in denen es ein angespanntes Verhältnis zwischen Christen und Muslimen gibt wie in Nigeria, kann die Haltung des Papstes in dieser Frage erhebliche Konsequenzen haben. Der Vorwurf, dass die katholische Kirche Schwule unterstützt und beschützt, ist eine sehr ernste Sache. Ich weiß nicht, warum Afrika so wahnsinnig homophob ist. Aber Sie wissen ja, in Nigeria, Somalia, dem Sudan und dem Jemen riskieren homosexuelle Menschen die Todesstrafe. Wenn ein Papst nach so vielen Jahrhunderten der Diskriminierung Homosexueller das Ruder so radikal herumreißt, bekommen die Priester ganz vorne das natürlich ab. Wir fürchten, dass die muslimische Seite das ausnützen wird. Es gibt in Afrika eigentlich kaum etwas Schlimmeres für einen Mann, als für homosexuell gehalten zu werden. Es wird eventuell schwieriger werden für die Kirche, weil ›echte Männer‹ mit einer Kirche, die Schwule unterstützt, nichts zu tun haben wollen. Die werden sich eher zum extrem maskulinen Islam hingezogen fühlen, der Frauen tendenziell diskriminiert. Sie wissen das doch sicher: Der Koran fordert Männer auf, Frauen zu schlagen, von weiblichen Freuden im Paradies ist nie die Rede, der Himmel scheint den Männern vorbehalten. Die ganze Religion des Islam kommt sehr, sehr männlich und frauenverachtend daher.«

»Das alles habe ich verstanden«, sagte ich. »Aber was soll ich eigentlich tun?«

»Ich brauche ein Dossier. Alles, was Sie darüber wissen, wie wahrscheinlich es ist, dass der Papst abgesetzt wird. Zum Schluss brauche ich eine Einschätzung. In Prozent.«

»Das kann ich nicht machen«, sagte ich. »Ich könnte Ihnen sagen, wer dafür infrage kommt, wer also ein Interesse daran hat, den Papst abzusetzen.«

»Das ist mir viel zu kompliziert. Ich brauche nur eine Zahl. Sie haben sich doch ausführlich zwischen den Gegnern des Papstes getummelt.«

»Deswegen sind Sie auch auf mich gekommen.«

»Ja. Schreiben Sie ein Dossier, und ganz zum Schluss brauche ich eine verlässliche Zahl, wie wahrscheinlich es ist, dass es den Papst erwischt.«

»Ich kann das nicht«, wiederholte ich.

Sie sah mich verständnislos an.

»Wir könnten über die Ursachen sprechen, warum überhaupt jemand auf die Idee kommt, den Papst zu stürzen.«

Sie packte plötzlich eilig ihre Sachen zusammen.

»Das ist ja alles sehr nett. Aber ohne verlässliche Zahlen eines Dossiers nützen Sie mir nichts. Der Kaffee ist bezahlt«, warf sie mir hin. Und weg war sie.

XXIV

Die neuen Feinde des Papstes

Nach dem Treffen mit der Lady am Flughafen hatte ich Carlos lediglich wissen lassen, dass er danebengelegen hatte. Ich verriet aber nicht, wer da hinter mir her war. Vermutlich aus Neugier lud er mich zum Abendessen ein. Das war ein klares Friedensangebot, denn wir wollten uns im »Cesare« treffen. Es gibt rund um den Vatikan eine ganze Reihe verschwiegener Treffpunkte, welche die wenigen Frauen und die zahlreichen Männer benutzen, die im Vatikan Einfluss haben. Die meisten Lokale in unmittelbarer Nähe der Peterskirche und des Apostolischen Palastes bieten leider ziemlich miese Gerichte an. Wer im Vatikan etwas zählt und genügend Zeit hat, gönnt sich den Spaziergang die Via Crescenzio hinunter bis zum Lokal »Cesare«, das hinter der Engelsburg fast schon an der Piazza Cavour liegt. Zu Fuß braucht man vom Vatikan aus etwa 20 Minuten, aber der Weg lohnt sich. Die beiden Brüder, denen das Lokal gehört, bieten im Vergleich zur Konkurrenz an der Peterskirche hervorragende Küche. Kein Wunder, dass einer der Papstsprecher hier Stammgast war. Auch der ehemalige Sekretär von Papst Benedikt XVI. schätzt das Lokal.

Ich freute mich, die reizenden Besitzer wieder einmal zu treffen, plauderte eine Weile mit den beiden Brüdern und suchte dann Carlos, der an einem Fensterplatz saß. Wir bestellten eine wirklich gute Fischsuppe, und er konnte seine Neugier kaum zügeln.

»Also, wer ist hinter dir her?«, fragte er.

»Eine Versicherungsfirma«, sagte ich, und er konnte seine Überraschung kaum verbergen. Ich erzählte ihm von der Begegnung mit der Anwältin. Ich hatte gedacht, dass er sich über die Geschichte lustig machen würde, stattdessen hörte er mit düsterer Miene zu.

»Ich wäre nie darauf gekommen, dass eine Versicherungsfirma sich für die Streitereien um einen Papst interessieren könnte«, meinte er. »Sie waren also hinter jemandem her, der etwas dazu sagen konnte, wie gefährdet der Papst ist, und das warst du. Was hast du gesagt?«

»Nichts. Sie wollte eine richtige Risikobewertung, Zahlen, das konnte ich nicht liefern. Was ich hätte liefern können, wollte sie von mir nicht haben: nämlich wer diese Gruppen sind, die den Papst zum Rücktritt zwingen könnten.

»Und wer ist das deiner Ansicht nach?«

»Nun«, sagte ich, »auffallend ist zunächst, dass diese Gruppen, die den Papst aus dem Amt jagen wollen, völlig neu sind. Die hat es so noch nie gegeben. Päpste hatten über Generationen so etwas wie natürliche Feinde. Da war etwa das Sowjetimperium.«

»Da hast du ausnahmsweise recht«, räumte er ein. »Als es die Sowjets noch gab, haben sie die katholische Kirche und die Päpste massiv drangsaliert. Aber auch die Chinesen gingen massiv gegen die katholische Kirche vor. Das Politbüro in Beijing lieferte sich jahrelang einen heftigen Streit mit den Päpsten vor allem um die Ernennung von Bischöfen. Katholische Priester und Nonnen verschwanden in chinesischen Gefängnissen, das weißt du doch!«

»Klar«, sagte ich, »der Vatikan reagierte, er weigerte sich, die Volksrepublik China anzuerkennen, und sah lediglich in Taiwan eine rechtmäßige Vertretung Chinas. Aber auch einige arabische Länder wie Saudi-Arabien oder der Jemen lieferten sich Streite mit den Päpsten. Erinnerst du dich, als das saudi-arabische Königshaus im Jahr 2000 zu verhindern versuchte, dass Papst Johannes Paul II. in der Umayyaden-Moschee in Damaskus betete?«

»Ja, klar. Du hast mir erzählt, dass es vor der Moschee zu Handgreiflichkeiten kam, dass ein Mitarbeiter des Vatikans mit blutender Nase zu Boden ging«, sagte Carlos.

»Genau. Dennoch setzte der Papst sich durch und betete in der Moschee. Aber die Gruppe, die sich gegen Papst Franziskus erhebt, hat mit den alten Feinden der Päpste nichts zu tun. Die erste Gruppe sind meiner Ansicht nach hoch spezialisierte Priester. Wenn sie zehn Jahre an Universitäten verbracht haben, etwa um die Sprache Jesu, also Altaramäisch, zu lernen und dazu noch altes Hebräisch, Griechisch und Latein, dann ließ man sie jahrhundertelang in der Kirche einfach in Ruhe weiterforschen oder an einer Universität lehren. Doch seitdem Franziskus auf dem Thron des Papstes sitzt, ist alles anders.«

»Ich weiß. Jetzt sollen auch bestens ausgebildete Fachleute in der Seelsorge arbeiten. Also raus aus der Studierstube, um in Kindergärten Windeln zu wechseln oder in Altenheimen beim Füttern zu helfen. Das heißt, eine potenzielle Gruppe, die dafür infrage käme, wären deiner Ansicht nach Priester oder Bischöfe, die einen Großteil ihres Lebens an einer Hochschule verbracht haben, um zu studieren und sich fortzubilden, und die dann in eine ganz normale Gemeinde geschickt werden. Die hätten ein klares Motiv, den Papst zu bekämpfen.«

»Ja«, sagte ich, »Franziskus muss da eine Krankheit ausbaden, die Joseph Ratzinger eingeschleppt hat. Die großen Karrieren in der Kirche machten unter Benedikt XVI. nicht die Praktiker oder gar die Seelsorger, sondern die Wissenschaftler, die Theologen. Manchmal schien es, dass die Priester Ratzinger umso mehr gefielen, je weltfremder sie waren.«

Carlos schäumte. Ich hätte mir denken können, dass das Abendessen nicht lange friedlich bleiben konnte. »Deine penetrante Art, auf Ratzinger einzudreschen, ist ekelhaft. Du hast vor den großen Denkern der Kirche einfach keinen Respekt.«

Ich wusste, dass ich mich jetzt zurückhalten musste, aber ich schaffte es einfach nicht. »Ratzinger gefielen diese uralten

Kirchenlehrer, Leute, die seit eineinhalb Jahrtausenden tot sind. Er liebte Augustinus, die Theologen des Mittelalters, auch diesen verbohrten Bonaventura. Und ich dachte, mich trifft der Schlag, als Benedikt XVI. das riesige mittelalterliche Pallium sich um die Schultern hängte und damit vor den Petersdom trat, wie ein Papst vor tausend Jahren. Er war doch das Oberhaupt dieser Studierstubenhocker, und Franziskus kann gar nichts Besseres tun, als diese verwöhnten Typen endlich an die Front zu schicken.«

»Du hast keinen Respekt vor der Tradition, der Weisheit Ratzingers und dem Wissen der Kirche«, zischte Carlos.

»Es tut mir leid, wenn ich etwas scharf formuliert habe«, sagte ich, »aber ich glaube, dass diese Gruppe, die Superwissenschaftler des Vatikans, die an die Front sollen, eine der beiden großen Gruppen sind, die den Papst weghaben wollen.«

»Und wer soll Nummer zwei sein?«

»Auch diese Gruppe ist vollkommen neu. Es sind Adlige, die früher innerhalb der katholischen Kirche eine mächtige Position hatten. Für mehr als ein Jahrtausend waren die Päpste eng verbunden mit den kämpfenden Ritterorden, die sich aus dem Adel rekrutiert hatten. Kein Papst hat sich dem je widersetzt, und jetzt kommt Franziskus daher und erklärt dem Adel unumwunden, dass er nicht das Geringste von ihm hält.«

»Ich weiß«, knurrte Carlos. »Er schickt ausgerechnet seinen Intimfeind Kardinal Raymond Burke, mit dem er absolut nichts zu tun haben will, als Kardinalpatron zu den Johannitern. Für den Adel bedeutet das einen Schlag ins Gesicht. Denn die Entsendung von Burke bedeutet: Ihr könnt mich mal. Deswegen glaubst du, dass enttäuschte Adelige, etwa jemand, der zu den Johannitern gehört und auf jahrhundertelange Wertschätzung seiner Familie durch den Vatikan zurückblicken kann, ein Motiv hätte, das Ende dieses Pontifikats herbeizusehnen?«

»Genau. Weil so einer nunmehr voller Entsetzen sieht, wie der Papst eine so wichtige Beziehung einfach kappt.«

»Das könnte sogar sein«, gab Carlos zu. »Aber sag mal«, fragte er, »willst du eigentlich weitermachen?«

»Womit?«

»Im Vatikan nach Leuten suchen, die sich zusammentun, um den Papst zu stürzen?«

»Klar«, sagte ich.

Er sah einen Augenblick nachdenklich auf den Tisch, dann meinte er: »Dir ist schon klar, wen du mit einer solchen Suche reizt?«

»Ich verstehe nicht, was du meinst«, antwortete ich.

»Die Frage ist ganz einfach: Welche Gruppe innerhalb des Vatikans will den Papst stürzen und agiert so sehr im Verborgenen, dass so gut wie nichts über sie bekannt ist?«

Ich wusste, was er sagen wollte: »Du meinst die Schwulenlobby, vor der Papst Franziskus immer wieder warnt.«

»Genau die. Was denkst du, wie die das finden, wenn jemand wie du, der seit einer gefühlten Ewigkeit mit dem Vatikan zu tun hat und jede Menge Leute kennt, anfängt herumzuschnüffeln, um erklärte Gegner des Papstes zu finden? Meinst du, dass die dich einfach gewähren lassen? Selbst diese Dame von der Versicherung hat offenbar verstanden, dass die Haltung eines Papstes zu Homosexualität weltweite Folgen haben wird.«

Nein, dachte ich, sie werden mich ganz sicher nicht gewähren lassen. Sie würden ganz sicher etwas tun. Die Frage war nur, was.

XXV

Der Vatikan und die Homosexualität

Am 26. Juni 2016 machte Papst Franziskus eine der spektakulärsten Aussagen seines bisherigen Pontifikats. Niemand von uns im Gefolge des Papstes war darauf vorbereitet, dass Franziskus durch ein paar Sätze im Flugzeug auf dem Rückweg von Aserbaidschan den Vatikan so erschüttern könnte. Die Kirche muss »die Homosexuellen um Vergebung bitten«, erklärte er. Er habe selber als Priester, Bischof und Papst homosexuelle Menschen begleitet, auch Menschen, die ihre Homosexualität auslebten. Diese Aussage war in der Tat eine Sensation.

Seit dem Bestehen der katholischen Kirche, seit ihren allerersten Anfängen positionierte sie sich gegen Homosexualität. Es ist Paulus, der im Römerbrief (1,26–28) klarstellt, dass gleichgeschlechtlicher Sex gegen die von Gottes Schöpfung gesetzte Ordnung verstoße. Gott lieferte die Gottlosen »entehrenden Leidenschaften aus: Ihre Frauen vertauschten den natürlichen Verkehr mit dem widernatürlichen, ebenso gaben auch die Männer den natürlichen Verkehr mit der Frau auf und entbrannten in Begierde zueinander.«

Damit folgte Paulus der jüdischen Tradition. Auch die fünf Bücher Mose verbieten an mehreren Stellen homosexuelle Handlungen. In vielen anderen Kulturen war es ebenfalls gang und gäbe, alles auszugrenzen, was als nicht »normal« galt. Dabei dürften wohl in allen Gesellschaften und Ländern der Welt etwa drei bis fünf Prozent der Bevölkerung homosexuell sein. Homosexualität gehört genauso zum Menschen wie Heterosexualität. Das haben inzwischen auch viele Länder anerkannt und erlauben die gleichgeschlechtliche Ehe sowie die Adoption von Kindern durch Homosexuelle.

Die Kirche hingegen lehnt das immer noch ab, spricht von »Perversion«. Einige afrikanische Bischöfe sowie Kardinal Peter Turkson behaupten sogar, in Afrika gebe es keine homosexuellen Menschen. Im Katechismus der katholischen Kirche steht immer noch, dass Homosexualität eine »Unordnung« sei, also ein Verstoß gegen die göttliche Ordnung. Papst Johannes Paul II. machte keinen Hehl daraus, dass er praktizierende Homosexuelle verachtete, und forderte die Staaten auf, ihnen keine Rechte wie etwa das auf Eheschließung einzuräumen. Papst Benedikt XVI. hatte zwar miterlebt, wie sich die Gesellschaft gegenüber Homosexuellen immer mehr öffnete, sah aber keinerlei Anlass für eine Änderung der Haltung der Kirche, obwohl es in seinem Heimatland einen homosexuellen Außenminister und mehrere homosexuelle Bürgermeister gab. Dann kam Franziskus und mit ihm der große Wandel.

Zweifellos haben viele Päpste auch Homosexuelle gekannt, doch gesegnet haben sie sie nie. Der 265. Nachfolger des heiligen Petrus hingegen segnete als erster Papst der Geschichte ein bekennendes homosexuelles Paar, als er seinen langjährigen Schüler Yayo Grassi zusammen mit dessen Lebensgefährten Iwan im September 2015 in die Botschaft (Nuntiatur) des Vatikans in Washington einlud. Franziskus hatte stets betont, dass er noch nie einem homosexuellen Menschen wegen seiner Neigungen einen Vorwurf gemacht habe. Das bestätigte auch Yayo Grassi. Bereits kurz nach seiner Wahl während der Brasilienreise 2013 hatte Papst Franziskus erklärt: »Wer bin ich, einen Homosexuellen zu verurteilen, der Gott sucht!« Die Veränderung der Haltung der Kirche in Bezug auf Homosexualität lag Papst Franziskus offensichtlich so sehr am Herzen, dass er weitere Male auf das Thema zu sprechen kam. Im April 2019 erklärte er, dass »Menschen, die Homosexuelle ablehnen, kein menschliches Herz besitzen«. Das war starker Tobak, denn beide Vorgängerpäpste, Johannes Paul II. wie auch Benedikt XVI., hatten zweifellos erhebliche Vorbehalte gegenüber Homosexuellen.

Als ich in den 80er-Jahren an den Hof von Papst Johannes Paul II. kam, herrschte dort in Bezug auf Sexualität die altgewohnte Atmosphäre vor. Das bedeutete: Sexualität war im Vatikan mit Geheimnissen verbunden. Auf mich, einen jungen heterosexuellen Mann, hatten die Männer im Vatikan stets mehr oder weniger verklemmt gewirkt. Nur sehr wenige konnten mit dem Thema Sexualität normal umgehen. Wann und wo immer es im Vatikan um Sexualität ging, hatte man es mit einem Mysterium zu tun, und man fragte sich, ob der oder selten die Betreffende wirklich willens und in der Lage war, ein Leben ohne Sex zu führen, oder ob es nicht doch eine geheime Liebesaffäre hinter der frommen Fassade gab. Das war natürlich spannend.

Auch Papst Johannes Paul II. hatte eine äußerst seltsame Art, mit Sexualität umzugehen. Die Muttergottes bedeutete ihm alles. Seine Verehrung für Maria und damit das Weibliche aus katholischer Sicht war grenzenlos. Maria war laut der Definition der katholischen Kirche ganz Mensch, aber dass dann folgerichtig auch Sexualität zu ihr gehörte, hätte niemals in das Weltbild des Karol Wojtyła gepasst, der so früh seine Mutter verloren hatte. Für Sex musste man sich im Vatikan der 80er- und 90er-Jahre noch entschuldigen – er galt allenfalls als notwendiges Übel.

Wie sehr Johannes Paul II. alles, was mit Sexualität zu tun hatte, missverstand, zeigte sich auch darin, dass er keinen Finger rührte und nichts zur Aufklärung beitrug, als die ersten Fälle sexuellen Missbrauchs in der Kirche publik wurden, wie etwa 1995 im Fall des Wiener Erzbischofs Hans Hermann Groër. Papst Benedikt XVI. ist da ein völlig anderer Typ. Er erfasst die Welt ausschließlich mit seinem Verstand. Joseph Ratzinger hat entweder einen akademischen Zugang zu einer Sache oder gar keinen, das gilt auch für die Sexualität. Beide Päpste bestätigten auf ihre je eigene Weise in ihrem Verhalten, was ich täglich im Vatikan erlebte: nämlich dass kaum ein Kirchenmann eine normale Vorstellung von Sexualität hatte.

Von den Eigenschaften, die mich an Papst Franziskus überrascht haben, gab mir sein ungezwungenes Verhalten gegenüber Sexualität am meisten Rätsel auf. Dieser Papst aus Argentinien schien im Hinblick auf Sexualität ganz anders, ganz normal zu sein. Er machte Schluss mit den Obsessionen von Johannes Paul II. und Benedikt XVI., vorzuschreiben, was unter den Bettdecken der Katholiken zu geschehen habe und was nicht. Im täglichen Umgang zeigte Papst Franziskus, dass er zwar als eheloser Priester gelebt hat, aber offensichtlich kein Problem mit dem Thema Sexualität hat. Ich habe Dutzende Generalaudienzen erlebt, während derer Papst Franziskus ganz selbstverständlich mit dem Thema Liebe und Sexualität umgegangen ist. Während jeder Generalaudienz stehen ältere Paare, die schon sehr lange miteinander verheiratet sind, in den vorderen Reihen in der Nähe des Papstes. Nach der Audienz geht er zu ihnen, um sie zu grüßen. Papst Benedikt XVI. sprach, wenn überhaupt, bei solchen Gelegenheiten nur sehr zurückhaltend mit den Paaren. Franziskus hingegen liebt diese Dialoge. Einmal küsste ein älterer Herr vor dem Papst leidenschaftlich seine Frau und rief dem Papst zu: »Wir sind 40 Jahre verheiratet, aber ich bin noch immer scharf auf sie.« Statt sich peinlich berührt abzuwenden, segnete Franziskus das Paar und sagte zu ihm: »Habt noch weitere Jahre Freude an eurer Liebe.« Es dürfte eine der größten Veränderungen von Papst Franziskus im Vatikan gewesen sein, die Sexualität im Vatikan als das zu sehen, was sie ist: ein ganz normaler Teil des Menschen.

Ein besonders eindrückliches Erlebnis mit der geheimnisvollen Welt der versteckten Sexualität im Vatikan hatte ich bereits 1987, als ich gerade meinen Job im Vatikan aufgenommen hatte.

XXVI

Die beiden Professoren und das Mittelzimmer

Rang und Einfluss homosexueller Männer im Vatikan haben sich seit den 8oer-Jahren des vergangenen Jahrhunderts drastisch geändert. Wie anders die Gruppen schwuler Männer im Vatikan noch agierten und lebten, bevor sie mächtige Lobbys bildeten, erlebte ich eher ungewollt zum ersten Mal vor über 30 Jahren.

Einer meiner ersten großen Aufträge als Journalist Ende der 8oer-Jahre im Vatikan bestand darin, Material für einen Nachruf auf Papst Johannes Paul II. zusammenzustellen. Das hatte nichts mit seinem damaligen Gesundheitszustand zu tun. Zu dieser Zeit ging es ihm blendend, es ließen sich noch keinerlei Anzeichen seiner späteren Parkinson-Krankheit erkennen. Trotzdem sollte ich für den Fall der Fälle so viel Material wie möglich zusammentragen. Ich versuchte also mit möglichst vielen Menschen zu sprechen, die regelmäßig mit dem Papst zu tun hatten.

Einer von ihnen war ein Monsignore, der damals schon pensionierte Professor K., ein intellektueller Priester der alten Schule, wie er im Buche steht. Sein Arbeitszimmer in dem römischen Kloster, in dem er mich empfing, hatte etwas sehr Spartanisches an sich. Alles, was heute auf Schreibtischen liegt, war damals noch nicht vorhanden, weder Laptop noch Handy. Professor K. besaß einen wunderschönen Füllfederhalter, der neben einer Ledermappe auf seinem Schreibtisch thronte. Im Laufe eines Gesprächs pflegte Professor K. mit Bedacht den Füllfederhalter aufzuschrauben, die Mappe aufzuklappen und auf dem Block, der in der Mappe steckte, in schnörkeliger Handschrift Notizen zu machen. Einen Großteil seiner Zeit während unserer Gespräche brachte er damit zu, Zigarren zurechtzuschneiden und darauf zu achten, dass sie auf die richtige Art und Weise brannten.

Sein Zimmer roch jedes Mal unglaublich verqualmt, was aber Ende der 8oer-Jahre noch niemanden störte. Nach seiner Pensionierung hatte er begonnen, an einem wissenschaftlichen Werk zu arbeiten, manchmal saß er über ein Buch gebeugt, wenn ich kam. Höchst verwunderlich für mich war, dass immer nur ein Buch auf seinem stets penibel aufgeräumten Schreibtisch lag. Wenn er an einem wissenschaftlichen Werk arbeitete, musste er doch eine Vielzahl von Büchern benutzen – aber wo waren die?

Etwa ein Drittel des Raumes wurde durch einen Paravent verborgen. Dem fleckigen Stoff der Trennwand nach zu schließen schien diese aus einem Lazarett des Zweiten Weltkriegs zu stammen. Ich fragte mich immer, wo er so ein Ding herbekommen haben konnte. Wenn wir zusammen hinausgingen, verschwand er kurz hinter dem Paravent und tauchte dann in Ausgehkleidung wieder auf. An sein Büro grenzte ein Raum, der stets abgeschlossen war. Dahinter vermutete ich eine riesige Bibliothek.

Eines schönen Sommertages kam es hier zu einem kleinen Malheur. Es war warm, das Fenster in seinem Büro war weit geöffnet, und plötzlich fegte ein starker Windstoß in das Zimmer herein. Er sah mich mit einem Ausdruck äußerster Missbilligung an, stand weitaus flinker auf, als ich es ihm in seinem Alter zugetraut hätte, und schob den Paravent zur Seite. Zu meiner Überraschung lagen auf dem Fußboden Dutzende Bücher nebeneinander, so sauber aufgereiht wie eine Kompanie Soldaten. In jedem der Bücher steckten zahlreiche Lesezeichen, die in verschiedenen Farben markiert waren. Er befahl mir in schneidendem Kommandeurston: »Schließen Sie augenblicklich das Fenster!« Ich sprang auf, knallte das Fenster zu und schaute zu ihm hin, wie er zwischen den Reihen der aufgeschlagenen Bücher vorsichtig hin- und herstolzierte. Er blätterte hier und dort eine Seite um, rückte eines der zahllosen bunten Lesezeichen zurecht und kontrollierte alles mit einem äußerst kritischen Blick, wie bei einer Inspektion. Dann kam er wieder zu mir zurück.

Professor K. pflegte seine Bücher wie Liebhaberobjekte. Sobald ein neues Buch dazukam, geriet er außer sich vor Verzückung. Seine Art, Bücher zu beschaffen, vermag man sich im Zeitalter von Amazon gar nicht mehr vorzustellen. Wenn er für seine Arbeit ein neues Buch brauchte, das etwa in den USA erschienen war, packte er ein Päckchen, in das er einen blauen Luftpostbrief, ein kleines Geschenk und einen Brief hineinlegte, in dem er einen Mitbruder bat, ihm in einem gut sortierten Buchladen ein bestimmtes neues Buch zu beschaffen. Dann erhielt er von dem Mitbruder zunächst einen Dankesbrief, in dem dieser sich für das Geschenk bedankte und versprach, das Buch zu suchen. Irgendwann traf ein Luftpostpäckchen aus den USA ein, das er in der zentralen Poststelle des Vatikans am Bahnhof hinter der Peterskirche abholen musste. Sobald er das begehrte Buch in Händen hielt, freute er sich wie ein Schneekönig.

Bei unseren Gesprächen unterhielt sich Professor K. meistens nicht mit mir, sondern er dozierte. Er hatte seit Pius XII. alle Päpste persönlich gekannt und musste regelmäßig zu Besprechungen zu Johannes Paul II. gehen. Für mich waren die Gespräche mit ihm deshalb so wichtig, weil er im Gegensatz zu nahezu allen anderen Informanten, die ich kannte, nichts beschönigte. Es war damals absolut üblich, Papst Johannes Paul II. über den grünen Klee zu loben. Nahezu alle Informanten, die ich sprechen durfte, fielen vor lauter Hochachtung vor diesem Papst schon auf die Knie, wenn er nur den Raum betrat. Für

Professor K. galt das nicht. Er hatte kein Problem damit, auch mal ein Fehlverhalten des Papstes zu schildern. So erzählte er mir Episoden, wenn der Papst jemanden angeschrien hatte oder er sich von Mitarbeitern bevormundet fühlte. Seine Berichte waren überaus menschlich und schilderten Papst Johannes Paul II. als das, was er war: nämlich als einen lebendigen Menschen und nicht als Heiligenfigur. Ich habe Johannes Paul II. oft auf seinen Auslandsreisen erlebt, und mein Bild von ihm deckte sich mit den Schilderungen aus dem Alltagsleben des Papstes, mit denen Professor K. mich versorgte.

Deshalb auch besuchte ich Professor K. regelmäßig, sein Kloster lag auf meinem Weg zur Arbeit im Vatikan. Niemals jedoch wäre ich auf die Idee gekommen zu sagen, dass wir befreundet seien. Unsere Treffen liefen immer gleich ab: Ich bat ihn um einen Termin, den er meistens am frühen Nachmittag gewährte. Er saß dann an seinem Schreibtisch, machte sich an seiner Zigarre zu schaffen, zündete sie an und dozierte über alles, was es zu Papst Johannes Paul II. zu sagen gab. Dabei bediente er sich der Sprache einer vergangenen Epoche. So verglich er wissenschaftliche Disziplinen häufig mit Personen. Ein typischer Satz von ihm war: Die Geschichtswissenschaft ist eine strenge Lehrmeisterin. Oder: Die Literaturwissenschaft ist ein konsequenter Aufseher, der nichts durchgehen lässt. Ich hörte meistens nur zu. Er wollte nie wissen, wie es mir ging oder was ich so tat, das schien er für indiskret zu halten. Er machte keinen Hehl daraus, was für ein hochnäsiger Snob er war, und sagte Dinge wie: Sehen Sie, eine Unterhaltung mit Menschen, die nicht wenigstens einen niederen akademischen Grad haben, ergibt meistens keinen Sinn. Er hatte meine bescheidene Universitätskarriere genau daraufhin abgeklopft, wollte wissen, wann und bei wem ich meinen Magister gemacht hatte, und ließ keinen Zweifel daran, dass es ein ernstes Hindernis für eine Konversation mit ihm bedeuten würde, wenn ich das Studium etwa abgebrochen hätte.

Natürlich fragte ich mich immer wieder, was in dem ständig geschlossenen Raum sein mochte, der an sein Arbeitszimmer grenzte. Dahinter wiederum lag das Büro seines Kollegen, des italienischen Professors H. Es kam häufig vor, dass Professor K. mich zu diesem mit hinübernahm. Ich erinnere mich an viele Gespräche zu dritt, und auch an das allererste. Ich hatte Professor K. aufgesucht, weil der Sprecher des Papstes, Joaquín Navarro-Valls, zum ersten Mal eingeräumt hatte, dass Papst Johannes Paul II. an der Parkinson-Krankheit litt. Ich fragte Professor K., was es bedeuten würde, wenn das Oberhaupt der römisch-katholischen Kirche unheilbar krank wäre und bis zum Lebensende immer weiter abbauen würde. Was bedeutete es, wenn ein Papst nahezu unbeweglich wurde und nicht mehr richtig sprechen konnte? Offensichtlich hielt Professor K. die Frage für nicht leicht zu beantworten. Wenn wir an einen solchen Punkt kamen, sah er immer dem Rauch nach und sagte: »Lassen Sie uns zu meinem Professorenkollegen hinübergehen.«

Sein Kollege war das völlige Gegenteil von Professor K. Er war viel kleiner, etwas untersetzt, aber erstaunlich flink. Über einem ungewöhnlich freundlichen Gesicht umrahmte ein weißer Haarkranz seinen kahlen Schädel. Ein wenig wirkte er wie ein riesiges Eichhörnchen, das emsig in seinem Büro umhersprang. Im Gegensatz zur kargen Klosterzelle von Professor K. erschien mir sein Büro fast wie eine bunte Tropeninsel. Er hatte den Raum in einem ockerfarbenen Ton streichen lassen. Als Schreibtisch diente eine mit arabischen Schriftzeichen verzierte Tür, die waagrecht auf zwei Holzböcke gelegt worden war. An den Wänden hingen Reproduktionen indischer Künstler. Es gab sogar eine fahrbare Bar mit Wein- und Cognacflaschen. Während mir Professor K. wie eine wandelnde Statue erschien, die sich gelegentlich bewegte, wirkte sein Kollege wie ein aufgezogener Kreisel. Die beiden bildeten einen wirklich beeindruckenden Kontrast.

Es ließ sich nicht übersehen, dass der kühle Professor K. ganz offensichtlich die Gesellschaft des Kollegen, der so voller menschlicher Wärme war, außerordentlich schätzte. Wenn wir seinen Professorenkollegen besuchten, gingen wir nie durch das mittlere Zimmer, das zwischen den beiden Büros lag und keinen Zugang zum Flur hatte, sondern stets über den Flur. Es gab in dem Kloster eine äußerst spartanische Kaffeeküche, in die wir manchmal zu dritt gingen. Professor H. schaffte es dann immer, aus der banalen Kaffeepause mit seinen großen Gesten eine regelrechte Gala zu machen. Er besaß im Gegensatz zu Professor K. reichlich Humor und ließ sich oft über die Päpste aus, vor allem über Papst Paul VI., auf eine amüsante und freundliche Weise. Er machte gern nach, wie Papst Paul VI. ausgesehen haben mochte, als er im Fahrstuhl im Palast der Jesuiten stecken geblieben war.

Die Monate vergingen, und der Besuch bei den beiden Männern entwickelte sich zu einem festen Bestandteil meines Lebens. Weil das Pontifikat von Johannes Paul II. so unglaublich ereignisreich verlief, brauchte ich häufig die Einschätzungen der beiden Männer. Was bedeutete es etwa, dass zum ersten Mal ein Papst eine Synagoge besuchte, die evangelische Kirche Roms betrat, ein rein muslimisches Land besuchte? Vor allem wenn komplizierte päpstliche Texte publiziert wurden, suchte ich die beiden auf.

Ich brachte Professor K. regelmäßig Zigarren mit, die er dankend annahm und im Schreibtisch verstaute. Er duldete aber auf seinem Schreibtisch weiterhin nichts außer dem Füllfederhalter und der Mappe. Mehrfach sprach ich im Laufe der Zeit beide Professoren auf das Zimmer an, das zwischen den zwei Büros lag und immer abgeschlossen war. Sie antworteten beide, dass es als ihr Archiv genutzt würde. Ich stellte mir vor, wie in dem Zimmer ebenso wie hinter dem Paravent die aufgeschlagenen Bücher dicht nebeneinander liegen würden.

Dann erkrankte Professor H. plötzlich, und es war furchtbar, miterleben zu müssen, wie dieser sympathische quirlige kleine Mann nach und nach seine Lebenskraft verlor. Er fiel regelrecht in sich zusammen. Obwohl offensichtlich war, wie schlecht es ihm ging, wagte ich bei keinem der Treffen, mich von ihm zu verabschieden. Ich wollte nicht ein schlechtes Omen heraufbeschwören. Eines Tages erfuhr ich über Bekannte, dass er verstorben war.

Ich suchte Professor K. auf, um ihm meine Anteilnahme auszudrücken. Als ich in sein Büro kam, erschrak ich zutiefst. Professor K. war in einem entsetzlichen Zustand. Seine verheulten Augen hatten sich tief eingegraben. Seine ansonsten stocksteife Art zu sitzen hatte er aufgegeben, er lag geradezu auf dem Tisch. Überall auf der Tischplatte lagen Zettel herum, Essensreste standen zwischen den Papierbergen, Zigarrenstummel qualmten in einem übervollen Aschenbecher. Ich versuchte, mit ihm zu sprechen und ihm mein Beileid zu bekunden, aber er hörte mir überhaupt nicht zu. Stumm liefen ihm Tränen die Wangen hinunter. Ich glaube, ich habe noch nie in meinem Leben einen zuvor so disziplinierten Menschen sich so völlig aufgeben sehen. Irgendwie versuchte ich zu ihm durchzudringen, doch ohne Erfolg. Nach einer Weile ging ich. Ich hatte das Gefühl, er hatte mich gar nicht bemerkt.

Von einer anderen Begegnung werde ich leider nie mehr erfahren, ob das, was ich dabei erlebte, durch einen Zufall zustande kam oder nicht. Professor K. verstarb vor Jahren und hat bis zu seinem Lebensende mit mir nie mehr über diesen Tag gesprochen. Es war ein Mittwoch, ich weiß noch genau, dass ich auf dem Petersplatz an der Generalaudienz teilgenommen hatte. Papst Johannes Paul II. versuchte damals immer nachdrücklicher, eine Aussöhnung mit den orthodoxen Kirchen hinzubekommen, und ich hatte keine Ahnung davon, was das bedeuten würde. Ich beschloss also, Professor K. um ein Gespräch zu bitten. Vielleicht könnte ich ihn dadurch auch aus seiner Trauer um Professor H. herausreißen und ihn auf andere Gedanken bringen. Ich meldete mich wie immer an, und der Pater an der Pforte ließ mich einfach hochgehen zum Büro von Professor K. Das erlaubte er erst seit kurzer Zeit, in den Jahren zuvor hatte mich Professor K. immer an der Pforte abholen müssen.

Als ich in das Büro von Professor K. kam, war sein Schreibtisch verwaist, was noch nie vorgekommen war. Und da war noch etwas, was ich noch nie erlebt hatte. Die Tür zum Mittelzimmer war nicht abgeschlossen, sondern sie stand einen Spalt weit auf. Ich stand wie angewurzelt im Büro. Was sollte ich jetzt tun? Diskret hinausgehen und auf Professor K. warten? Durch meinen Kopf zuckte der verwegene Gedanke: Wenn du jetzt nicht nachschaust, was in dem Zimmer ist, wirst du es vielleicht nie erfahren. Ich ging zur Eingangstür des Büros, öffnete sie, schaute auf den langen Gang, doch es war weit und breit niemand zu sehen. Dann kehrte ich zurück ins Büro und öffnete die angelehnte Tür zum ominösen Mittelzimmer.

Was ich nun sah, ließ mich für einen Moment zurücktaumeln. Ich hatte eine schwach beleuchtete Bibliothek erwartet, Regale, ein paar Schreibtische. Da beide Professoren von ihren Zimmern durch die jeweiligen Verbindungstüren in diesen Raum gelangen konnten, der keine Tür zum Flur besaß, dachte ich, dass es ein gemeinsam genutztes Büro sein musste. Es war aber kein Büro. An der Wand stand ein sehr großes, säuberlich bezogenes Doppelbett, was mich überrascht, aber nicht schockiert hätte. Schockiert hatte mich vielmehr, dass auf diesem Bett Dutzende Stofftiere saßen, Kuscheltiere, die mich mit ihren großen Glasaugen bösartig anzuschauen schienen, weil ich ihre Ruhe gestört und den Schleier zerrissen hatte, der ihr Geheimnis umgab. Auf den Regalen standen in silberne Rahmen eingefasste Erinnerungsfotos. Professor H. und Professor K., wie sie zusammen in Afrika ein Löwenstofftier kaufen, die beiden im Schnee mit einem Pinguinstofftier, die beiden am Meer in Badehose. Sie umarmten sich, hielten sich an der Hand. Es war ergreifend zu sehen, wie sie im Laufe der Jahrzehnte gealtert waren. Es gab keinen Zweifel, dass dieser Raum der Rückzugsort der beiden gewesen war.

Ich erschrak, als plötzlich Professor K. neben mir stand. Er schien wie aus dem Nichts aufgetaucht zu sein. Ich meinte schon seine scharfe Stimme zu hören, die diesmal noch weit ungehaltener klingen würde als jemals zuvor, und bereitete mich darauf vor, eine Entschuldigung zu stammeln. Aber er sah ruhig auf das Bett und die Armee der Kuscheltiere, als wäre dort jemand. Dann sagte er einen Satz, den ich nie vergessen werde: »Wissen Sie, mein Vater hat mich in meiner Jugend, mitten im Zweiten Weltkrieg, gewarnt, dass meine Neigung mich in das Konzentrationslager bringen würde, wenn es je auffliegen würde. Aber kommen Sie doch bitte. Es gibt hier nichts mehr zu sehen. Setzen wir uns doch in mein Büro.«

Wir setzten uns, und zum allerersten Mal dozierte Professor K. nicht, sondern erzählte mir einfach von seinen Erinnerungen an Professor H. Die Sätze schienen sich aus seinem tiefsten Inneren ihren Weg zu bahnen, als hätte sich eine Unzahl von bis vor Kurzem fest verschlossenen Schleusen geöffnet. Er erklärte mir unumwunden, warum er ausgerechnet mit mir sprach. »Sehen Sie«, sagte er, »in letzter Zeit erscheint es mir vollkommen sinnlos, mit Menschen zu tun zu haben, die Professor H. nicht kannten. Es interessiert mich nicht, was Menschen denken oder tun, die ihn nie kennengelernt haben. Allerdings gibt es auch unter denen, die ihn kannten, eigentlich niemanden, der nicht absolut schockiert wäre oder zumindest so tun würde, wenn ich offen sprechen würde. Sie sind ein sehr junger Mann und gehören schon in eine andere und, wie ich glaube, sehr viel bessere Zeit als ich.«

Er schilderte an diesem Nachmittag Professor H. keineswegs als seinen Liebhaber. Dieser hatte ihm sehr viel mehr bedeutet. Er hatte ihn offenbar aus einem Gefängnis totaler emotionaler Kälte befreit, doch gleichzeitig wollte er das nicht zugeben. Über ihre Beziehung hatten sie offensichtlich nie miteinander gesprochen. Aus dem Mund von Professor K. klang das seltsam hilflos. Er sagte Dinge wie: »In erster Linie waren wir uns auf akademischem Felde sehr nahe. Ein Gespräch über emotionale Bindungen hätte der Herr Professor nie geduldet. Ich selbstverständlich auch nicht.« Ich hörte stundenlang zu und dachte die ganze Zeit darüber nach, ob er das alles geplant hatte. Hatte er die Tür aufgeschlossen, sie geöffnet und dann, kurz bevor ich in das Büro kam, den Raum verlassen? Wollte er die Tür zu diesem Geheimnis aufschließen, um endlich darüber reden zu können?

Ich weiß es nicht, aber seit dem Gespräch an diesem Nachmittag veränderte sich unser Verhältnis. Er dozierte immer noch gelegentlich, und ich spielte die Rolle des gelehrigen Zuhörers, aber ich gehörte jetzt dazu. Wir teilten ein Geheimnis, und das änderte vieles. Er öffnete sich mir vorsichtig. Ich hatte zum Beispiel nie einen Hehl daraus gemacht, wie wertvoll die Informationen für mich waren, die er über die Abläufe im inneren Zirkel der Macht am Hofe des Papstes liefern konnte. Mehrfach hatte ich ihm angeboten, ihn als Zeichen meiner Dankbarkeit zum Essen einzuladen, aber er hatte stets abgelehnt. Getrennt von seinem Schreibtisch schien er sich unsicher zu fühlen. Doch das änderte sich jetzt. Wir machten Ausflüge in die Umgebung von Rom, häufig an Orte, an denen er mit Professor H. gewesen war, und er erzählte mir, dass sie auf dieser Bank gerastet oder in jener Kirche gebetet hatten.

Er sprach so gut wie nie über seine Homosexualität, und wenn, dann in einem akademischen Ton. Er sagte Sätze wie: »Es gehört zum tiefen Geheimnis der Religion, warum der Herr uns geschaffen hat, wie er uns geschaffen hat.« Oder: »Ich frage mich häufig, was Jesus meinte, als er vor der Ehebrecherin sagte: ›Wer von euch ohne Sünde ist, werfe den ersten Stein.‹ Gottes Sohn erwähnt Neigungen zum gleichen Geschlecht nie. Wenn er davor hätte warnen wollen, dann hätte er es getan.«

Erst Jahre später begriff ich, dass ich mit dieser zufälligen Bekanntschaft noch die »Steinzeit« der Entwicklung der Organisationen homosexueller Männer im Vatikan kennengelernt hatte. Dabei handelte es sich um Männer, die in den Jahren der nationalsozialistischen Diktatur junge Erwachsene gewesen waren und tatsächlich noch von der Ermordung in Konzentrationslagern bedroht gewesen wären, hätten sie ihre Neigungen öffentlich gemacht. Die Generation dieser Männer hatte ihre gleichgeschlechtliche Liebe stets versteckt. Für sie war es noch kein Menschenrecht, Homosexualität einfach auszuleben. Deshalb war Professor K. in erster Linie ein Professor. Seine Beziehung zu Professor H. sah er als einen Makel an. Er sprach einige Male darüber und erzählte mir, wie er dazu gekommen war, Priester zu werden: »Mein Vater befahl mir außerordentlich bestimmt, dass Menschen meiner Neigung in Kasernen und auf dem Feld nichts zu suchen hätten und dass er mir den Weg in die Wehrmacht verbiete. Zu prüfen, ob ich eine Berufung durch Gott verspürte, lag daher nahe.«

Der größte Unterschied dieser ersten Generation homosexueller Männer, die ich kennengelernt habe, zur nachfolgenden Generation lag darin, dass Erstere im Vatikan völlig isoliert waren. Ich bin mir absolut sicher, dass Professor H. und Professor K. nie auch nur im Ansatz versucht hätten, Kontakte mit anderen Männern ihrer Neigung im Vatikan zu knüpfen. Sie versteckten sich vor der übrigen Männerwelt im Vatikan.

Sie lebten ihre Beziehung wie ein geheimes, sehr gefährliches Laster. Manchmal verglich Professor H. dieses Laster mit einer Sucht: »Ich habe Professoren der Medizin gekannt, die in der Wehrmacht dienten, und ich muss sagen, es erschreckte mich, wenn sie davon erzählten, dass Professoren im Krieg Morphium nahmen und davon abhängig wurden. Ich habe nicht verstanden, dass man ein solches Laster nicht in den Griff bekommen kann, aber Sie wissen ja …« Den Rest des Satzes ließ er immer in der Luft hängen.

XXVII

Nachts am Monte Caprino

Manchmal frage ich mich, ob ich beim Thema Homosexualität voreingenommen bin, denn ich habe in Bezug auf homosexuelle einsame alte Männer immer das gleiche Bild vor Augen.

Das hängt mit einem Erlebnis in meiner Jugend zusammen. Ich muss so etwa 16 Jahre alt gewesen sein, als ich mit meinem damaligen Schulfreund Joe in den Sommerferien nach Korsika fuhr. Wir waren sehr knapp bei Kasse, übernachteten nur auf Zeltplätzen und bewegten uns, wann immer es ging, per Anhalter fort. An einem heißen Tag mitten in den Bergen stoppte ein kauziger alter Mann in einem Wrack von einem Auto. Ich war damals von einer geradezu grenzenlosen Naivität, und ich kann nur inständig hoffen, dass junge Menschen heute nicht annähernd so einfältig sind, wie wir es damals waren. Ich hatte vorher mit Begeisterung Ernest Hemingways *Fiesta* gelesen und sah in allen Korsen das, was Hemingways Helden in den Spaniern auf dem Weg nach Pamplona sahen: unglaublich interessante, wahnsinnig authentische und sympathische Menschen, mit denen man jede Menge Rotwein trinken kann.

Auch wir tranken Rotwein und meinten, in dem Mann in dem klapprigen Auto einen Wiedergänger aus Hemingways Erzählkosmos zu treffen. Der alte Mann erklärte uns, dass er uns zumindest ein ganzes Stück mit in Richtung Ajaccio mitnehmen könnte. Ich hatte nichts weiter an als eine Adidas-Turnhose, ähnlich derjenigen, die mein Idol Paul Breitner während der Fußballweltmeisterschaft 1974 getragen hatte, und ein knappes Hemdchen. Der alte Mann fuhr uns durch das hügelige Land und musste häufig schalten. Dabei berührte er jedes Mal mein Knie. Ich dachte mir nichts dabei.

Ich bin in den 6oer- und 7oer-Jahren in der Kleinstadt Werl in Nordrhein-Westfalen aufgewachsen. Damals war das Thema Homosexualität vollkommen tabu. Mir war nicht einmal bewusst, dass einer meiner besten Freunde in meiner Schulzeit schwul war.

Dass der leicht bekleidete Körper eines jungen Mannes, also meiner, für einen Mann von Interesse sein konnte, hatte ich mir auch auf Korsika nicht vorstellen können, das überstieg meinen Erfahrungshorizont. Immer wenn der alte Mann das Auto einen Hügel hinaufgesteuert hatte, stellte er den Motor ab und ließ den Wagen hinunterrollen, um Benzin zu sparen, was ich großartig fand. Ich sah darin so etwas wie eine Kritik an unserer westdeutschen Wohlstandsgesellschaft, in der man damals noch das Autos oft mehrere Minuten »warm laufen« ließ, bevor man losfuhr.

Im Laufe der Fahrt erklärte uns der alte Mann, dass er erst am Nachmittag nach Ajaccio fahren werde und er uns zu sich nach Hause einladen wolle, auf seinen Bauernhof zur Siesta. Ich fand das fantastisch. Joe und ich waren sehr gespannt, weil wir jetzt endlich das echte Korsika kennenlernen würden. Endlich würden wir keine doofen Touristen mehr sein, die das Land nie kennenlernen und immer außen vor bleiben würden, sondern Gäste, die irgendwie zum Land dazugehören.

Der »Bauernhof« hingegen erwies sich als ein äußerst kleines, armseliges Steinhaus, dessen Boden lediglich aus ein paar Brettern bestand. Außer der Wohnküche und einer Toilette gab es nur noch ein abgetrenntes Schlafzimmer. Alles starrte vor Schmutz. Trotzdem waren wir selig. Endlich hatten wird das gefunden, was wir die ganze Zeit gesucht hatten: das unverfälschte

Leben auf Korsika inmitten der Natur – und nicht die Reisebusse, die Touristenlokale an den Kais von Bastia oder die Pauschaltouristen.

Der Mann bot uns etwas Käse an, ein paar Tomaten und hartes Brot. Als er vorschlug, dass wir uns erst einmal zu einer Siesta hinlegen sollten, fand ich das immer noch großartig. Schließlich machten die Frauen und Männer bei Hemingway doch auch ständig Siesta während der besonders heißen Stunden des Tages und legten sich ins Bett. Mir kam noch nicht einmal ein Verdacht, als er darauf bestand, dass Joe in der Wohnküche bleiben und ich mit ihm in das Schlafzimmer kommen sollte. Es schüttelt mich heute noch, wenn ich darüber nachdenke, wie unendlich weltfremd ich war.

Der Alte wollte unbedingt, dass ich mich trotz der Hitze unter die speckige Decke legte, was ich widerstrebend auch tat. Erst als er sich auf mich warf, an meiner Turnhose herumfummelte, mich nach unten drückte und mir den Mund zuhielt, wurde mir klar, dass ich mir eine völlig idiotische Welt zusammengezimmert hatte. Mir schossen Szenen aus James Baldwins Roman *Giovannis Zimmer* durch den Kopf, das war mein bisher einziger Kontakt zu Homosexualität in meinem Leben gewesen. Ich versuchte mich zu wehren, aber er war sehr schwer und viel stärker als ich. Ich wand mich unter ihm hin und her, er versuchte mir die Hose herunterzuziehen, während er mir mit seiner nach Zwiebeln stinkenden Pranke Mund und Nase zudrückte. Immer heftiger rang ich mit ihm, weil ich fürchtete, von ihm zerquetscht zu werden und zu ersticken. Zudem schämte ich mich furchtbar, weil er meine Hose heruntergezogen hatte. Irgendwie ertastete ich einen schweren Gegenstand auf dem Nachttisch, ergriff ihn und knallte ihn dem Alten auf den Rücken. Er war so überrascht, dass er mich einen Augenblick lang losließ. Ich schaffte es, unter ihm durchzurutschen, sprang aus dem Bett und in das Nebenzimmer, wo mich Joe, der auf einem Sofa gelegen hatte, fassungslos ansah. Dort schnappte ich mir meinen voll bepackten Rucksack und rannte aus dem Haus, den staubigen Feldweg entlang, der zur asphaltierten Straße führte, bis ich glaubte, keine Luft mehr zu bekommen.

Ich versteckte mich hinter einem Baum, bis ich sah, dass auch Joe hinter mir herkam. Wir gingen schweigend zur Straße. Ich glaube, er ahnte, was passiert war, doch traute er sich nicht, mich zu fragen. Heute kommt es mir seltsam vor, aber wir haben in unserem ganzen Leben nie mehr darüber gesprochen, was in diesem Haus passiert war.

Immer wenn ich später in meinem Leben, als ich schon in Rom lebte, mit sexueller Gewalt zu tun hatte, die fast ausnahmslos von alten Männern aus den Reihen der Kirche ausging, musste ich an diesen alten, einsamen, gewalttätigen Korsen denken. Dieses Erlebnis hat bei mir aber keineswegs dazu geführt, dass ich den Kontakt mit homosexuellen Menschen scheute. In den 8oer-Jahren habe ich in Hamburg die Welle der Befreiung der Homosexualität miterlebt. Schwul zu sein war »in«, es wimmelte plötzlich von Schwulenbars und Discos. Dorthin gingen auch heterosexuelle Männer, weil es sich in der Szene ziemlich schnell herumsprach, dass gerade die interessanteren Frauen, die nichts mehr mit hergebrachten Klischees zu tun haben wollten, gern in Schwulendiscos tanzten und das Changieren zwischen Hetero- und Homosexualität genossen. Bald war es auf dem Unicampus einigermaßen normal geworden, dass zwei Männer sich küssten, doch dann kam Aids, und Homosexualität wurde wieder stigmatisiert. Viele junge Männer starben.

Nachdem ich nach Rom gezogen war, bekam ich häufig Besuch von homosexuellen Bekannten aus Hamburg. Für sie war Rom homosexuelle Steinzeit. Schwulenbars und -discos existierten dort nicht, es gab nur im Untergrund eine Homosexuellenszene. Einige meiner Bekannten hatten geheimnisvolle fotokopierte Seiten mit Tipps für die römische Schwulenszene dabei, und so erfuhr ich auf einmal jede Menge über die unbekannten Seiten meiner Stadt, von der ich geglaubt hatte, sie gründlich zu kennen.

Nach der damaligen Gesetzeslage war es in Italien verboten, eine Bar aufzumachen, die bis spät in die Nacht geöffnet hatte, ohne dass die Gäste erfasst wurden. Man musste sich eine *tessera*, eine Mitgliedskarte, beschaffen und seine Personalien angeben. Das wollten viele homosexuelle Männer aber nicht, und homosexuelle Priester, die auf ein Abenteuer aus waren, schon gar nicht. Deswegen kamen in Rom für homosexuelle Priester nur zwei Treffpunkte infrage: der Monte Caprino und der Monte Testaccio.

Meine Bekannten aus Hamburg stürzten sich zunächst in die Barszene von Rom, ließen sich brav erfassen und Mitgliedskarten ausstellen, bekamen dann aber relativ schnell heraus, dass die weitaus wildere Szene sich nicht in Bars traf, sondern im Freien. Also pilgerten alle irgendwann mal nachts zum Monte Caprino, der dem Tiber zugewandten Seite des Kapitolshügels, im Grunde das antike Zentrum Roms, wo die Haupttempel lagen. Der Monte Caprino besteht hauptsächlich aus schmalen Gängen und Treppen, die sich zwischen Büschen und Bäumen den Hügel hinaufziehen. Es ist am späten Abend ein relativ verschwiegener Ort, obwohl er mitten in der Stadt liegt und leicht zu erreichen ist, weil fast alle wichtigen Buslinien die in der Nähe liegende Piazza Venezia anfahren. Von meinen Bekannten erfuhr ich, dass auf den Treppen und Wegen des Monte Caprino homosexuelle Männer auf und ab gehen und dort Bekanntschaften machen, dass es aber auch in den Büschen heftig zur Sache gehen kann.

Die schickere Variante waren die Cafés rund um den fantastischen Monte Testaccio. Immer wenn ich von meiner Dachterrasse auf dieses Wunderwerk sehe, vermag ich mir kaum vorzustellen, dass so etwas mitten in einer Stadt liegen kann. Der Hügel ist die mit Abstand größte Ansammlung antiker Fundschätze auf der Welt. Tonnenweise haben sich hier die Überreste der Haushalte des antiken Roms aus der Zeit um Christi Geburt erhalten.

Fachleute schätzen, dass etwa 25 Millionen antike Amphoren, Überreste antiker Gerichte und Gewürze und weitere antike Waren unter der Grasdecke des Hügels liegen, unter anderem auch die Reste der Amphoren, in denen Öl an Julius Caesar und Kleopatra und die Fischsoße Garum an den heiligen Paulus geliefert wurde. Rund um den Testaccio-Hügel bleiben die Homosexuellen eher unter sich. Ich erfuhr von meinen Bekannten, dass die homosexuelle Szene sich dort explosionsartig entwickelt hatte. Im Jargon hieß diese Art der Kontaktaufnahme »Cruisen«.

Manchmal schleppten meine Bekannten aufgerissene Liebhaber mit in meine Wohnung. Da waren dann auch mal junge Priester dabei, die es interessant fanden, dass ich Zugang zu Papst Johannes Paul II. hatte. Professor H. und Professor K., die beiden älteren Herren, hätten sich wohl niemals vorstellen können, dass Priester, die im Vatikan arbeiten, nachts in den Gebüschen am Kapitol auf Partnersuche gingen.

Deren Standpunkt war eigentlich immer der gleiche. Der Zölibat, die Ehelosigkeit, sollte nach dem Wunsch der Kirche dafür sorgen, dass Priester sich ganz und gar um die Gemeinde kümmerten und nicht um ihre eigene Familie. Doch für homosexuelle Menschen stellt sich das Problem der Ablenkung durch eine Familie ja meist gar nicht. Deswegen sahen sich junge homosexuelle Priester auch nicht unbedingt an den Verzicht auf Sex gebunden. Wenn Gott sie so geschaffen hatte, wie er sie nun einmal geschaffen hatte, dann wollte er offensichtlich auch, dass sie als homosexuelle Menschen lebten, so ihre Überzeugung. Ein besonders aufgeschlossener Priester aus Belgien erklärte mir einmal, dass Rom für viele Priester, die beruflich für eine bestimmte Zeit in diese Stadt geschickt wurden, ein fantastischer Tummelplatz sei, um homosexuelle Bekanntschaften zu machen.

So bekam ich immer mehr Kontakte zur römischen Homosexuellenszene, und weil ich ein *vaticanista* bin, also mit dem Papst zu tun habe, suchte manch homosexueller Priester Kontakt zu mir. Aber dann änderte sich alles.

XXVIII

Auf der Jagd nach homosexuellen Priestern?

Doch dann brach das Jahr 2000 an, und es kam zum großen Knall. Ich weiß nicht, ob die Ereignisse von 2000 der einzige oder der wichtigste Grund für die Bildung der homosexuellen Lobby im Vatikan waren, aber zweifellos waren sie ausschlaggebend. Denn zum ersten Mal nahmen sich die homosexuellen Männer im Vatikan als Gruppe wahr.

Bis zu diesem Jahr hatten diese Männer sich auf unterschiedliche Art und Weise mit ihrer Sexualität arrangiert. Aber sie existierten nicht als eine Gemeinschaft, schon gar nicht als Lobby. Sie waren über Jahrhunderte vollkommen zersplittert gewesen und meist sehr einsam. Während der Renaissance scheinen die Päpste sehr viel toleranter gewesen zu sein, was die Sexualität an ihrem Hof betrifft. Papst Julius II. erteilte 1508 dem Malergenie Giovanni Antonio Bazzi den Auftrag für die Dekoration der Decken seines Arbeitszimmers. Der Künstlerbiograf Giorgio Vasari betont, dass Bazzi seinen Spitznamen »Sodoma« wegen seiner »sodomitischen« Neigungen trug – das Wort »Homosexualität« war damals noch nicht erfunden. Das hielt den Papst nicht davon ab, Sodoma den so prestigeträchtigen Auftrag zu erteilen, übrigens ebenso wenig die Mönche des Klosters Monte Oliveto Maggiore in der Toskana, wo Sodoma sein Hauptwerk malte.

Doch in den darauffolgenden Jahrhunderten verbargen sich homosexuelle Männer immer tiefer im Vatikan und lebten fast ausnahmslos einsam und abgeschottet. Doch dann ereignete sich im Frühjahr 2000 im Vatikan etwas, das alles ändern sollte. Alle homosexuellen Männer im Vatikan glaubten, dass Jagd auf sie gemacht werde. Dieser Verdacht hatte einen ganz simplen Effekt: Zum ersten Mal wurde den individuell so unterschiedlichen homosexuellen Männern im Vatikan bewusst, dass sie etwas gemeinsam hatten. Der homosexuelle Monsignore A. aus der päpstlichen Kongregation X hätte sich zuvor entschieden dagegen gewehrt, mit dem homosexuellen Monsignore B. aus der päpstlichen Kongregation Y in Zusammenhang gebracht zu werden.

Doch das Jahr 2000 änderte genau das. Zum ersten Mal begannen homosexuelle Männer, sich zu organisieren, wenn auch nur aus reiner Not, um herauszufinden, wie groß die Bedrohung war. Auch wenn sich herausstellen sollte, dass die Geschehnisse einen völlig anderen Grund hatten, als man zunächst angenommen hatte, war der Effekt im Umkreis aller meiner homosexuellen Bekannten im Vatikan der gleiche: Ab jetzt versuchten sie sich gemeinsam zu schützen.

Deswegen habe ich auch beschlossen, die Ereignisse zu erzählen, wie ich sie erlebt habe. Durch den Kontakt zu dem homosexuellen Paar Professor H./Professor K. hatte ich zufällig direkten Kontakt zur homosexuellen Szene im Vatikan bekommen, was mir später sehr helfen sollte. Noch Jahrzehnte später fragten mich homosexuelle Priester voller Verwunderung: »Wirklich? Sie haben dieses legendäre schwule Professorenpärchen gekannt?«

Dass ich in noch viel direkteren Kontakt mit der homosexuellen Szene im Vatikan geraten sollte, hatte dann mit den oben angedeuteten Ereignissen in diesem Jahr 2000 zu tun. Nach seiner Wahl zum Papst 1978 hatte der Primas von Polen, Kardinal Stefan Wyszyński, Karol Wojtyła prophezeit, dass er die Kirche in das dritte Jahrtausend führen werde. Doch Johannes Paul II. hatte spätestens nach den knapp überstandenen Attentaten 1981 in Rom und 1982 in Fátima offensichtlich nicht mehr daran geglaubt, das große Jubiläumsjahr 2000 noch zu erleben, und deshalb für das Jahr 1983 ein etwas »krummes« Jubiläum angesetzt und es zum 1950. Jahr nach der Erlösung der Welt durch den Tod von Christus am Kreuz erklärt. Dass er es aber tatsächlich schaffen sollte, am Weihnachtsabend des Jahres 1999 das Heilige Jahr 2000 einzuleiten, erschien ihm als Gunstbeweis Gottes. Deswegen war ihm dieses Jahr auch so heilig und so wichtig.

In diesem Jahr galt es schließlich auch einige bahnbrechende Ereignisse in Johannes Pauls II. Pontifikat zu feiern. Während seiner historischen Reise nach Israel im Jahr 2000 hatte er sich um die seit Jahrhunderten ersehnte Aussöhnung mit dem Judentum verdient gemacht. Er entschuldigte sich an der Klagemauer für das, was Christen Juden angetan hatten, ein längst überfälliger historischer Akt. Als erster Papst hatte er in einer protestantischen Kirche gebetet, als erster Papst mit den orthodoxen Popen einen Gottesdienst gefeiert. Als erster Papst hatte er sich für die Freilassung Gefangener eingesetzt und als erster Papst rein muslimische Länder besucht. Als erster Papst hatte er Massenmessen mit Millionen Teilnehmern eingeführt, etwa während der Weltjugendtage, und als erster Papst hatte er das ebenfalls »Papst« genannte Oberhaupt der koptischen Kirche in Ägypten, Schenuda III., bei einem historischen Treffen in Kairo empfangen.

Die katholische Kirche schien wie ein Schnellzug durch die Geschichte zu rasen und zum Teil über eintausend Jahre alte Konflikte abzuarbeiten. Vielen ging diese Revolution des Johannes Paul II. zu schnell und zu weit. Es schien fast unglaublich, in welchem Ausmaß ausgerechnet der konservative Papst Johannes Paul II. die Kirche modernisieren konnte. Ein besonders drastisches Beispiel ist Johannes Pauls II. Umgang mit den orthodoxen Kirchen. Als Bischof Karol Wojtyła hatte er diese noch als »Ketzer« verdammt. Aber als Papst erzwang er in Rumänien einen Friedensschluss mit ihnen.

Viele von der Kirche benachteiligte Gruppen hofften angesichts der rapiden Veränderungen auf Morgenluft, auch Organisationen homosexueller Menschen. Ihr Anliegen war mehr als plausibel. Erst 1994 hatte der deutsche Bundestag die Aufhebung des noch aus der Kaiserzeit stammenden Paragrafen 175 beschlossen, der sexuelle Handlungen zwischen Personen männlichen Geschlechts unter Strafe gestellt hatte, und im Jahr 2000 sich in einer Grundsatzerklärung für die Verfolgung und Diskriminierung homosexueller Menschen in den zurückliegenden Jahrzehnten entschuldigt.

Es schien höchste Zeit zu sein, dass auch der Vatikan endlich den Katechismus umschrieb, in dem es immer noch hieß, dass Homosexualität ein Verstoß gegen die göttliche Ordnung sei, homosexuelle Handlungen also »objektiv ungeordnet« und »in keinem Fall zu billigen« seien. Im Vatikan brodelte es in der Gerüchteküche. Plante der Papst nach fast 2000 Jahren konsequenter Diskriminierung der Homosexuellen einen drastischen Kurswechsel? Oder sollten in dieser Zeit des kirchlichen Umbruchs ausgerechnet die Gruppe der Homosexuellen weiterhin der Verachtung und Diskriminierung durch die Kirche ausgesetzt bleiben?

Im Laufe der Jahre hatte ich einige Priester kennengelernt, die zur homosexuellen Szene gehörten. Sie hatten sich allerdings nie als homosexuell geoutet, sondern stets erklärt, sich für homosexuelle Priester einsetzen zu wollen. Einer von ihnen war Pater M. Im Sommer des Jahres 2000 kontaktierte er mich, er wollte unbedingt eine Unterredung mit mir. Wir trafen uns in einem Lokal in Trastevere, er kam natürlich nicht im Priester-Outfit, sondern mit weißem Polohemd und kurzer Hose.

Wir setzten uns in eine Ecke, wo man uns nicht belauschen konnte. Er sah mich mit finsterer Miene an, dann sagte er: »Sie jagen sie.«

»Was jagen sie?«, fragte ich.

»Ich sage dir, sie jagen jetzt die schwulen Priester im Vatikan. Sie durchsuchen den kompletten Vatikan nach …«

Er schien das Ende des Satzes nicht über die Lippen bringen zu können. »Du meinst, es gibt im Vatikan so etwas wie eine Hexenjagd auf homosexuelle Menschen?«

»Exakt.«

»Das halte ich für das größte Ammenmärchen des Jahrhunderts. Ich sage dir, die Zeit der Hexenjagd ist schon lange vorbei.«

»Es stimmt aber leider. Glaub es mir, sie jagen uns.«

»Das halte ich für völlig abwegig. Ich kann mir alles Mögliche vorstellen, aber dass der Papst eine Jagd auf Homosexuelle im Vatikan will, ist doch absurd.«

»Es ist aber wahr«, insistierte er.

»Komm, lass uns das Thema wechseln«, schlug ich ihm vor. »Du redest dir doch nur etwas ein. Das ist ähnlich glaubwürdig, als wenn die Marsmännchen zum Papst kämen, um sich bekehren zu lassen.«

»Du weißt nicht, was passiert ist?«

»Na gut«, meinte ich. »Sag, was du zu sagen hast. Aber erwarte nicht, dass ich das glaube.«

»Kennst du Monsignore R.?«, fragte er.

Ich konnte mich vage an ihn erinnern. Ein offensichtlich homosexueller Mitarbeiter des Staatssekretariats des Vatikans.

»Ja und?«

»Er war, wie soll ich sagen, inkognito unterwegs in der Bar ›San Callisto‹.«

»Na ja, die Bar in Trastevere ist ja nun nicht gerade eine feine Adresse für einen Priester.«

»Was willst du?«, fragte er aufgebracht. »Willst du uns wieder ins Getto sperren?«

»Nein, natürlich nicht, was ist denn passiert?«

»Er stand auf der Terrasse vor der Bar herum, und plötzlich sprach ihn jemand an.«

»Wer?«

»Keine Ahnung, ein Typ eben, der sagte, wenn er, Monsignore R., auspackt, also Namen anderer schwuler Brüder im Vatikan nennt, dann würde man ihn in Ruhe lassen.«

»Wie bitte?«

»Ja, es war genau so. Monsignore R. ist natürlich geflohen und war anschließend fix und fertig.«

»Vielleicht war das nur eine Art Scherz?«

»Ich habe es anfangs auch nicht ernst genommen, aber dann tauchten im Laufe von wenigen Tagen acht Priester auf, die haargenau das Gleiche erzählten. Einige waren auf dem Monte Caprino angesprochen worden, andere am Campo de' Fiori. Jedes Mal ging es darum, dass man ihnen versprach, sie in Ruhe zu lassen, wenn sie Namen schwuler Priester aus dem Vatikan verrieten.«

Ich schaute ihn voller Skepsis an. Er sah zu besorgt aus, und er war ein zu intelligenter Mann, um auf etwas hereinzufallen, das vollkommen erfunden war. Irgendetwas musste an der Geschichte dran sein.

»Glaubst du, dass es eine Erpresserbande sein könnte?«

»Nein. Ich habe mich sofort umgehört. Keiner hat auch nur eine Andeutung einer Geldforderung bekommen oder eine Drohung. Es geht irgendjemandem nur darum, so viele Namen homosexueller Priester wie möglich einzusammeln. Eine solche Liste würde doch nur den Vatikan interessieren.«

Ich dachte einen Augenblick nach. »Diese Priester, die kontaktiert wurden, sind die alle aus Rom?«

»Sie sind alle aus dem Vatikan. Ich habe vorsichtig meine Fühler ausgestreckt, aber kein einziger Priester, der in einer Gemeinde in Rom arbeitet oder im Generalvikariat im Lateranpalast, wurde angesprochen. Alle Fälle, bisher etwa zwei Dutzend, betreffen Priester, die im Vatikan arbeiten. Wir haben uns auch in anderen Städten umgehört, Florenz, Neapel, Venedig, Mailand, aber da ist nichts. Alle Fälle tauchen nur in Rom auf, und es geht immer nur um den Vatikan. Wer immer auch hinter uns her ist, interessiert sich nicht dafür, ob im Bistum Bari oder Trient schwule Priester arbeiten. Es geht ausschließlich um die homosexuelle Szene im Vatikan.«

»Aber wer bitte schön sollte so etwas wollen? Die Namen der Schwulen im Vatikan erfassen? Wozu?«

»Ich glaube, dass der Vatikan selber dahintersteckt.«

»Spinnst du? Das ist doch absurd. Niemand würde im Vatikan etwas so Spektakuläres versuchen, wie die Namen der homosexuellen Männer zu erfassen, ohne dass der Papst das absegnet. Johannes Paul II. würde so etwas niemals anordnen. Er würde auf keinen Fall wollen, dass auf seine Priester Jagd gemacht wird wie damals in seiner Heimat im kommunistischen Polen.«

»Ich glaube, dass es Ratzinger ist und dass er den Papst hinter sich hat.«

»Hast du sie noch alle?«

»Hör mal«, sagte er jetzt im Flüsterton, »ich weiß aus der Glaubenskongregation von einem sehr guten Freund, dass Ratzinger der Meinung ist, bekennende Homosexuelle seien für das Priesteramt ungeeignet. Es gibt in der Kirche eine völlig neue Entwicklung, verstehst du das?«

»Keine Ahnung, was du meinst«, sagte ich.

»Es hat natürlich weit über tausend Jahre lang homosexuelle Männer gegeben, die Priester werden wollten. Aber noch nie hatten wir in der Geschichte eine solche Situation, dass Männer sich offen dazu bekannten, schwul zu sein, und dann darum baten, in die Kirche aufgenommen zu werden. Verstehst du: Die homosexuellen Menschen kommen ganz langsam und vorsichtig aus der Deckung. Statt sich immer zu verstellen und zu verstecken, hat zum ersten Mal in der Geschichte ein Präfekt der Glaubenskongregation mit schwulen Männern zu tun, die entweder schon Priester sind oder Priester werden wollen und die ihre sexuelle Orientierung nicht mehr verheimlichen. Das ist ganz neu, das gibt es erst seit ganz kurzer Zeit, und sie wollen um jeden Preis verhindern, dass herauskommt, dass die Kirche eben auch schwul ist.«

»Und deswegen jagt euch Ratzinger? Das kann ich mir nicht vorstellen.«

»Denk doch mal nach. Ratzinger verlangt die harte Linie gegenüber allen Homosexuellen in der Kirche. Du weißt doch, dass er gegen den Willen des Papstes den schwulen Kardinal Groër wegen seiner Übergriffe auf Seminaristen an die Wand nageln wollte.«

»Das ist doch was ganz anderes. Groër war ein überführter Sexualverbrecher.«

»Mag ja sein, aber dann sag du mir mal, wer ein Interesse daran haben sollte, herauszufinden, wer im Vatikan schwul ist!«

»Bist du sicher, dass es keinen Hinweis auf eine versuchte Erpressung gibt?«

»Nicht dass ich wüsste.«

»Aber wozu sollte Ratzinger versuchen herauszufinden, wer im Vatikan schwul ist?«

»Ich sage dir ja: Der Chef der Glaubenskongregation will die Kirche langsam von Priestern säubern, die sich zu ihrer Homosexualität bekennen.«

»Ich glaube das alles nicht.«

»Okay«, sagte er, »ich wusste, dass du das sagen würdest. Das läuft jetzt so. Hör dich bitte einfach mal um, und wenn du zu dem Ergebnis kommst, dass an dem, was ich sage, etwas dran ist, dann kommst du bitte sofort zu mir.«

Meine Neugier war jetzt geweckt, und ich wusste auch sofort, was ich zu tun hatte. Es ist nicht wirklich schwierig, im Vatikan herauszufinden, wer homosexuell sein könnte. Das hatte vor allem mit den Auslandsreisen des Papstes zu tun. Gerade dann, wenn es in heiße Länder geht, wo abends auch reichlich Alkohol im Spiel ist, bröckelt bei nahezu allen Priestern die im Vatikan gepflegte unantastbare Fassade. Man sitzt dann zusammen und spricht eher von Mensch zu Mensch als von Priester zu Journalist, der potenziell gefährlich werden könnte. Ich kann mich an viele solcher Gespräche erinnern. Fast immer ließen die Gesprächspartner durchblicken, dass sie darüber nachdachten, was sie für den Rest ihres Lebens anders machen könnten. Sie sagten dann ganz offen: Ich muss nicht mein ganzes Leben lang Priester bleiben. Wenn es so weit ist, dass ich auch eine echte Beziehung eingehen möchte, dann verlasse ich halt die Kirche und suche mir einen Job. Viele Gespräche waren erstaunlich offen, und wir sprachen über die Frage, ob ein Priester, nur weil er homosexuell ist, ein schlechter Priester sein müsse.

Ich ging im Kopf die Liste der Priester im Vatikan durch, die ich für schwul hielt und die in der Öffentlichkeitsarbeit beschäftigt waren, denn an die kam ein Journalist ohne die geringste Schwierigkeit heran. Jede der Kongregationen im Vatikan, die in etwa den Ministerien eines säkularen Staates entsprechen, versucht ihre Existenzberechtigung durch großen Publikationseifer unter Beweis zu stellen. Da ruft man dann eine Unmenge von Initiativen ins Leben. Die Kongregation für die Evangelisierung der Völker zum Beispiel interessiert sich für die Bekämpfung des Analphabetismus in Tibet. Die Kongregation für die Laien untersucht Maßnahmen zur Stabilisierung der Ehen. Die Kongregation für Selig- und Heiligsprechung dokumentiert Wunder in Asien. All diese zahllosen Initiativen bewirken fast nie, dass etwas Konkretes geschieht, doch dafür werden Tonnen von Papier bedruckt, für das sich kein Mensch interessiert. Wenn ein Journalist dann aber doch plötzlich Interesse zeigt, etwa für die Initiative der Kongregation für die Institute geweihten Lebens zugunsten eines Projekts namens »Mönche auf Zeit in der Wüste Arizonas«, dann bekommt man blitzschnell eine Einladung zu einem Gespräch.

Die Unterhaltung dauerte nur wenige Minuten. Mein Gesprächspartner Paolo gab mir relativ rasch zu verstehen, dass er kapiert hatte. Er schlug vor, in eine Kaffeebar zu gehen. Es gibt nur sehr wenige Büros im Vatikan, in denen man einen halbwegs anständigen Kaffee serviert bekommt, und so ist es absolut üblich, Unterhaltungen in einer Bar fortzuführen.

Wir waren allein im Lokal. Paolo sah mich an und meinte: »Also sag schon: Was willst du wirklich?«

»Es gibt Gerüchte«, sagte ich.

»Die gibt es immer.«

»Diesmal betrifft es aber eine rätselhafte Gruppe, die Jagd machen soll auf Schwule im Vatikan.«

Er erstarrte regelrecht, als hätte ihn ein Blitz getroffen, dann sagte er mit scharfer Stimme: »Und wieso kommst du damit zu mir?«

»Ich dachte, dass du etwas wissen könntest.«

Er wiederholte in schneidendem Ton: »Ich habe gefragt, warum du damit zu mir kommst. Was unterstellst du mir?«

»Nichts«, antwortete ich erschrocken. »Ich unterstelle dir gar nichts.«

»Was sagen sie über mich? Spuck es schon aus!« Er war knallrot geworden und sah mich mit hasserfüllten Augen an.

Ich spürte, wie auch mir die Röte ins Gesicht schoss. Ich begriff jetzt, dass ich einen kolossalen Fehler gemacht hatte und dass es mir kaum gelingen würde, ihn wiedergutzumachen. Wie hatte ich nur auf die Idee kommen können, ihn damit zu konfrontieren, dass ich ihn für homosexuell hielt.

»Nichts«, sagte ich, »sie sagen gar nichts über dich.«

»Erspar mir deine Ausflüchte. Ich will keine Ausreden hören. Was sagen sie über mich. Ist diese Frage so schwer zu verstehen?«

Ich versuchte weiter auszuweichen. »Sie sagen gar nichts über dich. Niemand sagt etwas.«

»Und wieso bist du dann hier?«

»Ich wollte dich doch nur ...«

»Du wolltest was? Sag schon: Was wolltest du?«

Ich wäre am liebsten im Erdboden versunken. Er würde mir das niemals verzeihen.

Er zischte mich an: »Also, noch einmal ganz langsam und so, dass auch du es verstehst: Was sagen sie über mich?«

»Hör zu«, sagte ich, »du missverstehst mich.«

»Nein«, sagte er. »Ich verstehe dich sehr gut.«

Ich stammelte: »Offensichtlich war es ein Fehler, dich um ein Treffen zu bitten. Es ist wohl besser, wenn ich den Kaffee zahle und dann gehe.«

»Den Kaffee kann ich auch allein zahlen, und einfach abhauen kannst du jetzt auch nicht mehr. Also: Was weißt du?«

»Ich weiß gar nichts«, antwortete ich.

Er sah mich jetzt mit einer seltsamen Mischung aus Verachtung und Niedergeschlagenheit an. »Es ist also so offensichtlich, was mit mir los ist. Ist es das?«

»Natürlich nicht«, stammelte ich.

»Du lügst«, fauchte er. »Könntest du bitte aufhören zu lügen.«

Ich versuchte, darüber nachzudenken, wie ich aus dieser Sache wieder herauskommen konnte – vergeblich.

»Willst du mir sagen, dass sie über mich tuscheln?«

Ich wusste immer noch nicht, was ich sagen sollte, deswegen nickte ich nur.

»War das so schwer, mir zu sagen, dass sie über mich tuscheln? Jetzt wirst du noch einmal versuchen, die Wahrheit zu sagen: Wer ist es denn, wer tuschelt über mich?«

Ich zermarterte mir weiterhin das Hirn auf der Suche nach einer Antwort.

»Oder ist es so offensichtlich, was mit mir los ist? Meinst du das? Bekommst du deswegen den Mund nicht auf, weil ich die Antwort schon kenne? Weil es einfach alle wissen? Weil alle über mich tuscheln?«

»Natürlich nicht«, entgegnete ich und spürte, wie mir schon wieder die Röte ins Gesicht schoss.

»Hör mir auf mit deinen Lügen. Ich will das nicht hören«, schnaubte er. Dann schwiegen wir beide eine Weile.

»Weißt du«, sagte er, »ich habe schon selber darüber nachgedacht, ob das hier der richtige Job für mich ist. Aber kannst du mir sagen, was ich machen soll?«

Er sah mich immer noch voller Hass an.

»Was soll ich machen? Sag du es mir. Ich habe sieben Jahre studiert und kann dir so ziemlich jede Einzelheit des Kirchenrechts auseinanderklamüsern. Aber wenn ich jetzt den Vatikan verlasse und mich arbeitslos melde, was soll ich dann tun? Bei der Müllabfuhr arbeiten, weil kein Schwein einen Kirchenrechtler braucht, der aus der Kirche geflogen ist?«

»Ich hätte nicht kommen sollen«, sagte ich kleinlaut.

»Genau«, antwortete er. »Du hättest nicht kommen sollen. Aber jetzt bist du nun einmal da. Da kannst du mir auch sagen, was ich also tun soll. Wohin soll ich gehen? Zurück zu meinen Eltern? Soll ich ihnen sagen, dass die Kirche Männer nicht mehr haben will, die Gott so geschaffen hat, wie er mich geschaffen hat? Dass sie Leute losschickt, um herauszufinden, welche Schwuchteln sich im Vatikan verstecken? Dass sie uns jagen?«

Ich versuchte das Gespräch zu drehen: »Wer steckt dahinter?«

»Du meinst, wer uns jagt? Sag mir einen einzigen Grund, warum ich dir irgendetwas verraten sollte. Du kommst hierher, um mich zu beleidigen, und dann soll ich deine Neugier befriedigen!«

»Ich wollte dich nicht beleidigen.«

»Ach nein, aber dass ich auch zu den Sündern gehöre, die gegen die Natur sind, ein Schwuler, das wolltest du mir schon unter die Nase reiben, oder?«

»Aber nein«, entgegnete ich, »ich wollte dich nur sprechen, weil ich dachte, dass du weißt, wer dahintersteckt.«

Wir schwiegen eine Weile. »Ich habe einen Fehler gemacht, es tut mir leid«, sagte ich schließlich.

»Ja, du hast einen Fehler gemacht, aber du kannst auch nichts dafür, dass ich bin, wie ich bin. Was wolltest du denn wissen?«

»Eigentlich wollte ich nur wissen, ob es stimmt.«

»Was?«

»Dass der Druck auf homosexuelle Menschen im Vatikan wächst.«

»Ja, das stimmt.«

»Es tut mir alles furchtbar leid, vielleicht ist es besser, wenn ich jetzt gehe.«

»Nein«, sagte er, »erst will ich wissen, was sie über mich sagen.«

»Ich glaube, dass es alle ahnen.«

»Ahnen?«

»Ja, ahnen.«

»Was würdest du mir jetzt raten? Soll ich einen Strick nehmen, mich in Luft auflösen, freiwillig in den Jemen reisen, wo ich als Homosexueller hingerichtet würde?«

»Ich habe doch schon gesagt, dass es mir leidtut, dass ich gekommen bin.«

Dann fragte er plötzlich: »Was sagen die anderen, wer dahintersteckt?«

»Ratzinger«, antwortete ich.

Er sah nicht überrascht aus. »Ja, Ratzinger, das habe ich auch schon oft gehört. Er soll etwas gegen Homosexuelle haben, aber ich weiß nicht, ob das stimmt. Ich glaube, dass der Angriff aus einer anderen Ecke kommt.«

»Die wäre?«

»Cordes«, sagte er. »Kardinal Paul Josef Cordes.«

»Wie kommst du denn auf den?«

»Er hasst Homosexuelle, sagt man. Er hat Aids einmal als eine Strafe Gottes für Homosexuelle bezeichnet. Als wären wir Ungeziefer, das Gott ausrotten will mit einer neuen Seuche.«

»Richtig«, sagte ich, »ich erinnere mich. Aber dass Cordes eine Hetzjagd auf Schwule im Vatikan befohlen hat, glaube ich nie und nimmer.«

»Ich eigentlich auch nicht. Aber wer denn dann? Alle sind in heller Aufregung. Wirklich alle. Nach Feierabend geben sie sich bei mir die Klinke in die Hand. Alle haben Angst. Immer mehr von uns berichten, dass sie angesprochen werden, dass sie Namen verraten sollen und dass man sie im Gegenzug schonen wird.«

XXIX

Auftakt zu einer Hexenjagd?

Von allen wirklich schönen Büros, in denen ich in Rom gearbeitet habe, war das in der Via di San Teodoro mit Abstand das schönste. Dass wir es anmieten konnten, hatte ich dem Immobiliengeschick meiner Frau zu verdanken. Vom Büro aus schaute man direkt auf Roms nobelsten Hügel, den Palatin. Ich konnte in der Mittagspause unseren Findlingshund Toffifee im nahe gelegenen Circus Maximus, zum Kapitol hinauf oder einfach über das damals noch frei zugängliche Forum Romanum spazieren führen. Zu meiner Schande muss ich gestehen, dass ich den Hund bei einem Spaziergang einmal am Kapitol vergaß. Ich hatte ihn neben der Reiterstatue von Marc Aurel angebunden und war dann in Gedanken versunken und mit dem Handy am Ohr zurück ins Büro gekommen, wo mich entsetzte Mitarbeiter fragten: »Wo ist denn Toffifee?« Ich rannte zurück und sah zwei Polizisten, die meinen wirklich sehr hübschen Hund streichelten und mir ein Strafmandat wegen nicht erlaubten Anbindens des Hundes am Kapitol verpassten – das Strafmandat habe ich immer noch.

Vor allem wenn die Lichter am Forum Romanum und auf dem Palatin angeschaltet wurden, hatte das Büro einen unglaublichen Charme. Genau gegenüber lag die Kirche des heiligen Theodor. Manchmal genoss ich es, mich vor diese weit über tausend Jahre alte Kirche in die Sonne zu setzen und von vergangenen Jahrhunderten zu träumen.

Seine fantastische Lage war aber auch ein Nachteil dieses Büros. Weil kein normaler Mensch mitten in Rom am Forum Romanum wohnen kann, bekam ich nach Feierabend von Kollegen so gut wie nie Besuch. Sie lebten alle, wie auch ich, im bezahlbaren Viertel rund um das Stadtzentrum. Von dort aus kam man abends nicht so ohne Weiteres an der Via di San Teodoro vorbei. Die römischen Ausgehviertel liegen nicht am Forum Romanum, sondern in Trastevere und – für die Betuchteren – rund um die Spanische Treppe.

Was ich bei der Anmietung des Büros nicht bedacht hatte, war die Nähe zum Monte Caprino. Von diesem Teil des Kapitolinischen Hügels waren es weniger als fünf Minuten zu Fuß bis zu meinem Büro. Im Frühjahr 2000 erlebte ich dort die sich immer weiter steigernde Hysterie im Vatikan. Ich weiß nicht, ob alle oder einige Priester, die mich damals in den Abendstunden auf ein Bier besuchten, vorher auf dem Monte Caprino gewesen waren oder vorhatten, dorthin zu gehen. Auffällig war aber, dass ich, wenn ich spätabends noch im Büro war, dort häufiger Besuch bekam. Die Panik hatte den gesamten Vatikan erfasst, und alle, die zu mir kamen, wollten das Gleiche wissen: Tratschte man über sie? Und, falls ja, was wurde getratscht? Mussten sie sich Sorgen machen? Gab es tatsächlich so etwas wie eine Säuberungswelle, die sich gegen homosexuelle Priester richtete?

Je länger die Hysterie anhielt, desto rätselhafter erschien ihr Ursprung. Wer hatte ein Interesse daran, herauszufinden, welcher Priester in welchem Teil des Vatikans homosexuell war? Wozu sollte das irgendjemand wissen wollen? Ich glaubte immer weniger daran, dass es eine geplante Hetzjagd geben könnte. Doch an einem Abend im Frühsommer des Jahres 2000 tauchten spätabends drei Priester in meinem Büro auf, die ich mittlerweile aus der Szene kannte. Sie waren zivil gekleidet, erschienen äußerlich wie drei junge Männer, die abends einfach einen draufmachen wollten. Sie ließen sich mit ernsten Mienen vor meinem Schreibtisch nieder.

Sie sahen sich alle drei sehr ähnlich: korrekter Haarschnitt, gut aussehend, sportlich.

Der mittlere der drei begann zu sprechen: »Wir glauben, dass es losgeht.«

»Dass was losgeht?«, fragte ich.

»Sie haben zwei Monsignori versetzt, die, soweit wir das beurteilen können, homosexuell sind.«

»Im Vatikan wird jeden Tag irgendjemand versetzt«, sagte ich.

»Kann schon sein«, meinte der Wortführer, »aber sie wurden ganz übel versetzt. Beide in Länder, in denen homosexuelle Aktivitäten mit Gefängnis bestraft werden.«

»Wer immer sie versetzt hat, wusste vielleicht gar nicht, dass sie homosexuell sind, und hat sie einfach dahin versetzt, wo er sie brauchte. Dass sie dann ausgerechnet in Länder geschickt wurden, in denen Homosexuellen Gefängnis droht, kann doch einfach Zufall sein.«

»Wir glauben nicht mehr an Zufälle. Wir sind uns jetzt ziemlich sicher, wer hinter allem steckt, ein Deutscher wie Sie, der Präfekt der Glaubenskongregation Joseph Ratzinger.«

Ich kannte dieses Gerücht längst, das seit geraumer Zeit durch den Vatikan geisterte, und winkte ab.

»Dass der menschenscheue Ratzinger eine Hetzjagd auf schwule Priester angezettelt hat, glaube ich nie und nimmer. Das halte ich für totalen Blödsinn.«

»Sie ignorieren die Tatsachen. Ratzinger hat schon kurz nach seiner Ernennung zum Chef der Glaubenskongregation über die Schwulenlobby geschrieben. Vor mehr als 20 Jahren.«

Er knallte einen Stapel Blätter auf den Tisch: »Paragraf 8, Brief an die Bischöfe über die Pastorale mit Bezug auf homosexuelle Menschen aus dem Jahr 1986. Da schreibt er, dass es enormen Druck innerhalb der Kirche gibt, um homosexuelle Praktiken zu legalisieren. Verstehen Sie? Schon 1986 warnt er vor einer Homosexuellen-Lobby. Er wusste also damals schon, dass es organisierte Gruppen Homosexueller im Vatikan gibt. Offenbar gehört es zu seinen wichtigsten Anliegen, gegen homosexuelle Menschen vorzugehen. Kaum ist er im Amt, fällt er über sie her. Er schreibt über die Homosexualität, sie sei eine schwere moralische Unordnung. Er schreibt, dass es eine schwere Prüfung sei, als Homosexueller zu leben. In jedem Fall müssten Homosexuelle keusch leben, also ihr Leben lang auf Sex verzichten. Denn Sex sei nur in der Ehe zwischen Mann und Frau erlaubt, ein Homosexueller würde daher immer unmoralisch agieren. Er redet so einen Unsinn, wie dass es unmöglich sei, als Homosexueller glücklich zu werden, weil Homosexualität gegen die weise Schöpfung Gottes verstoße.

Er schreibt, dass es allen katholischen Einrichtungen verboten ist, mit Organisationen Homosexueller zusammenzuarbeiten. Denn ausgelebte Homosexualität sei eine Sünde. Wussten Sie das nicht?«

»Doch«, antwortete ich.

»Dann wissen Sie auch, dass er nur ein paar Jahre später, 1992, schon wieder eine Attacke gegen homosexuelle Menschen beschließt. Er schreibt, dass die Glaubenskongregation einige Überlegungen beitragen müsse zu den Gesetzen, die Homosexuelle vor Diskriminierung schützen sollen, wie sie damals in Deutschland und in anderen Ländern auf den Weg gebracht wurden. Ausgerechnet in den Jahren, als Aids auf der ganzen Welt enormes Leid unter homosexuellen Menschen zu verursachen begann, schreibt Ratzinger, dass Homosexuelle das Leben anderer Menschen bedrohen. Er behandelt sie wie eine potenzielle Killerbande. Er schreibt, dass Orte des öffentlichen Lebens, die für Familien bestimmt sind, in einigen Ländern auch für Homosexuelle geöffnet würden und dass dies aus Sicht der Kirche gar nicht gehe. Er schreibt, dass Homosexuelle als Lehrer nicht tragbar seien, dass sie, im Gegensatz zu sogenannten richtigen Familien, nicht bei der Vergabe von Wohnungen berücksichtigt werden sollen, dass sie von Adoptionen ausgeschlossen sein müssen. Doch damit nicht genug: Er mischt sich in die Gesetzgebung von anderen Ländern ein, die aufhören wollen, homosexuelle Menschen zu diskriminieren. Gesetze, die Homosexuellen Rechte aufgrund ihrer sexuellen Orientierung einräumen sollen, dürfe es nicht geben. Das würde laut ihm lediglich dafür sorgen, dass man sich einen homosexuellen Partner sucht, um solche Rechte einzufordern. Weiß Ratzinger denn nicht, dass es eine Trennung gibt zwischen Kirche und Staat? Dann muss die Kirche in der Frage der Gesetzgebung die Klappe halten. Was wollen Sie noch mehr? Ratzinger will alle schwulen Priester aus der Kirche verscheuchen, und angefangen hat er damit im Vatikan.«

»Das glaube ich einfach nicht.«

Der Priester, der links saß, holte jetzt seine Aktentasche hervor und legte drei Schwarz-Weiß-Fotos auf den Tisch. Sie zeigten drei junge Männer, ihre Gesichter waren ziemlich unscharf abgebildet.

»Erkennen Sie diese Leute?«, fragte er scharf.

Ich schaute mir die Gesichter eines nach dem anderen an. »Ich habe sie noch nie gesehen«, antwortete ich.

»Denken Sie noch einmal nach. Wir glauben zu wissen, wer das ist. Wir glauben, dass es Teilnehmer des Schülerkreises von Joseph Ratzinger sind.«

Noch einmal schaute ich mir die Fotos an. Der Schülerkreis von Ratzinger war eine ziemlich große Gruppe ehemaliger Studenten und Mitarbeiter aus seiner Zeit als Theologieprofessor. Die meisten von ihnen kannten Ratzinger, weil er ihr Doktorvater gewesen war oder ihnen bei ihrer Habilitation geholfen hatte. Sie trafen sich regelmäßig mit ihm. Ich war nie bei einem solchen Treffen dabei gewesen. Aber in Rom ließ es sich nicht vermeiden, irgendwann mit dem Schülerkreis in Kontakt zu kommen. Ich konnte mich auch an Abendessen erinnern, auf irgendeiner Piazza, während derer Rom-Touristen an meinen Tisch gekommen waren und sich als Mitglieder des

Ratzinger-Schülerkreises vorgestellt hatten. Manchmal hatten sich auch in Deutschland Zuhörer meiner Vorträge als Mitglieder des Ratzinger-Schülerkreises zu erkennen gegeben. Ich versuchte mir all diese Gesichter noch einmal in Erinnerung zu rufen.

»Nein«, sagte ich. »Ich kenne einige aus dem Ratzinger-Schülerkreis, aber diese Gesichter hier habe ich noch nie gesehen.«

Der schlanke Priester sah mich misstrauisch an.

»Schauen Sie noch einmal genauer hin.«

»Das tu ich gern«, sagte ich, »aber mir fällt vor allem eines auf: Die Männer und die Frau auf den Fotos sind alle viel zu jung. Die Mitglieder des Schülerkreises sind in der Regel alle mindestens 40 Jahre alt. Aber die Leute auf den Fotos können nicht älter als 20, höchstens 25 Jahre alt sein.«

Der schlanke große Priester kam jetzt zu mir. »Also gut«, sagte er. »Die sind viel zu jung?«

»Ja«, antwortete ich. »Die Leute des Schülerkreises kennen Ratzinger, weil er ihr Professor war. Deswegen heißt das Ganze ja so. Papst Johannes Paul II. ernannte Ratzinger 1981 zum Chef der Glaubenskongregation. Das heißt, die letzten Studenten können ihn spätestens 1981 bis 1983 als Doktorvater kennengelernt haben. Wenn die Studenten damals 25 Jahre alt waren, müssen sie heute mindestens 40 Jahre alt sein.«

Jetzt kam einer der Priester an den Tisch. »Er hat recht. Wir haben uns durch das Wort ›Schüler‹ verwirren lassen. Wir dachten, dass Schüler sehr junge Männer sind, aber wenn diese Ratzinger-Doktoranden alle viel älter sind, können es auch andere Vertraute von ihm sein, die für ihn nach Schwulen suchen. Wir haben sie in der Nähe der Via delle Fornaci gesehen. Es muss Joseph Ratzinger sein.«

So langsam dämmerte mir etwas. »Wer sind die Leute auf den Fotos eigentlich?«

»Was denken Sie denn, wer das ist? Es sind alles Leute, die einen von uns angesprochen haben, um den Namen eines homosexuellen Priesters im Vatikan zu erfahren. Wir haben da einen talentierten Burschen, der mit einer Kamera gut umgehen kann.«

»Aber nehmen wir einmal an«, entgegnete ich, »es ist wirklich Ratzinger. Was kann er denn tun? Wenn er sich tatsächlich in den Kopf gesetzt haben sollte herauszufinden, wer denn genau die Leute sind, die seiner Ansicht nach ›Druck‹ machen, um Homosexualität innerhalb der Kirche akzeptabel zu machen? Er kann kaum die Schweizergarde oder die Gendarmerie anweisen, dass sie nach Homosexuellen im Vatikan Ausschau halten sollen. Wenn er tatsächlich so etwas umsetzen will, dann muss er Leute einsetzen, auf die er sich hundertprozentig verlassen kann.«

»Wie etwa seinen Schülerkreis. Aber wenn Sie sagen, es kann gar nicht der Schülerkreis sein, weil die Leute, die wir fotografiert haben, viel zu jung dafür sind, wer käme dann noch infrage? Wen könnte er losschicken, der sein absolutes Vertrauen genießen würde und im Fall der Fälle, falls die Hexenjagd herauskäme, Stillschweigen bewahren und bis zum bitteren Ende Ratzinger verteidigen würde?«

Ich wusste jetzt, wen er meinte. »Sie meinen die Katholische Integrierte Gemeinde?«

»Wen denn sonst?«, fragte er.

»Ich kenne einige Leute der Integrierten Gemeinde, so wie ich auch Mitglieder des Schülerkreises kenne.«

»Das wissen wir, deswegen sind wir ja hier.«

»Keiner von den beiden würde so etwas jemals tun. Zur Integrierten Gemeinde gehören hochintelligente Leute.«

»Kann ja sein, dass sie hochintelligent sind, aber zweifellos sind sie auf ultrakonservative Weise katholisch, eine Art verschworene Gemeinschaft, die ihrem Gönner Joseph Ratzinger absolut ergeben sind. Sie gehören zu der umstrittensten konservativen Splittergruppe überhaupt, denen übelste Praktiken vorgeworfen werden. Sie sollen im Namen Gottes Familien auseinandergerissen haben, Kinder hin und her geschickt und regelrechten Psychoterror ausgeübt haben. Viele von ihnen wohnen in der Nähe der Via delle Fornaci in Rom.«

Ich konnte damals natürlich nicht ahnen, dass 19 Jahre später, 2019, der Münchner Kardinal Reinhard Marx eine »Visitation« veranlassen sollte, die genau solchen Vorwürfen nachging. Dies führte zu erheblichem Streit zwischen der Katholischen Integrierten Gemeinde und dem Erzbistum München und Freising, bis hin zu der Drohung, die Gemeinde aufzulösen.

Er sah mich entschlossen an und sagte tief überzeugt: »Ich wette, dass jeder Einzelne aus der Integrierten Gemeinde der Meinung ist, dass Homosexuelle gegen Gottes Gebote verstoßen und im Zustand der Unordnung leben.«

»Weil es so im Katechismus steht.«

»Und weil die blind und völlig kritiklos diese ultrakonservative Haltung verteidigen. Wussten Sie, dass die Frauen der Integrierten Gemeinde so viele Kinder bekommen, weil sie sich weigern, überhaupt irgendeine Art von Verhütung zu praktizieren?«

»Weil Papst Paul VI. das so wollte. Sie leben eben nach den Regeln der Kirche.«

»Eines Teils der Kirche«, sagte er, »des superkonservativen Teils.«

»Aber die Leute der Gemeinde, die ich kenne, würden sich niemals als eine Art Geheimpolizei für die Jagd auf Homosexuelle instrumentalisieren lassen«, warf ich ein.

»Sind Sie sich da absolut sicher?«

War ich das? War ich mir absolut sicher?

XXX

Wer steckt dahinter?

In den folgenden Wochen des Jahres 2000 bemerkte ich zunächst gar nichts. Die historische Reise von Papst Johannes Paul II. nach Israel hatte in Rom dafür gesorgt, dass der jüdisch-katholische Dialog stark intensiviert wurde und ich dazu eine Unmenge Einladungen zu entsprechenden Treffen, Symposien oder Diskussionsveranstaltungen erhielt. Das hatte natürlich mit der historischen Schuld der Kirche zu tun, die mit die Grundlagen für den Antijudaismus und Antisemitismus in Europa schuf. Ich halte diesen Dialog für sehr wichtig und ging deshalb auch zu allen Veranstaltungen. Das Spektrum reichte von Großveranstaltungen in Hochschulen über Liederabende, Lesungen, Vorträge mit nur wenigen Teilnehmern bis zu seltsamen Basaren und allen möglichen Kursen. Mir fiel dabei zunächst nichts Besonderes auf. Die Einladungen häuften sich nur derart, dass es für mich immer schwieriger wurde, sie mit meinem Job zu vereinbaren.

Erst nach einigen Wochen schwante mir, dass irgendetwas nicht stimmen konnte. Ich saß zufällig neben einem der Initiatoren eines weiteren jüdisch-christlichen Treffens und bedankte mich artig für die Einladung. Doch mein Gegenüber sagte überrascht: »Wir haben dich gar nicht eingeladen. Wir freuen uns natürlich trotzdem, dass du gekommen bist. Man kann ja zu keiner einzigen jüdisch-katholischen Veranstaltung gehen, ohne auf dich zu treffen.« In den folgenden Tagen telefonierte ich die Gastgeber der Treffen der zurückliegenden Wochen ab, und das Ergebnis machte mich sprachlos. Der weitaus größte Teil der Organisatoren der Veranstaltungen hatte mich nie eingeladen. Doch irgendjemand hatte mir jedes Mal eine persönliche Einladungskarte geschickt. Wer könnte ein Interesse daran gehabt haben, dass ich keines der noch so kleinen Treffen dieses schwierigen Dialogs ausließ?

Zunächst war ich fest davon überzeugt, dass ich schlicht und einfach deswegen eingeladen worden war, weil ich mit dem Papst in Israel gewesen war. Doch ganz offensichtlich hatte das mit den Einladungen überhaupt nichts zu tun. Ich beschloss, mich nicht länger zum Narren halten zu lassen. Die Einladungen zu den Veranstaltungen kamen weiterhin per Post, aber ich ging nicht mehr hin. Ein paar Tage später meldete sich gegen Abend ein Mann bei mir am Telefon, dessen Stimme ich erkannte. Es war einer der Priester, der sich für Homosexuelle einsetzte.

»Wir bedauern sehr, dass Ihr Interesse am jüdisch-katholischen Dialog abgenommen hat«, sagte er.

»Sie waren das also«, antwortete ich.

»Wir haben nur Einladungen an Sie weitergeleitet.«

»Und dürfte ich jetzt bitte erfahren, warum?«

»Da müssten Sie eigentlich von allein draufkommen.«

»Ich habe keine Ahnung.«

»Bei welchen Gelegenheiten treffen die Mitglieder der Katholischen Integrierten Gemeinde regelmäßig und zufällig auf Priester? Was meinen Sie? Also bitte, lassen Sie uns nicht hängen, und kommen Sie das nächste Mal wieder. Wir kennen keinen anderen, der sie identifizieren könnte.«

Er legte auf, und dann fiel bei mir der Groschen. Die Katholische Integrierte Gemeinde machte sich seit ihrer Gründung stark für den jüdisch-katholischen Dialog. Wenn die Mitglieder dieser Gruppe auf Priester treffen wollten, dann waren die

Treffen des jüdisch-katholischen Dialogs ideal dafür. Und wenn sie etwas mit der Hetzjagd auf Schwule zu tun hatten, dann könnten sie dort Priester ansprechen und versuchen, an Namen homosexueller Priester im Vatikan zu gelangen.

Dennoch schwänzte ich in den folgenden Wochen viele der Veranstaltungen, zu denen zum Teil ja nur ein Dutzend Teilnehmer kamen. Eines Abends klingelte das Telefon in meinem Büro.

»Es ist so weit«, sagte eine Stimme, die mir halbwegs bekannt vorkam. »Wir brauchen Sie.«

»Ich verstehe nicht, was Sie meinen«, stammelte ich.

»Während eines Treffens hat ein Teilnehmer einen von uns angesprochen und nach Namen homosexueller Priester im Vatikan gefragt. Bitte kommen Sie sofort. Wenn er von der Integrierten Gemeinde ist, dann erkennen Sie ihn ja vielleicht.«

»Ich habe keine Zeit«, versuchte ich mich herauszureden.

»Hören Sie zu, eines Tages werden Sie uns brauchen, jetzt brauchen wir Sie, also bitte kommen Sie.«

»In Ordnung«, sagte ich. Ich schwang mich auf meine Vespa und fuhr zu dem Treffen. Der Veranstaltungsort lag glücklicherweise auf dem Heimweg nach Trastevere.

Als ich vor dem Saal ankam, war es stockdunkel und jeder Zentimeter mit Autos zugeparkt. Ich nahm meinen Helm ab und versuchte meine Frisur in Ordnung zu bringen, als ein Priester, den ich in jenem Jahr kennengelernt hatte, neben mir aus der Dunkelheit auftauchte.

»Machen Sie schon«, drängte er mich. »Kommen Sie!«

Er schob mich zum Eingang und in den hell erleuchteten Raum. Eine Frau sang etwas, und offensichtlich hatte ein Redner irgendetwas zum Besten gegeben, das mit der Gemeinsamkeit christlicher und jüdischer Wurzeln zu tun hatte. Mein Begleiter bugsierte mich in eine Ecke und zeigte dann auf einen jungen Mann mit dichten schwarzen Haaren.

»Der da«, sagte er, »der hat vor ein paar Minuten einen von uns angesprochen und ihn gebeten, Namen homosexueller Priester im Vatikan zu verraten.«

Ich schaute ihn mir genauer an. Er war sehr jung, vielleicht 20 Jahre alt, nicht älter. Er trug eine Art alte Armeejacke, sehr modische Jeans und ein Armani-T-Shirt.

»Den habe ich noch nie gesehen«, bemerkte ich.

»Sind Sie sicher, dass er nicht zu Ratzingers Integrierter Gemeinde gehört?«

»Na ja«, antwortete ich, »sicher bin ich nicht.«

»Hören Sie nochmals zu! Für uns ist das sehr wichtig«, flüsterte er.

»Okay«, sagte ich, »ich tu euch den Gefallen.« Ich schob mich durch die Menge und stellte mich neben den jungen Mann, der an der Wand lehnte und zuhörte.

Ich sprach ihn auf Deutsch an: »Na, wie läuft der Abend?«

Er sah mich völlig verständnislos an. Es gab nicht den geringsten Grund, daran zu zweifeln, dass der junge Mann kein Wort Deutsch verstand. Er konnte also auf keinen Fall zur deutschen Integrierten Gemeinde gehören.

Er fragte auf Italienisch höflich zurück: »Kann ich etwas für Sie tun?«

Ich wollte schon Nein sagen und einfach zurückgehen, aber dann hatte ich mein Temperament nicht im Zaum und log: »Ich glaube, ihr sucht da nach ein paar Namen.«

Jetzt schaute er mich mit großen Augen an.

»Und haben Sie diese Namen?«, fragte er.

Ich antwortete: »Ja, habe ich.«

Geradezu überschwänglich sagte er: »Wir würden uns sehr, sehr freuen, wenn Sie zu uns kommen könnten.« Er kritzelte eine Handynummer auf ein Blatt Papier. »Wir würden Sie gern auf einen Drink einladen, so rasch wie möglich. Bitte versprechen Sie mir, dass Sie mich anrufen.«

Ich nickte und ging.

An der Tür wartete der Priester auf mich.

»Und?«, fragte er.

»Ihr liegt daneben, der junge Mann hat absolut nichts mit der deutschen Integrierten Gemeinde zu tun.«

Er schien erleichtert zu sein. »Dann ist es vielleicht doch nicht Ratzinger.«

»Aber ich werde mich mit ihm treffen, und es scheint, als mache tatsächlich jemand Jagd auf euch«, sagte ich.

Der Priester sah mich entsetzt an.

»Ich rufe euch an. Versprochen!«

Ich rief den jungen Mann mit der Militärjacke ein paar Tage später an, und er lud mich in eine Bar in der Nähe der Kathedrale Sankt Paul vor den Mauern ein, nicht weit weg von meiner Wohnung.

Als ich das Lokal betrat, konnte ich kaum die Hand vor meinen Augen sehen. Der Besitzer schien von allem, was über die Leuchtkraft einiger Kerzen hinausging, nicht allzu viel zu halten. In dem ganzen Laden roch es eindeutig so, dass nicht nur Tabak geraucht wurde. Ich brauchte eine Weile, um mich in dem nahezu vollständig leeren Lokal zurechtzufinden. In einer Nische fand ich schließlich eine Gruppe sehr junger Männer, die mit dem Militärjacken-Typen zusammensaßen. Er trug wieder dieselbe Jacke, möglicherweise damit ich ihn leichter erkennen konnte. Ich setzte mich zu ihnen.

Die Militärjacke nickte mir freundlich zu und sagte: »Zunächst einmal möchten wir uns bei Ihnen bedanken. Wir bewundern Ihren Mut. Es muss sicher schwer sein, in diesem Zwiespalt zu leben, Priester zu sein und eine, sagen wir, andere sexuelle Orientierung zu haben.«

Der Bursche schien aus gutem Hause zu sein. Angesichts des Ortes und seines rebellischen Outfits sprach er gestelzt wie eine Nonne, die ihre Meinung zu absonderlichen sexuellen Praktiken kundtun soll.

Ich nickte nur.

»Wir sind wirklich sehr dankbar und würden uns freuen ...«

»Ihr versucht seit geraumer Zeit«, unterbrach ich ihn, »die Namen homosexueller Priester im Vatikan herauszubekommen. Das ist doch richtig, oder?«

Die Militärjacke und seine Freunde sahen mich jetzt mit einer Mischung aus Furcht und Neugier an.

»Ja. Wieso? Alle Beteiligten waren Freiwillige.«

»Freiwillige?«, fragte ich.

»Ja, alle, die versucht haben, an die Namen schwuler Priester im Vatikan heranzukommen, haben das freiwillig für uns gemacht.«

»Und wem solltet ihr diese Liste geben?«

Die jungen Männer sahen mich erstaunt an.

»Niemandem sollten wir die Liste geben. Sie ist nur für uns«, sagte die Militärjacke.

»Und was wolltet ihr mit der Liste machen?«, fragte ich.

Sie rückten ein Stück näher, als wollten sie mir verschwörerisch ein Geheimnis verraten. »Wissen Sie«, erklärte die Militärjacke, »in ein paar Wochen findet hier in Rom die Gay Pride Parade statt. Wir hatten vor, auf ein Plakat die Namen schwuler Priester zu schreiben, die im Vatikan arbeiten. Auf den Plakaten sollte stehen: Hallo, Monsignore Soundso. Wir freuen uns, dass du zwar im Vatikan wohnst, aber einer von uns bist. Auf anderen Plakaten sollte stehen: Hallo, Monsignore Soundso, wir kommen zu dir, unserem schwulen Bruder, in den Vatikan, um dir einen Besuch abzustatten.«

Ich war fassungslos. Diese Truppe Milchbubis hatte es geschafft, die Homosexuellen im Vatikan über Monate in Angst und Schrecken zu versetzen.

»Sagt mal«, tadelte ich, »habt ihr den Schimmer einer Ahnung, was ihr da angerichtet habt?«

Als ich einige Tage später davon den drei Priestern erzählte, schienen sie fassungslos zu sein. »Es sind also Kinder?«

»Na ja«, sagte ich. »Ich schätze, sie haben die Schule gerade hinter sich oder machen gerade Abitur.«

»Ich fasse es nicht. Und das alles, weil ein paar Kinder ein paar Plakate für die Gay Pride Parade bemalen wollten. Ist denen klar, wie viele von uns deswegen wochenlang in Angst und Schrecken gelebt haben?«

»Es hört sich sicher blöd an, aber ich glaube, dass die sich gar nichts Böses dabei gedacht haben. Es sind halt große Kinder.«

»Es war also weder Ratzinger noch Cordes noch der Papst oder sonst wer aus dem Vatikan?«

»Genau, der Vatikan hatte mit all dem nichts zu tun.«

Eine Weile herrschte Schweigen. Die drei berieten sich im Flüsterton über etwas, das ich offensichtlich nicht mitbekommen sollte. Dann sagte einer der drei: »Ich glaube, wir müssen diesen Kindern irgendwie sogar dankbar sein.«

»Wieso das denn?«, fragte ich.

»Diese Kinder haben uns gezwungen, uns sehr viel genauer darüber zu informieren, wie es um uns alle steht. Es gibt keine Organisation homosexueller Priester im Vatikan. Es gibt ein paar Bekanntschaften, aber nicht so etwas wie ein Netzwerk oder eine Lobby. Aber ...«

»Aber was?«

»Wir waren in den letzten Wochen gezwungen, uns umzuhören, wie du weißt, und das Ergebnis ist niederschmetternd. In ein paar Tagen beginnt die Gay Pride Parade, und wir wissen sicher, dass Papst Johannes Paul II. darin in seinem Heiligen Jahr eine schwere Beleidigung sieht. Er wird uns ein weiteres Mal anprangern als Menschen, die gegen die göttliche Ordnung verstoßen. Gleichzeitig soll die Glaubenskongregation von Ratzinger an einem Papier arbeiten, das homosexuelle Männer vom Priesteramt ausschließen wird.«

»Das glaube ich nie und nimmer«, sagte ich. »Warum sollte ein homosexueller Mann weniger geeignet sein als ein heterosexueller, wenn ohnehin beide keusch leben müssen. Das ist doch Unsinn.«

»Ich hoffe, dass Sie recht haben und unsere Infos nicht stimmen.

Aber eines kann ich Ihnen prophezeien. Wenn der Papst wirklich richtig draufhaut und die Gay Pride verdammt und Ratzinger die Schwulen aus der Kirche wirft, wird es eine Reaktion geben.«

»Dazu wird es nicht kommen«, erwiderte ich. Aber ich sollte unrecht behalten.

Papst Johannes Paul II. sagte tatsächlich am 9. Juli 2000: »Im Namen der Kirche von Rom kann ich nicht anders, als Bitterkeit auszudrücken für diese Beleidigung, die [durch die Gay Pride Parade] dem großen Jubiläum und den christlichen Werten zugefügt worden ist. Die Kirche darf die Wahrheit nicht verschweigen. Deswegen möchte ich aus dem Katechismus der katholischen Kirche vorlesen, in dem es heißt, dass homosexuelle Handlungen gegen das natürliche Gesetz sind.«

Im November des Jahres 2005 approbierte Joseph Ratzinger, mittlerweile Papst Benedikt XVI., die »Instruktion über Kriterien zur Berufungsklärung von Personen mit homosexuellen Tendenzen im Hinblick auf ihre Zulassung für das Priesteramt und zu den heiligen Weihen«. Darin heißt es, dass Personen, »die Homosexualität praktizieren, tief sitzende homosexuelle Tendenzen haben oder eine sogenannte *homosexuelle Kultur* unterstützen«, nicht für das Priesterseminar und zu den heiligen Weihen zugelassen werden können. Es sei darauf zu achten, dass mindestens drei Jahre vor der Weihe zum Diakon »homosexuelle Tendenzen, die bloß Ausdruck eines vorübergehenden Problems, wie etwa einer noch nicht abgeschlossenen Adoleszenz, sind, eindeutig überwunden sind«.

Unmittelbar nach der Veröffentlichung rief mich mein alter Bekannter Pater M. an und sagte ins Telefon: »Du wolltest doch wissen, ob es eine Art Lobby der Schwulen im Vatikan gibt, eine Art Organisation.«

»Ja, das wollte ich.«

»Nun, die Antwort ist: Nein. Es gibt bisher keine Lobby, keine Organisation, aber jetzt wird sich mit Sicherheit eine bilden.«

XXXI

Argentinische Tragödie

Mehr als ein Jahrzehnt später erinnerte ich Pater M. am Telefon an diesen Satz: »Du sagtest damals, dass sich eine Lobby bilden würde.«

»Ja, und?«

»Hast du Lust, zu mir nach Hause zum Abendessen zu kommen?«, fragte ich.

Er schwieg eine Weile, und ich wusste, dass er verstanden hatte. Ich wollte mit ihm reden, und zwar an einem Ort, an dem niemand zuhören konnte. Die Frage war, ob er auch reden wollte und ob meine Kochkünste ihn ansprechen würden. Ich kann eigentlich nur zwei Pastagerichte richtig gut zubereiten, eines der Rezepte habe ich meiner Frau abgeschaut. Trotzdem gibt es einige Leute, die behaupten, noch nie so gute Pasta gegessen zu haben wie bei mir.

»Okay«, sagte er nach einer Weile. »Ich komme gern.«

Der Abend begann ein paar Tage später wie erhofft. Das bedeutete, dass mein Gast sich den Teller zweimal mit Pasta füllen ließ. Dazu tranken wir einen guten schweren Rotwein und blickten von meiner Terrasse hinunter auf Rom.

Als ich das Dessert auf den Tisch stellte, fragte er, ohne lange um den heißen Brei herumzureden: »Okay, was willst du wissen?«

»Ganz einfach«, sagte ich, »ich habe nur eine Frage: Will die Homosexuellen-Lobby den Papst stürzen?«

Er lachte kurz laut auf, dann erwiderte er: »Das soll eine ganz einfache Frage sein?«

»Ist sie es nicht?«

»Nein«, antwortete er. »Ist sie nicht. Du erinnerst dich doch sicher noch an die Milchbubis, die uns damals in Panik versetzten.«

»Klar.«

»Na ja, die Entwicklungen danach, die harte Linie von Papst Johannes Paul II. gegen Homosexuelle und vor allem der Rauswurf aller Homosexuellen aus Priesterseminaren, den Papst Benedikt XVI. angeordnet hatte, zog natürlich Folgen nach sich. Folgen, die zu erwarten waren.«

»Es hat sich eine Lobby gebildet.«

»Genau. Im Grunde war das nur eine Art der Selbstverteidigung, die plötzlich notwendig wurde.«

»Wie meinst du das?«

»Natürlich wusste im Vatikan jeder, wer von den Priestern, Bischöfen oder gar Kardinälen homosexuelle Tendenzen hatte. Es kam viel zu oft zu mehr oder weniger heimlichen Liebschaften. Aber die Entscheidung von Ratzinger im Jahr 2005, die ganz klar aufzeigte, dass aus der Sicht des deutschen Papstes Schwule im Priesteramt nichts zu suchen hatten, schuf die Grundlage für eine regelrechte Hexenjagd.«

»Was ist passiert?«

»Na ja, es gab nicht einen großen Knall, sondern eine schleichende Entwicklung. Vor der Entscheidung Ratzingers besetzten die Mächtigen in der Kurie relativ bedenkenlos auch sehr wichtige Posten mit Männern, die sie für homosexuell hielten. Die Argumentation war so simpel wie einleuchtend: Warum sollte ein homosexueller Mann ein schlechterer Priester sein als ein heterosexueller, sofern beide im Großen und Ganzen keusch lebten.«

»Und dann?«

»Als Ratzingers Entscheidung kam, war es damit natürlich vorbei. Jetzt hatte das Management der Kirche eine klare

Vorgabe, die aber ganz anders umgesetzt wurde, als Papst Benedikt XVI. geglaubt hatte.«

»Wie meinst du das?«

»Die Priesterseminare waren schon 2005, als Ratzinger diese Entscheidung traf, gähnend leer. Viele Bistümer brachten es gerade einmal auf einen oder zwei Kandidaten für das Priesteramt pro Jahr. Meinst du ernsthaft, ein Bischof würde den einzigen Kandidaten feuern, weil der vage Verdacht besteht, dass er schwul sein könnte? Natürlich nicht. Den meisten Bischöfen war allzu bewusst, was in eurer deutschen Studie zum Missbrauchsskandal herauskam: dass junge Männer, die sich nicht sicher sind, ob sie schwul sind oder nicht, sich zur Kirche hingezogen fühlen. Es wäre damals schon möglich gewesen, das Vorleben der Kandidaten zu überprüfen, weil die Menschen heutzutage ja freiwillig im Internet so viele intime Daten von sich preisgeben. Aber soweit ich weiß, hat kein einziger Bischof jemals genau nachgeschaut, was seine wenigen Kandidaten so trieben. Die Ratzinger-Entscheidung betraf ja nur Männer, die Priester werden wollten, aber ausgerechnet die waren durch seine Anweisung kaum betroffen. Diejenigen hingegen, die Ratzinger gar nicht gemeint hatte, erlebten eine regelrechte Säuberungswelle. Kaum war es offiziell, dass der Papst der Meinung war, Homosexuelle hätten in der Kirche nichts verloren, reagierte die Kurie und schloss sie nach und nach von der Besetzung wichtiger Ämter aus. Priester, die sich nie etwas hatten zuschulden kommen lassen, die sich jahrelang auf einen Chefposten vorbereitet hatten, bekamen den Job auf einmal nicht mehr, nur weil der Verdacht bestand, dass sie schwul sein könnten. Die Reaktion lag natürlich auf der Hand: Homosexuelle Priester in hohen Positionen schlossen sich zusammen und begannen sich zu verteidigen.«

»Und wie?«

»Ganz einfach: Wenn ein wichtiger Posten zu vergeben war, machte die Homosexuellen-Lobby diskret, aber nachdrücklich klar, wie viele sie waren. Das funktionierte ganz simpel. Zunächst meldete sich Kardinal A, dann Kardinal B, dann Bischof A, dann Bischof B, die sich alle für den gleichen Kandidaten einsetzten. Wenn das Gegenüber nicht völlig verblödet war, musste er merken, dass es zwischen den Männern einen Zusammenhang gab, ein Machtgefüge, das aber erahnt werden musste, weil es nie offen ausgesprochen wurde. Gleichzeitig machte die Lobby klar, dass man zu Gegenleistungen bereit war nach dem Motto: Lasst ihr einen von uns auf seinen Wunschposten, lassen wir einen von euch auf den angestrebten Posten. Ich habe eine nicht ganz saubere Theorie dazu, die allerdings sehr schwulenfeindlich klingt.«

»Lass hören«, sagte ich.

»Ich habe wichtige homosexuelle Kardinäle erlebt, die sehr eitel waren. Sie neigten alle dazu, den gleichen Fehler zu machen.«

»Der wäre?«

»Sich selbst zu überschätzen und sich so in eine Zwickmühle zu bringen.«

»Du meinst, sie machten Versprechungen?«

»Genau. Die wirklich sehr eitlen Herren sagten ihren Untergebenen immer wieder alles Mögliche zu, weil sie zeigen wollten: Ich bin ein so wichtiger Kardinal, ich kann auch das noch schaukeln. In der Tat betrieben die Kardinäle, je eitler sie waren, einen umso größeren Aufwand, um für ihre Untergebenen durchzusetzen, was sie versprochen hatten. Dabei brauchten sie die Lobby.«

»Das gilt aber auch für heterosexuelle Priester?«

»Natürlich gibt es auch jede Menge eitle heterosexuelle Priester, aber es liegt nun mal in der Natur des Vatikans, dass es hier verdammt wenige Frauen gibt, bei denen man sich einschmeicheln kann, weil man ihnen einen Gefallen tut. Dafür aber Hunderte Männer, die von einem Aufstieg träumen. Stell es dir einmal andersherum vor: Du bist ein Mann, der auf Frauen steht, und du lebst als Chef inmitten von Hunderten von Frauen, die alle Karriere machen wollen. Ist da die Versuchung, ihnen einen Gefallen zu tun, damit sie dich toll finden, nicht enorm groß?«

»Das leuchtet mir ein«, gab ich zu.

»So kam alles zusammen: der Wunsch, Männern, die auf dich hofften, zu gefallen, der daraus erwachsende Druck, Macht auszuüben, um Posten zu besetzen oder Besetzungen zu verhindern. Das alles führte von ganz allein dazu, dass sich da eine Lobby zusammenschloss.«

»Und dann wurde Papst Franziskus gewählt!«

»Genau. Für das Fußvolk wie mich war das eine riesige Erleichterung. Nach 2000 Jahren Diskriminierung und Verfolgung endlich eine Kehrtwende. Der Papst segnete schon während des USA-Besuchs im September 2015 ein homosexuelles Paar, mit dem er befreundet war und das in die Vatikan-Botschaft gekommen war, um ihn zu treffen. Das bedeutete für uns, dass die jahrhundertealte Hetzjagd auf schwule Menschen in der Kirche vorbei war. Als der Papst dann noch sagte, dass die Kirche sich bei homosexuellen Menschen entschuldigen müsse für das, was sie ihnen angetan hatte, fiel uns ein riesiger Stein vom Herzen, und wir haben der Millionen Priester gedacht, die nicht das Glück gehabt hatten, Papst Franziskus noch zu erleben. Aber das war nicht alles …«

»Was meinst du damit?«

»Ich sagte ja, für uns Fußvolk war Franziskus ein Segen Gottes, aber für die Homosexuellen-Lobby war das anders. Er hat einen einzigen entscheidenden Fehler begangen, den er nicht hätte begehen dürfen. Denn damit hat er sich die Lobby zur Erzfeindin gemacht.«

»Und was war das für ein Fehler?«

»Ganz einfach: Er hat während eines Treffens mit südamerikanischen Priestern am 6. Juni 2013 gesagt, dass es die Lobby gibt, dass sie mächtig ist und seine Arbeit behindert. Sie darf und kann jedoch nicht existieren. Im Vatikan stehen sich zwei sich offen bekriegende Gruppen gegenüber. Die politisch links stehende Fraktion will eine Änderung des Katechismus und eine auf wissenschaftlichen Daten basierende Akzeptanz von Homosexualität, weil das nun einmal zum Menschsein dazugehört. Die Rechten wollen genau das verhindern und dafür sorgen, dass alles so bleibt, wie es ist. Daneben existiert noch eine dritte, geheime Gruppe, die sich dafür einsetzt, dass der Katechismus weiterhin Homosexualität als Verstoß gegen Gottes Gebote verurteilt, dass aber gleichzeitig Homosexualität innerhalb des Klerus und vor allem innerhalb des Vatikans stillschweigend toleriert wird. Und diese Gruppe besteht aus sehr mächtigen Männern.«

»Die selber homosexuell sind?«

»Selbstverständlich, aber das würden sie niemals zugeben. Ich glaube, sie akzeptieren es nicht, dass sie homosexuell sind, und verabscheuen deswegen alles Homosexuelle. Sie sehen in ihrer eigenen Homosexualität eine Art düsteres Laster.«

»Du meinst, sie hassen Schwule, weil sie ihre eigene Homosexualität hassen.«

»Genau. Sie haben während des Pontifikats von Papst Benedikt XVI. die mächtige Homosexuellen-Lobby aufgebaut und sind dann im Untergrund verschwunden.«

»Wie soll das heißen: verschwunden?«

»Als Franziskus kam und offen aussprach, dass es eine Homosexuellen-Lobby gibt, sind sie abgetaucht. Niemand weiß, ob es sie überhaupt noch gibt.«

»Nehmen wir einmal an, es gibt sie noch: Was werden sie dann tun?«

»Wenn es sie noch gibt, werden sie irgendwann auf den Papst enormen Druck ausüben und versuchen, ihn zum Rücktritt zu zwingen.«

»Gibst du mir einen Tipp, sollte es je so weit kommen?«
Er nickte.

Als Pater M. mich Monate später anrief, erkannte ich zunächst seine Stimme nicht. »Sie wollen jetzt herausgefunden haben,

wer der große Unbekannte ist, der Beschützer der Homosexuellen-Lobby im Vatikan.«

»Da bin ich aber gespannt«, sagte ich.

»Es soll Papst Franziskus selber sein.«

Ich konnte mir ein Lachen nicht verkneifen. »Das war der
größte Schwachsinn, den ich seit Jahren gehört habe. Ausgerechnet der erste Papst, der über seine Probleme mit der Homosexuellen-Lobby sprach, sollte ihr Chef sein?«

»Ich konnte es auch nicht glauben«, fuhr Pater M. fort, »aber
es gibt da jemanden, der läuft im Governatorat herum und erzählt es allen.«

»Im Governatorat? Was hat denn das damit zu tun?«

»Keine Ahnung.«

Die ganze Geschichte klang extrem unglaubwürdig, aber ich
konnte mir durchaus vorstellen, dass sie einen Funken Wahrheit
enthielt. Es gab da nämlich eine Vorgeschichte in Argentinien.
Jorge Mario Bergoglio wurde 1992 in Buenos Aires zum Weihbischof geweiht, und zwar vom Erzbischof von Buenos Aires,
Kardinal Antonio Quarracino, einem der übelsten Hetzer gegen
Homosexuelle in seinem Land. Sogar die Staatsanwaltschaft
hatte sich einmal eingeschaltet, als der Kardinal forderte, dass
homosexuelle Menschen in Gettos eingesperrt werden sollten.
Doch selbst die Strafanzeige brachte Kardinal Quarracino nicht
zum Umdenken, und er pflegte weiter sein Hobby, menschen-
verachtende Witze über Homosexuelle zu erzählen.

Quarracino war seit 1992 also der Vorgesetzte von Bergoglio.
In dieser Zeit hat Bergoglio nie öffentlich gegen Quarracinos
homophobe Ausfälle Stellung bezogen – in einem so hierarchi-
schen Apparat wie der katholischen Kirche natürlich verständlich: Ein Weihbischof, der gegen seinen Chef rebelliert, schau-
felt sich damit ja unweigerlich sein eigenes Grab. Vielmehr
wurde Bergoglio von Kardinal Quarracino sogar noch zum
Koadjutor befördert und war damit der designierte Nachfolger
Quarracinos als Erzbischof von Buenos Aires, was Bergoglio

nach Quarracinos Tod 1998 auch wurde. Quarracino muss davon ausgegangen sein, dass Bergoglio bedingungslos hinter ihm stand. Hätte Bergoglio seinen Chef wegen dessen notorischer Homophobie zur Rede gestellt oder gar öffentlich kritisiert, wäre er wohl niemals Koadjutor geworden.

Ich könnte mir vorstellen, dass Franziskus aus seiner argentinischen Zeit immer noch tiefe Schuldgefühle hat, weil er damals immer geschwiegen hat, um seine Karriere nicht zu gefährden, und dass er deshalb weiterhin Partei für die Homosexuellen ergreift. Wollte er den Ausschluss Homosexueller vom Priesteramt rückgängig machen? Da es sich nur um eine disziplinarische Anordnung der Glaubenskongregation handelte, konnte der Papst sie einfach wieder aufheben. War das sein Plan? Warf man ihm deswegen vor, der Beschützer der Homosexuellen-Lobby zu sein? Mir blieb nichts anderes übrig, als zu recherchieren.

Für normale Urlauber ist der prächtige lang gestreckte Bau des Governatorats, der Staatsverwaltung des Vatikanstaats, unerreichbar, auch wenn er ständig fotografiert wird. Das liegt allerdings nicht an dem Gebäude selber, sondern daran, dass die Gärtner des Vatikans vor dem Governatorat das Wappen des jeweils regierenden Papstes in einem riesigen Blumenarrangement auf die Rasenfläche zaubern, was man von der Plattform auf der Kuppel des Petersdoms aus gut fotografieren kann.

Mehr als 15 Jahre lang hatte ich keine sonderlich guten Kontakte zum Governatorat. Doch dann änderte sich das. Papst Johannes Paul II. ernannte im Jahr 2001 Renato Boccardo zum Nachfolger seines Reisechefs Roberto Tucci. Ich habe selten eine Ernennung im Vatikan erlebt, die sich für den Newcomer als so schwierig erweisen würde. Das Problem war, dass Roberto Tucci kein Kirchenmann war, sondern eine Legende. Tucci hatte eine ganze Epoche geprägt. Der Jesuitenpater hatte unter Johannes Paul II. die größte Serie von Auslandsreisen aller Zeiten für einen Papst organisiert. Der Mann war ein Original, ein Haudegen, ein Typ, den man auf der Leinwand in einem spannenden Vatikan-Thriller erwarten würde, aber nicht im Vatikan. Der 1,82 Meter große Tucci rauchte Belga-Zigaretten, und zwar Kette, und hatte sich über ein Jahrzehnt lang mit einem der entschlossensten Gegner der Päpste in der Geschichte herumschlagen müssen, dem Sowjetimperium. Der KGB hatte immer wieder versucht, die Reisen von Papst Johannes Paul II. nach Osteuropa zu manipulieren, und Tucci hatte das ausbügeln müssen. Wenn der sowjetische Geheimdienst etwa beim Papstbesuch in Polen die Mikrofone herunterdrehte, sodass man die Gesänge und Gebete der Hunderttausende von Messbesuchern nicht hören konnte, versuchte Tucci dagegen anzugehen und ließ heimlich Fotos verteilen, die belegen sollten, wie es wirklich auf den Plätzen ausgesehen hatte.

Tucci musste nicht nur den Kalten Krieg gegen das Sowjetimperium durchstehen, sondern auch mit Monstern wie dem Massenmörder Augusto Pinochet umgehen. Pinochet wollte beim Papstbesuch 1987 in Chile unbedingt, dass Johannes Paul II. neben ihm vom Balkon seiner Residenz in Santiago de Chile den Menschen zuwinkte. Tucci hatte das nach Absprache mit dem Papst abgelehnt, aber der Diktator hatte ihn hereingelegt. Als der Papst an einem dunklen Vorhang im Palast vorbeiging, zog Pinochet diesen plötzlich auf – und so stand Johannes Paul II. unvermittelt an der Seite des Diktators vor der Menschenmenge.

Wir alle im Pressekorps von Papst Johannes Paul II. mochten die schroffe und gleichzeitig demütige Haltung des Paters. Erst wenn der Papst am Altar stand und mit dem Gottesdienst begann, entspannte sich Tucci, kam zu uns, rauchte und erzählte von den unendlichen Schwierigkeiten der Organisation einer Papstreise. Er war ein Macher geworden, aber eigentlich träumte er davon, wieder der Theologe zu werden, der er einmal war. Johannes Paul II. soll zu ihm gesagt haben: »Ach, armer Pater, dass Sie als Theologe so tief fallen mussten, um mir zu dienen!«

Dem gut aussehenden Renato Boccardo war klar, wie schwer es sein würde, dieses Erbe anzutreten, und wir alle im Pressekorps des Papstes versuchten, dem sympathischen jungen Priester zu helfen. Seine Aufgabe gestaltete sich von Anfang an als äußerst schwierig, weil Papst Johannes Paul II. nicht mehr gehen und immer schlechter sprechen konnte. Boccardos Aufgabe war es, den Schwerkranken auf eine Weise durch die Welt zu schicken, ohne dass er dabei seine Würde verlor.

Ich erinnere mich noch gut an die letzte Reise von Johannes Paul II., als ich in Lourdes eines späten Abends mit Renato Boccardo in einem Café saß. Wir sprachen dort über die wirklich unter die Haut gehenden Momente, als der Papst in dem berühmten Wallfahrtsort mit anderen Schwerkranken zusammen gebetet hatte. Nach dem Tod von Johannes Paul II. 2005 stieg Boccardo zum Generalsekretär im Governatorat auf. Kurz darauf folgte ihm dorthin ein weiterer Mann, den ich gut kannte: Kardinal Giovanni Lajolo wurde 2006 Präsident des Governatorats.

Lajolo hatte ich in den 90er-Jahren kennengelernt und mehrere Interviews mit ihm geführt, als er 1995 bis 2003 Apostolischer Nuntius (Botschafter des Vatikans) in Deutschland war. Lajolo musste mitten ins Feuer, geriet in den erbitterten Streit zwischen der Deutschen Bischofskonferenz und dem Vatikan um die Schwangerenkonfliktberatung.

Weil es damals zwischen dem Vorsitzenden der Bischofskonferenz, Kardinal Karl Lehmann, und Rom hin- und herging, hatte ich öfters mit Lajolo zu tun. Als er nach Rom zurückkehrte und zum Chef des Governatorats aufstieg, besuchte ich ihn regelmäßig. Beide Männer, Boccardo und Lajolo, habe ich dann häufig für Presse und Fernsehen interviewt.

Was mir an Kardinal Lajolo damals äußerst positiv auffiel, war seine Ehrlichkeit. In dieser Zeit, als die Heiligsprechung von Papst Johannes Paul II. in die Wege geleitet wurde, war es innerhalb des Vatikans so gut wie unmöglich, Karol Wojtyła einigermaßen ausgewogen zu würdigen. Alle, mich eingeschlossen, waren damals von ihren Erinnerungen an den polnischen Papst geradezu überwältigt und zeichneten ein euphorisches, aber wenig realistisches Bild des Papstes. Kardinal Lajolo allerdings schaffte, was sonst kaum einer vermochte: Er beschränkte sich keineswegs wie alle anderen darauf, ausschließlich die positiven Seiten des verstorbenen Papstes hervorzuheben, sondern er erinnerte auch an seine menschlichen Fehler, etwa daran, dass Johannes Paul II. gelegentlich ausrastete und zornig ins Telefon brüllte.

Meine Besuche damals im Governatorat und die Spaziergänge durch die Vatikanischen Gärten auf dem Weg dorthin habe ich in äußerst angenehmer Erinnerung. Es fiel mir daher auch nicht schwer, mich dort einige Jahre später für regelmäßige Besuche im Governatorat zu verabreden. Viele dort kannten mich noch aus der Zeit von Lajolo und Boccardo, die beide 2011 aus dem Governatorat abberufen worden waren. Meine Bekannten kapierten bald, dass ich nicht zufällig so viel Zeit im Governatorat verbrachte. Ich hatte im Vatikan schon länger den wenig schmeichelhaften Spitznamen »Trüffelschwein«, weil ich im Vatikan gern in alten Geschichten wühlte, über die keiner sprechen mochte. Als ich gerade wieder einmal das Governatorat verließ, schlug mir eine langjährige Bekannte vor, mit ihr in einer nahe gelegenen Bar noch einen Kaffee trinken zu gehen. Sie fragte mich auch danach, ob ich noch Kontakt zu Lajolo habe.

Ich antwortete vage. In Wirklichkeit war der Kontakt fast völlig abgerissen.

»Es ist nämlich so …«, begann sie geheimnisvoll. Sie hatte meine ungeteilte Aufmerksamkeit.

»Der Generalsekretär, ich meine Viganò, ist 2011 nicht freiwillig gegangen. Er soll in den Bilanzen, die Lajolo erstellt hat, etwas entdeckt haben, aber ich weiß nicht genau, was. Doch ich mochte Lajolo immer sehr, er hatte so eine Gentleman-Art.

Auf jeden Fall soll ihn Kardinalstaatssekretär Bertone nach Washington versetzt haben, weil er nicht aufhörte, in den alten Sachen von Lajolo zu wühlen. Wenn du mit Kardinal Lajolo noch Kontakt hast, dann sag ihm doch bitte Bescheid. Ich denke, er wird das wissen wollen.«

Bingo, dachte ich! Das war es also, was im Governatorat verborgen war.

Ich bereitete den Abend mit Pater M. akribisch vor. Ich wollte mich für meine Entdeckung feiern lassen, kochte meine Lieblingspasta, stellte Blumen auf den Terrassentisch und begrüßte den Pater mit einem Glas Sekt.

Nach dem Essen ließ ich die Bombe platzen. »Ich weiß jetzt, was im Governatorat los ist, es hat aber nichts mit der Homosexuellen-Lobby zu tun. Viganò ist nach Washington versetzt worden, weil er zu genau wissen wollte, was auf den Konten des Governatorats passiert ist«, sagte ich in geheimnisvollem Flüsterton.

Pater M. sah mich überrascht an, dann lächelte er und gab zurück: »Ich hätte nie gedacht, dass du ein so schlechter Journalist bist.«

Ich dachte zunächst, er mache einen Scherz.

»Du hast wirklich nichts kapiert«, sagte er. »Wenn du nach nur zwei Jahren im Amt des Gouverneurs gefeuert wirst, obwohl alle deine Vorgänger länger im Amt waren, und wenn du dann plötzlich auf den attraktivsten Abschiebeposten nach Washington versetzt wirst, dann ist völlig klar, was passiert ist. Da es im Governatorat immer nur um eines geht, nämlich um Geld, musst du in den Kassen etwas entdeckt haben, das du besser nicht entdeckt hättest.«

Das saß, aber er hatte leider recht. Ich hätte mir das alles mit etwas mehr Überlegung zusammenreimen können.

»Entschuldige, aber das war ein Schuss in den Ofen. Im Governatorat muss es irgendetwas geben, das mit der Homosexuellen-Lobby zu tun hat, nicht mit Geld.«

Ich verbarg meine Enttäuschung und Beschämung und versuchte in den folgenden Wochen noch einmal mein Glück, allerdings ohne jeglichen Erfolg. Ich ging so ziemlich jedem auf den Geist, den ich im Governatorat kannte, aber es brachte nichts.

Frustriert kehrte ich zu meiner Routinearbeit zurück. Dazu gehörte auch, in einem Kellerlokal an der Via Crescenzio zu Mittag zu essen. Das Lokal gilt in der unmittelbaren Nähe des Vatikans als das beste, was das Preis-Leistungs-Verhältnis angeht. Hier sitzen natürlich nie die Stars, denn die werden in die sündhaft teuren Fischlokale im Borgo oder auf der anderen Seite des Tibers eingeladen. Hier hingegen speist das Fußvolk, also die, die im Vatikan die wirkliche Arbeit machen – und es ist eine hervorragende Informationsbörse. Ich beschäftigte mich gerade mit einem Salat und einem genervten Kollegen, der sich bitter über seinen Arbeitgeber beschwerte, als mir vom Nebentisch ein Priester zuwinkte. Erst nach einigen Minuten erkannte ich ihn, er hatte früher einmal im Governatorat gearbeitet. Ich bat meinen Kollegen, mich einen Augenblick zu entschuldigen, und setzte mich zu dem Priester. Wir bestellten Kaffee.

»Weißt du, was mich wundert?«, sagte er nach einer Weile. »Dass dir irgendwer offenbar einen guten Tipp gegeben hat, nur konntest du offenbar nichts damit anfangen.«

»Wie meinst du das?«, fragte ich erschrocken.

»Du bist im Governatorat herumgeschlichen und hast nichts gefunden. Aber man kann nicht immer gewinnen. Du kannst die Suche einstellen, es wird in Kürze bekannt werden.«

»Was wird bekannt werden?«, fragte ich.

»Unser alter Chef, Monsignore Viganò.«

»Ich weiß, er hat angeblich Ungereimtheiten aufgedeckt, die mit seinem Vorgänger Lajolo zu tun haben.«

»Nein«, entgegnete er. »Das ist es nicht. Es geht um die Homosexuellen-Lobby.«

Ich dachte, mich trifft der Schlag.

»Ja, er wird einen Mann beschuldigen, einen sehr, sehr wichtigen Mann im Vatikan, der die Homosexuellen-Lobby schützte. Das ist durchgesickert, und jetzt rate mal, wer das sein wird?«

»Keine Ahnung«, antwortete ich.

»Ich weiß es auch nicht«, fuhr er fort. »Aber wer ist schon sehr wichtig, und an wem will sich Viganò möglicherweise rächen, weil er von ihm in die Wüste geschickt wurde?«

»An seinem Chef, dem Kardinalstaatssekretär, der ihn degradiert hat, vom Generalsekretär zum Nuntius in Washington«, sagte ich, »Tarcisio Bertone.«

»Das Gleiche denke ich auch. Er ist wichtig, und Viganò will sich an ihm rächen.«

»Bertone soll also die Homosexuellen-Lobby geschützt haben?«, fragte ich.

»Das ist nur eine Vermutung. Sicher ist, dass Viganò einen echten Star im Vatikan benennen will, der wichtige Homosexuelle gedeckt haben soll.«

Drei Tage später, am 25. August 2018, wurde der Brief bekannt, in dem Carlo Maria Viganò nicht Kardinalstaatssekretär Tarcisio Bertone, sondern Papst Franziskus beschuldigte, die homosexuellen Übergriffe des Washingtoner Kardinals Theodore McCarrick vertuscht zu haben. Viganò erklärte, den Papst über McCarricks Verfehlungen informiert zu haben, der Papst habe aber alles unter den Teppich gekehrt.

Was hatte Pater M. noch dazu gesagt: »Wenn es die Homosexuellen-Lobby noch gibt, dann werden sie den Papst unter Druck setzen.« Franziskus reagierte wenige Tage später, indem er nicht reagierte: Er sagte, dass er nicht antworten wolle und es den Journalisten überlasse, selbst ihre Schlüsse zu ziehen. Er wolle im Falle Viganò auf jeden Fall den Weg der Wahrheit beschreiten.

Am 2. Oktober 2015 änderte sich die Debatte im Vatikan darüber, ob homosexuelle Männer noch in einflussreichen Positionen arbeiteten, trotz der Entscheidung Joseph Ratzingers, sie nicht zum priesterlichen Dienst zuzulassen. Monsignore Krzysztof Charamsa, Kaplan seiner Heiligkeit, Dozent der päpstlichen Universität Regina Apostolorum und Mitglied der Internationalen Theologischen Kommission in der von Joseph Ratzinger jahrzehntelang geleiteten Kongregation für die Glaubenslehre, gab an diesem Tag zu Beginn der Familiensynode im Vatikan bekannt, dass er mit einem Mann zusammenlebe und der Klerus überwiegend homosexuell sei.

XXXII

Die Schuld des Jorge Mario Bergoglio

Die Tatsache, dass Bischof Carlo Maria Viganò den Papst beschuldigte, die Verbrechen des Sexualstraftäters und Washingtoner Kardinals Theodore McCarrick vertuscht zu haben, sorgte für ein regelrechtes Erdbeben im Vatikan. Das hatte aber nicht primär damit zu tun, dass der Papst jetzt im Verdacht stand, sogar die Schwerkriminellen der Homosexuellen-Lobby zu schützen, sondern es ging um viel mehr. Alle im Vatikan wussten, was vor allem die Jesuitenpatres vor der Wahl von Franziskus überall im Vatikan verbreitet hatten. Sie hatten über ihn immer das Gleiche gesagt: Er kann alles, er ist ein hervorragender Prediger, ein guter Pfarrer, aber eines kann er nicht: entscheiden. Offenbarte die Affäre um Kardinal McCarrick jetzt diese Schwäche des Papstes? Hatte er zu lange zugesehen, ohne zu entscheiden, aus Angst, wieder einen schweren Fehler zu machen wie 1976? Hatte Franziskus sich selber nie verziehen, was damals passiert war – und war er deshalb in Wirklichkeit für das Amt des Papstes völlig ungeeignet, weil ein Papst vor allem eines musste: ständig in kürzesten Abständen Entscheidungen treffen?

Bereits im Jahr 2005, als Jorge Mario Bergoglio bei der Wahl von Papst Benedikt XVI. eine größere Anzahl von Stimmen bekam, tuschelten viele im Vatikan darüber, dass dieser Erzbischof von Buenos Aires nicht auf den Thron Petri gewählt werden könne, weil ihn eine Geschichte zu sehr belaste. Am 23. Mai

1976, kurz nach dem Putsch, durch den in Argentinien eine Militärjunta an die Macht kam, entführten argentinische Marinesoldaten die beiden Jesuitenpatres Franz Jalics und Orlando Yorio und verschleppten sie in die zum Folterzentrum umfunktionierte Escuela de Mecánica de la Armada (ESMA), ein Gebäude, in dem Panzerwagen repariert werden sollten.

Jorge Mario Bergoglio, der seit 1973 Provinzial, also Chef des Jesuitenordens in Argentinien, war, hatte den beiden 1974 erlaubt, in einem der Elendsviertel von Buenos Aires, Bajo Flores, zu arbeiten. Die Militärs glaubten, dass die beiden Patres in Bajo Flores Kontakt zu den Montoneros, einer Stadtguerilla-Organisation, aufgenommen hatten. Die beiden Patres wurden in der ESMA fünf Tage lang gefoltert und schließlich bis zum Oktober mit verbundenen Augen in einer Zelle angekettet.

Nach ihrer Freilassung versuchten die beiden Patres herauszufinden, warum sie verschleppt und so schwer misshandelt worden waren. Im Jahr 1978 legten sie dem Generaloberen der Jesuiten, Pedro Arrupe, Unterlagen vor, die belegen sollten, dass Jorge Mario Bergoglio an ihrer Verschleppung schuld sei. Er habe sie beim argentinischen Militär als Terroristen denunziert. Das brisante Dossier will Yorio jedoch 1980 selber verbrannt haben, weil er Bergoglio vergeben habe. Seine Familie bestand aber darauf, dass Yorio stets von der Schuld Bergoglios überzeugt gewesen sei. Im Jahr 2000 starb Orlando Yorio.

Am 5. Oktober 2013 empfing Papst Franziskus schließlich Franz Jalics. Über das Gespräch wurde nichts bekannt, doch Jalics bekräftigte später, dass Bergoglio an seiner Verschleppung unschuldig gewesen sei. Wie schwer dieser Fall aber das Gewissen des Jorge Mario Bergoglio belastete, hatte sich schon während des Konklaves im Jahr 2005 gezeigt. Bergoglio soll darum gebeten haben, man möge ihn nicht wählen, nachdem sein Mitbruder, der Jesuitenpater Kardinal Carlo Maria Martini, erklärt hatte, Bergoglio habe eine dubiose Rolle im Fall der Entführung der beiden Patres gespielt.

Hatte all das zu einer Führungsschwäche des Papstes geführt? Fühlte er sich tatsächlich nicht mehr in der Lage, Entscheidungen zu treffen? Die Jesuiten wiesen darauf hin, wie seltsam und unsicher er sich in ihrem Orden verhalten hatte. Nachdem er 1979 das Amt als Provinzial der argentinischen Jesuiten hatte niederlegen müssen, ging er nach einer mehrjährigen Tätigkeit als Rektor einer theologischen Fakultät 1986 nach Deutschland, um dort an der Philosophisch-Theologischen Hochschule St. Georgen in Frankfurt am Main zu promovieren. Doch er brach das Projekt unvollendet ab. Gab es etwas, das deutlicher zeigte, wie entscheidungsschwach der Papst war, dass er es nicht einmal schaffte, die Doktorwürde zu erlangen, obwohl er ideale Bedingungen vorgefunden hatte? Fragte sich dieser Mann immerzu, was er hätte anders machen können, um zu verhindern, dass die beiden Patres, für die er verantwortlich war, entführt und gefoltert wurden? Wie schwer muss es gewogen haben, dass seine eigenen Mitbrüder ihn beim Generaloberen des Ordens angeklagt hatten? Hatte Bergoglio im Alter von 42 Jahren deshalb regelmäßig einen Psychiater aufgesucht, weil er sich fragte, wie er mit der Schuld fertigwerden sollte? War ein offensichtlich so grüblerischer Mensch überhaupt geeignet, das Amt des Papstes auszuüben?

Natürlich hatten alle im Vatikan diese Geschichte im Hinterkopf, und tatsächlich gab es Anzeichen dafür, dass es Papst Franziskus schwerfallen könnte, sich zu entscheiden und durchzusetzen. So ernannte Franziskus etwa immer wieder erzkonservative Bischöfe, die überhaupt nicht auf seiner Linie lagen. Warum tat er das? Konnte er dem Druck nicht standhalten, wenn seine Gegner im Vatikan einen Posten für einen aus ihren Reihen verlangten? Der wahrscheinlich spektakulärste Fall betraf den extrem konservativen Erzbischof von Krakau, Marek Jędraszewski. Der polnische Erzbischof, der immer Polens konservative Nationalisten unterstützte und dessen Ernennung Heiner Geißler einen »Fehler des Papstes Franziskus« nannte, beschimpfte die Homosexuellenbewegung als »Seuche in den Farben des Regenbogens«.

Im Zusammenhang mit der Geschichte der beiden entführten Patres und damit, wie schwer sie wohl noch auf dem Papst lasten muss, erinnere ich mich an ein Treffen der kriegführenden Parteien des Südsudans im April 2019 im Haus der heiligen Martha im Vatikan. Der Papst hatte mehrfach darauf gedrungen, zu den Christen im Südsudan zu reisen, und betont, dass sein Platz bei denen sei, die am meisten leiden. Doch das Staatssekretariat hatte jedes Mal abgewunken: viel zu gefährlich. Eine Ansammlung von Christen, die den Papst sehen wollten, wäre in diesem Bürgerkrieg ein leichtes Ziel für Attentäter gewesen.

Stattdessen sollten Vertreter der kriegführenden Parteien des Südsudans in den Vatikan kommen, was für den Papst von höchster Bedeutung war. Als Papst Franziskus den Gästeraum betrat, in dem die Delegation der Südsudanesen auf ihn wartete, sollte jedoch etwas geschehen, was jegliche Erwartungshaltung sprengte. Franziskus sank auf die Knie und küsste den Südsudanesen die Schuhe. Warum hatte er das getan? Franziskus weiß doch, dass viele Gläubige sich einen würdevollen Papst wünschen, nicht einen alten Mann, der auf die Knie fällt und Schuhe küsst. Offensichtlich wollte er äußerste Demut zeigen, weil er nicht in den Südsudan hatte reisen können. Und diese Leute wollten jetzt Friedensverhandlungen im Vatikan führen, obwohl er nicht zu ihnen gekommen war.

Dabei war es überhaupt nicht seine Schuld gewesen, dass er nicht in den Sudan gereist war – man hatte ihn schlicht und einfach nicht gelassen. Dennoch schien er sich dafür so sehr die Schuld zu geben, dass er sich zu solch einer Geste veranlasst sah. Hatte er immer wieder seit der Entführung der beiden Patres in Argentinien solche Schuldgefühle, weil er damals vielleicht nicht mutig genug gewesen war? Sah der Papst sein Amt als eine Prüfung an, als eine Strafe Gottes für das, was mit den Patres geschehen war? Betrachtete er es als eine gerechte Strafe für seine

Verfehlungen, dass er als Papst ununterbrochen tun musste, was er nie wieder hatte tun wollen: Verantwortung für das Leben anderer zu übernehmen? Weigerte er sich deshalb, auch nur einen Tag Urlaub zu nehmen, weil er immer auf seinem Posten sein wollte, weil er nie wieder einen so schweren Fehler machen wollte?

Diese Gedanken gingen mir an jenem Tag, als die Delegation aus dem Südsudan zum Papst gekommen war, durch den Kopf. Dieser Papst glaubt büßen zu müssen, selbst für Dinge, für die er wirklich nichts kann. Er meint die ständig wiederholte Bitte »Betet für mich« vollkommen ernst, weil er denkt, dass er nicht mutig genug, nicht gut genug, nicht willensstark genug ist. Wehrte er sich deswegen nicht gegen Männer, die ihm offensichtlich übel mitspielen wollten, wie Bischof Carlo Maria Viganò, Kardinal Gerhard Ludwig Müller, Kardinal Carlo Caffarra? War das Teil seiner Buße? Doch unter welchen Schuldgefühlen oder Zweifeln er auch immer litt, es hinderte ihn nicht daran, zu versuchen, diese Kirche umzubauen, sie gerechter zu machen, im Auftrag des rätselhaften Mannes aus Nazareth.

XXXIII

Der Papst und die »Götzen«

Vatikan, Via della Conciliazione, 21. Oktober 2019, 6.20 Uhr: In den frühen Morgenstunden gehört diese auf den Petersdom zuführende Straße den Möwen. Die großen Vögel plündern die Essensreste, die Zehntausende von Touristen jeden Tag rund um den Petersplatz liegen lassen, in Mülleimern oder einfach auf der Straße. Wenn ich die Vögel nachts oder im Morgengrauen dort sehe, frage ich mich immer, wie sie so ein weißes Gefieder haben können, da sie doch ständig an fettigen Pizzaresten mit Tomatensoße knabbern. Auch an diesem Morgen ist es um diese Zeit noch dunkel und für römische Verhältnisse erstaunlich still. In den weniger exklusiven Stadtteilen Roms werden jetzt Kinder aus den Betten geworfen und in Badezimmer geschickt, genervte Mütter bereiten das Frühstück vor, schon bald rempeln genervte Väter auf dem Weg zur Schule die ersten Autos an, was die ersten theatralischen Auseinandersetzungen des Tages zur Folge hat. Das laute, chaotische Rom wacht um diese Zeit auf.

Doch rund um die Via della Conciliazione wohnen vor allem Priester und Ordensleute, die den Tag weit ruhiger und vor allem leiser beginnen. Die zahlreichen Obdachlosen, die unter den Arkaden der Via della Conciliazione ihr Dasein fristen, schlafen um diese Zeit noch. Da die Taxifahrer von ihrer Haltestelle auf der Piazza Papa Pio XII vertrieben wurden, hört man auch deren Gemurmel im Morgengrauen nicht mehr. Nur die

Soldaten am Kontrollposten sind wach, sie sollen im Fall der Fälle Lastwagen von Terroristen stoppen, die über die Via della Conciliazione auf den Petersdom zurasen könnten. Doch die Soldaten sind nicht beunruhigt, als sie im Morgengrauen zwei junge Männer vor der Kirche Santa Maria in Traspontina offensichtlich nervös warten sehen. Die Kirche gehört zum Orden der Karmeliter. Jahrelang hing ein Plakat von Papst Johannes Paul II. vor der Renaissancekirche. Einmal im Jahr, am 16. Juli, beginnt hier eine Prozession mit der Statue der weiß gekleideten Muttergottes vom Berge Carmel, die durch das Stadtviertel Borgo führt.

Die jungen Männer gehen entlang der Via della Conciliazione auf und ab, setzen sich auf eine Bank. Gegen 6.45 Uhr wird die Kirche aufgeschlossen, nur wenige Minuten später betreten die beiden das Gotteshaus. Sie interessieren sich offensichtlich für eine der Seitenkapellen. Dort haben Gemeindemitglieder und Patres der Karmeliter für die Besucher der Amazonas-Synode, die gerade im Vatikan stattfindet, eine Kapelle gestaltet. Liebevoll wurden dort Zeugnisse der Kultur der indigenen Bewohner Amazoniens arrangiert. Auch Holzskulpturen der sogenannten Pachamama sind hier zu sehen, Darstellungen einer hochschwangeren Frau, die bei einigen indigenen Kulturen Südamerikas die Erdmutter symbolisiert. Einer der beiden Männer betritt die Seitenkapelle und entwendet drei der Pachamama-Skulpturen. Der Dieb verlässt rasch die Kirche und geht bis zur Brücke an der Engelsburg, um dann vor laufender Handykamera des zweiten Mannes die Skulpturen in den Tiber zu werfen.

Knapp zwei Wochen vor diesem Ereignis hatte die Kurie am 8. Oktober 2019 die Gäste der Amazonas-Synode zur Eröffnungsfeier, an der Papst Franziskus selber teilnahm, in die Vatikanischen Gärten in der Nähe des Turms des heiligen Johannes eingeladen, um auf einer Wiese gemeinsam zu beten. Dazu hatten die Teilnehmer aus Amazonien auch eine Pachamama-Figur mitgebracht. Die Pachamama wird in weiten Teilen Südamerikas verehrt. Im Laufe der Conquista, der Eroberung Südamerikas durch die Spanier, hat die Verehrung der Pachamama auch Elemente des Marienkults übernommen, sodass sich in ihr »heidnische« und christliche Elemente mischen und sie eine Art synkretistische Gottheit geworden ist.

Ein gewöhnlicher europäischer Bischof hätte es möglicherweise befremdlich gefunden, mit Indigenen zu beten, die dabei einem religiösen Symbol ihrer eigenen Kultur, der Pachamama, die Referenz erweisen. Für den Papst aus Argentinien schien das jedoch eine Selbstverständlichkeit zu sein. Er hatte sein Leben lang mit der Bedeutung dieser Figur zu tun gehabt. Und so griff er auch nicht ein, als ein Franziskanerpater während des Gebets in den Vatikanischen Gärten vor einer Pachamama-Figur auf die Knie fiel.

Bereits wenige Stunden nach der Aktion am Tiber am 21. Oktober erfuhr der Papst, was geschehen war, denn die Täter hatten keinerlei Skrupel, das Filmdokument über diesen Akt des Vandalismus ins Internet zu stellen. Für Papst Franziskus war an diesem Morgen klar, was nun passieren würde. Ein zentrales religiöses Symbol seiner Gäste aus dem Amazonasgebiet war aus einer Kirche gestohlen und wie Müll in den Tiber geworfen worden. Eine Empörungswelle würde folgen. Unterdessen hatten sich die italienischen Strafverfolgungsbehörden eingeschaltet. Alles schien darauf hinauszulaufen, dass der Vatikan sich offiziell bei den Gästen aus Amazonien für diesen schmählichen Vorfall entschuldigen würde. Doch es sollte völlig anders kommen.

Die Reaktion auf das Video, das den Diebstahl und die Entsorgung der Skulpturen im Tiber zeigte, fiel völlig anders aus, als vom Papst erwartet. Statt Entrüstung über diesen Frevel bekundeten im Internet Hunderttausende Katholiken begeisterte Zustimmung dazu, dass ein junger Mann aus Wien den Mut hatte, in die Kirche zu gehen und das vermeintliche »Götzenbild« zu entfernen.

Die Bilder vom Gebet in den Vatikanischen Gärten, bei dem sich Teilnehmer vor der Pachamama-Statue verneigt hatten oder gar auf die Knie gefallen waren, hatte unter konservativen Christen weltweit zu beträchtlicher Verstimmung geführt. Papst Franziskus wurde vorgeworfen, das Anbeten von »Götzenbildern« im Vatikan geduldet oder sogar selber organisiert zu haben. Ein sehr schwerwiegender Vorwurf, denn damit hätte er es eigentlich verwirkt, noch Papst zu sein. Das Kirchenrecht sieht vor, dass der Papst seines Amtes enthoben werden kann, wenn er etwas tut, was den Grundregeln der katholischen Kirche widerspricht, etwa wenn er einen »Götzen« anbetet. Und das Gebet in den Vatikanischen Gärten am 8. Oktober und die Aufstellung der Pachamama-Figuren in einer Kirche hätten nun genau diesen Eindruck erweckt.

Mit dieser Haltung wurde auch ich bei Veranstaltungen in Kirchen und Gemeindesälen in Deutschland konfrontiert. Wieder und wieder beschwerten sich Zuhörer meiner Vorträge über den »Götzendienst« des Papstes in Hinblick auf die Pachamama-Figur. Und wenn schon ich bei meinen Veranstaltungen selbst in der deutschen Provinz regelmäßig diese Attacken gegen den Papst wegen seiner angeblichen Verehrung der Pachamama zu hören bekam, dann mussten es weltweit wohl Millionen Katholiken sein, die darüber empört waren. Auf den Papst schien ein Sturm der Entrüstung zuzurasen. Franziskus entschloss sich daher zu einem spektakulären Schritt: Statt bei den Gästen der Amazonas-Synode entschuldigte er sich bei den Katholiken als »Bischof von Rom«, dass eine solche Statue in einer katholischen Kirche gestanden habe.

Das war das Eingeständnis einer krachenden Niederlage. Es ist das Ende der Illusion, dass es eine weltweite Kirche gibt. Es gibt eine Kirche der reichen Welt, die durch ihre europäische Geschichte geprägt wurde und die alles ausmerzt, was nichts mit ihrer im Mittelmeerraum entstandenen Tradition zu tun hat. Die Konservativen argumentieren, dass die Pachamama eine

Mischung aus christlicher Religion und »Aberglauben« darstelle und deswegen ein »Götzenbild« sei. Doch dieser Synkretismus aus christlicher Tradition und nichtchristlichen indigenen Religionen ist für das Christentum keine Ausnahme, sondern eher charakteristisch. Eines der berühmtesten Beispiele dürfte das Haus Mariens in der gleichnamigen Basilika in Loreto sein. Nach christlicher Überzeugung soll es das Haus sein, in dem Maria aufgewachsen ist und ihr die Verkündigung des Herrn zuteilwurde und das von Nazareth durch die Luft nach Loreto geflogen ist. Deshalb auch gilt die Madonna von Loreto als Schutzpatronin der Luftfahrt. Dass dieses Haus Mariens auf dem Luftweg nach Loreto gekommen sein soll, ist selbstverständlich Unsinn. Trotzdem haben Päpste dort gebetet.

Und auch andere berühmte christliche Traditionen beinhalten oft einen Gutteil Aberglauben. So gilt die berühmte Pilgerreise auf dem Jakobsweg nach Santiago di Compostela zum Grab des Apostels Jakobus als eine der vornehmsten Traditionen der katholischen Kirche. Doch es gilt unter Fachleuten als ausgeschlossen oder als extrem unwahrscheinlich, dass etwa 800 Jahre nach seinem Tod die Leiche des Apostels Jakobus in Spanien entdeckt worden sein könnte. Wessen Gebeine dort in Santiago auch immer verehrt werden, es sind sicher nicht die des Apostels Jakobus. Doch abergläubische und Traditionen anderer Religionen und Christentum zu vermischen scheint in der Kirche der Reichen nur den Europäern erlaubt zu sein, nicht jedoch den Bewohnern der Amazonasregion.

Neben der Aufregung um die Pachamama erregte die Amazonas-Synode noch durch ein anderes Thema weltweites Aufsehen. Im Arbeitspapier der Synode, dem »Instrumentum Laboris«, war ein Sprengsatz versteckt: Da es in dem riesigen Gebiet einen katastrophalen Priestermangel gibt, sodass an vielen Orten nur einige wenige Male im Jahr ein Gottesdienst gefeiert werden kann, sollte es dort verheirateten Männern erlaubt sein, den Gottesdienst zu zelebrieren, was viele konservative

Katholiken als Abschaffung der Ehelosigkeit der Priester in dieser Region auffassten.

Es sollte sich nun zeigen, dass der Plan des Papstes, mit der europäisch geprägten Kurie in Rom die Probleme der Amazonasregion zu beraten, scheiterte. Die Kurie hatte die Synode an sich gerissen, und statt die Probleme zu besprechen, die den Planeten Erde akut bedrohen, etwa durch die Vernichtung des Amazonasregenwalds, hat man auf dieser Synode über ein uraltes europäisches Problem bis zur gegenseitigen Zerfleischung gestritten: die Ehelosigkeit der Priester.

Die katholische Kirche ist eine globale Institution mit einem Hauptquartier in Rom. Bisher wurde die Kirche ausnahmslos von Männern aus dem Mittelmeerraum oder aus Mitteleuropa regiert, meist von Italienern. Der erste Papst, der vom amerikanischen Kontinent stammt, aus römischer Sicht also vom anderen Ende der Welt, musste nun erfahren, wie schwer die fast zweitausendjährige Tradition wiegt, welche die katholische Kirche mit dem Mittelmeerraum und Europa verbindet.

Und deshalb ging es bei dieser Synode um ein Problem, das der Apostel Paulus erstmals in Griechenland thematisiert hatte: die Ehelosigkeit der Priester. Seitdem Paulus durch den Mittelmeerraum gezogen war, hatte sich die Kirche immer wieder mit dem Problem der Ehelosigkeit herumgeschlagen. Mehr als ein Jahrtausend lang war es dabei auch um die unterschiedlichen Interessen der deutschen Kaiser und der Kirche gegangen. Da verheiratete Priester das in ihrem Leben erworbene Vermögen statt an die Kirche an ihre Kinder weitergaben, kam schon vor dem Jahr 1000 der Plan eines Zwangszölibats auf, das im 11. Jahrhundert mehrere Päpste – Benedikt VIII., Leo IX., Nikolaus II. und Alexander II. – durchzusetzen versuchten, allerdings mit wenig Erfolg.

Die Gegner von Franziskus hatten nun den Verdacht, dass sich der Papst während der Amazonas-Synode eines Taschenspielertricks bedienen könnte. Seitdem die Zahl der Bischöfe auf über

4500 gestiegen ist, wissen im Vatikan alle, dass ein drittes Vatikanisches Konzil zur Beratung über Kirchenfragen nicht mehr möglich ist. Es sind einfach zu viele Bischöfe. Selbst wenn jeder Bischof nur eine kurze Redezeit beanspruchen würde, müsste ein solches Konzil viele Jahre dauern. Da es also nicht mehr möglich ist, wichtige Beschlüsse durch ein allgemeines Konzil aller Bischöfe zu fassen, könnte ein Papst eine Territorialsynode, wie die Amazonas-Synode, benutzen, um auf diese Weise bahnbrechende Entscheidungen für die gesamte Kirche durchzusetzen. Theoretisch ist es möglich, dass die Amazonas-Synode die Ehelosigkeit der dortigen Priester aufhebt. Doch wenn erst einmal eine Ausnahme geschaffen ist, könnte diese auf alle anderen Regionen der Welt ausgedehnt werden, ohne dass ein Konzil eine für die gesamte Kirche so entscheidende Frage beraten müsste.

Von Anfang an ging es auf dieser Synode also nicht um den Konflikt, der eigentlich im Mittelpunkt stehen sollte: die Interessen der Großkonzerne aus der Ersten Welt, die das Amazonasgebiet ausbeuten und damit die Lebensgrundlage der Menschen auf der Erde gefährden. Stattdessen stand hier die alte Kirche des Mittelmeerraumes gegen eine neue Kirche in Südamerika. Mit welch harten Bandagen gekämpft werden würde, zeigte sich bereits im Sommer 2019, als das »Instrumentum Laboris« veröffentlicht wurde. Die konservativen Gruppen im Vatikan waren so außer sich, dass sie auf die Barrikaden gingen. Kardinal George Pell in Australien meldete sich sogar aus dem Gefängnis und riskierte dadurch Ärger mit den Behörden. Er giftete, dass es ein weiteres schlechtes Synodenpapier sei, weil damit die Möglichkeit der Weihe von verheirateten Priestern ermöglicht werde. Als wichtigsten Verbündeten dabei bezeichnete Pell Kardinal Gerhard Ludwig Müller, einen entschlossenen Gegner von Papst Franziskus. Damit war der innerkirchliche Krieg eröffnet. Offensichtlich konnte das konservative Lager, Männer wie Pell und Müller, keine Gelegenheit auslassen, die progressive Seite der Kirche zu attackieren, selbst wenn es sich um einen uralten Streit handelte.

Dabei war die Sachlage seit bald 2000 Jahren klar. Im Ersten Korintherbrief 7,1–2 schreibt Paulus: »Es ist gut für den Mann, keine Frau zu berühren. Wegen der Gefahr der Unzucht soll aber jeder Mann seine Frau haben und jede soll ihren Mann haben.« Es gibt also keinen Hinweis in der Bibel, der eindeutig klarstellt, dass Priester ehelos leben müssen. Sie können sich dafür entscheiden, ein Zwangszölibat legt die Bibel aber nicht nahe. Christus ruft durchaus dazu auf, ehelos zu leben und ihm nachzufolgen, aber von einer Verpflichtung ist keine Rede. Der Streit innerhalb der Kirche geht darum, ob die Tradition der Ehelosigkeit so wichtig ist, dass an ihr nicht gerüttelt werden darf. Die konservativen Kreise sehen im Zölibat auch ein wichtiges Alleinstellungsmerkmal der katholischen Kirche. Orthodoxe Priester dürfen heiraten und sich sogar scheiden lassen, Priester der Anglikanischen Kirche, der Baptisten oder der Freikirchen sowieso. Nur orthodoxe Mönche müssen ebenfalls auf die Ehe verzichten.

Je näher die Synode rückte, desto heftiger wurde im Vorfeld über den Zölibat gestritten. Auch wenn die Kardinäle und Bischöfe vielleicht keine bösen Absichten hegten, war die Synode durch die Debatte über die Ehelosigkeit im Amazonasgebiet beschädigt worden. Denn die Probleme der namensgebenden Region, die Verwüstung der grünen Lunge der Erde, die Bedrohung der Ureinwohner, die Plünderung der Bodenschätze, all diese Themen, die eigentlich die Synode hätten bestimmen sollen, interessierten nun niemanden mehr. In nahezu allen Presseberichten ging es nur noch um den Zölibat. Damit hatten die konservativen Gruppen das Hauptanliegen des Papstes, nämlich eine Synode für die betroffenen Menschen in der Amazonasregion abzuhalten, bereits torpediert, bevor die Synode überhaupt begonnen hatte.

Ich erinnere mich an einen Tag am Meer mit Carlos in diesem Oktober 2019. Der Herbst war noch sehr warm, und offensichtlich hatte er beschlossen, mit mir Frieden zu schließen und endlich mal aus Rom rauszufahren. Er rief mich an und fragte mich, ob ich nicht Lust hätte auf ein letztes Bad im Meer auf der Halbinsel Monte Argentario etwa anderthalb Autostunden nordwestlich von Rom. Dort gibt es wunderschöne Buchten, die fast an die Karibik erinnern. Ich hatte Zeit und wollte ebenfalls den alten Streit mit Carlos begraben, also holte ich ihn ab. Wir sprangen in das noch erstaunlich warme Wasser und legten uns dann in die Sonne.

»Wieso sind die Konservativen eigentlich so scharf darauf, auf der Amazonas-Synode über den Zölibat zu streiten?«, fragte ich.

»Weil auch nur der Versuch, die Ehelosigkeit infrage zu stellen, einen sehr schweren Angriff auf die Tradition der Kirche darstellt«, antwortete er.

Ich wollte ihm eigentlich sagen, dass er angesichts seiner Begeisterung für den Zölibat erstaunlich lange auf die jungen Frauen im Bikini schielte, die in unserer Nähe in der Sonne brutzelten.

»Noch einmal danke dafür, dass du mich mitgenommen hast.«

»Kein Problem«, sagte ich.

»Du sollst es auch nicht umsonst getan haben.«

»Wie meinst du das?«, fragte ich.

»Es soll zu einem Eklat gekommen sein.«

»Was für ein Eklat?«

»Ein Riesenstreit. Zwei Kurienkardinäle sollen auf die Barrikaden gegangen sein.«

»Warum?«

»Ein Priester hat sich ein bisschen bei den Missionaren umgehört, die aus dem Amazonasgebiet gekommen sind. Er muss dabei irgendetwas Fürchterliches erfahren haben.«

»Wirklich?«

»Ja, irgendetwas, das er für so skandalös hält, dass es innerhalb des Vatikans zu einem kolossalen Krach kam.«

»Worum ging es denn?«

»Keine Ahnung. Aber ich bin mir ziemlich sicher, dass der Papst persönlich irgendetwas damit zu tun hat.«

»Wieso?«

»Wenn es nur um die Schwierigkeiten irgendeines Priesters aus dem Amazonas ginge, hätte es niemals einen solchen Knall gegeben.«

»Und wo war das?«

»In einer Kirche in der Nähe der Via della Conciliazione, in der sich Missionare treffen, die aus dem Amazonasgebiet kommen.«

Dann werde ich mich da mal umsehen, dachte ich.

Die Kirche, die Carlos genannt hatte, lag ganz in der Nähe der Peterskirche. Auf den Anschlagtafeln im Inneren ging es um Treffen der Amazonas-Synode. Die Kirche war fast leer, im Mittelgang standen zwei Priester mit zwei Männern, die die traditionelle Kleidung der Amazonasregion zu tragen schienen.

Ich ging hinüber zu ihnen und sagte: »Entschuldigen Sie bitte die Störung. Haben Sie davon gehört, dass es hier in der Kirche Ärger gab, richtig großen Ärger, und zwar so massiv, dass es später in den Chefetagen im Vatikan zu einem Streit kam?«

Die vier sahen mich verständnislos an.

»Sind Sie von der Presse?«, fragte mich ein dünner, braun gebrannter Priester, der Italienisch mit stark spanischem Akzent sprach.

»Ja«, antwortete ich.

»Es tut uns leid, aber wir wissen nicht, wovon Sie reden«, sagte er und drehte sich weg.

Mir wurde klar, dass die Chance, hier etwas in Erfahrung bringen zu können, gering war. Wahrscheinlich würde ich mehrmals wiederkommen müssen und dann auch nicht schlauer sein. Plötzlich kam der Küster aus der Sakristei. Er schaute kurz auf die Gruppe im Mittelgang, anschließend auf mich, dann begann er zu fegen. Er arbeitete sich sehr langsam durch die Kirche. Der Mann war eine kleine Chance. Ich kannte ihn aus der Kaffeebar »San Pietro«, wo wir beide öfters frühstückten, und ich wusste, dass er mir gewogen war. Einmal hatte ich den Blechschaden, den ein anderer Küster bei meinem geliebten alten Mercedes 240 D verursacht hatte, auf meine Kappe genommen, und der Küster dieser Kirche hier hatte die Geschichte irgendwann einmal mitbekommen und beschlossen, mich sympathisch zu finden. Ich setzte mich in eine Kirchenbank und betete ein wenig. Der Küster brauchte für jede Seitenkapelle eine Ewigkeit. Die beiden Priester unterhielten sich immer noch mit den Männern vom Amazonas.

Als sich der Küster endlich bis zum Ende der Kirche vorgearbeitet hatte, verschwanden die Priester mit ihren Begleitern aus der Kirche. Der Küster winkte mir zu und kam dann zu meiner Bank.

»Ich dachte mir, dass Sie kommen würden«, flüsterte er.

»Wieso das denn?«

»Na ja, hier hat es ganz schön gekracht, und Sie sind doch Journalist. Dass sich das hier bis zum Pressesaal des Vatikans herumsprechen würde, war doch klar.«

»Was ist denn passiert?«

Er kam näher und sprach weiter im Flüsterton. »Also, da kam einer der Typen hier herein, Sie wissen schon, einer dieser Priester, die wahnsinnig schick aussehen, sündhaft teure Anzüge tragen und einen Scheitel haben wie mit dem Lineal gezogen.«

Er meinte zweifellos einen der Jungs aus der ultrakonservativen Ecke.

»Zunächst verlief alles ganz friedlich. Da stand so ein Priester, der seit dem Beginn der Synode schon öfter hier war, mit zwei Indianern.«

»Das sind keine Indianer.«

»Na ja, diese Leute vom Amazonas halt. Also, der schicke Priester ging auf sie zu, und sie unterhielten sich eine Weile.«

»Und dann?«

»Dann schien der elegante Priestertyp auf einmal völlig auszurasten. Er schien total abzudrehen.«

»Warum?«

»Weil der Priester, der bei den Indianern stand, irgendwas zu ihm gesagt hatte.«

»Was denn?«

»Keine Ahnung, ich war viel zu weit weg.«

»Und dann?«

»Dann stritten sie sich heftig, und schließlich ging der Typ mit dem teuren Anzug und verkündete lautstark, dass er das dem Kardinal berichten werde, was hier geschehen war.«

»Meinen Sie, Sie würden den Priester wiedererkennen, der bei den Amazonasleuten stand?«

»Aber klar, Sie haben eben selber mit ihm gesprochen. Das war der dünne Braungebrannte.«

»Danke«, sagte ich. »Den nächsten Kaffee zahle ich in der Bar.« Ich verließ rasch die Kirche. Weit konnte der braun gebrannte Typ ja noch nicht sein.

Ich lief die Via della Conciliazione hinunter und entdeckte ihn in einem Buchladen nur ein paar Straßenzüge weiter. Er stand Gott sei Dank weit genug weg von der Kasse in der Ecke mit Romanen. Ich stellte mich neben ihn und sagte leise: »Ich schätze, man hat Ihnen einen Maulkorb verpasst für das, was passiert ist.«

Er reagierte nicht.

»Ich finde, der Typ in der Kirche hätte Sie nicht so schneiden dürfen.«

Jetzt blickte er auf.

»Waren Sie in der Kirche?«

»Ein Freund von mir war es, und er hat alles gesehen.«

»Dann wissen Sie ja Bescheid«, bemerkte er und wandte sich wieder den Büchern zu.

»Ich weiß leider nicht, worüber Sie genau gesprochen haben.«

»Ich habe nicht vor, Ihnen zu antworten, und jetzt lassen Sie mich in Ruhe«, entgegnete er.

Er wollte offensichtlich nichts anderes, als dass ich einfach ging. Ich blickte auf das Regal, und da stand tatsächlich mein Roman in der spanischen Übersetzung: *El enigma de la cripta vaticana* (*Die Petrusakte*).

»Das habe ich geschrieben«, bemerkte ich.

»Glaube ich nicht«, murmelte er.

Ich nahm es aus dem Regal und zeigte auf das Foto auf dem Umschlag des Buches.

»Wow«, sagte er. »Das sind Sie ja tatsächlich.«

Er sah mich einen Augenblick an, dann fuhr er fort: »In Ihren Kreisen sagt man, soweit ich weiß, dieses Gespräch hat nie stattgefunden. Wo sollen wir uns treffen?«

»Gehen wir doch rüber in den Park an der Engelsburg.«

»Bis gleich«, gab er zurück.

Ich schlenderte die Via della Conciliazione hinunter, stieg im Park die Treppen hinunter und wartete. Er kam nach wenigen Minuten, schaute sich ein paarmal um und ging dann neben mir her. Er beschloss, nicht lange um den heißen Brei herumzureden.

»Es tut mir leid, dass es so einen Ärger gegeben hat, aber ich bin völlig unschuldig. Ein Typ, der zu diesen konservativen Kreisen gehört, einer mit diesen superkorrekten Priesterklamotten, kam vor ein paar Tagen in unsere Kirche. Wir hatten gerade einen Gottesdienst mit den Ureinwohnern des Amazonasgebiets gefeiert. Er schien zunächst äußerst nett. Wir plauderten eine Weile, dann fragte er auf einmal, wie viele Indios wir denn so getauft hätten und wie viele dann auch zur Kommunion gegangen seien. Dann haben wir ihm die Wahrheit gesagt. Wir sind Missionare, aber wir missionieren nicht. Wir kümmern uns darum, dass die Bewohner des Amazonas ihre Traditionen bewahren, auch ihre Götter. Da ist er ausgerastet. Er schrie herum, was das denn für eine Synode sein soll und dass wir verpflichtet seien, die Heiden, wie er sie nannte, zu christianisieren.«

Der braun gebrannte Pfarrer machte eine Pause. Dann fuhr er fort: »Mir ging sein Geschrei auf die Nerven. Ich habe ihm gesagt, dass wir mit den Bewohnern des Amazonas zusammenleben, mit ihnen Schulen bauen, erreichen wollen, dass sie nicht diskriminiert werden, dass sehr viele Jesuiten dort engagiert sind. Ich habe ihm gesagt, dass wir die Ureinwohner nicht überreden wollen, Christen zu werden. Wir helfen ihnen, wenn sie ihre alten Götter wiederentdecken wollen. Ich sagte ihm klipp und klar, dass wir akzeptieren, dass sie eine andere Kultur haben und sie das Christentum nicht annehmen wollen. Dann schrie er herum, dass wir die Anbetung von Götzen fördern würden, dass er sich an den Papst wenden würde und dass es für uns dann Konsequenzen geben werde.«

»Und dann?«

»Dann habe ich ihm gesagt, dass wir das tun, was wir tun, weil der Papst ausdrücklich will, dass wir am Amazonas niemanden bekehren. Er will, dass die Menschen dort die Chance haben, sich vom Christentum angezogen zu fühlen. Er hat uns das ganz klar gesagt. Da ist der Typ aus der Kirche gestürmt und hat gebrüllt, dass er jetzt sofort seinen Kardinal informieren werde und dass er das alles an die große Glocke hängen wolle. Und das hat er dann ja offenbar auch getan.«

»Das stimmt«, sagte ich.

»Danach gab es einen ziemlichen Knall im Vatikan, und als sich der Rauch gelegt hatte, ließ der Papst uns wissen, was immer die Konservativen auch zu meckern haben, wir sollen weitermachen. Er will keine Bekehrungen im Amazonasgebiet. Wir sollen die Religionen der Ureinwohner respektieren.«

Dann verabschiedete er sich: »Und noch etwas: Wie man in Ihren Kreisen so sagt, dieses Gespräch hier hat es nie gegeben.«

XXXIV

Die Lobbys im Vatikan

Der heftige Streit während der Amazonas-Synode hatte vor allem eines gezeigt: Die Versuche der organisierten Einflussnahme auf den Papst nahmen ständig zu und wurden immer besser finanziert. Das zeigte sich vor allem daran, dass die entschlossenen Feinde von Papst Franziskus immer mehr Spielraum und Einfluss bekamen. So konnte sich Athanasius Schneider, Weihbischof im fernen Kasachstan, immer wieder in allen möglichen Medien darüber auslassen, dass der Diebstahl der Pachamama-Skulpturen und ihre Entsorgung im Tiber ein »heldenhafter Akt« gewesen seien, der in die Geschichte der Kirche eingehen werde. Der Papst habe sich versündigt und sich sogar für die Wiederbeschaffung der »Götzenbilder« eingesetzt. Das habe die Seelen der Menschen schwer verletzt. Im fernen Brasilien wetterte Bischof José Luís Azcona Hermoso, dass der Papst ein »dämonisches Sakrileg« zugelassen und einen Skandal verursacht habe. All diese erklärten Feinde des Papstes in allen möglichen Medien immer wieder zu Wort kommen zu lassen erforderte einen enormen Aufwand. Die Lobbys, die den Papst aus dem Amt drängen wollten, waren offenbar bereit, dafür erhebliche Mittel zur Verfügung zu stellen. Im Vatikan wurde immer deutlicher spürbar, dass Lobbys einen immer größeren Einfluss nehmen wollten und vor allem aus den USA immer besser finanziert wurden.

Ich hatte schmerzliche Erfahrungen damit gemacht, auch nur zu wagen, über die Macht der Lobbys im Vatikan zu sprechen. Bei einem meiner Vorträge vor Bankern in den Bankentürmen in Frankfurt am Main hatte ich auch den Einfluss der Lobbys im Vatikan thematisiert. Danach war ein älterer Herr von einer Privatbank aufgestanden und forderte mich rüde auf, den Vortrag abzubrechen und mich zu schämen. Er schimpfte: »Der Heilige Vater ist für uns Katholiken der Vikar Gottes, und niemand im Vatikan würde es je wagen, ihn zu manipulieren oder zu einer Entscheidung zu drängen. Dass es Lobbys im Vatikan gibt, ist eine Lüge.«

Einen der ersten großen Erfolge einer sehr mächtigen Lobby erlebte ich in den Jahren 1991 und 1992. Gut 15 Jahre vorher war der charismatische Gründer von Opus Dei, Josemaría Escrivá, 1975 in Rom gestorben. Die Anhänger dieses enorm mächtigen und finanzstarken Ordens wollten daraufhin den Papst dazu drängen, den Ordensgründer so schnell wie möglich selig- und heiligzusprechen. Das ist nicht so einfach, weil die Kongregation für Selig- und Heiligsprechungen mit Historikern zusammenarbeitet, die der Ansicht sind, dass man etwas Zeit vergehen lassen sollte, um alle Facetten eines Lebens würdigen zu können.

Eine Seligsprechung in weniger als 30 Jahren nach dem Tod eines Kandidaten anzustrengen gilt da als höchst unseriös. Man kann ja in ziemliche Schwierigkeiten geraten, wenn sich plötzlich jemand meldet, der belegen kann, dass der Kandidat oder die Kandidatin alles andere als fromm gewesen war. Mir hatten Mitarbeiter der Kongregation für Selig- und Heiligsprechungen anvertraut, dass es am besten sei, ein ganzes Menschenalter, also rund 70 Jahre, verstreichen zu lassen, bevor man das Leben eines Menschen seriös beurteilt, wie es bei einer Seligsprechung nötig ist. Doch Opus Dei wollte das auf keinen Fall. Seine Lobby übte in dieser Sache erheblichen Druck auf den Papst aus. Mit Erfolg: Bereits 1992, also nur 17 Jahre nach seinem Tod, wurde der Opus-Dei-Gründer seliggesprochen.

Ein weiterer Beweis für erfolgreiche Lobbyarbeit war die Einweihung der Begegnungsstätte des sogenannten Neokatechumenalen Wegs auf dem Berg der Seligpreisungen in Israel am 24. März 2000. Als ich den Plan des Papstes damals in Händen hielt, glaubte ich meinen Augen nicht zu trauen. Seine Reise nach Israel im Heiligen Jahr sollte für Papst Johannes Paul II. ein Höhepunkt seiner geistlichen Karriere sein. Und es war in der Tat eine historische Reise. Ein christlicher Papst sollte für alle sichtbar die Mitschuld des Christentums an den Verbrechen gegenüber dem Volk der Juden eingestehen und um Vergebung bitten. Dass der Papst während einer so wichtigen Reise ein Kongresszentrum einweihen könnte, konnte ich mir nicht vorstellen. Zudem war es nur eine katholische Splittergruppe, die dieses Zentrum »Domus Galilaeae« hatte errichten lassen: der Neokatechumenale Weg, innerkirchlich als »Neos« oder »Kikos« (nach ihrem Gründer Kiki Argüello) verspottet. Sie ist zum Teil umstritten und war 2007 vom Chef der Japanischen Bischofskonferenz gegenüber Papst Benedikt XVI. als »sektenähnlich« bezeichnet worden. Doch diese geistliche Gemeinschaft lieferte perfekte Lobbyarbeit ab, und der Papst kam tatsächlich, um das Haus einzuweihen. Während des Pontifikats von Papst Franziskus haben die Aktivitäten dieser Vereinigung deutlich zugenommen.

Nach der Amazonas-Synode hatte ich keinerlei Zweifel mehr daran, dass vor allem US-amerikanische Medien einen immer entschlosseneren Kampf gegen den Papst führten. Ich hatte keine Ahnung, wie im Detail diese Lobbys ihren Einfluss auszubauen versuchten, um den Papst zu destabilisieren. Von Anfang an hatte sich Franziskus in Bezug auf die USA zu einem für einen Papst äußerst ungewöhnlichen Schritt entschieden: zum Angriff. Mitten im Präsidentschaftswahlkampf der USA 2016 erklärte der Papst, dass kein Christ sei, »wer Zäune baue statt Brücken«. Das traf natürlich den Präsidentschaftskandidaten Donald Trump, der mit dem Versprechen, einen Megazaun

entlang der Grenze zu Mexiko errichten zu lassen, in den Wahlkampf gegangen war. Danach gab es für den Papst kein Zurück
mehr. Die konservativen US-Katholiken, die Trump unterstützten, sahen von da an Papst Franziskus sehr kritisch, manchen
gilt er gar als Inkarnation des Teufels. So wie Johannes Paul II.
sich nach seiner Wahl zum Papst mit dem Wahlspruch »Habt
keine Angst« mit den Sowjets angelegt hatte – denn es war völlig klar, wer ohne Angst sein sollte, nämlich die drangsalierten
Christen hinter dem Eisernen Vorhang –, so tat dies jetzt umgekehrt Franziskus mit der anderen Supermacht, den USA.

Es war aber weniger die Attacke gegen Donald Trump, die in
den USA für Ärger sorgte, sondern maßgeblich Franziskus' immer wieder vorgetragene fundamentale Kritik am Kapitalismus.
Für die konservativen Katholiken in den USA ist jeder Zweifel
an der Richtigkeit des kapitalistischen Systems ein Frevel. Papst
Franziskus lässt in diesem Punkt aber nie locker. Er fordert
einen Kapitalismus, der niemanden im Jahr 2019 ausschließen
dürfe – daraus entstand schließlich das Forum »Capitalismo in-
clusivo«. Er lehnt einen Kapitalismus, der »Menschen benutzt
und wegwirft«, ab und hält diesem immer wieder vor, »das Fal-
sche zu produzieren«. Das Wirtschaftswachstum in den entwi-
ckelten Ländern solle zugunsten der ärmeren Länder gedrosselt
werden.

All das führte dazu, dass der Eindruck entstand, wie er es
auf dem Flug nach Mosambik selbst formulierte: »Sie sagen, der
Papst ist ein Kommunist. Ich fühle mich geehrt, wenn die Amerikaner mich kritisieren.« Es ist wohl dieser Nährboden, nämlich die antikapitalistische Haltung des Papstes und seine Kritik an der US-Politik, die immer mehr US-Bürger dazu bringt,
Kräfte zu finanzieren, die Papst Franziskus destabilisieren
wollen.

Einmal habe ich auf eindrucksvolle Weise erlebt, was in diesen sehr konservativen US-amerikanischen Katholiken vorgeht.
Nach einem Talkshow-Auftritt verbrachte ich den Abend in

einer Hotelbar in der Nähe des Frankfurter Flughafens, um am nächsten Tag nach Rom zurückzufliegen. Gerade lief im Fernseher in der Bar eine Aufzeichnung dieser Talkshow. Plötzlich stand ein sehr großer, sehr weißer Amerikaner vor mir und sagte, auf den Bildschirm deutend: »Das sind doch Sie, oder?«

Der Mann sprach gut Deutsch, mit unverkennbar amerikanischem Akzent.

»Ja«, antwortete ich.

»Sie verteidigen da in der Sendung Papst Franziskus, Sie loben ihn die ganze Zeit. Sie sollten sich schämen. Dieser Papst macht die katholische Kirche kaputt.«

Plötzlich standen zwei weitere Amerikaner vor mir und erklärten mir, dass ich völlig falschläge, was diesen Papst angeht. Sie rieten mir, mich endlich mal vernünftig zu informieren und das zu lesen, was konservative US-Katholiken, wie John Henry Westen oder der ehemalige Trump-Berater Steve Bannon, schrieben. Ich wusste, dass Bannon sich mit dem italienischen Exinnenminister und Rechtsaußen Matteo Salvini getroffen hatte. Bannon soll Salvini geraten haben, den Papst wegen seiner Willkommenskultur in Bezug auf Menschen in Not zu attackieren. Bannon soll in einem ehemaligen Kloster bei Rom ein Zentrum aufgebaut haben, um katholische Laien und Priester im Kampf gegen den Papst zu vereinen.

Die drei Amerikaner setzten sich dann einfach, ohne lange zu fragen, an meinen Tisch, um mich weiter über ihre Ansichten aufzuklären. Ihr Wortführer, der als Erster an meinen Tisch gekommen war, erklärte mir: »Sehen Sie, es ist doch so. Wir sind hart arbeitende Katholiken aus den USA. Wir versuchen, ein ordentliches Leben zu führen. Wir zahlen Steuern, weil wir für unsere Arbeit im kapitalistischen System ordentlich bezahlt werden. Wir schicken unsere Kinder in katholische Schulen und an katholische Universitäten, weil der Kapitalismus dafür sorgt, dass wir sie uns leisten können. Wir führen eine anständige Ehe und versuchen, die Kirche zu unterstützen, wo immer es geht, weil wer hart arbeitet im kapitalistischen Amerika, auch spenden kann. Aber der Papst, spricht er je über uns? Nein. Er tut es nicht. Er quatscht ständig über Arme und Immigranten, als bestünde die ganze Kirche nur aus Armen und Immigranten und wäre auch nur für sie da. Warum spricht er nicht einfach über uns ganz normale Katholiken? Wir betteln niemanden an, wir gehen arbeiten. Wenn unser Haus einstürzt, heulen wir nicht, sondern bauen ein neues. Wir halten die Kirchen sauber und zahlen für die Priester. Warum zählen wir für den Papst nicht?«

Ein anderer der drei sagte jetzt: »Weil wir für diesen Papst nicht zählen, steht meine Brieftasche offen für die Antiabtreibungsleute und die anderen, die wollen, dass dieser Papst verschwindet.«

Mir waren die drei Herren damals nicht sonderlich sympathisch, aber ich muss sagen, dass ich ihren Standpunkt irgendwie verstehen konnte. Ich bin ihnen auf gewisse Weise sogar dankbar, weil ich mir jetzt die Menschen, die den Papst stürzen wollen, und ihre Beweggründe besser vorstellen kann.

Dass es solche Lobbys gab, war unübersehbar geworden. Dabei hatte es der Papst mit einer völlig neuen Art der Attacke zu tun. Journalisten meiner Generation, die seit dem Ende der 8oer-Jahre im Vatikan arbeiteten, hatten es noch sehr einfach: Im Vatikan waren ein paar Dutzend Journalisten akkreditiert, deren Zahl sich auch danach richtete, wie groß das Land war, aus dem sie kamen. Die größte Gruppe der Journalisten waren die Italiener, gefolgt von den Amerikanern, den Deutschen, den Franzosen und den Spaniern. So konnte man bequem an einem Abend bei einer Zeremonie oder Veranstaltung alle maßgeblichen Vatikan-Journalisten kennenlernen. Doch das Internet hat die Art der Berichterstattung revolutioniert. Um aus dem Vatikan berichten zu können, waren keine teuren Fernsehkameras und Übertragungswagen, keine Armee von Mitarbeitern mehr nötig. Das schaffte nun ein Kollege oder eine Kollegin mit dem Smartphone ganz allein. Die Folge war, dass sich bald Hunderte von Journalisten rund um den Vatikan herumtrieben, die für alle möglichen Lobbys arbeiteten. Der Papst bekam es also mit einer völlig neuen Art der Berichterstattung und auch der medialen Attacke zu tun.

Das Besondere an dieser Situation war auch, dass die Vatikan-Journalisten meiner Generation, ohne es zu wollen, Experten in Sachen Attacken gegen den Papst geworden waren. Unsere Vorgänger haben noch die Kampagnen vor allem der sozialistischen und der kommunistischen Tageszeitungen gegen die Päpste Johannes XXIII., Paul VI. und Johannes Paul I. erlebt. Und bis zum Jahr 1989 wurden wir zudem Zeugen einer ganz anderen Form von Angriffen auf den damaligen Papst Johannes Paul II., nicht durch Fernsehsender oder Zeitungen, sondern durch die Staaten des Ostblocks und ihrer Geheimdienste und Polizeiorganisationen. Seitdem der sowjetische Staatschef Leonid Breschnew 1978 unmittelbar nach der Wahl von Papst Johannes Paul II. erklärt hatte, dass der Papst sein Heimatland Polen nicht betreten dürfe, waren die Fronten klar. Der Sowjetblock würde vielleicht gar versuchen, den Papst zu töten.

Der kalte Krieg gegen Johannes Paul II. war für uns alles andere als theoretisch, sondern äußerst konkret. Mein langjähriger Freund, der Russe Alexej Bukalow, gehörte lange zu der Seite, die dem Vatikan nicht wohlgesonnen war. Er galt als Legende unter uns Vatikan-Journalisten. Mitten während der Belagerung durch die Deutschen in Leningrad geboren, stieg er in der Sowjetunion zum Sekretär Nikita Chruschtschows auf und war auch bei dem legendären Treffen zwischen diesem und John F. Kennedy 1961 in Wien dabei. Die Welt stand damals am Abgrund eines Atomkriegs. Ich erinnere mich noch, wie er mit seiner sanften, ruhigen Stimme sagte: »Chruschtschow war ein Bauer, ein einfacher Mann. Er hatte sich einen einfachen Satz überlegt, den er zu Kennedy sagen wollte: ›Sie sind ein junger Mann. Wir haben beide im Krieg so viele junge Männer verloren.‹ Kennedy antwortete darauf: ›Ich bin kein junger Mann. Ich bin der Präsident der Vereinigten Staaten von Amerika.‹ Ab dem Moment war klar, dass das kein einfaches Gespräch sein würde.« Als sich sein Bruder, ein genialer Wissenschaftler, in die USA absetzte, lernte Alexej die unangenehme Seite des Sowjetimperiums kennen. Er landete im Gefängnis, wurde degradiert, bis er den Abschiebe-Job als Korrespondent im Vatikan bekam. Wir sprachen oft darüber, wie die Sowjets versuchten, Karol Wojtyła zu behindern.

Doch Papst Franziskus hatte jetzt mit einer völlig neuen Art der Herausforderung zu tun, weil diese Journalistengeneration den vermutlich rasantesten technischen Wandel in unserem Beruf erlebt hatte. Mein Freund Alexej hatte noch das Funkalphabet gelernt, wie es beim Übermitteln von Nachrichten bei einem Fronteinsatz im Krieg nötig war. Er hatte noch gelernt, dass die US-Soldaten im Vietnamkrieg in die schlecht funktionierenden Funkgeräte »Victor Charlie« schrien, was »Vietcong« bedeutete, Feindberührung mit dem Vietcong.

Wir hatten zwar keinen Krieg erlebt, aber dennoch Verluste zu beklagen. Ein kompletter Berufszweig war verschwunden: die Fotografen im päpstlichen Gefolge. Zahlreiche Kollegen, die erfolgreiche Fotoreporter gewesen waren, mussten sich mit Arbeitslosigkeit herumschlagen, suchten verzweifelt neue Beschäftigung. Es war ausgerechnet die Berufsgruppe, die mit den Päpsten über Jahrzehnte den direktesten Kontakt gehabt hatte. Journalisten konnten im schlimmsten Fall auch von einem Pressezentrum aus über eine päpstliche Rede schreiben, aber Fotografen mussten nun einmal vor Ort sein. Sie waren immer da, wo auch der Papst war. Karol Wojtyła schaffte es auch dank dieser Frauen und Männer auf die Titelseiten der Zeitungen der Welt. Die Fotos von seinen 104 Auslandsreisen verschafften der Welt ganz neue Sichtweisen auf den Papst. Pius XII. mit einem Koalabär auf dem Arm wäre undenkbar gewesen, Karol Wojtyła machte es möglich. Johannes Paul II. wusste, dass Bilder wichtiger sein konnten als Worte, und er wusste auch, dass Gesten eines Papstes nur dann Sinn ergaben, wenn Fotografen dabei waren, die Bilder dieser Gesten um die ganze Welt schicken konnten. Seine Geste an der Klagemauer in Jerusalem, als er die Juden um Vergebung bat für das, was die Christen ihnen angetan hatten, lichteten die Fotografen ebenso ab wie das erste Gebet eines Papstes in einer Synagoge und in einer Moschee.

Nach der Wahl von Papst Benedikt XVI. schien der Vatikan, was die weltweite Medienpräsenz anging, eine Pause einzulegen, doch 2013 ließ Benedikt die Bombe platzen und trat zurück – und wieder einmal überfluteten die Fotos eines Papstes die Titelseiten der Tageszeitungen der Welt. Einige der Fotografenkollegen waren legendär: Mein Freund Gregorio Galazka hatte das Foto geschossen, das als Vorlage für das Bild zur Heiligsprechung von Johannes Paul II. gedient hatte. Und ein anderer Freund, Arturo Mari, hatte das Jahrhundertfoto des zusammengebrochenen Papstes nach dem Attentat am 13. Mai 1981 auf dem Petersplatz gemacht.

Doch die Zeit arbeitete gegen diese alten Haudegen, die ihre schwere Ausrüstung in Eastpak-Rucksäcke zwängten und dem Papst durch die ganze Welt hinterherhetzten. Sie hatten ganze Hotelflure in mobile Fotolabors umfunktioniert. Alle Türen standen auf, überall drehten sich die Trommeln der Übertragungsmaschinen, die so groß wie kleine Spülmaschinen waren. In manchen Ländern mit schlechten Telefonleitungen waren sie stundenlang in Betrieb, um ein einziges Foto des Papstes aus Kinshasa oder Belo Horizonte nach Rom zu übertragen. Sie hatten immer ganze Pakete voller Nudeln und Konserven mit Tomatensoße dabei, denn wenn sie spät in der Nacht mit der Übertragung der Bilder fertig waren, hatten die Hotelrestaurants schon geschlossen. Dann bestach man einfach die Zimmermädchen, um sich die Küche aufschließen zu lassen, und das Pressekorps des Papstes kochte sich nachts Pasta. Mehr als einmal habe ich an diesen nächtlichen Gelagen teilgenommen.

Ich erinnere mich noch gut daran, wann der erste Blogger im päpstlichen Gefolge auftauchte. Es war am 19. April 2008 beim

Gebet in der St. Patrick's Cathedral während des Besuchs von Papst Benedikt XVI. in New York. Wir warteten gespannt auf den Nachmittag, weil eine Peinlichkeit bevorstand, die ihresgleichen suchte. Der Kardinalstaatssekretär Tarcisio Bertone sollte in der Kathedrale in New York eine Ansprache halten. An diesem Tag sollte ihn einholen, was schon bei seiner Ernennung für Heiterkeit gesorgt hatte: Der Chefdiplomat des Vatikans konnte kein Englisch. Selbst wenn er alles vom Blatt ablas, klang das so holprig wie die erste Englischstunde in der Grundschule. Es kam genau wie erwartet. Die englischsprachigen Medien konnten ihre Belustigung darüber nicht verbergen, dass der angeblich effizientesten Diplomatie der Welt ausgerechnet ein Mann vorstand, der die Weltsprache Englisch nicht beherrschte. In den Kirchenbänken, die damals für die Vatikan-Delegation reserviert worden waren, hatte ein junger Mann gesessen, den ich noch nie gesehen hatte und der wie verrückt Texte in seinen Laptop hackte.

Ich setzte mich zu ihm und fragte ihn, für wen er arbeite. Ich erwartete eine Antwort, wie ich sie bis zu diesem Zeitpunkt fast immer bekommen hatte, nämlich den Namen einer renommierten Zeitung oder Zeitschrift, eines Fernsehsenders oder einer Radiostation. Stattdessen sagte er: »Ich bin Blogger.«

Ich fragte ihn: »Und für wen betreiben Sie den Blog?«

»Na, für mich und für alle«, antwortete er.

Ab dem Tag wurde mir klar, dass eine neue Epoche in der Welt der Information begonnen hatte. Papst Benedikt XVI. war der erste Papst in der Geschichte, der vom Tag seiner Wahl an mit dem Internet leben musste. Er musste damit leben, was zu Beginn des Pontifikats seines Vorgängers Johannes Paul II. noch undenkbar gewesen wäre, dass alle möglichen Menschen auf selbst erstellten Internetseiten in Blogs ihre Meinung zu jedem beliebigen Thema auf der ganzen Welt verbreiten konnten.

Zunächst erschien mir das als eine zutiefst demokratische Veränderung. In diesem Zusammenhang kommt mir der ehemalige RAI-Korrespondent im Vatikan, der inzwischen verstorbene

Kollege Giuseppe De Carli, in den Sinn, ein notorisch schlecht gelaunter Mann. Wenn ich ehrlich bin, habe ich nie einen so mürrischen Mann kennengelernt wie De Carli, und ich glaube auch herausbekommen zu haben, warum er so miesepetrig daherkam. Sein Problem war, dass er als erster Vatikan-Korrespondent in der Geschichte der RAI über einen Papst berichten musste, der kein Italiener war. Wenn Johannes Paul II. Polnisch oder Benedikt XVI. Deutsch sprach, war das für die schreibenden Kollegen kein Problem, weil sie einfach übersetzten, was der Papst gesagt hatte. Aber dem italienischen TV-Publikum war ein polnisch oder ein deutsch sprechender Papst, der in Untertiteln übersetzt werden musste, nicht zuzumuten. Der Papst musste auf Italienisch antworten, sonst bekam De Carli Ärger. Also unternahm der Kollege alles, um dafür zu sorgen, dass der Pressechef oder der Sekretär des Papstes ihm gewogen war und dafür sorgte, dass der Papst auf Italienisch antwortete, selbst wenn ein anderer Kollege darum bat, dass er in seiner Muttersprache antworten sollte. Den Papst in die Pfanne zu hauen wäre De Carli wie allen von uns damals nie in den Sinn gekommen, dazu stand zu viel auf dem Spiel.

Doch das ist jetzt anders. Die Blogger können auf die Gunst des Vatikans verzichten. Sie bedienen sich einfach aus der Fülle des Materials, das über den Papst zur Verfügung steht, und befeuern damit ihre Internetkanäle. Persönlich haben sie mit dem Vatikan nichts mehr zu tun, häufig leben sie gar nicht in Rom oder in Italien, ja, nicht einmal in Europa.

Während eines Abendessens in Trastevere sprach mich ein Priester, der für die Kommunikationsabteilung des Vatikans arbeitete, zum ersten Mal auf das neue Problem an: »Von jetzt ab, unter diesem Papst Franziskus, wird die Beschaffung von Informationen über den Papst eine ganz andere sein«, sagte er.

»Wieso das denn?«, fragte ich. »Es hat sich doch gar nichts geändert. Auch Papst Benedikt XVI. musste sich schon mit dem Internet herumschlagen, mit Bloggern und Influencern.«

Er sah mich an wie ein Kind, das in der Schule nicht aufgepasst hatte.

»Dir ist offenbar nicht klar, dass sich alles verändert hat. Natürlich musste auch schon Benedikt XVI. mit Bloggern leben. Aber mit Papst Franziskus ist das alles ganz anders.«

»Was willst du damit sagen?«, fragte ich.

»Ich will damit sagen, dass es Blogs gibt, die den Papst fertigmachen wollen. Die haben zwar auch schon unter Benedikt XVI. existiert, aber heute ist das ganz anders. Die Informationen der Blogger, die sie einsetzen, um den Papst zu attackieren, kommen jetzt aus dem Vatikan. Zum ersten Mal ist es den Männern im Staat des Papstes möglich, Informationen über das Internet anonym zu verbreiten, die Blogger aufgreifen können, um den Papst anzugreifen. Alle Affären der vergangenen Zeit gingen auf Informationen zurück, die aus dem Vatikan kamen.«

Er hatte recht, und zum ersten Mal wurde mir die unheimliche Macht der Lobbys im Vatikan wirklich klar. Als ich an diesem Abend nach Hause ging, wurde mir bewusst, dass ich keine Ahnung hatte, wie die Lobbys ihren Einfluss ausbauten. Ich beschloss zu versuchen, es in Erfahrung zu bringen. Ich kannte jemanden, der wusste, wie man das vor zwei Jahrzehnten gemacht hat, und möglicherweise konnte er mir einen Tipp geben. Er ist sehr scheu, er hasst Besucher, aber ich hatte einen guten Vorwand, um ihn aufzusuchen in jenem Sommer 2015.

Das Gebäude, in dem er lebt, liegt etwa 30 Kilometer nördlich von Rom. Es ist ein gruseliger und gleichzeitig faszinierender Ort, weil die Zeit dort eingefroren scheint. Das etwas heruntergekommene Betongebäude liegt ein wenig abseits der Straße und wurde in der Zeit des Kalten Kriegs als Unterschlupf genutzt. Ich war zum ersten Mal hier, als ich einen Film über den Vatikan im Kalten Krieg vorbereitete, und damals hatte ich auch Pater G. kennengelernt.

Sobald man den heruntergekommenen Eingang des Gebäudes betritt, blickt der Besucher in die Augen von Opfern, an die niemand mehr denkt. Da sind die Fotos der Opfer der Schlacht in Baku, als im Januar 1990 die Sowjetarmee 90 Zivilisten umbrachte. Daneben hängen Bilder des ungarischen Kardinals József Mindszenty, den die ungarischen Kommunisten monatelang gefoltert und zu lebenslanger Haft verurteilt hatten. An der Wand gegenüber befindet sich ein vergilbtes Bild des 1948 von den Schergen der Sowjets festgenommenen und gefolterten Bischof Miklós Beresztóczy. Es ist, als ginge man durch ein Horrorkabinett des sowjetisch-kommunistischen Terrors, während in verstaubten Glasvitrinen Bilder des Siegers im Kampf gegen die Sowjets zu sehen sind: Papst Johannes Paul II.

Ich fand Pater G. in einem verwahrlosten Lesesaal, zwischen zerborstenen Stühlen und zerfledderten Büchern. Er sah mich mit dem gewohnt misstrauischen Blick des Mannes an, dessen Aufgabe es gewesen war herauszufinden, wer welchen Priester wo am schlimmsten gefoltert hatte. Er hatte zur Schattenarmee des Karol Wojtyła gehört, die es eigentlich gar nicht gab. Männer, die versuchten, Priestern hinter dem Eisernen Vorhang zu helfen.

»Ich dachte, ich komme mal wieder vorbei, um mit dir anzustoßen.«

Jetzt lächelte er.

»Ich habe nichts mehr, womit wir anstoßen könnten«, entschuldigte er sich. »Sie bringen mir manchmal diesen Olevano-Romano-Rotwein, aber der schmeckt so scheußlich, dass ich ihn dir nicht anbieten kann.«

»Macht nichts«, sagte ich, und wir begannen, von alten Zeiten zu reden, damals, als die unscheinbare kleine Kirche des heiligen Stanisław an der Piazza Argentina in Rom, die Nationalkirche der Polen, einer der wichtigsten Umschlagplätze für Informationen aus dem Sowjetreich war. Wie der Zufall es wollte, lag sie nur ein paar Schritte entfernt von der damaligen Zentrale der italienischen Kommunisten.

Nachdem wir eine Weile geplaudert hatten, kam er zum Punkt. »Sag einfach, was du willst. Du bist nicht den weiten Weg gekommen, um nur zu plaudern.«

»Die Lobbys arbeiten immer erfolgreicher gegen Papst Franziskus, und ich frage mich, wie sie das machen.«

Er wandte mir sein altes, hageres Gesicht zu. »Es ist ganz einfach. Es gibt nur eine einzige Methode. Du musst jemanden in den Vatikan einschleusen, einen Priester, der dir für immer sehr, sehr dankbar ist. Du musst ihm irgendetwas geben, sodass er nie vergisst, dass du sein Wohltäter bist. Es reicht nicht, ihm ein Eis zu kaufen.«

»Oder eine Frau oder einen Mann.«

»Das reicht auch nicht. Es muss etwas sein, das sein ganzes Leben betrifft.«

»Und was wäre das?«

Er sah mich nachdenklich an, dann sagte er. »Der Mann, den du suchst, der wirklich große Fisch, wird sich für sehr seltsame Orte in Nordafrika und im Nahen Osten interessieren.«

In den kommenden Monaten versuchte ich zu verstehen, welche Lobbys gezielt gegen den Papst arbeiteten und woher sie ihr Geld bekamen. Ohne großen Erfolg. Es gab eine Anzahl von Internetkanälen und Portalen, die offensichtlich bemüht waren, den Papst in die Pfanne zu hauen, aber ein System konnte ich nicht erkennen und den »großen Fisch«, von dem Pater G. gesprochen hatte, konnte ich auch nicht ausmachen.

Ich gab es irgendwann auf, doch dann half mir wieder einmal das Glück.

Zu den absoluten Pflichtterminen in Rom gehören die Partys der Frauen und Männer, die in Roms Luxushotels an der Rezeption arbeiten. Das hat damit zu tun, dass sich dort in den 90er-Jahren ein relativ verlässliches Kommunikationsnetz etabliert hatte, mit dessen Hilfe sich herausfinden ließ, welcher Prominente in welchem Hotel abgestiegen war. Sportjournalisten hatten das Netz bereits Mitte der 80er-Jahre unter den Portiers und Hotelbesitzern von Rom aufgebaut, als der italienische Fußball einen extravaganten Superstar geschenkt bekam: Diego Armando Maradona, der von 1984 bis 1991 für den SSC Neapel spielte. Maradona setzte unter anderem durch, dass er nicht in den Mannschaftshotels übernachten musste. Er durfte bei Auswärtsspielen Suiten in Luxushotels beziehen. Dieses Netz konnte damals über Karrieren entscheiden. Wer eine Story liefern konnte über Maradonas letzte Eskapaden in seiner römischen Hotelsuite, konnte sich der Bewunderung seines Chefs sicher sein.

Mit der Zuspitzung des Kriegs in Afghanistan in den 80er-Jahren bis zum Abzug der Sowjets 1989 wurde dieses informelle Kommunikationsnetz immer wichtiger. Unterhändler der Kriegsparteien tauchten da in römischen Hotels auf, um sich mit dem abgedankten afghanischen König im Exil, Mohammed Tahir Schah, in Verbindung zu setzen, der in einer Luxusresidenz im Norden der Stadt lebte. Neben den Unterhändlern der verschiedenen Ethnien Afghanistans kamen auch »Berater« der USA in die Stadt. Dabei handelte es sich fast immer um CIA-Agenten, die in den Jahren des Afghanistankriegs enge Beziehungen zu den Mudschahedin, den afghanischen Guerillatruppen zur Befreiung Afghanistans von den Sowjets, aufgebaut hatten. Wer rechtzeitig herausbekam, wer in welchem Hotel abgestiegen war, konnte abends an der Hotelbar mit etwas Glück oft sensationelle Storys in Erfahrung bringen. Ich erinnere mich noch gut daran, wie auch der spätere afghanische Präsident Hamid Karzai in Rom auftauchte. Auch in seinem Fall funktionierte das Netz hervorragend. Ich bekam sehr rasch heraus, dass er im Intercontinental an der Villa Borghese abgestiegen war und in der Hotelhalle gelegentlich mit Journalisten über die Zukunft Afghanistans plauderte.

Den entscheidenden Schub bekam das Netz aber durch die Regierung des später nach Tunesien geflohenen Ministerpräsidenten Bettino Craxi. Sowohl Craxi als auch sein Außenminister

Gianni De Michelis wohnten nicht im Palast des Ministerpräsidenten, sondern in Hotels: Craxi im »Raffael« und De Michelis im »Grand Hotel Plaza«. Täglich versuchten Reporter aus den Portiers Informationen darüber herauszubekommen, wer wen wann wo gesehen hatte. Und als Abdullah Öcalan, der Chef der kurdischen Befreiungsarmee PKK, 1998 auf einen deutschen Haftbefehl einige Wochen in Rom unter Hausarrest gestellt wurde, waren die Dienste der Portiers noch gefragter. Da für die Unterhändler in all diesen Angelegenheiten immer nur das Beste infrage kam, was Rom zu bieten hatte, war die Auswahl der Hotels ohnehin begrenzt.

Das Informationsnetz funktionierte auch deshalb so gut, weil die Hotelportiers oder Hotelbesitzer daran interessiert waren, dass wichtige Leute bei ihnen nächtigten. Das betraf nicht nur die Politik, sondern auch Stars aus der Unterhaltungsbranche. So dauerte es einmal nur wenige Minuten, bis ich wusste, dass Roger Moore im »Hassler« abgestiegen war. Die Eintrittskarte in das Netz bestand darin, dass man einen neuen Hotelportier mitbrachte. Wenn man glaubhaft machen konnte, dass man dem Netz mindestens einen Hotelportier hinzufügen konnte, stieg man zum »Vollmitglied« im Informationsfluss auf.

Auslandskorrespondenten wie ich lernten also früher oder später immer einen Hotelportier kennen. In Rom waren deutschsprachige Hotelportiers begehrt, und irgendwann auf einer Party lernte man auch einen kennen. Ich hatte mich mit einem Portier angefreundet, der in einem Nobelhotel an der Spanischen Treppe arbeitete. Zu seiner Geburtstagsparty zu gehen war ein absolutes Muss.

Die Party war relativ chaotisch. Offensichtlich neigen Menschen, die ihr Arbeitsleben in einem extrem noblen Ambiente verbringen, dazu, es im Privatleben eher leger zugehen zu lassen. Mein Freund wohnte in einer Seitenstraße nicht weit von der Piazza Barberini. Zur Begrüßung hatte er mir dankenswerterweise ein Bier in die Hand gedrückt. Nach einer Weile wollte ich mich in der Küche nach Essbarem umschauen, entdeckte dort aber nur ein paar leere Teller und nahm mir dafür zum Trost noch ein Bier aus dem Kühlschrank. Dabei schnappte ich den Satz eines jungen Mannes auf: »Der Typ war sehr seltsam, er hat irgendwas mit dem Vatikan zu tun und sucht, glaube ich, nach Schätzen.«

Ich blieb stehen und musterte den Mann: »Echt?«, sagte ich. »Ein Typ aus dem Vatikan sucht nach Schätzen?«

Er sah mich mit weit geöffneten Augen an, sichtlich erfreut, dass seine Geschichte Interesse geweckt hatte. Neben ihm stand eine junge Frau, die er offenbar beeindrucken wollte.

»Ich musste ihm eine Liste der Namen von Städten in Nordafrika und dem Nahen Osten aus dem Internet besorgen.«

»Wie viele waren es?«

»Fast zweitausend. Dann wollte er, dass ich den Namen der Stadt Karthago abtippe. Dann habe ich ihm gesagt, dass es diese Stadt gar nicht mehr gibt, dass die Römer sie zerstört haben. Da hat er gelacht und gesagt, dass es die anderen Städte auch nicht mehr gibt.«

Er ließ seine Worte einen Augenblick lang wirken. Dann fuhr er fort: »Und jetzt frage ich euch: Wozu lässt ein Mann, der irgendwas mit dem Vatikan zu tun hat, die Listen untergegangener Städte beschaffen? Meiner Ansicht nach gibt es nur eine Erklärung: Er hat Karten im Vatikan gefunden, auf denen in verlassenen Städten in der Wüste vergrabene Schätze eingezeichnet sind.«

»Wie kommst du darauf, dass der Typ mit dem Vatikan zu tun hat?«, fragte ich.

»Ich muss für ihn öfters Termine in den Büros des Vatikans arrangieren. Das gehört zum Service des Hauses.«

»Wie heißt er?«

Der junge Mann druckste herum. »Das darf ich nicht sagen, aber wenn du mich mal besuchen kommst, zeige ich ihn dir. Er ist zwei, drei Tage die Woche bei uns.«

Ein paar Tage später besuchte ich Pater G. Es dauerte eine Weile, bis ich ihn schließlich im Speisesaal des Gebäudes fand, in dem er hauste. Er saß allein an einem Tisch, über eine alte Zeitschrift gebeugt.

Er sah mich nicht mal an, als ich schon vor ihm stand.

»Hast du ihn?«, fragte er.

»Ich weiß es nicht genau«, antwortete ich.

»Was hat er getan?«

»Er hat sich die Namen von untergegangenen Städten in Nordafrika und dem Nahen Osten beschafft.«

»Wie viele?«

»Etwa zweitausend.«

»Kannst du dich an eine der Städte erinnern?«

»Ja«, sagte ich ihm. »Er nannte Karthago.«

»Dann hast du ihn«, erwiderte er, und jetzt schaute er auf.

»Wie heißt er?«

»Ich weiß es noch nicht. Aber wieso interessiert er sich für untergegangene Städte?«

»Weißt du noch, dass ich dir sagte, du brauchst einen Mann im Inneren des Vatikans, wenn du eine einflussreiche Lobby aufbauen willst. Du brauchst jemanden, der dir auf immer dankbar sein wird. Wäre dir ein Kardinal dankbar?«

»Ich weiß es nicht.«

»Er wäre dir nicht dankbar, denn du kannst ihm nichts geben, was er nicht schon hat: eine schöne Wohnung, Auto, Geld, Angestellte. Also, was musst du tun? Wessen Leben kannst du total verändern?«

»Ich weiß es nicht.«

»Stell dir einfach einen Pater im Vatikan vor. Er muss sein Gehalt an den Orden abtreten, muss um jede Strickjacke, jedes Paar Schuhe betteln. Er lebt in ständiger Angst davor, dass sein Ordensoberer ihn in ein Kloster schickt, wo er sich um alte pflegebedürftige Patres kümmern muss, bis er selber alt und senil wird. Er lebt in einer armseligen Zelle im Vatikan, für die er von seinem spärlichen Taschengeld auch noch Miete zahlen muss. Er kann nicht einmal einen Kumpel zu einem Bier einladen, weil er dazu zu arm ist. Wenn dieser Pater Bischof wird, nicht Bischof in einem normalen Bistum, sondern Titularbischof, also Bischof ehrenhalber in einer Stadt, die es gar nicht mehr gibt, sind mit einem Schlag alle Probleme verschwunden. Die katholische Kirche hat etwa zweitausend Titularbistümer in petto. Wenn du es schaffst, zum Titularbischof ernannt zu werden, bekommst du eine Gratiswohnung, ein ordentliches Gehalt, dein Orden kann dich nicht mehr herumkommandieren, und du bist nur noch dem Papst direkt verantwortlich. Du bist wie in einem wundervollen Traum aus der Gosse plötzlich nach ganz oben katapultiert worden in ein wundervolles, bequemes Leben. Wenn dein Einfluss groß genug ist, den Papst dazu zu bringen, einen kleinen Pater oder simplen Pfarrer zum Titularbischof zu machen, dann wird er dir für immer dankbar sein. Glaub es mir. Der erste Schritt eines jeden Lobbyisten, der einen Vertrauensmann im Vatikan installieren will, wird sein, die Liste der Titularbistümer zu überprüfen. Er muss nämlich wissen, welches Bistum überhaupt noch frei ist und welche schon vergeben wurden.«

Nun hatte ich eine ziemlich genaue Vorstellung von dem, was jetzt passieren würde. Ich würde den Mann wohl in dem Hotel zu sehen bekommen. Ich würde mitbekommen, wie er sich in dem Hotel mit Journalisten, Fernsehproduzenten, Betreibern von Internetportalen treffen würde. Ich würde in Erfahrung bringen, wie er eine Medienmacht aufbaute, die aus allen Rohren auf den Papst feuerte. Aber es kam völlig anders. Es war in der Tat kein Problem, den Mann zu Gesicht zu bekommen. Er kam regelmäßig in das Hotel des jungen Mannes und arbeitete häufig in der Hotelhalle an seinem Laptop. Er erwies sich als ein elegant gekleideter, sehr schlanker, grauhaariger Mann, etwa Mitte fünfzig, dessen Gesicht an das eines Uhus erinnerte. Ich bat den jungen Portier, Augen und Ohren offen zu halten.

Pater G. war davon überzeugt, dass der Uhu eine heikle Operation plante. Einen Ordensmann im Vatikan zu platzieren, dafür zu sorgen, dass er zum Titularbischof ernannt wurde, und ihn so für immer gefügig zu machen – dieser Aufwand lohnte sich nur, wenn man ein sehr finsteres und sehr wichtiges Anliegen hatte. Und ich hatte keinen Zweifel, was das war: Der Uhu wollte eine Quelle im Vatikan installieren, die ihm die geeigneten Informationen aus dem Inneren des Vatikans liefern sollte, um dann mithilfe der Medien Papst Franziskus zu stürzen. Der Uhu musste also Kontakte zu Medien haben oder aufbauen. Doch ich fand absolut nichts dergleichen heraus. Der Uhu traf sich zwar regelmäßig mit Kontaktpersonen im Vatikan, aber mir war vollkommen schleierhaft, warum er dies tat. Nach einigen Wochen war ich überzeugt davon, dass ich auf ein Missverständnis hereingefallen war. Was hatte ich denn konkret in der Hand? Der Mann hatte die Namen der Titularbistümer in Nordafrika und dem Nahen Osten besorgen lassen. Wahrscheinlich gab es eine ganz simple Erklärung. Ich dankte dem jungen Mann an der Rezeption für die wochenlange, aber leider ergebnislose Unterstützung in dieser Sache und ließ es auf sich beruhen.

Es gibt im Vatikan einen ganz einfachen Hinweis darauf, dass irgendjemand Ärger mit dem Papst hat. Das System funktioniert folgendermaßen: Um den Papst bildet sich in den ersten Monaten seines Pontifikats eine Gruppe von engen Freunden, die ihn beraten und unterstützen. Sie haben Zugang zu ihm, wann immer sie wollen. Alle anderen Mitarbeiter – selbst Kardinäle, Bischöfe oder Verwaltungchefs des Vatikans – müssen sich erst einmal auf eine Liste setzen lassen. Diese Besucherliste des Papstes wird täglich veröffentlicht. Da steht dann drauf: Heute Morgen trifft der Papst die Königin des Vereinigten Königreichs, dann Kardinal X und Bischof Y und schließlich den Bankpräsidenten Z. Wenn nun einer der Männer, der sich bisher nie auf eine Besucherliste setzen lassen musste, wenn er zum

Papst gehen wollte, plötzlich auf der Liste steht, ist das ein Anzeichen dafür, dass es heftigen Streit gegeben haben muss.

Die Verbannung auf die Besucherliste ist das Schlimmste,
was jemandem, der bisher immer unbeschränkten Zugang zum
Heiligen Vater hatte, am Hof des Papstes passieren kann. Ein
Kardinal, der mal eben schnell zu seinem Freund, dem Papst,
gehen möchte und deshalb dort anrufen lässt, fürchtet nichts so
sehr wie die Antwort: »Kein Problem, Sie müssen sich auf die
Liste setzen lassen, wir geben Ihnen dann Bescheid, wann Sie
kommen können.« Dann weiß er, dass er die Gunst des Papstes
verloren hat.

So kann also jeder, der einen Blick auf die Besucherliste wirft,
täglich sehen, wer in der Gunst des Papstes aufsteigt und wer
absteigt. Denn das Gegenteil gilt natürlich entsprechend: Wenn
ein Kirchenmann, der sich immer auf die Liste setzen lassen
musste, im Vatikan plötzlich hört, dass das nicht mehr nötig ist,
sondern dass er einfach kommen kann, wann er will, dann weiß
er, dass er im Olymp des Vatikans, also ganz oben angekommen ist.

Genau so etwas war geschehen. Es hatte auf der Liste auffäl-
lige Bewegungen gegeben. Männer, die als hundertprozentige
Vertraute des Papstes galten, landeten plötzlich auf der Liste.
Ich traf einen Kollegen vor dem Pressesaal, und wir gingen auf
einen Kaffee in die Bar »San Pietro«.

»Irgendwas ist los«, meinte er.

»Ja«, sagte ich. »Da fallen gerade ein paar Leute in Ungnade.«

»Ich weiß auch nicht mehr, außer dass es mit den Nonnen zu
tun hat.«

»Die Nonnen? Ausgerechnet die Nonnen?«

»Ja, aber ich habe keine Ahnung, was es genau ist.«

Ich dankte ihm und wusste, was ich zu tun hatte. In den 90er-
Jahren hatte ich eine freundschaftliche Beziehung zu einer Or-
densfrau aufgebaut, die zur Weltvereinigung der Ordensoberinnen gehörte. Ich hatte sie unter relativ dramatischen Umständen

kennengelernt. In Rom tagte während des Pontifikats von Johannes Paul II. eine Kommission, die über die Reform der Frauenorden beraten sollte. Als die Kommission zum ersten Mal zusammentrat, glaubte ich meinen Augen nicht zu trauen: Unter den etwa 30 Kommissionsmitgliedern war keine einzige Frau! Das sah fast so aus, als ob die Herren der Kirche darüber beraten wollten, wie die Nonnen, die sie im Haushalt bedienen mussten, noch effektiver ausgebeutet werden könnten. Ich war offenbar nicht der Einzige, der diesen Eindruck hatte: Eine der Ordensfrauen, die lediglich als Beobachterin zugelassen war, protestierte gegen diese Zusammensetzung, woraufhin einer der Bischöfe der Kommission entgegnete: »Was will diese schreckliche Nonne eigentlich?«

Sie war – ob zur Strafe oder nicht, hat sie mir nie verraten – in ein Kloster in einem winzigen Kaff versetzt worden. Sie hatte lange in Lateinamerika gearbeitet und sich dafür engagiert, die weiblichen Bediensteten in Privathaushalten zu schützen, die von ihren Hausherrinnen gnadenlos ausgebeutet wurden oder denen von den Hausherren Gewalt angetan wurde. Ich hatte mit ihr nach der Wahl von Papst Franziskus telefoniert, und sie war begeistert darüber gewesen. Bereits als Kardinal hatte Jorge Mario Bergoglio heftig gegen die Ausbeutung von Frauen in der Kirche protestiert.

Als ich sie anrief und fragte, ob sie wisse, was los sei, fing sie zu meiner Überraschung an zu lachen. »Es ist nicht nett von mir, schlecht über meine Mitschwestern zu sprechen, aber ich fürchte, sie haben es sich selber eingebrockt, und jetzt zittern sie.«

»Warum zittern sie?«

»Sie wissen nicht, ob der Papst sie schützt.«

»Schützt?«, fragte ich. »Wieso schützt?«

»Ich glaube nicht, dass sie mit dir reden werden, aber schau doch mal im Kloster an der Engelsburg vorbei. Sie treffen sich da gerade, weil der Papst angeblich schon entschieden hat.«

Das Kloster, das sie meinte, ist nicht nur ein Kloster, sondern auch ein sehr exklusives Hotel. Die Ordensfrauen dort haben das Gleiche getan, was auch sehr viele andere Orden in den zurückliegenden Jahren umgesetzt haben: nämlich den nicht genutzten Teil eines Klosters in ein Hotel umzubauen und ehemals karge Zellen der Mönche und Nonnen in luxuriöse Gästezimmer umzuwandeln. Der ständige Rückgang der Zahl der Mitglieder der religiösen Orden brachte es mit sich, dass viel zu wenige Nonnen oder Mönche in vielen Ländern der Welt in viel zu großen Gebäuden lebten, die sie nicht mehr unterhalten konnten. Fast alle diese Gebäude sind aber von enormem Wert, oft denkmalgeschützte Kunstwerke der Architektur im Stil der Renaissance oder des Barocks. Ihre Umwandlung in Hotels erwies sich fast immer als eine Goldgrube, was vielen Orden eine heiß ersehnte Finanzspritze verschaffte. Oft wurden die Klöster von den Orden auch einfach verkauft. Es gibt in Italien zahlreiche Fünf-Sterne-Luxushotels, die ehemalige Klöster sind.

Das Kloster an der Engelsburg, das meine Vertraute meinte, wurde häufig von Ordensoberinnen für Zusammenkünfte genutzt, weil das Hauptquartier der Ordensoberinnen der Welt ganz in der Nähe liegt. Kaum hatte ich den Innenhof betreten, sah ich im Garten, der ansonsten als Parkplatz für die Rollatoren der meistens älteren Gäste des Hotels genutzt wurde, die Äbtissin T. im Gespräch mit ein paar anderen Ordensoberinnen.

Äbtissin T., eine kleine, etwas übergewichtige, aber sehr energische Person, gehört zu den Ordensfrauen, deren Wirken in der katholischen Kirche nur von bescheidenem Erfolg gekrönt wurde. Sie leitete ein Kloster, das unter enormem Mitgliederschwund litt, konnte aber durchsetzen, dass ihr Orden in mehreren besonders armen Ländern Klöster gründete. Sie waren auf den ersten Blick dazu da, der lokalen unterernährten Bevölkerung mit Nahrungsmittel und Bildung für die junge Generation zu helfen. In Wirklichkeit dienten diese Klöster jedoch vor allem dazu, die gravierenden Personallücken im Orden aufzufüllen und gefügige Nonnen anzuwerben, die als Pflegekräfte arbeiten sollten. Fast alle Orden leiden unter dem Problem der Überalterung. Weil die Orden aber so gut wie keine Sozialversicherungen zahlen und die Nonnen keine Rente bekommen, müssen die Klöster für die Pflege der älteren Mitglieder alleine aufkommen.

Das war jahrhundertelang kein Problem, weil immer jüngere Nonnen nachkamen, die die älteren pflegten. Doch nun, da in Europa kaum mehr eine Frau Nonne werden möchte, ist dieses System zusammengebrochen, und die Orden suchen neue Mitglieder in den armen Ländern Afrikas, Asiens und Südamerikas. Der Deal funktionierte dann häufig so: Wenn eine Familie eine Tochter in den Orden eintreten lässt, kümmert sich der Orden um den Rest der Familie. Der Vater wird dann oft als Hausmeister angestellt, Brüder oder Schwestern in Küche oder Verwaltung.

Äbtissin T. mag mich nicht, und kaum, dass sie mich kommen sah, stand sie auf und gab einer Ordensschwester lautstark die Anweisung: »Schicken Sie den Herrn weg. Es ist keinerlei Mitteilung an die Presse vorgesehen.«

»Ich möchte mich mit einem Gast des Hotels treffen«, sagte ich.

Sie sah mich verdutzt an. Natürlich glaubte sie mir nicht und überlegte, was zu tun sei. Derweil rettete ich mich in die Hotelhalle. Im Frühstücksraum durfte man sich Wasser nehmen und einen Kaffee einschenken, und ich setzte mich hin und überlegte, wie ich weiter vorgehen sollte. Plötzlich schreckte ich hoch: Der Uhu kam zur Tür herein, schaute sich kurz um und setzte sich dann ebenfalls. Er war sich wohl nicht ganz sicher, ob wir uns kannten, aber er nickte mir doch unverbindlich zu.

Was wollte er hier?, fragte ich mich. War er wegen mir gekommen? Wollte er mich zur Rede stellen? Würde er gleich aufstehen, zu mir rüberkommen und mich fragen: Wieso schnüffeln Sie hinter mir her? Ich war wie gelähmt, bis ich in der Halle Schwester Brigitta sah. Sie gehört zu meiner »Petrusgrab-Gruppe«.

Ich bringe regelmäßig Gäste aus Deutschland zum Petrusgrab in der Peterskirche. Die Tickets müssen im Voraus bezahlt werden und können nicht rückerstattet werden. Relativ häufig erfahre ich, dass am nächsten Tag Gäste, die bezahlt haben, nicht zur Führung kommen werden. Dann informiere ich Leute wie Schwester Brigitta, die dann oft Schüler schicken, die gratis an der Führung teilnehmen können. Als sie mich sah, lächelte sie mir zu, und ich ging zu ihr in die Eingangshalle.

»Was machst du denn hier?«, fragte sie.

»Ich habe gehört, dass heute was passieren wird.«

»Allerdings wird es das.«

»Und was?«

»Der Papst soll heute eine Entscheidung treffen, was mit den Gästehäusern der Klöster geschehen soll.«

»Und wieso ist das so wichtig?«

»Das ist sehr wichtig. Viele Klöster haben Teile ihrer Gebäude in Hotels umgebaut. Bisher gelten sie als Gästehäuser der Klöster, und damit fallen weder Steuern noch Abgaben an.«

»Und jetzt?«

»Jetzt wollen die Städte und der Staat Abgaben haben, weil diese Hotels nicht mehr Klöster, sondern Wirtschaftsunternehmen seien. Dann müssten die Orden zahlen, viele Millionen Euro nachzahlen. Aber der Papst muss entscheiden, denn die Gebäude stehen meist auf vatikanischem Gebiet. Die Frage ist: Schützt der Papst die Nonnen oder nicht, selbst wenn diese Geschäfte an der Steuer vorbeigemogelt werden.«

»Sag mal, kennst du den Typen, der da im Frühstücksraum sitzt?«, flüsterte ich.

»Klar«, flüsterte Schwester B. zurück. »Den kennt hier jeder.«

»Hätte der einen Grund, im Vatikan Lobbyinteressen durchzusetzen, Leute seines Vertrauens zu installieren? Könntest du dir vorstellen, dass er versucht, Titularbischofssitze für einen Vertrauensmann zu beschaffen, um Einfluss im Vatikan zu bekommen?«

»Da bin ich mir absolut sicher. Er arbeitet für einen Bauunternehmer, der Klöster in Hotels umbaut. Solange die Klöster keine Steuern zahlen, ist das ein unglaubliches Geschäft. Wenn er Druck im Vatikan über einen Vertrauten machen könnte, den er durch Tricks zum Titularbischof macht, dann wäre das eine Goldgrube.«

Papst Franziskus erklärte im Herbst 2015, dass Orden, die Zimmer wie in einem Hotel vermieten, Steuern und Abgaben zahlen müssen. Allein die Stadt Rom hat nach Angaben der Tageszeitung *Il Tempo* einen Anspruch auf 20 Millionen Euro nicht bezahlter Steuern und Abgaben von Klöstern. Da im Vatikan der Verdacht aufkam, dass Lobbys den Umbau von Klöstern in Hotels unterstützten, erklärte der Papst, dass Orden ihre Gebäude nicht verkaufen dürfen, damit sie in Luxushotels umgewandelt werden. Zunächst müsse geprüft werden, ob die Gebäude für die Aufnahme von Flüchtlingen geeignet seien.

XXXV

Franziskus in Zeiten von Corona

Rom, Petersplatz, 27. März 2020, 18 Uhr. Papst Franziskus zeigt der ganzen Welt, dass er durchaus das beherrscht, was ihm im Vatikan alle absprechen: die Stärke der langen Tradition der Kirche zu zeigen. Ganz allein schreitet der Papst durch den Regen auf den Petersdom zu. Die Welt leidet unter dem Corona-Lockdown, und am schlimmsten tobt das Virus zu diesem Zeitpunkt in Italien. In den Kliniken der Lombardei sterben täglich Hunderte Menschen qualvoll an durch COVID-19 verursachte Atemnot. Franziskus wirkt an diesem Abend auf dem riesigen Platz wie eine Ikone aus einer anderen Zeit. Er macht der Welt an diesem Abend etwas begreiflich, was sie ohne diese jahrtausendealte Kirche nicht begreifen kann: die historische Dimension dieser Pandemie.

Seitdem der heiliggesprochene Papst Viktor I. um das Jahr 200 das Osterfest einheitlich auf den Sonntag nach dem jüdischen Pessachfest festzulegen versuchte, versammelten sich die Gläubigen um den Papst. Nicht einmal Kriege, Völkerwanderungen oder Pestepidemien konnten das verhindern. Selbst Papst Johannes XII. soll im Jahr 964 noch rasch das Osterfest gefeiert haben, bevor er vor Kaiser Otto I. aus Rom floh. Laut dem Geschichtsschreiber Liutprand von Cremona hat sich der 26-jährige verheiratete Papst kurz darauf jedoch bei einem seiner zahllosen Ehebrüche derart verausgabt, dass er an einem Schlaganfall starb.

Aber nicht einmal er hatte gewagt, was Papst Franziskus nun der Christenheit zumutet: das erste Osterfest eines Bischofs von Rom unter Ausschluss der Gläubigen zu feiern.

Der wohl modernste Papst, den die katholische Kirche seit Langem hat, zelebrierte einen Ritus der Kirche, der weit zurückgeht in der Geschichte. Papst Franziskus hatte darum gebeten, dass in Zeiten der Corona-Pandemie das sogenannte Pestkreuz, ein Holzkruzifix aus dem 13. Jahrhundert, in den Vatikan gebracht werde. Dieses Kruzifix gehört zu den vielen religiösen Schätzen der Stadt Rom. Es hängt in einer Kirche, die ausgerechnet mitten auf einer Shopping-Meile, der Via del Corso, liegt. Das gibt es nur in der Ewigen Stadt, dass sich eingequetscht zwischen Einkaufstempeln eine Kirche mit einem Kreuz befindet, das Päpste bei Pestprozessionen trugen. Dieses sogenannte Kreuz des heiligen Marcellus wurde in Rom das letzte Mal 1522 vom 4. bis 20. August durch die Stadt Rom getragen, als die Pest in der Stadt wütete. Nach den Prozessionen mit diesem Kreuz soll die Zahl der Pestinfektionen drastisch zurückgegangen sein.

Das unschätzbar wertvolle Holzkreuz, das dem Staat Italien gehört, wurde an diesem Abend ohne jeden Schutz im strömenden Regen auf dem Petersplatz ausgestellt. Das Holz des Kreuzes explodierte regelrecht nach rund 500 Jahren in völliger Trockenheit. Die Farbe blätterte ab, während der Papst vor dem Kruzifix betete. Als die Kirchenmänner im Vatikan das sahen, hielten sie den Atem an, erstens weil ihnen bewusst wurde, dass sie gerade ein wertvolles Kunstwerk zerstörten, und zweitens, weil es fast so schien, als würde der Christus aus Holz an dem Kreuz mitleiden mit den vom Virus gepeinigten Menschen. Anschließend vollzog Papst Franziskus einen der ältesten Riten der Christenheit: einen außerordentlichen Segen *Urbi et orbi*. Welch ungeheure historische Dimension dieser Segen hat, lässt sich schon an seinem Namen erkennen, der noch aus der römischen Antike stammt. Die Römer kannten die Namen vieler Städte, aber nur eine hieß einfach »Stadt«, *urbs*. Die Stadt gab es nur einmal, und das war Rom. *Urbi et orbi* heißt also nichts anderes als »für die Stadt Rom und den Rest der Welt«.

Nie zuvor hatte ein Papst diesen Segen vom Eingang der Peterskirche aus gespendet. Die Fernsehbilder dieser Szene liefen selbst in Ländern, die mit der katholischen Kirche nichts zu tun haben. Sie zeigten etwas absolut Einzigartiges und Übersinnliches: dass der Papst in Rom nun eine wirksame Hilfe Gottes aus dem Himmel gegen das Virus erwartete.

Die weltweite Wirkung dieses Gebets vor der Peterskirche übertraf alle Erwartungen des Vatikans. Die ausdrucksstarken Bilder des einsamen Papstes im Regen, der sich an Gott wendet, hatten die Welt bewegt. Die konservativen Gruppen innerhalb der Kirche atmeten auf. Endlich einmal hatte sich der Papst in einer spektakulären Aktion an Gott gewandt und sich nicht für irdische sozialrevolutionäre Dinge wie gerechte Löhne engagiert. Statt Virologen hatte er Gott um Hilfe gebeten. Die ultrakonservativen Gruppen stellten daraufhin fest, dass nach dem Gebet des Papstes die Zahl der Corona-Infektionen in Italien zurückgegangen sei, was auch stimmte. In Deutschland hingegen war das nicht so, was die Ultrakonservativen darauf zurückführten, dass die TV-Übertragung des Papstgebets vor dem Segen *Urbi et orbi* abgebrochen worden sei. Ich fragte mich: Hält Gott sich an Fernsehprogramme?

Papst Franziskus hatte sich in eine äußerst gefährliche Situation manövriert, genau zwischen Vernunft und Glauben. Die konservativen Gruppen sahen in dem päpstlichen Segen vor der Peterskirche als Anzeichen dafür, dass der Papst endlich verstanden hatte, worum es ging. Sie sahen nur einen Ausweg aus der Pandemie: eine eindeutige Hinwendung der Kirche zu Gott, um ihn um Hilfe gegen die Krankheit anzuflehen. Dagegen hatte der Papst prinzipiell nichts einzuwenden, aber er wollte auf keinen Fall Sonderrechte für die Kirche. Wenn die Regeln zur Eindämmung der Pandemie bedeuteten, dass Versammlungen wie Gottesdienste zu unterbleiben hätten, dann war er auf der Seite der Vernunft. Doch genau das empfanden die konservativen Gruppen als Hochverrat, als Sakrileg, als Verachtung Gottes. Für sie war der Fall völlig klar: Wer aus Angst vor der Pandemie Gottesdienste in Kirchen verbot, der glaubte in Wirklichkeit gar nicht an Gott und seine heilenden Kräfte, die schon Lazarus aus dem Grab geholt hatten.

Doch Franziskus blieb hart. Nach dem spektakulären ersten Ostergottesdienst zwei Wochen später im Petersdom, an dem nur zwölf Gläubige teilnehmen durften, sagte der Papst alle Messen ab. Die Gottesdienste sollten gestreamt werden. Kaum hatte der Papst das bekannt gegeben, begann überall im Vatikan das große Tuscheln, die typische versteckte Opposition gegen den Papst. Der Grund für die Revolte war simpel und leicht nachvollziehbar. Natürlich konnten Staaten der Kirche überall auf der Welt Gottesdienste verbieten, um die Verbreitung von COVID-19 zu verhindern. Aber niemand konnte dem Papst in seinem eigenen Staat verbieten, die Messe zu lesen. Auch aus der Sicht der Gesundheitsämter sprach eigentlich nichts dagegen, denn die Peterskirche umfasst eine Fläche von 20 000 Quadratmetern, das sind zwei Hektar. In einer so großen Kirche den gebotenen Abstand zu wahren sollte kein Problem sein. Wenn man den Petersplatz dazurechnet, dann kann die Kirche auf insgesamt über 32 000 Quadratmetern ohne Weiteres Tausende Gläubige unterbringen, die immer noch reichlich Abstand zueinander halten können.

Doch der Papst weigerte sich. Keine Extrawurst für die Kirche. Das sorgte weltweit für Empörung in konservativen Kreisen. Aus ihrer Sicht glaubte der Papst eher an Heilung durch Maßnahmen der Ärzte und Virologen als an Erlösung davon durch Gott. Als Reaktion darauf sollten weltweit illegale Gottesdienste organisiert werden. Über das Internet verbreiteten Gläubige Informationen über Termine und Orte, an denen Priester im Geheimen trotz des Verbots Gottesdienste lasen und die Beichte abnahmen. Die Situation wurde immer absurder, es schien, als wäre die Kirche wieder in die Zeit des Kalten Kriegs geraten. Die Uhrzeiten, zu denen Messen stattfanden, und die Namen der Kirchen, in denen sie gelesen wurden, wurden wie Geheimbotschaften weitergereicht.

Wenige Tage nach Ostern rief mich Carlos an.

»Hast du gehört, es tut sich was.«

»Was denn?«, fragte ich.

»Eine Art Verschwörung gegen den Papst.«

»Es gibt jede Menge Verschwörungen gegen den Papst.«

»Ja, aber diese ist neu. Meine konservativen Freunde sind sauer, weil Franziskus keine Gottesdienste zulässt.«

»Ich weiß, und jetzt?«

»Einige Leute im Vatikan behaupten, dass es Leute gebe, die wissen, wer hinter der Revolte gegen den Papst stecken könnte.«

»Und wer soll das sein?«

»Es fällt auch dein Name.«

»Mein Name?«

»Ja. Damit ist doch eines klar. Es muss etwas mit Ratzinger zu tun haben. Du bist Deutscher. Wenn sie darüber spekulieren, dass du etwas wissen könntest, dann muss es mit Ratzinger zu tun haben.«

»Mit Ratzinger?«, fragte ich. »Ich weiß absolut nichts.«

»Könnte es nicht sein, dass Ratzinger dazu gebracht werden soll, endlich gegen das Verbot der Gottesdienste durch den Papst zu protestieren?«

»Ich habe keine Ahnung«, sagte ich.

»Dann solltest du dich umhören.«

Ich musste mir wohl oder übel die Frage stellen, ob es denkbar war, dass Papst Benedikt XVI. in einer solchen Situation eingriff. Zweifellos würden die konservativen Kreise das gern sehen. Der unbedingte Glaube an Gott ist für Ratzinger die Grundsäule der römisch-katholischen Kirche. Dass ein Papst ohne wirklichen äußeren Zwang Gottesdienste absagte, konnte als eine Geste des Misstrauens gegen Gott gesehen werden, dem man dann doch nicht zutraute, die Menschen vor der Pandemie zu retten. Auf der anderen Seite waren die Signale über den Gesundheitszustand von Ratzinger eindeutig. Er schien physisch kaum mehr in der Lage zu sein, einen Aufstand gegen den Papst zu organisieren. Das bedeutete aber nicht, dass nicht noch einmal geschehen konnte, was bereits mehrfach der Fall gewesen war: nämlich dass die Männer in seiner Umgebung ihn zwingen würden, etwas zu unterschreiben, was er eigentlich nicht mehr unterschreiben wollte, und auf diese Weise gegen Papst Franziskus und seine Gottesdienstverbote einzuschreiten.

Die letzte Attacke, zu der Papst Benedikt verleitet worden war, hatte seinen Sekretär Georg Gänswein seinen Job als Präfekt des Päpstlichen Hauses gekostet. Gänswein soll einer der Drahtzieher einer Attacke gegen Papst Franziskus gewesen sein und Ratzinger zu einem Beitrag in der Pro-Zölibat-Streitschrift von Kardinal Robert Sarah, *Aus der Tiefe des Herzens*, geraten haben. Damit sollten angeblich Pläne von Papst Franziskus torpediert werden, eine Lockerung des Zölibats anzustreben. Der Schuss war leider nach hinten losgegangen. Der Papst hatte zurückgeschlagen. Immerhin hat die Aktion aber gezeigt, dass so etwas trotz des hohen Alters von Joseph Ratzinger noch möglich war. Aber wenn Ratzinger nun zu einer Attacke gegen die Gottesdienstverbote angestiftet werden sollte, wer konnte das noch umsetzen?

Im Frühjahr 2020 gab es eigentlich keine Ratzinger-Fraktion im Vatikan mehr. Der Lauf der Zeit und Papst Franziskus hatten das Nötige verrichtet, um die Ära Ratzinger in der Kurie zu beenden. Die einflussreichen Männer rund um den deutschen Papst waren alle weg: Der enge Ratzinger-Freund und Herausgeber des Gesamtwerks von Joseph Ratzinger, Kardinal Gerhard Ludwig Müller, hatte Papst Franziskus so oft gereizt, dass dieser dessen Amtszeit als Präfekt der Glaubenskongregation 2017 nicht mehr verlängerte. Einer der ältesten Freunde Ratzingers, Kardinal Joachim Meisner, war 2017 verstorben. Auch der langjährige Ratzinger-Weggefährte Kardinal Paul Josef Cordes hatte sich schon 2010 altersbedingt aus seinem Amt des Präsidenten des Päpstlichen Rates Cor Unum zurückgezogen. In Ratzingers ehemaliger Festung der Glaubenskongregation herrschte mittlerweile ein völlig neuer Wind.

Der einzige einflussreichere Kardinal im Vatikan, der noch aus der Ära Ratzinger stammte, war Giovanni Angelo Becciu. Papst Benedikt XVI. hatte ihn im Mai 2011 zum Substituten im Staatssekretariat ernannt. Damit gehörte er neben dem Papst, dem Kardinalstaatssekretär und dem Chef der Glaubenskongregation zu den vier einflussreichsten Männern der Kirche. Der Substitut sieht den Papst fast täglich, bespricht alles mit ihm. Papst Franziskus machte Becciu zwar programmgemäß zum Kardinal, schob ihn dann aber auf den relativ unbedeutenden Posten des Chefs der Kongregation für Selig- und Heiligsprechungen ab – damit war Becciu aus dem Zentrum der Macht verbannt.

Doch wäre Kardinal Becciu ernsthaft bereit, eine Revolte gegen Papst Franziskus anzuzetteln? Wohl kaum. Er hatte sich in der Affäre um das Buch von Robert Sarah mit dem Beitrag Ratzingers eindeutig gegen diesen Angriff gestellt und Papst Franziskus verteidigt. Zudem muss Becciu damit leben, dass seine Reputation durch Ermittlungen der Staatsanwaltschaft wegen eines zwielichtigen Immobiliendeals in London beschädigt ist. Dabei soll der Vatikan viel Geld verloren haben. Selbst wenn die Konservativen Papst Benedikt XVI. dazu drängen wollten, sich gegen das Gottesdienstverbot des Papstes einzusetzen, gab es eigentlich niemanden mehr, der das ins Werk setzen könnte. Der erzkonservative Kardinal Sarah hatte sich mit seinem Buch gegen die Aufhebung des Zölibats derart die Finger verbrannt, dass er für so etwas nicht mehr bereitstand.

Ich hörte mich eine Weile um, doch das Ergebnis war enttäuschend. Ich hatte nichts in Händen. Absolut nichts. Es gab nicht den geringsten Hinweis, nicht ein einziges Telefonat, nicht einen einzigen verräterischen Brief, absolut nichts, das darauf hindeutete, dass der emeritierte Papst Benedikt XVI. und seine Entourage irgendetwas planten, um die Gottesdienstverbote von Papst Franziskus anzuprangern.

Ich wollte Carlos anrufen und ihm sagen, dass er auf dem Holzweg war. Dass ich etwas wissen könnte über die Hintermänner, die darauf aus waren, die harte Linie von Papst Franziskus zu torpedieren, stimmte einfach nicht. Ich wusste nichts. Gerade wollte ich seine Nummer eintippen, doch dann fiel mir ein, dass mir einst ein anderer Papst erklärt hatte, was er von Gottesdienstverboten hielt – und dann fiel der Groschen.

Carlos war sofort am Apparat: »Und? Schreitet Ratzinger endlich ein?«

»Es ist nicht Ratzinger«, sagte ich.

»Wieso ist es nicht Ratzinger?«, fragte er erstaunt. »Warum sollte dann dein Name fallen?«

»Weil ich so lange hier bin«, antwortete ich. »Es geht nicht um Ratzinger. Es hat tatsächlich einmal eine Gruppe gegeben, die auf nichts so allergisch reagierte wie auf die Unterbindung von Gottesdiensten, und ich hatte wirklich viel mit ihnen zu tun, aber es waren die Polen. Papst Johannes Paul II. schärfte seinen Priestern immer ein: Lasst niemals, niemals zu, dass sich das wiederholt, was wir im kommunistischen Polen erlitten haben, nämlich dass die Polizei oder andere Behörden Gottesdienste verbieten oder auflösen. Egal, was passiert, das dürft ihr nie zulassen. Wenn irgendwer jetzt die Linie des Papstes torpediert, dann sind es die Polen, und ich ahne schon, wer das ist.«

Im April 2020 verstieß Don Viola in Galliano bei Cremona gegen das Verbot, Gottesdienste zu zelebrieren, das der Papst erlassen hatte, um die Verbreitung des Corona-Virus zu unterbinden. Die Carabinieri brachen den Gottesdienst ab und wiesen den Priester auf das mit dem Vatikan ausgehandelte Gottesdienstverbot und seinen Verstoß dagegen hin. Er musste Bußgeld zahlen, und sein Bischof rügte ihn dafür. Wenige Tage später rief Kardinal Konrad Krajewski den Priester an, allerdings nicht, um ihn wegen der Verletzung des päpstlichen Gottesdienstverbots zu maßregeln, sondern um ihm seine Solidarität auszusprechen. Selbst aus diesem Kreis drohte dem Papst Widerstand.

XXXVI

Hüpfburg statt Beichtstuhl im Vatikan

Der kalte Krieg zwischen dem Papst und seinen Gegnern wurde im Frühjahr 2020 zwar nicht heiß, aber laut. Franziskus kündigte im Mai an, dass zum ersten Mal in der Geschichte des kleinsten Staates der Welt Kinder im Vatikan toben sollten. Planschbecken statt Weihwasser, Hüpfburg statt Beichtstuhl.

Die Ankündigung eines Sommercamps für über einhundert Kinder in den Gärten des Papstes sorgte für Fassungslosigkeit. Die Vatikanischen Gärten gehören zu den exklusivsten Anlagen auf der ganzen Welt. Dort betete bisher unbehelligt der zurückgetretene Papst Benedikt XVI. vor dem Nachbau der Lourdes-Grotte, was er bereits als Papst nahezu täglich getan hatte. Wenn überhaupt einmal Gäste die Gärten betreten hatten, dann waren das handverlesene Schwergewichte der Weltgeschichte.

Die Entscheidung des Papstes, vom 6. bis 31. Juli 2020 jeweils von 8 bis 18 Uhr über 100 Kinder der Angestellten in den Gärten toben zu lassen, konnte nur eines bedeuten: Das sind meine Gärten, und wer dort was tut oder lässt, bestimme ich, basta. Selbst am Hubschrauberlandeplatz des Vatikans sollten die Kinder spielen dürfen, dort wurde eine Kinder-Olympiade ausgetragen.

Auch rund um die noblen Vatikanischen Museen durften die Kinder toben. Der Papst ließ sogar Bassins für Wasserspiele aufstellen. Nicht einmal vor der ehrwürdigen »Audienzhalle

Papst Paul VI.« machte Franziskus halt. Dort, wo ansonsten während der Generalaudienzen Rosenkränze gesegnet werden, wurden Tischtennisplatten aufgestellt und Tischfußball gespielt. In der Audienzhalle, in der normalerweise viel gebetet wird, gab es Cola und Pizza in den Pausen. Die Eltern zahlten dafür lediglich einen Unkostenbeitrag von 60 Euro pro Monat.

Die Entscheidung von Franziskus, in den Vatikanischen Gärten Kinder toben zu lassen, war deshalb so spektakulär und wurde so energisch bekämpft, weil der Papst an etwas rührte, das den Vatikan seit Jahrhunderten charakterisierte: Stille. Den Bewohnern des Vatikans bedeutete dieses Privileg der Ruhe immer sehr viel. Es gab auch in anderen Teilen von Rom ähnlich schöne Paläste wie im Vatikan und ähnlich großzügige Parks wie am Vatikanischen Hügel, aber jenseits der Mauern des Vatikans war das immer alles eingehüllt in den Lärm der Millionenmetropole Rom. Nur die Ordensleute und Kirchenmänner im Vatikan konnten den Lärm der Welt aussperren, seit Jahrhunderten schon. Seitdem ich vor über 30 Jahren nach Rom kam, verbinde ich den Vatikan mit Stille.

Das gilt übrigens auch für den Sommersitz des Papstes in Castel Gandolfo, etwa 20 Kilometer von Rom entfernt. Sobald sich die schweren Holzpforten des hoch über dem Albaner See liegenden Sommerpalastes öffneten, umfing den Besucher eine geradezu unwirkliche Stille. Die Kardinäle und Bischöfe wandeln fast geräuschlos über die dicken Teppiche, nur sehr selten hört man das Klingeln eines Telefons. Einer der stillsten und beeindruckendsten Orte der Welt war für mich der Goldfischteich vor der Marienstatue in den Gärten von Castel Gandolfo, wo nicht nur die Fische lautlos durch das Wasser schweben, sondern auch Johannes Paul II. und dann später Benedikt XVI. sich auf der Gebetsbank am Teich in völliger Stille vor der Statue der Muttergottes an Gott wandten.

Im Vatikan fiel der Kontrast noch schärfer aus. Sobald ich mit der Vespa in den Vatikan hineinfuhr, am sogenannten Perugino-

Kontrollposten, umfing mich dort ein Zauberreich der Ruhe inmitten der lärmigen Millionenstadt Rom. Es überraschte mich jedes Mal wieder, wenn ich auf der Terrasse des Deutschen Kollegs neben dem Petersdom stand oder zur fantastischen Villa der Akademie der Wissenschaften fuhr, wie unglaublich leise es inmitten dieser Tag und Nacht brüllenden Stadt sein konnte. Besonders eindrucksvoll war diese Ruhe am Bahnhof des Vatikans, der auf mich immer den Eindruck eines Dornröschenschlosses machte, eingefroren in der Zeit. Seit seiner Fertigstellung 1933 war nur ganze vier Mal ein Papst vom Bahnsteig dieses Bahnhofs in einen Zug gestiegen. Was für ein Unterschied zum kreischenden Lärm des römischen Hauptbahnhofs Termini! Das Einzige, was im Vatikan gelegentlich zu hören ist, sind die Stimmen eines probenden Kirchenchors, die aus der Peterskirche herüberklingen. So ähnlich mag es sich vielleicht angehört haben, als hier noch die fistelnde Stimme des 1922 verstorbenen Alessandro Moreschi erklang, des letzten Kastraten am Hofe des Papstes.

Abgeschirmt von den dicken Mauern, genießen die etwa 600 Bewohner des Vatikans eine geradezu unvorstellbare Ruhe und Beschaulichkeit. Inmitten des Chaos des römischen Alltagslebens, mit Verkehrslärm, Arbeitslosigkeit, Wohnungsnot etc., genießen die Kardinäle und Bischöfe im Vatikan einen geradezu himmlischen Frieden. Die Aufforderung von Franziskus, dass die Priester zurück zur Basis, zu den Ärmsten und Schwächsten gehen sollten, prallte an den meisten Bewohnern des Vatikans noch ab. Für Beunruhigung sorgte bei einigen hohen Herren die Entscheidung des Papstes, dass die Kandidaten für den diplomatischen Dienst des Vatikans ein Jahr lang in Slums und ganz normalen Gemeinden dienen sollten. Und mit Entsetzen nahmen die Bewohner des päpstlichen Staates nun den Versuch auf, ihre noble Ruhe durch Kinderlärm zu stören.

Die Öffnung der Vatikanischen Gärten für die Kinder sollte den hohen Herren im Vatikan eines sagen: Wenn ihr euch weigert, in die Welt da draußen zu gehen, dann lasse ich hier die Welt einfach herein. Und die Empörung über diese Entscheidung wurde noch durch das Corona-Verbot der heiligen Messen von Papst Franziskus verschärft. Wie konnte ein Papst den Gläubigen die Teilnahme an Gottesdiensten verbieten, sogar den Ostergottesdienst nur ganz allein im Petersdom zelebrieren und lediglich Streaming erlauben, aber 100 Kinder durch den Vatikan toben lassen? Wie wollte der Papst denn da den Mindestabstand zwischen Fünfjährigen garantieren, die im Wasser plantschten? Für die konservativen Kritiker bedeutete dies: Hüpfburg ja, Gottesdienst nein! Ein Skandal.

Das Klima zwischen dem Papst und seinen Gegnern hat sich durch die zunehmende Härte der Auseinandersetzung verschärft. Den deutlichsten Beweis dafür lieferte Erzbischof Carlo Maria Viganò, bis 2016 Nuntius des Vatikans in Washington. Er hatte dem Papst vorgeworfen, den sexuellen Missbrauch des Washingtoner Kardinals Theodore McCarrick gedeckt zu haben, was sich nie beweisen ließ. Im Mai 2020 verstieg sich Viganò zu dem bizarren Aufruf »Veritas liberabit vos« (»Die Wahrheit wird euch befreien«). Darin wird von einem »Vorspiel zur Schaffung einer Weltregierung« durch die Corona-Maßnahmen geraunt, von »undurchsichtigen Absichten übernationaler Organisationen«, von der »Gefahr subtiler Formen der Diktatur« und schließlich gefordert, »dass die Beschränkungen für die Feier öffentlicher Gottesdienste aufgehoben werden«.

Die Deutsche Bischofskonferenz lehnte das Pamphlet empört ab. Der Generalvikar des Bistums Essen, Klaus Pfeffer, schrieb daraufhin, er sei »einfach nur fassungslos, was da im Namen der Kirche verbreitet werde«. Es handle sich um »krude Verschwörungstheorien ohne Fakten und Belege, verbunden mit einer rechtspopulistischen Kampfrhetorik, die beängstigend klingt«.

Als prominente Erstunterzeichner gewann Viganò den konservativen Kardinal Robert Sarah, der seine Unterschrift allerdings wieder zurückzog, und Kardinal Gerhard Ludwig Müller.

Der Exchef der Glaubenskongregation gilt mit seinen über 400 Publikationen als hoch angesehener Wissenschaftler und Theologe. Dennoch ließ er sich hinreißen, den irren Appell zu unterschreiben. Den Vatikan schockierte vor allem Müllers Begründung. Er habe das Pamphlet unterschrieben, so Müller, um Viganò einen Gefallen zu tun, dem »im Vatikan übel mitgespielt« worden sei. Im Klartext hieß das: Der Hass auf den Papst war offensichtlich so groß, dass es einem Wissenschaftler wie Müller egal war, wenn er einen verschwörungstheoretischen Appell unterschrieb. Hauptsache, er unterstützte seinen wichtigsten Verbündeten im gemeinsamen Kampf gegen den Papst.

XXXVII

Wer will dem Papst schaden?

Im Laufe der vergangenen 30 Jahre hatte ich immer wieder einmal mit einem der ungewöhnlichsten Ermittlungsrichter Italiens zu tun: Rosario Priore. Er untersuchte jahrzehntelang im Auftrag des Staates alle ungeklärten Anschläge, Terrorattacken, Morde, bei denen es eventuell eine Verwicklung auch staatlicher Organe gegeben haben könnte. In seinen Zuständigkeitsbereich fiel auch das Attentat auf Papst Johannes Paul II. Er hatte mit einer Vielzahl von Experten zusammengearbeitet, die in verschiedenen Prozessen die Staatsanwaltschaft berieten. Mit einem dieser Fachmänner, Herrn N., verband mich über mehrere Jahre eine lose Bekanntschaft. Wir sahen uns manchmal zufällig in Rom oder im Vatikan und tranken zusammen einen Kaffee oder gingen essen.

Im Grunde verband uns eine Niederlage: Wir hatten uns beide jahrzehntelang die Zähne an den Bankenskandalen der katholischen Kirche in den 80er- und 90er-Jahren ausgebissen. Die Staatsanwaltschaft ermittelte damals wegen zwei besonders spektakulären Todesfällen, die mit den Bankengeschäften des Vatikans zu tun hatten: die Ermordung von Roberto Calvi, der 1982 aufgehängt unter der Blackfriars Bridge in London gefunden wurde, und die Vergiftung von Michele Sindona 1986 in einem Hochsicherheitsgefängnis. Im Zentrum all dieser Affären hatte immer derselbe Kirchenmann gestanden: Bischof Paul

Casimir Marcinkus. Nachdem er 1970 auf den Philippinen als Leibwächter Papst Pauls VI. diesen vor einem Attentäter gerettet hatte, durfte Marcinkus die Vatikan-Bank Istituto per le Opere di Religione leiten. Im Jahr 1982 kam es dann zum Offenbarungseid: Die katholische Kirche musste zugeben, in einen betrügerischen Bankenzusammenbruch, Morde, Geldwäsche und Kontakte zur Mafia verwickelt gewesen zu sein.

Ein nie geklärtes Rätsel ist, was dann geschah. Nachdem die Staatsanwaltschaft einen Haftbefehl gegen Marcinkus erlassen hatte, konnte er den Vatikan nicht mehr verlassen, ohne festgenommen zu werden. Alle Welt erwartete nun, dass Papst Johannes Paul II. den Mann, der die Kirche so tief in den Sumpf illegaler Bankengeschäfte geführt und der Kirche einen so immensen Schaden zugefügt hatte, umgehend feuern würde.

Doch trotz der Anklagen und seiner kompromittierten Reputation blieb Marcinkus noch weitere sieben lange Jahre bis 1989 unbehelligt im Amt. Warum durfte er bleiben? Diese Frage brannte meinem Bekannten N. und mir jahrzehntelang unter den Fingernägeln. Was wusste Marcinkus, das ihn vor einem Rauswurf schützte? Gab es jemanden, der so mächtig war, dass auch ein Papst Marcinkus nicht rauswerfen konnte? Wer könnte das gewesen sein? Wir konnten es leider nie klären.

Ursprünglich hatte mein Bekannter N. in einer braven Großbank gearbeitet und war dort für die Kreditvergabe zuständig. Doch sein Interesse an illegalen Geschäften hatte ihn zu einem der wichtigsten Experten für Finanzkriminalität werden lassen. Sein Spezialgebiet waren Verschwörungen, Geheimbünde, Aktionen von Geheimlogen und Absprachen mit Mafiakartellen. Er wusste so viel über das Geld der Mafia, dass er seit Jahren unter Personenschutz stand und mit einem Leibwächter leben musste. Sein überkorrektes Auftreten und seine Bilderbuchkarriere in einer höchst seriösen Bank standen in einem seltsamen Gegensatz zu seinem Interesse für kriminelle Bankengeschäfte.

Im Frühjahr 2018 rief ich N. an und bat um eine Unterredung. Er empfing mich in seinem eleganten Büro, ließ sich in einen enormen Ledersessel fallen und fragte: »Was kann ich für dich tun?«

»Ich habe nach den Feinden von Papst Franziskus gesucht, Leute, die ihn aus dem Amt jagen möchten.«

»Ich schätze, das ist dein Job«, sagte N. »Und hast du was rausgefunden?«

»Allerdings. Es gibt eine ganze Reihe von Gruppen, die durch die Wahl von Papst Franziskus sehr viel zu verlieren haben und sich in ihrer Existenz bedroht fühlen. Ich denke, dass sie planen, Papst Franziskus aus dem Amt zu jagen. Ich wüsste gern, ob ich an irgendwelchen Anzeichen erkennen kann, ob sich da Gruppen organisiert, also zusammengeschlossen haben.«

»Du meinst, ob sie so eine Art Mafia gebildet haben gegen den Papst?«

»Ja, genau. Ich wüsste gern, ob man erkennen kann, wann so eine Mafia bereit wäre zuzuschlagen.«

»Kannst du dir vorstellen, dass sie ein Attentat planen könnten? Ein Attentat auf den Papst?«

Ich dachte eine Weile nach. »Das Attentat auf Papst Johannes Paul II. 1981 haben vermutlich Staaten organisiert, die über Geheimdienste, Soldaten und Waffen verfügten. All das haben die Leute, die Franziskus loswerden wollen, nicht. Ich kann mir gut vorstellen, dass sie ein Attentat planen, aber es würde völlig anders aussehen als das Attentat, das Mehmet Ali Ağca auf Papst Johannes Paul II. verübte.«

»Also keine Pistolen, Sprengstoff, Raketenwerfer.«

»Nein. Ich weiß nicht, wie sie das machen wollen, aber ich bin mir ziemlich sicher, dass sie es versuchen werden.«

»Du solltest dir eines überlegen. Was würde den Papst am empfindlichsten treffen?«

Etwa zwei Jahre nach diesem Gespräch, am 5. Juni 2020, betrat der Investmentbroker Gianluigi Torzi zusammen mit seinem Anwalt den Vatikan. Der aus der süditalienischen Region Molise stammende Unternehmer hatte sich zunächst um die familieneigenen Firmen gekümmert, die Düngemittel herstellen, war dann aber zu einem Investmentbanker am Finanzplatz London aufgestiegen, wo er von seiner Firmenadresse aus am Bruton Place im noblen Mayfair mehrere Finanzoperationen abwickelte. Der Vatikan hatte ihn in den komplizierten Ankauf der Immobilie in der Sloane Avenue Nr. 60 eingeschaltet.

Bereits am 28. Februar 2014 hatte das Staatssekretariat beschlossen, in das Gebäude 200 Millionen Dollar zu investieren. Das Geld stammte nach Angaben des Vatikans aus »Mitteln, die zur Unterstützung der Aktivitäten des Heiligen Vaters bestimmt gewesen seien«. In den folgenden Jahren verloren die Anteile, die das Staatssekretariat erworben hatte, jedoch drastisch an Wert. Zudem gelang es diversen dubiosen Finanzjongleuren immer wieder, dem Vatikan Geld abzunehmen, aber diesem die Kontrolle über das Gebäude, das etwa 5 Millionen Euro Einnahmen abwarf, zu verweigern. Nach Angaben des Vatikans zahlte das Staatssekretariat 350 Millionen Euro für ein Gebäude, das im Dezember 2012 für 129 Millionen Pfund gekauft worden war. Der Schaden betrug über 150 Millionen Euro und verursachte ein kolossales Loch in der Kasse des Papstes.

In diesen äußerst unseriösen Geschäften, in die der Vatikan verwickelt war, spielte der Investmentbanker Gianluigi Torzi eine so undurchsichtige Rolle, dass die Kirche schließlich schwere Anschuldigungen gegen ihn erhob. Gegen Torzi lagen erhebliche Verdachtsmomente vor, wie Erpressung, schwerer Betrug und Geldwäsche. Dennoch machte sich Torzi mit seinem Anwalt Marco Franco keine übertrieben großen Sorgen, als er am 5. Juni 2020 ins Gebäude der Vatikanischen Gendarmerie geladen wurde. Der Staat des Papstes ist schließlich dafür bekannt, solche Besucher mit vom Papst gesegneten Rosenkränzen und guten Ratschlägen zu versorgen, aber nicht besonders aggressiv gegen sie vorzugehen, außer laut mit den Glocken zu läuten.

Das hängt vielleicht auch damit zusammen, dass die Päpste in der Vergangenheit oft gegen Männer, denen sie nicht wohlgesonnen waren, mit äußerster Bestialität vorgegangen waren. So lud etwa Papst Alexander VI. Kardinal Giovanni Battista Orsini im Januar 1503 zur Audienz und zum Kartenspiel ein, während der Sohn des Papstes, Cesare Borgia, gleichzeitig die Verbündeten des Kardinals in Senigallia erdrosseln ließ. Nachdem der Mehrfachmord glatt über die Bühne gegangen war, ließ der Papst den Kardinal ins Gefängnis der Engelsburg werfen, wo ihn sein Sohn dann vergiftet haben soll.

Die modernen Päpste wollen solche Exzesse natürlich vergessen machen und gehen deshalb in neuerer Zeit immer mit äußerster Milde gegen Gegner vor, selbst wenn sie allen Grund haben, verstimmt zu sein. Deswegen muss die Überraschung für Gianluigi Torzi umso größer gewesen sein, als der vatikanische Ermittlungsrichter während des Verhörs die Verhaftung des Bankers anordnete. Torzi hatte damit die zweifelhafte Ehre, als erster Nichtpriester und Nichtangestellter des Vatikans seit Zusammenbruch des Kirchenstaates im Jahr 1870 in diesem verhaftet worden zu sein.

Unmittelbar nach der Verhaftung rief mich N. an und bat mich in sein Büro. Wir ließen uns in seine Ledersessel fallen.

»Sie sollen Torzi festgenommen haben. Ist das wahr?«

»Ja«, sagte ich. »Er sitzt in einer Zelle im Gebäude der Gendarmerie.«

»Dann nehmen sie es also richtig ernst, jetzt hast du deinen Beweis.«

»Was für einen Beweis?«, fragte ich.

»Das Attentat.«

»Was für ein Attentat?«

»Weißt du noch, dass ich dich gefragt habe, was den Papst am meisten treffen würde. Was wäre das?«

»Wenn die Kirche die Armen vergisst und wenn sie das Geld, das sie den Armen geben könnte, verschleudert«, sagte ich.

»Genau! Jetzt denk doch mal nach: Das Staatssekretariat des Vatikans, dem liebend gern, schon allein aus Prestigegründen, jede ordentliche Bank der Welt helfen würde, verlässt sich auf so dubiose Mittelsmänner, dass sie diese schließlich sogar festnehmen muss. Diese Hintermänner im Vatikan verschleudern über 200 Millionen Euro. Da muss eine Organisation innerhalb der Kirche dahintergestanden haben, um eine Finanzkatastrophe solchen Ausmaßes herbeizuführen. Es müssen Männer gewesen sein, die genug Druck machen konnten, dass es zu einem solchen Debakel gekommen ist. Und sie schafften es: Der Papst muss einräumen, dass der Peterspfennig, das Geld, das sich weltweit viele Menschen vom Munde absparen, um es dem Papst zu geben, in dubiosen Finanzgeschäften verschleudert wurde. Härter hätte es Franziskus kaum treffen können. Du hattest recht. Es war ein Attentat ohne Pistolen und Bomben. Sie wollen erreichen, dass er sagt: Wenn ich im Vatikan so von den eigenen Leuten verraten werde, dann schmeiße ich hin, wie Benedikt XVI.«

XXXVIII

Der Kampf ist nicht vorbei

Der 30. Juni 2020 war in Rom ein selbst für diese Jahreszeit ungewöhnlich heißer Tag. Wolkenlos, fast windstill, am Petersplatz zeigte das Thermometer in der Sonne über 40 Grad. Auch die Nachrichten an diesem Tag waren heiß, sehr heiß. Der Papst hatte eine der ehrwürdigsten Einrichtungen der Welt im Vatikan wegen des Verdachts auf Betrug durchsuchen lassen. Ich radelte die Via della Conciliazione vom Petersdom in Richtung Tiber hinunter, als ich Carlos mit einem Glas Wasser in der Hand vor einer Kaffeebar stehen sah. Er winkte mir zu, ich bremste und stieg ab.

Carlos sah ziemlich genervt aus, ich ließ mir einen kalten Kaffee einschenken und stellte mich neben ihn an die Bar. »Dein Papst ist jetzt zu weit gegangen. Mir reicht es langsam«, sagte er.

Der Vatikan hatte kurz zuvor bestätigt, dass Papst Franziskus gegen die Dombauhütte des Petersdoms, die Fabbrica di San Pietro, eine der ältesten Großbaustellen der Welt, verantwortlich für die größte Kirche des Globus, Ermittlungen hatte einleiten lassen. Es gab den Verdacht, dass es zu Verstößen gegen die neuen Regeln zur Vermeidung von Vetternwirtschaft gekommen ist. Der Papst hatte Computer und Aktenordner beschlagnahmen lassen, wie in einem Büro von Kriminellen, und das in unmittelbarer Nähe des Grabes des heiligen Petrus. Unfassbar.

»Weißt du, was ich gelernt habe, als ich Priester wurde? Ich habe gelernt, dass das Wichtigste von allem ist, dass die Kirche auf keinen Fall skandalöses Verhalten gegenüber dem Volk Gottes an den Tag legen darf. Daran haben sich die Herren im Vatikan auch jahrhundertelang gehalten. Alles, was nicht publik werden sollte, wurde intern geregelt, aber nicht an die große Glocke gehängt.«

»Du meinst, es wurde unter den Teppich gekehrt?«

»Und wenn schon. Immer noch besser, als alles an das Licht der Öffentlichkeit zu zerren, wie es Papst Franziskus jetzt macht. Wie bitte sollen die Menschen eine Kirche Gottes verehren, wenn ihre Reinheit vom Papst persönlich infrage gestellt wird. Wenn es Unregelmäßigkeiten gab, dann kann er das ja meinetwegen verfolgen lassen, aber das muss doch nicht öffentlich geschehen! Sonst passiert doch genau das, was wir verhindern müssen: dass wir als Männer Gottes die Gläubigen mit Skandalen verschrecken.«

Mir fiel jetzt erst auf, dass die brütende Hitze weder seinem Scheitel, der wie mit dem Lineal gezogen schien, noch seinem teuren Anzug etwas anhaben konnte.

Ich sagte: »Franziskus räumt auf, und er tut gut daran. Die neuen Regeln, die er eingeführt hat, sollen verhindern, was den Vatikan jahrhundertelang geprägt hat, nämlich Vetternwirtschaft. Jetzt dürfen Aufträge nicht mehr an Verwandte oder Freunde vergeben werden, es darf nicht mehr um Gefälligkeiten gehen. So eine Regelung ist für eine so große Organisation wie den Vatikan längst überfällig.«

»Aber das ist ja der springende Punkt«, schimpfte Carlos. »Das versteht dieser Papst nicht. Es ist die Kirche Gottes, und da kann man doch nicht einfach alle möglichen Verbrechen, wer auch immer sie begangen haben mag, ans Licht zerren. Das untergräbt das Vertrauen.«

»Aber die Wahrheit zu verschweigen untergräbt noch mehr Vertrauen, und die alte Vetternwirtschaft macht alles nur noch schlimmer«, antwortete ich. »Dieser Papst will reinen Tisch machen, auch wenn dabei Schweinereien der Kirche ans Licht kommen, und das macht ihn so glaubwürdig.«

»Aber die Computer und Akten aus der Dombauhütte des Petersdoms schleppen zu lassen, eine richtige Razzia wie gegen die Mafia anzuordnen, das ist doch unglaublich! Weißt du, wer diese Dombauhütte geleitet hat? Männer wie Michelangelo Buonarroti, Raffael und Bramante.«

»Das weiß ich«, antwortete ich. »Aber das alles ist nicht der springende Punkt.«

»So? Und was ist es dann?«

»Dass die Leute, die im Vatikan gegen den Papst arbeiten, weitermachen, und zwar im großen Stil, sogar in der Dombauhütte. Das ist der springende Punkt. Papst Franziskus ist jetzt seit sieben Jahren im Amt und hat allen, und zwar mit allen Mitteln, klargemacht, dass diese Kirche wieder zur Kirche des Jesus von Nazareth werden muss. Er hat klargemacht, dass sie unbedingt glaubwürdig werden muss. Deshalb können illegale Geschäfte im Vatikan die Kirche des Papstes Franziskus in den Abgrund reißen. Er hat von Anfang an immer mit aller Härte durchgegriffen. So ließ er Monsignore Scarano, der mit 20 Millionen Euro Schwarzgeld in den Vatikan zurückkehren wollte, bereits im Juni 2013 ins Gefängnis werfen. Er hat ihn nicht, wie Johannes Paul II. den Kardinal von Boston, Bernard Law, mit einem Vatikan-Pass vor der Staatsanwaltschaft gerettet. Er hat auch die großen Tiere nicht geschützt, ließ den Apostolischen Nuntius Józef Wesołowski verhaften, der sich in der Dominikanischen Republik an Kindern vergangen haben soll. Er hat nicht einmal davor zurückgeschreckt, den Fall des besten Freundes von Benedikt XVI., der Nummer zwei seines Pontifikats, Kardinalstaatssekretär Tarcisio Bertone, zur Anklage zu bringen, der sich mit Geld eines Kinderkrankenhauses eine Penthouse-Wohnung gebaut haben soll. Sie wissen, dass er zuschlägt, dass er diesen Staat der Päpste reinwaschen will, weil er weiß, dass die Kirche ohne Glaubwürdigkeit weltweit keine Chance mehr haben wird.«

»Die Frage ist doch, was eigentlich passiert ist, dass sie sich wieder trauen, einfach weiterzumachen mit illegalen Geschäften im Vatikan, obwohl sie wissen, dass der Papst auch gegenüber den Kardinälen keine Nachsicht walten lässt«, sagte Carlos.

»Es kann eigentlich nur eines passiert sein«, sagte ich.

»Und das wäre?«

»Ich habe viele Leute im Vatikan gefunden, die gute Gründe hatten, das Ende des Pontifikats von Papst Franziskus zu wünschen. Es gibt viele Priester, die sich für zu gebildet halten, um in einer ganz normalen Gemeinde die Drecksarbeit zu machen, so wie der Papst es fordert. Es gibt Kreise der Adligen, die den Papst verabscheuen und sogar eine Plakataktion gegen ihn organisiert haben sollen. Es gibt Lobbyisten, die mit dem Vatikan weiter illegale Geschäfte machen wollen, und es gibt die Homosexuellen-Lobby, die nicht will, dass ihre Macht gebrochen wird. Doch sie alle würden sich kaum trauen, gerade wegen der Entschlossenheit des Papstes gegenüber Verbrechen im Vatikan, die Glaubwürdigkeit der Kirche des Papstes Franziskus im Alleingang zu untergraben. Aber ...«

»Du meinst, sie könnten sich zusammengeschlossen haben?«

»Ja, wenn sich all diese Gruppen zusammenschließen würden, dann wären sie eine Macht. Offensichtlich schätzen die Leute im Vatikan, die den Papst unglaubwürdig aussehen lassen wollen, das Risiko, von Franziskus erwischt und bestraft zu werden, als hinnehmbar ein. Das könnte ein Anzeichen dafür sein, dass sie sich zumindest zum Teil zusammengeschlossen haben und der Papst gegen eine Mauer rennt. Aber es kommt nicht darauf an, dass wir das jetzt wissen.«

»Sondern?«

»Dass der Papst es jetzt auch weiß«, sagte ich. »Er weiß, dass er sieben Jahre lang gefleht und gebettelt hat, um durchzusetzen, dass der Vatikan sauber wird. Wer soll denn auch sonst einen Papst ernst nehmen, in dessen Staat Habgier, Lüge und Betrug regieren? Er weiß jetzt, dass es immer noch und trotz allem reichlich Leute im Vatikan gibt, die nicht daran denken, sich an die Regeln zu halten, und die ihm dadurch schaden wollen.

Er weiß, dass er den Kampf nicht gewonnen hat und dass er noch lange nicht zu Ende ist.«

»Er ist ein alter Mann.«

»Aber er ist auch ein Kämpfer, und ich glaube, dass er sich immer energischer durchsetzen wird.«

»Warum?«

»Ich glaube, er weiß, dass er nicht mehr viel Zeit hat und dass alle Beteuerungen und guten Worte nicht viel gebracht haben. Ich glaube, er denkt, dass er die Pflicht hat, nicht aufzugeben. Der Papst will eine Kirche von unten. Eine demütige, tätige Kirche der Armen und der kleinen Leute. Er will Schluss machen damit, dass die katholische Kirche eine Kirche der Mächtigen ist, der Reichen, der Weißen, der Eliten. Er hat die Kirche umgebaut. Die Kirche, die sich an der Seite der Reichen und Mächtigen sah, kann einpacken.«

»Du meinst, ich kann einpacken mit meiner Kirche, so wie ich sie mir vorstelle. Ich kann nichts dafür, dass meine Familie reich ist, und ich verstehe auch nicht, warum uns der Papst so hasst«, sagte Carlos.

»Er hasst euch nicht. Er will, dass ihr zu den Armen geht.«

»Und warum sollen wir nicht zu denen gehen, die reich sind und die Kirche finanzieren und damit auch die Armen finanzieren?«

»Genau darum geht es. Die Armen sollen keine Almosen bekommen, sie haben ein Recht auf einen Anteil von dem ungeheuren Reichtum auf Gottes Erde. All das, was passiert ist seit seiner Wahl, alle, die sich organisierten, um gegen ihn zu kämpfen, tun das aus dem Grund, weil sie Christus an der Seite der Eliten sehen, nicht an der Seite der einfachen Leute. Die Wissenschaftler und eleganten Diplomaten im Vatikan bekämpfen den Papst, weil er sie an die Front schicken will, in die Gemeinden. Franziskus will, dass seine Priester anpacken. Er will nicht, dass die Kirche sich in ihre Paläste zurückzieht. Deswegen hat er Ärger mit den Theologen, die Jesus am liebsten ganz theoretisch sehen. Er hat Ärger mit dem Adel, weil er mit Menschen, die meinen, durch Geburt etwas Besonderes zu sein, nichts anfangen kann. Dass sie die Kirche prägten, weil sie in zahllosen Kriegen gegen den Islam kämpften, erschreckt ihn eher, als dass er den Adel dafür bewundert. Er hat Ärger mit den konservativen Kardinälen, die ganze Netzwerke aufbauten, um ihn zu stürzen. Sie setzen die Theologie wie eine Waffe gegen ihn ein und behaupten, er verletze die reine Lehre. Doch er verletzt das, was seine Gegner für die reine Lehre halten, nur, weil er der Meinung ist, dass Regeln für die Menschen da sind und nicht die Menschen für die Regeln. Die Homosexuellen-Lobby bekämpft ihn, weil er offen ausspricht, dass es eine solche Lobby gibt, dass der Vatikan nicht einfach homosexuelle Menschen diskriminieren kann und eine Art Selbsthass pflegt, wenn schwule Kirchenmänner schwule Priester jagen.

Er hat uralte Tabus gebrochen, selbst seine Vorgänger ins Unrecht gesetzt, weil er sicher war, dass er das musste. Er will keine Kirche, die für die Perfekten da ist. Er sagt das ganz offen. Die Kirche ist nicht dazu da, den reinen, weißen Schafen schöne Löckchen zu drehen, sie ist dazu da, zu denen zu gehen, die eine Scheidung erlitten haben, die im Gefängnis waren, die ihren Glauben verloren haben, die keine Arbeit haben, die auf dem Schlachtfeld des Lebens schwere Verletzungen abbekommen haben.«

»Aber genau das wollte Joseph Ratzinger nicht«, schnaubte Carlos. »Er sprach von der kleinen Herde, denen, die wirklich rein sein, die Gebote der Kirche befolgen wollen, die in die Kirchen gehen, die sich nicht scheiden lassen. Dieser Papst scheint sich mehr um die Menschen zu kümmern, die nie in die Kirche kommen, als um die, die immer kommen, jeden Sonntag.«

»Und was ist, wenn dieser Papst die Menschen, die nie in eine Kirche gehen, ein Stück näher zu Gott bringt? Sie wieder dazu bringt, darüber nachzudenken, ob es Gott gibt? Ich glaube, dass dieser Papst wirklich ein Mann ist, den Gott geschickt hat, um die Menschen, die nichts mehr mit Gott zu tun haben wollen, nachdenklich zu stimmen.«

»Selbst wenn das stimmt, ist das unser Ende. Dann denken die Leute über Gott nach, aber ohne uns, ohne die Kirche. Ich habe vor ein paar Tagen gelesen, dass es in deiner Heimat Deutschland einen neuen historischen Rekord von Kirchenaustritten gibt. Franziskus kann das nicht verhindern.«

»Vielleicht will er das gar nicht. Er will, dass die Menschen Gott suchen, vielleicht brauchen sie in unserer Welt einfach etwas länger.«

»Weißt du, was ich mich frage seit der Wahl von Papst Franziskus?«, sagte er. »Ich frage mich: Warum macht Gott das? Warum schickt er erst einen ultrafrommen Karol Wojtyła, dann den Theologen und Theoretiker Joseph Ratzinger und dann noch einen völlig anderen Papst wie Jorge Mario Bergoglio? Warum sagt Gott nicht einfach klipp und klar, was er will?«

»Vielleicht weiß er es selber nicht«, antwortete ich.

»Der Papst wird keine Ruhe geben, richtig?«, fragte Carlos.

»Nein«, sagte ich, »er wird keine Ruhe geben.«

»Er hat noch vor, Frauen zu Diakonen zu machen, stimmt's?«

»Eine Kommission überprüft das gerade. Es hat Vorbilder in der Geschichte gegeben, dass Frauen zu Diakonen geweiht wurden. Sie durften in katholischen Kirchen taufen.«

»Aber nur, weil Männer nicht zu Frauen in das Taufbecken steigen durften.«

»Wichtig ist, dass es weibliche Diakone gegeben hat.«

»Und was wird nach Franziskus kommen?«

»Er hat die Kirche umgebaut. Die Kardinäle kommen jetzt aus allen möglichen Ländern. Eine von Italienern dominierte katholische Kirche, wie sie über Jahrhunderte üblich war, wird es nicht mehr geben.«

»Und was ist, wenn wir die nächste Papstwahl gewinnen? Wenn ein konservativer Kardinal der nächste Papst wird?«

»Dann werden wir uns wahrscheinlich wieder hier treffen und uns fragen, was Gott uns diesmal sagen wollte.«

»Wenn es die Kirche dann noch gibt. Es ist tragisch, dass ausgerechnet unsere Generation erleben muss, wie diese Kirche nach 2000 Jahren innerhalb so kurzer Zeit in die Knie geht.«

»Weißt du, woran ich denken muss? Du weißt ja, ich komme aus einer armen Familie. Ich durfte im Sommer immer nur mit den Messdienern in die Ferien fahren, weil das fast nichts kostete. Einen Mallorcaurlaub hätten sich meine Eltern niemals leisten können. Wir zelteten mit einem Pfarrer an einem Fluss. Für mich waren das die schönsten Wochen des Jahres. Damals war es auch noch völlig normal, dass ein Pfarrer einem Messdiener die Schultern einrieb, wenn der einen Sonnenbrand zu bekommen drohte.«

Carlos lachte bitter. »Das wird es nie wieder geben. Ich würde nicht einmal einem Jungen die Schuhe zubinden, weil ich befürchten müsste, dass sonst jemand die Polizei ruft wegen Kindesmissbrauchs. Es wird keine Zeltlager mehr geben. Daran kann auch Franziskus nichts ändern.«

»Ich glaube, dass er das Wichtigste schon geändert hat. Nur wenn die Kirche glaubwürdiger wird, hat sie eine Chance, dieses Jahrtausend zu überleben. Und genau daran arbeitet er gerade.«

Epilog

Ich muss manchmal an diesen Moment denken, wenn ein Mann mit einer Handvoll kleiner Steine auf einer Plattform unter der Decke der Basilika Sankt Paul vor den Mauern in Rom stehen wird, vor dem runden Rahmen, der für Franziskus seit seiner Wahl reserviert ist. Alle Päpste seit dem heiligen Petrus wurden dort in Form eines Mosaikporträts verewigt. Der Mann wird dort die Jahre eintragen, in denen Papst Franziskus regiert hat.

Was werden die Menschen denken, wenn sie, nachdem der Mann auf der Plattform sein Werk vollbracht hat, unter dem Bild des ersten Papstes stehen, der den Namen Franziskus trug? Das war also der erste Mann vom amerikanischen Kontinent, der erste Jesuitenpater, der Papst wurde? War das der Mann, der dafür sorgte, dass die Kirche noch einmal eine Chance bekam? Der für einen Aufbruch sorgte?

Oder werden die Konservativen dort stehen und mit einem gewissen Schaudern auf das Bild des Papstes schauen, der den ersten innerkirchlichen Kampf gegen rechts führte? Werden sie auf das Bild des Papstes zeigen, der eine Kirche in der Krise vorfand und den Niedergang noch beschleunigte?

Werden die Menschen einmal denken, dass seine Bemühungen um eine menschengerechte Globalisierung, die Rückbesinnung auf Jesus von Nazareth einfach zu spät kamen? Wird man überhaupt noch wissen, dass dieser Papst einen harten Kampf führen musste gegen eine interne Opposition?

Ich weiß nicht, wie die Welt aussehen wird, wenn in Rom noch einmal so viel Zeit vergangen sein wird wie seit der Bestattung des heiligen Paulus in dieser Stadt. Man würde dann das Jahr 4000 nach Christus schreiben. Nach jetziger Schätzung müsste dann etwa der 530. Papst in Rom regieren. Vielleicht werden die Menschen sich fragen, wie unsere Welt aussah, als Jorge Mario Bergoglio, der 265. Nachfolger des heiligen Petrus, auf dem Thron saß. Vielleicht gibt es dann noch die historische Erinnerung, dass zu Beginn des dritten Jahrtausends dieser Mann aus Argentinien von der Kraft der Botschaft des rätselhaften Jesus aus Nazareth, »Selig sind die, die barmherzig sind«, erfüllt war und als Papst Franziskus mit allem, was er hatte, für ihre Umsetzung kämpfte.

Personenregister

A

Ağca, Mehmed Ali 259, 396
Alexander II. (Papst) 181, 345
Alexander VI. (Papst) 132, 398
Alexander VII. (Papst) 173
Andreotti, Giulio 96
Argüello, Kiki 356
al-Assad, Baschar 82
Azcona Hermoso, José Luís 354

B

Bannon, Steve 358
Bartholomaios I. (Patriarch von
  Konstantinopel) 95
Bazzi, Giovanni Antonio (»Sodoma«) 290
Becciu, Giovanni Angelo 231,
  386
Benedikt VIII. (Papst) 245
Benedikt XIII. (Papst) 175
Benedikt XVI. (Papst) 11 f., 17 f.,
  21 f., 26, 31, 33 f., 51 ff., 61,
  63 ff., 78 f., 88, 95, 97, 111, 115,
  122, 125, 127 ff., 132, 134 ff.,
  149, 152 ff., 164, 175 ff., 183 f.,
  189 ff., 209, 220, 223 ff., 234 f.,
  238 f., 241 ff., 248, 259 ff., 264,
  266 f., 270 ff., 296 f., 302, 306 ff.,
  318 ff., 325, 334 f., 356, 362 ff.,
  384 ff., 399, 402, 405 f.
Beresztóczy, Miklós 366
Bertone, Tarcisio 67, 142, 330, 333,
  363, 402
Boccardo, Renato 327, 329 f.
Boeselager, Albrecht von 230 f.
Borgia, Cesare 398
Bossi, Umberto 106
Brandmüller, Walter 244, 248 f.
Breschnew, Leonid 81, 360
Bukalow, Alexej 360
Burke, Raymond Leo 221 ff.,
  230 f., 249, 267
Bush, George W. 67

C

Caffarra, Carlo 229, 249, 339
Calvi, Roberto 260, 394
Cardenal, Ernesto 128 ff.
De Carli, Giuseppe 364
Castro, Fidel 81
Charamsa, Krzysztof 334
Chávez, Hugo 142
Clemens, Josef 155
Clinton, Bill 222 f.

Cordes, Paul Josef 244, 302, 318, 385

Craxi, Bettino 368 f.

D

Deskur, Andrzej Maria 26, 121

Dziwisz, Stanisław 53, 121, 123 f., 147, 199 f., 207

E

Escrivá, Josemaría 355

Eudo von Aquitanien (Herzog) 178 f.

F

Felix, Kelvin 122, 235 f.

Fernández y Krohn, Juan María 259

Fisichella, Rino 30

Fitzgerald, Michael 56 ff., 64, 66

G

Gaddafi, Muammar al- 96

Galazka, Gregorio 362

Gänswein, Georg 139 f., 147 ff., 385

Gasbarri, Alberto 92

Gelasius II. (Papst) 181

Gerardo (Gerhard) Sasso 180

Gibson, Mel 198

Gottfried von Bouillon 180

Grassi, Yayo 270

Graulich, Markus 35

Gregor II. (Papst) 178

Gregor XII. (Papst) 175

Gregor XV. (Papst) 173

Grillo, Girolamo 167

Grocholewski, Zenon 26 f., 121

Groër, Hans Hermann 271, 297

H

Hadrian I. (Papst) 173

Harvey, James Michael 146 f.

Hieronymus II. (griech. Erzbischof) 95

Hummes, Cláudio 21 ff.

I

Innozenz X. (Papst) 173

Innozenz XI. (Papst) 183

J

Jakobus (Apostel) 344

Jalics, Franz 336

Jean de Villiers 181

Jędraszewski, Marek 337

Johannes XII. (Papst) 380

Johannes XXIII. (Gegenpapst) 175

Johannes XXIII. (Papst) 175, 184, 360

Johannes der Täufer 66, 176, 180, 341

Johannes Paul I. (Papst) 184, 222, 258, 260 f., 360

Johannes Paul II. (Papst) 17, 20 f., 26 f., 31, 34, 46, 51 ff., 58, 60 ff., 71 f., 78 ff., 89, 92, 95 ff., 107 f., 111–130, 135, 140 ff., 147, 186 ff., 198 ff., 210, 212, 215, 218, 221 ff., 249, 259 f., 265, 270 ff., 289, 291 f., 296, 309, 312, 318 f., 321, 327 ff., 341, 356 f., 360 ff., 374, 387, 390, 394 ff., 402, 406

Julius II. (Papst) 132, 290

K

Kamphaus, Franz 135 f.

Kasper, Walter 151 ff., 165, 167 f., 171 ff., 229, 238 f., 241, 243 ff.

Krajewski, Konrad 121 ff., 388

L

Lajolo, Giovanni 329 ff.
Law, Bernard 402
Lefebvre, Marcel 60 ff., 74
Lehmann, Karl 238 f., 243 ff., 329
Leo IV. (Papst) 179
Leo IX. (Papst) 345
Liutprand von Cremona 380
Lombardi, Federico 189
López Trujillo, Alfonso 21, 224 f.
Luciani, Albino siehe Johannes
    Paul I. (Papst)

M

Maciel Degollado, Marcial 209 f.
Magee, John 258 f.
Manuel II. Palaiologos (byzantin.
    Kaiser) 64
Maradiaga, Óscar 21, 229
Marcellus (Heiliger) 381
Marcinkus, Paul Casimir 260 f., 395
Mari, Arturo 124, 362
Marini, Guido 31 f.
Martin V. (Papst) 173, 175
Martini, Carlo Maria 336
Marx, Reinhard 311
McCarrick, Theodore 333, 335, 392
Meisner, Joachim 229, 244, 248 f.,
    385
Mendoza y Amor Flores, Benjamín
    258
Michelangelo (Buonarroti) 252
Mindszenty, József 366
Mohammed (Prophet) 59, 64, 141,
    177
Mokrzycki, Mieczysław 121
Moreschi, Alessandro 391
Müller, Gerhard Ludwig 148 ff.,
    189, 242, 244, 339, 346, 385,
    392 f.

N

al-Nahyan, Chalifa bin Zayid 83
al-Nahyan, Zayid bin Sultan 83, 87
Navarro-Valls, Joaquín 141, 186 ff.,
    277
Nikolaus II. (Papst) 345

O

Obama, Barack 67
Oder, Sławomir 126
Orbán, Viktor 103, 111
Orsini, Giovanni Battista 398

P

Paschalis II. (Papst) 180
Paul I. (Papst) 173
Paul IV. (Papst) 173
Paul V. (Papst) 173
Paul VI. (Papst) 29, 117 ff., 143,
    184, 187, 221 f., 257 f., 260, 278,
    311, 360, 390
Paulus (Apostel) 269, 289, 345, 347,
    410
Pell, George 346
Petrus (Apostel) 31, 69, 145, 377
Pfeffer, Klaus 392
Pinochet, Augusto 128, 328
Pius IV. (Papst) 182, 252
Pius V. (Papst) 182 f.
Pius XI. (Papst) 42, 184
Pius XII. (Papst) 19, 184, 275, 361
Popiełuszko, Jerzy 117
Poupard, Paul 55 f.

Q

Quarracino, Antonio 326 f.

R

Ratzinger, Joseph siehe Benedikt
    XVI. (Papst)

Reagan, Ronald 116, 222
Rigali, Justin Francis 222
Roderich (westgot. König) 177 f.
Romero, Óscar 224 f.

S
Saier, Oskar 238, 243 f.
Salvini, Matteo 105, 111, 358
Sarah, Robert 385 f., 392
Saturnius von Toulouse 178
Schenuda III. (Papst der Kopten)
    292
Schneider, Athanasius 354
Sergius IV. (Papst) 173
Sgorbati, Rosa 59
Sodoma siehe Bazzi, Giovanni
    Antonio
Sosa Abascal, Arturo Marcelino 15
Stephan II. (Papst) 173
Stephan V. (Papst) 173

T
Tariq ibn Ziyad 177
al-Tayyeb, Ahmed (Großimam von
    al-Azhar, Kairo) 69, 87 f.
Tebartz-van Elst, Franz-Peter
    132 ff., 148
Teresa, Mutter 122, 176
Thomas (Apostel) 145

Torzi, Gianluigi 396 ff.
Traettino, Giovanni 59
Trump, Donald 103, 356 f.
Tucci, Roberto 327 f.

U
Urban II. (Papst) 179 f.
Urban VIII. (Papst) 132, 173

V
Valette, Jean Parisot de la 182
Viganò, Carlo Maria 330 ff., 335,
    339, 392 f.
Viganò, Dario 189 ff.
Viktor I. (Papst) 380

W
Wesołowski, Józef 402
Westen, John-Henry 358
Williamson, Richard 61 f. 142
Wojtyła, Karol siehe Johannes
    Paul II. (Papst)
Wyszyński, Stefan 291

Y
Yorio, Orlando 336

Z
Zollitsch, Robert 259

Bildnachweis

Franziskus zum Greifen nah:
Andreas Englisch über den mutigen Kampf des Papstes

Papst Franziskus warf den Kurienkardinälen in seiner Weihnachtsansprache 2014 Hochmut, Habgier und »spirituellen Alzheimer« vor. Was hat den Zorn des Argentiniers erregt? Was hat der Papst im Vatikan entdeckt? Der bekannteste deutsche Vatikan-Experte Andreas Englisch analysiert die explosive Lage im katholischen Machtzentrum und schildert den revolutionären Kampf des neuen Papstes gegen verkrustete Verhältnisse im Vatikan und für eine neue Kirche.

PENGUIN VERLAG